21世纪本科院校土木建筑类创新型应用人才培养规划教材

# 道路勘测设计

主　编　刘文生
副主编　梅利芳　何佼龙
主　审　张文成

## 内 容 简 介

本书共分 11 章，遵循理论联系实际和应用型的原则，系统介绍了道路勘测设计的基本原理和勘测设计方法。本书主要内容包括：道路勘测设计的任务、内容、程序及原则，汽车行驶特性，道路平、纵、横线形设计及土石方计算，选线与定线方法及道路 CAD，道路平面与立体交叉设计，道路沿线设施等。同时，本书在道路基本线形坐标计算方面进行了创新与改进。

本书可作为高等院校土木工程、道路与桥梁工程、交通工程及相关专业本科教材，也可作为土木工程、道路与桥梁工程、交通工程技术人员的进修和参考用书。

**图书在版编目(CIP)数据**

道路勘测设计/刘文生主编. —北京：北京大学出版社，2012.9
(21 世纪本科院校土木建筑类创新型应用人才培养规划教材)
ISBN 978-7-301-17493-7

Ⅰ. ①道… Ⅱ. ①刘… Ⅲ. ①道路测量—高等学校—教材②道路工程—设计—高等学校—教材  Ⅳ. ①U412

中国版本图书馆 CIP 数据核字(2012)第 205703 号

| | |
|---|---|
| 书　　　名： | 道路勘测设计 |
| 著作责任者： | 刘文生　主编 |
| 策划编辑： | 吴　迪　卢　东 |
| 责任编辑： | 伍大维 |
| 标准书号： | ISBN 978-7-301-17493-7/TU·0273 |
| 出　版　者： | 北京大学出版社 |
| 地　　　址： | 北京市海淀区成府路 205 号　100871 |
| 网　　　址： | http://www.pup.cn　http://www.pup6.cn |
| 电　　　话： | 邮购部 010-62752015　发行部 010-62750672　编辑部 010-62750667 |
| 电子邮箱： | pup_6@163.com |
| 印　刷　者： | 北京虎彩文化传播有限公司 |
| 发　行　者： | 北京大学出版社 |
| 经　销　者： | 新华书店 |
| | 787 毫米×1092 毫米　　16 开本　22.75 印张　526 千字 |
| | 2012 年 9 月第 1 版　　2021 年 8 月第 7 次印刷 |
| 定　　　价： | 43.00 元 |

**未经许可，不得以任何方式复制或抄袭本书之部分或全部内容。**
**版权所有，侵权必究**　　举报电话：010-62752024
　　　　　　　　　　　　电子邮箱：fd@pup.pku.edu.cn

# 前 言

本书是 21 世纪全国本科院校土木建筑类创新型应用人才培养规划教材，本书的编者都是高校有多年教学经验和道路勘测实践经验的主讲教师。

在本书编写过程中，编者充分考虑高等教育的基本规律，力求结构严谨、思路清晰、深入浅出、删繁就简、通俗实用，以最新的标准和规范为依据，阐述了与道路设计有关的基础知识与基本方法，着重于新技术、新方法、新内容、新规范的介绍，以拓宽知识面、增强适应性。特别是《城市道路工程设计规范》(CJJ 37—2012)的内容在原版的基础上有较大的变化。

本书的内容和体系编排做到由浅入深、由表及里、循序渐进，便于学生自学，并努力体现面向现代化和面向未来的要求，使本书具有先进性和实用性的特点。

（1）本书的所有案例数据都具有工程实际的特点，避免虚构数据。

（2）各章节内容前后衔接得当，突出重点和难点，删除了在土木工程建设中已经不常用的手工方法。

（3）在规范、规程的应用上全部采用国家颁布的最新标准，教材中的符号与规范保持一致。

（4）每章章首增加了教学要点、技能要点和引例，提高学生的阅读兴趣。

参加本书编写工作的有：湖北工业大学刘文生（第 1、3 章），湖北工业大学梅利芳（第 2、11 章），中南林业科技大学何佼龙（第 4、5 章），湖北工程学院韩燕华（第 6、7 章），长江工程技术学院王瑾、何娴（第 8 章），南华大学杨建明（第 9、10 章）。全书由刘文生统稿。

本书在编写过程中得到湖北省恩施自治州交通规划设计院院长张文成的大力支持，湖北工业大学 2009 级交通系左琛等同学为本书编写做了诸多辅助性工作，在此一并表示感谢。

本书在编写过程中，参考了书后所列书目，并从中吸取了许多有益的内容，在此向各位编著者致谢。

由于编者水平有限，书中不足之处在所难免，欢迎广大读者批评指正。

编者
2012 年 6 月

# 目　录

第1章　绪论 ······················· 1
1.1　交通运输网络构成 ············· 2
　　1.1.1　现代交通组成 ··········· 2
　　1.1.2　公路运输的特点及其
　　　　　　在国民经济中的地位 ····· 2
1.2　我国道路建设成就与发展规划 ··· 3
　　1.2.1　我国道路发展与建设
　　　　　　成就 ······················ 3
　　1.2.2　道路现状评价 ············ 3
　　1.2.3　总体目标 ················ 4
　　1.2.4　交通基础设施近期目标 ···· 5
1.3　道路勘测设计的任务与内容 ···· 6
1.4　道路勘测设计的基本原则 ······ 7
1.5　道路勘测设计的基本程序 ······ 8
1.6　道路分类与分级 ·············· 10
　　1.6.1　道路的分类 ·············· 10
　　1.6.2　公路的分级 ·············· 11
　　1.6.3　城市道路分类 ············ 12
1.7　道路勘测设计的控制要素 ······ 13
　　1.7.1　设计车辆 ················ 13
　　1.7.2　设计速度 ················ 14
　　1.7.3　交通量 ·················· 15
　　1.7.4　通行能力 ················ 16
　　1.7.5　公路的主要技术指标 ······ 16
1.8　道路勘测设计的发展方向 ······ 19
1.9　道路勘测设计与其他课程的
　　　相互关系 ······················ 20
本章小结 ···························· 20
习题与思考题 ······················· 21

第2章　汽车行驶理论 ············· 22
2.1　汽车的驱动力、行驶阻力及
　　　汽车的行驶条件 ················ 23

　　2.1.1　汽车的驱动力 ············ 23
　　2.1.2　汽车的行驶阻力 ·········· 26
　　2.1.3　汽车的行驶条件 ·········· 29
2.2　汽车的动力特性 ·············· 30
2.3　汽车行驶的稳定性 ············ 34
　　2.3.1　汽车行驶的纵向稳定性 ···· 34
　　2.3.2　汽车行驶的横向稳定性 ···· 36
2.4　汽车的制动性能 ·············· 38
　　2.4.1　汽车制动性的评价指标 ···· 38
　　2.4.2　汽车的制动过程与
　　　　　　制动力 ···················· 38
2.5　汽车的燃油经济性 ············ 40
　　2.5.1　汽车的燃油经济性评价
　　　　　　指标 ······················ 40
　　2.5.2　影响汽车燃油经济性的
　　　　　　因素 ······················ 40
本章小结 ···························· 41
习题与思考题 ······················· 41

第3章　平面设计 ················· 43
3.1　概述 ························· 44
　　3.1.1　路线 ···················· 44
　　3.1.2　平面线形设计的基本
　　　　　　要求 ······················ 45
3.2　直线 ························· 46
　　3.2.1　直线的特点 ·············· 46
　　3.2.2　直线的最大长度 ·········· 47
　　3.2.3　直线的最小长度 ·········· 48
3.3　圆曲线 ······················· 48
　　3.3.1　圆曲线的几何要素 ········ 48
　　3.3.2　圆曲线半径 ·············· 49
3.4　缓和曲线 ···················· 52
　　3.4.1　缓和曲线的作用与性质 ···· 53
　　3.4.2　回旋线作为缓和曲线 ······ 54

3.4.3 其他形式的缓和曲线 …… 59
3.4.4 缓和曲线的长度及参数 … 59
3.5 平面线形设计 …… 62
　3.5.1 平面线形设计的一般
　　　　原则 …… 62
　3.5.2 平面线形要素的组合
　　　　类型 …… 63
3.6 行车视距 …… 66
　3.6.1 概述 …… 66
　3.6.2 停车视距 …… 67
　3.6.3 超车视距 …… 68
　3.6.4 各级公路对视距的要求 … 69
3.7 道路平面设计成果 …… 70
　3.7.1 直线、曲线及转角表 …… 70
　3.7.2 逐桩坐标表 …… 71
　3.7.3 路线平面设计图 …… 74
本章小结 …… 78
习题与思考题 …… 79

## 第4章 纵断面设计 …… 81

4.1 概述 …… 82
4.2 纵坡及坡长设计 …… 83
　4.2.1 纵坡设计的一般要求 …… 83
　4.2.2 最大纵坡 …… 83
　4.2.3 纵坡折减 …… 84
　4.2.4 理想的最大纵坡和不限
　　　　长度的最大纵坡 …… 85
　4.2.5 最小纵坡 …… 86
　4.2.6 坡长限制 …… 86
　4.2.7 缓和坡段 …… 88
　4.2.8 平均纵坡 …… 88
　4.2.9 合成坡度 …… 89
4.3 竖曲线设计 …… 90
　4.3.1 竖曲线的线形 …… 90
　4.3.2 竖曲线要素的计算公式 … 90
　4.3.3 竖曲线的最小长度和
　　　　最小半径 …… 92
　4.3.4 竖曲线的设计和计算 …… 98
4.4 爬坡车道的设计 …… 100
　4.4.1 设置爬坡车道的条件 …… 100

4.4.2 爬坡车道的设计 …… 101
4.5 道路平、纵线形组合设计 …… 102
　4.5.1 视觉分析 …… 103
　4.5.2 道路平、纵线形组合
　　　　设计 …… 103
4.6 纵断面设计方法及纵断面图 …… 108
　4.6.1 纵断面设计要点 …… 108
　4.6.2 纵断面设计方法与步骤及
　　　　注意问题 …… 110
　4.6.3 纵断面设计成果 …… 112
4.7 城市道路纵断面设计要求及
　　锯齿形街沟设计 …… 115
　4.7.1 城市道路纵断面设计
　　　　要求 …… 115
　4.7.2 锯齿形街沟设计 …… 116
本章小结 …… 118
习题与思考题 …… 118

## 第5章 横断面设计 …… 120

5.1 道路横断面组成及类型 …… 121
　5.1.1 公路横断面组成及
　　　　类型 …… 121
　5.1.2 城市道路横断面组成及
　　　　类型 …… 123
5.2 行车道宽度 …… 127
　5.2.1 行车道宽度的确定 …… 127
　5.2.2 平曲线加宽及其过渡 …… 130
5.3 路肩、中间带与人行道 …… 134
　5.3.1 路肩的作用及其宽度 …… 134
　5.3.2 分隔带的作用及其
　　　　宽度 …… 135
　5.3.3 城市道路路侧带的组成及其
　　　　宽度 …… 138
　5.3.4 路缘石 …… 139
　5.3.5 公路路基宽度 …… 140
5.4 道路路拱、边沟、边坡 …… 141
　5.4.1 道路路拱 …… 141
　5.4.2 曲线超高 …… 142
　5.4.3 边沟 …… 152
　5.4.4 边坡坡度 …… 152
5.5 道路用地范围与建筑限界 …… 154

5.5.1 道路用地范围 …………… 154
5.5.2 道路建筑限界 …………… 155
5.6 路基横断面设计及成果 ………… 157
5.6.1 公路横断面 ……………… 157
5.6.2 城市道路横断面 ………… 158
5.7 路基土石方数量计算及调配 …… 162
5.7.1 横断面面积计算 ………… 162
5.7.2 土石方数量计算 ………… 163
5.7.3 路基土石方调配 ………… 165
5.8 横断面设计成果 ………………… 169
本章小结 ……………………………… 171
习题与思考题 ………………………… 172

## 第6章 选线  174

6.1 概述 ……………………………… 175
6.1.1 选线原则 ………………… 175
6.1.2 选线的步骤 ……………… 176
6.1.3 选线的一般方法 ………… 177
6.1.4 选线的一般规律 ………… 178
6.2 路线方案比较 …………………… 179
6.2.1 原则性方案比较 ………… 179
6.2.2 详细的方案比较 ………… 180
6.2.3 方案比较的步骤和实例 … 181
6.3 平原地区选线 …………………… 183
6.3.1 自然特征 ………………… 183
6.3.2 路线特征 ………………… 184
6.3.3 布设要点 ………………… 184
6.4 山岭区选线 ……………………… 187
6.4.1 自然特征及路线特征 …… 187
6.4.2 沿溪(河)线 ……………… 189
6.4.3 越岭线 …………………… 196
6.4.4 山脊线 …………………… 202
6.5 丘陵区选线 ……………………… 204
6.5.1 丘陵区的自然特征 ……… 204
6.5.2 路线特征 ………………… 204
6.6 公路选线的新理念 ……………… 208
本章小结 ……………………………… 211
习题与思考题 ………………………… 212

## 第7章 定线  213

7.1 概述 ……………………………… 214

7.1.1 纸上定线 ………………… 214
7.1.2 纸上移线 ………………… 219
7.1.3 断链 ……………………… 219
7.2 纸上定线操作方法 ……………… 220
7.2.1 直线型定线计算方法 …… 220
7.2.2 直线型定线法坐标
计算 ……………………… 221
7.2.3 曲线型定线法 …………… 222
7.3 实地放线 ………………………… 225
7.3.1 穿线交点法 ……………… 225
7.3.2 拨角法 …………………… 227
7.3.3 直接定交点法 …………… 227
7.3.4 坐标法 …………………… 228
7.4 直接定线 ………………………… 229
7.4.1 一般情况下(自由坡度
地段)的定线 …………… 229
7.4.2 地面坡度较陡的路段
定线 ……………………… 230
7.4.3 曲线插设方法 …………… 231
7.4.4 直接定线与纸上定线的
比较 ……………………… 233
本章小结 ……………………………… 234
习题与思考题 ………………………… 235

## 第8章 道路CAD  236

8.1 概述 ……………………………… 237
8.1.1 CAD技术简介 …………… 237
8.1.2 道路路线CAD组成
系统 ……………………… 239
8.2 数字地面模型 …………………… 242
8.2.1 概述 ……………………… 242
8.2.2 DTM类型 ………………… 242
8.2.3 数字地面模型及在道路
设计中的应用 …………… 244
8.3 计算机辅助路线平纵横设计 …… 244
8.3.1 平面设计与绘图 ………… 244
8.3.2 纵断面设计与绘图 ……… 245
8.3.3 横断面设计与绘图 ……… 246
8.4 常用道路设计软件简介 ………… 246
8.4.1 CARD/1软件简介 ……… 246

8.4.2 纬地 HintCAD 软件简介 …… 248
8.4.3 EICAD 软件简介 …… 249
8.4.4 DICAD 软件简介 …… 251
本章小结 …… 253
习题与思考题 …… 254

## 第 9 章 道路平面交叉设计 …… 255

9.1 交叉口设计概述 …… 256
    9.1.1 交叉口组成 …… 256
    9.1.2 交叉口的交通分析 …… 257
    9.1.3 交叉口设计原则和主要内容 …… 259
    9.1.4 交叉口类型及选择 …… 260
9.2 交叉口交通组织设计 …… 262
    9.2.1 车辆交通组织 …… 262
    9.2.2 行人及非机动车交通组织 …… 265
9.3 交叉口平面与视距设计 …… 266
    9.3.1 交叉口设计依据 …… 266
    9.3.2 公路平纵线形设计 …… 267
    9.3.3 交叉口的视距设计 …… 268
    9.3.4 交叉口缘石半径设计 …… 270
    9.3.5 交通岛设计 …… 271
9.4 交叉口拓宽设计 …… 273
    9.4.1 设置条件 …… 273
    9.4.2 设置方法 …… 274
    9.4.3 拓宽车道长度 …… 275
    9.4.4 拓宽车道的宽度 …… 277
9.5 环形交叉口设计 …… 277
    9.5.1 环形交叉口类型 …… 277
    9.5.2 常规环形交叉口 …… 277
9.6 交叉口立面设计 …… 281
    9.6.1 交叉口立面设计的要求和原则 …… 281
    9.6.2 交叉口立面设计的基本类型 …… 281
    9.6.3 交叉口立面设计的方法与步骤 …… 283
本章小结 …… 289
习题与思考题 …… 290

## 第 10 章 道路立体交叉设计 …… 292

10.1 立交基本组成及特征 …… 293
    10.1.1 立交的基本组成 …… 293
    10.1.2 公路和城市立交的特征 …… 294
10.2 立体交叉的类型 …… 294
    10.2.1 按结构物形式分类 …… 294
    10.2.2 按交通功能分类 …… 295
10.3 立交规划、选型与设计 …… 298
    10.3.1 立交的布置规划 …… 298
    10.3.2 立交选型与设计 …… 299
10.4 立交主线设计 …… 303
    10.4.1 主线设计要求 …… 304
    10.4.2 平面线形设计 …… 304
    10.4.3 纵断面线形设计 …… 305
    10.4.4 最大纵坡 …… 305
    10.4.5 主线横断面 …… 305
    10.4.6 主线视距保证 …… 305
10.5 立交匝道设计 …… 306
    10.5.1 匝道设计依据 …… 306
    10.5.2 匝道的分类与布置 …… 307
    10.5.3 匝道平面线形设计 …… 310
    10.5.4 匝道纵断面线形设计 …… 311
    10.5.5 匝道横断面设计 …… 313
10.6 匝道端部设计 …… 317
    10.6.1 车道平衡设计 …… 317
    10.6.2 变速车道设计 …… 318
    10.6.3 匝道出入口端部设计 …… 322
    10.6.4 主线的分岔、合流和匝道的分流、合流 …… 324
10.7 道路与其他道路及管线交叉 …… 326
    10.7.1 道路与铁路交叉 …… 326
    10.7.2 道路与乡村道路交叉 …… 328
    10.7.3 道路与管线交叉 …… 328
本章小结 …… 329
习题与思考题 …… 330

## 第 11 章 道路沿线设施 …… 331

11.1 公共交通站点的布置 …… 331

11.1.1 公共交通站点的种类和布置 ………… 332
11.1.2 公交站的间距 ………… 332
11.1.3 公交站台的布置方式 … 333
11.2 停车场设计 ………… 334
    11.2.1 汽车停车场设计 ……… 334
    11.2.2 自行车停车场设计 …… 337
11.3 道路照明设计 ………… 337
    11.3.1 照明标准 ……… 337
    11.3.2 照明系统的布置 ……… 338
    11.3.3 立体交叉照明设计 …… 340
11.4 道路交通标志与标线 ………… 341

11.4.1 道路交通标志 ………… 341
11.4.2 道路交通标线 ………… 343
11.5 高速公路服务设施布设 ……… 345
    11.5.1 公共汽车停靠站的布设 …………… 345
    11.5.2 停车区的布设 ………… 347
    11.5.3 服务区的布设 ………… 349
本章小结 ………… 351
习题与思考题 ………… 351

**参考文献** ………… 352

# 第1章 绪论

## 教学要点

| 知识要点 | 掌握程度 | 相关知识 |
|---|---|---|
| 基本概念 | (1) 准确理解道路勘测设计的基本概念;<br>(2) 掌握道路分级与技术标准 | (1) 公路、城市道路、专用道路等;<br>(2) 高速公路、一级公路等 |
| 道路现状与发展目标 | (1) 了解五大交通运输体系;<br>(2) 了解道路发展现状;<br>(3) 了解道路近期与远期目标 | (1) 铁路、公路、水运、航空、管道;<br>(2) 道路运输特点;<br>(3) 交通部发展规划 |

## 技能要点

| 技能要点 | 掌握程度 | 应用方向 |
|---|---|---|
| 道路勘测设计的任务 | (1) 掌握道路勘测设计的程序;<br>(2) 了解道路勘测设计的工作内容 | (1) 可行性研究;<br>(2) 设计文件编制 |
| 道路勘测设计的依据 | (1) 道路勘测设计原则;<br>(2) 设计速度 | (1) 安全、迅速、经济、舒适;<br>(2) 交通量、通行能力 |

### 基本概念

道路勘测设计;公路;城市道路;道路分级;道路红线;设计速度;设计车辆;交通量;通行能力;高速公路;一级公路;二级公路;三级公路;四级公路;国道;省道;县道;乡道;农村道路;厂矿道路;快速路;主干路;次干路;支路。

### 引例

高速公路和城市快速路是交通运输现代化的标志之一。我国高速公路建设已进入大规模发展阶段,部分东部经济发达地区已基本实现交通现代化,但我国全面实现交通现代化还有一段时日,除了硬件基础设施需要大力发展外,还有与之相适应的软件基础设施也需要大力发展,即交通信息管理系统。

当前各大城市居民似乎已经习惯了堵车、晚点、迟到等现象,这一交通问题亟待解决。只有硬件、软件同步发展,才能从根本上解决交通拥堵问题。

道路是地面上供人和车辆通行的具有一定技术标准的设施，是公路和城市道路的统称。公路是市区以外连接城市或工矿之间的道路；城市道路是指城市范围内的道路，它作为城市的公共空间，是城市建设的基础，是城市交通、生产和生活的必要设施，是城市总平面布置的骨架。

勘测是勘察和测量的总称。勘察是对工程所处的地理环境进行地质、水文等工程属性的信息收集。测量是对工程所处的地理环境的空间信息进行收集，包括地形图测绘、定线、施工放样等。设计是工程建设预先制订方案和图样等工作。工程建设的基本程序是先勘测、后设计、再施工。因此，没有设计就不能施工，没有正确的勘测，就不能有正确的设计。

道路勘测设计就是通过踏勘测量、设计道路几何空间形态，以满足汽车行驶的基本要求和美学原则。

## 1.1 交通运输网络构成

交通运输事业是国民经济的重要组成部分，是国民经济的命脉。它把国民经济各领域和各个地区联系起来，担负着国家建设中原材料与产品的集散、城乡间的物资交流运输任务，并满足人们在物质文化生活上的需要，是联系工业和农业、城市和乡村、生产和消费的纽带；它在国家的政治、经济、军事、文化建设中具有重要作用，在社会物质财富的生产和分配过程中，在广大人民的生活中起着极为重要的作用。

### 1.1.1 现代交通组成

现代交通运输由铁路、公路、水运、航空及管道等几种运输方式组成。这些运输方式的点、线、面交通运输组成国家综合运输系统。

铁路运输适用于远程的大宗货物及人流运输。其特点是运输量大、迅速，特别是高速铁路的出现(轻轨、磁悬浮)，使铁路运输能力得到进一步提高，但由于铁路运输转运次数多，装卸费用较高，使其一般只在远距离运输上占优势。由于受铁路轨道的控制，铁路运输属于线性运输。

水路运输是船加水的运输方式，运输成本最低，但速度慢，并受自然因素制约；运输方式包括内河及海洋(近海、远洋)运输。

航空运输适于快速运送旅客、紧急物资及邮件，速度快，但成本也高。

管道运输适于液态、气态及散装粉状材料的专用运输。

公路运输适于人流及货物的各种运距的小批量运输。

### 1.1.2 公路运输的特点及其在国民经济中的地位

公路运输与其他运输方式比较，具有如下特点。

(1) 机动灵活，能迅速集中和分散货物，做到直达运输，不需中转，可以实现"库—库"的直接运输，节约时间和减少中转费用，减少货损。

(2) 受交通设施限制少，是最广泛的一种运输方式，可伸展到任何地区，可承担其他运输方式的转运任务，在交通运输网中是其他运输方式联系的纽带。

（3）适应性强，服务面广，时间上随意性强，可用于小批量运输和大宗运输。

（4）公路运输投资少，资金周转快，社会效益显著。

（5）与铁路、水运比较，公路运输由于汽车燃料价格高，服务人员多，单位运量小，所以在长途运输中，其运输成本偏高。但随着高等级公路的迅速发展、汽车制造技术的不断改进、运输管理水平的不断提高，这些不足正在逐步得到改善。

由于公路运输的这些特点，使公路得以快速发展。到 20 世纪 70 年代，经济发达国家大多改变了一个多世纪以来以铁路运输为中心的局面。公路运输在各种运输方式中起了主导作用，特别是现代高速公路的出现，使公路运输在经济建设中发挥更加重要的作用，是我国综合运输体系中最活跃的一种运输方式，并显示出广阔的发展前景。

## 1.2 我国道路建设成就与发展规划

### 1.2.1 我国道路发展与建设成就

古代：早在公元前 2000 年前，就有了可以行驶牛、马车的道路。秦始皇统一六国后，大修驰道，颁布"车同轨"法令，使得道路建设得到了一个较大的发展。

近代：20 世纪初（1902 年）汽车输入我国，通行汽车的公路开始发展起来。从 1906 年年在广西友谊关修建第一条公路开始，到 1949 年年底，全国公路通车里程仅有 8.1 万千米。

现代：中华人民共和国成立以后，为了迅速恢复和发展国民经济，巩固国防，国家对公路建设做出了很大努力，取得了显著成就，特别是改革开放后，公路建设迅速发展。

1978 年年底公路通车里程达 88 万千米（第一次全国公路普查数据）。

1990 年第一条高速公路（沈大高速公路）建成通车后，到 2001 年年底，高速公路总里程达 1.9 万千米，超过加拿大，仅次于美国（8.8 万千米），位居世界第二位。

2006 年年底，全国公路总里程达 345.70 万千米。其中，国道 13.34 万千米，省道 23.96 万千米，县道 50.65 万千米，乡道 98.76 万千米，专用公路 5.80 万千米，村道 153.20 万千米。全国公路密度为 0.36 千米/平方千米。

2011 年年底我国高速公路通车总里程达 8.5 万千米。仅在 2011 年，我国新增公路通车里程就达 7.14 万千米，其中高速公路 1.10 万千米。美国高速公路通车总里程约为 10 万千米，位居世界第一，目前中国仍位居第二。预计 2012 年中国高速公路仍将快速发展，并将在 2013 年超过美国，成为世界上高速公路通车里程最长的国家。

### 1.2.2 道路现状评价

上述资料说明新中国成立后，特别是改革开放以来，我国公路建设取得了巨大成就。尽管交通基础设施建设发展迅速，但与汽车工业相比仍然相对滞后。北京市由于私人购车强劲而不得不对私人购车进行摇号限制。各大城市的堵车越来越严重，表明交通基础设施的发展空间还很大。归纳起来，还存在如下几方面的问题。

（1）公路数量少、通达深度不够。

① 公路通车总里程少。

② 公路密度低：公路密度指每百平方千米国土面积拥有的公路里程数。从总体上讲，我国公路基础设施总量不足，密度偏低。美国公路密度每百平方千米为 67 千米，英国为 160 千米，法国为 147 千米，日本为 303 千米，印度为 61 千米，而我国只有 36 千米。

（2）公路网等级低、高等级公路少、路面质量差、标准低。

（3）发展不平衡。

东西部差距较大，平原区与山区差别大。公路密度各省市差距大：上海 95.4 千米，天津 55.1 千米，北京 51.0 千米，海南 61 千米，广东 58 千米，江苏 56.6 千米。10 千米以下的省、自治区有 5 个，分别为西藏、青海、新疆、内蒙古、甘肃。

### 1.2.3 总体目标

"八五"初期，交通部根据我国社会经济和公路交通运输发展的需要，研究制定了《国道主干线系统规划》。该规划于 1992 年由交通部正式提出。国道主干线系统由"五纵七横"12 条国道主干线和公路主枢纽及信息系统构成，是全国公路网的主骨架，主要路线都采用高速公路技术标准，总里程约 3.5 万千米，主要连接首都、直辖市、各省省会（自治区首府）城市、经济特区以及重要的交通枢纽和对外开放口岸，具体布局方案如图 1-1 所示。

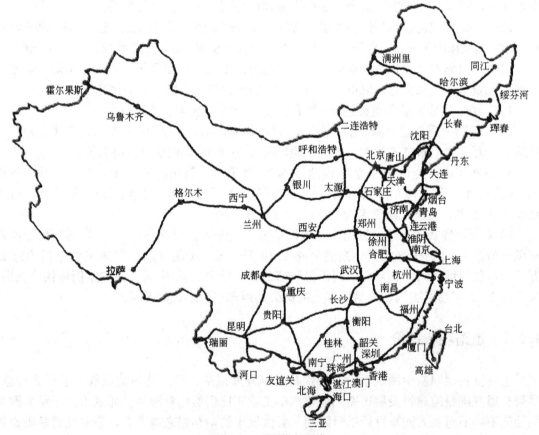

图 1-1 国道主干线

"五纵"是同江至三亚、北京至福州、北京至珠海、二连浩特至河口、重庆至湛江。

(1) 同江—哈尔滨—沈阳—大连—烟台—青岛—连云港—上海—宁波—福州—广州—海口—三亚；

(2) 北京—天津—济南—南京—杭州—宁波—福州；

(3) 北京—石家庄—郑州—武汉—长沙—广州—珠海；

(4) 二连浩特—大同—太原—西安—成都—昆明—河口；

(5) 重庆—贵阳—南宁—湛江。

"七横"是绥芬河至满洲里、丹东至拉萨、青岛至银川、连云港至霍尔果斯、上海至成都、上海至瑞丽、衡阳至昆明。

(1) 绥芬河—哈尔滨—满洲里；

(2) 丹东—沈阳—北京—呼和浩特—银川—兰州—西宁—拉萨；

(3) 青岛—济南—石家庄—太原—银川；

(4) 连云港—郑州—西安—兰州—乌鲁木齐—霍尔果斯；

(5) 上海—南京—合肥—武汉—重庆—成都；

(6) 上海—杭州—南昌—长沙—贵阳—昆明—瑞丽；

(7) 衡阳—桂林—南宁—昆明。

上述"五纵七横"国道主干线经过"十五"和"十一五"的建设，总规模约 3.5 万千米，于 2010 年年底基本贯通。《国家高速公路网规划》包含"五纵七横"国道主干线的 12 条路线在内，共 34 条路线，总规模为 8.5 万千米，将在未来 10 年完成。

由于我国各地经济发展水平不平衡，因此，各地区的交通发展水平也不平衡，各地区的交通发展目标也不一样。在东部沿海等经济发达地区率先实现交通现代化；到 2020 年，湖北省等中部省份基本实现交通现代化；到 21 世纪中叶，全面实现交通现代化，达到中等发达国家水平。

## 1.2.4 交通基础设施近期目标

公路网规模进一步扩大，技术质量明显提升。公路总里程将达到 450 万千米，国家高速公路网基本建成，高速公路总里程将达到 10.8 万千米，覆盖 90% 以上的 20 万以上城镇人口城市，二级及以上公路里程将达到 65 万千米，国道、省道总体技术状况达到良好水平，农村公路总里程将达到 390 万千米，见表 1-1。

表 1-1 "十二五"交通基础设施近期目标

| 序号 | 指标 | 单位 | 2010 年 | 2015 年 |
| --- | --- | --- | --- | --- |
| 1 | 公路网总里程 | 万千米 | 398.4 | 450 |
| 2 | 高速公路总里程 | 万千米 | 7.4 | 10.8 |
| 3 | 二级及以上公路总里程 | 万千米 | 44.5 | 65 |
| 4 | 农村公路总里程 | 万千米 | 345.5 | 390 |
| … | | | | |
| 8 | 沿海港口深水泊位数 | 个 | 1774 | 2214 |

(续)

| 序号 | 指标 | 单位 | 2010年 | 2015年 |
|---|---|---|---|---|
| 9 | 内河高等级航道里程 | 万千米 | 1.02 | 1.3 |
| — | — | — | — | — |
| 14 | 民航机场总数 | 个 | 175 | ≥230 |

沿海港口布局将进一步完善，服务功能明显拓展，形成布局合理、保障有力、服务高效、安全环保、管理先进的现代化港口体系。港口码头结构将进一步优化，深水泊位达到2214个，能力适应度（港口通过能力/实际完成吞吐量）达到1.1。

内河航道通航条件将显著改善。"两横一纵两网十八线"1.9万千米高等级航道70%达到规划标准，高等级航道里程达到1.3万千米，内河水运得到较快发展，运输优势进一步发挥。

到2015年，我国道路基础设施网络更趋完善，结构更加合理，交通运输供给能力明显增强，运输装备进一步改善，运输组织不断优化，运输效率和服务水平明显提升，创新能力不断增强，科技进步和信息化水平不断提高，行业监管能力明显加强，以低碳为特征的交通运输体系建设取得成效，资源节约型、环境友好型行业建设取得明显进展，交通安全监管体系逐步完善，应急反应能力进一步加强，安全保障能力明显提高。便捷、安全、经济、高效的综合运输体系初步形成，基本适应国民经济和社会发展的需要。

## 1.3 道路勘测设计的任务与内容

道路是一种带状的三维空间结构物，包括路面、路基、桥涵、隧道等工程实体。道路设计是从几何和结构两大方面进行研究的。

在结构方面，对路面、路基、桥涵、隧道这些工程设计总的要求是：用最小的投资，尽可能少的外来材料以及合理的养护力量，使它们能在自然破坏力和汽车行驶所产生的各种力的作用下，在设计年限内保持使用质量。这些工程都分别开设有相关课程。

在道路设计的几何方面，则属于道路勘测设计研究的范围。道路勘测设计就是进行道路的几何设计，主要研究汽车行驶与道路各个几何元素的关系，以保证在设计速度、预计交通量以及地形和其他自然条件下，行车安全、经济、舒适以及保持路容美观。做好勘测设计工作不仅能在建设工程中取得好的经济效果和社会效益，而且在建成投产后也能取得好的使用效果。因此，道路勘测设计要涉及人、车、路、环境的相互关系。

对于三维空间体的道路，设计时既要作为整体来考虑，也要把它解剖为路线的平面、纵断面和许多横断面来分别研究处理，还要结合地形以及其他自然条件作综合考虑。汽车运行的轨迹、动力性能以及交通流量与交通特性都与道路的几何设计有着直接关系，要做好道路设计也必须研究这些问题。因此，道路勘测设计就是根据设计任务书提出的公路路线，或按照城市规划所拟定的城市道路路线，进行实地勘测，取得必要的勘测设计资料，包括沿线地形、地貌、河流水文、工程地质和水文地质、筑路材料，并按照规定编制设计文件。

要做好设计,首先要获得相关的资料。要获得相关的资料,必须做好以下调查。

(1) 工程地质调查。调查沿线土和岩石的种类、性质、结构特性和含水状态,地质构造、岩石风化情况等。

(2) 路基路面调查。收集道路沿线的气象资料,进行路基水文调查;道路经过路线如为沿江、沿河或滨海地区,应调查河、海的水文资料、河流变迁、冲淤情况,确定路基标高时应考虑是否需要设置防水墙和合理布置排水等设施;查明沿线筑路材料,包括城市筑路材料来源和工业废料等的质量和产量。新建道路应测算交通组成和交通量;改建道路观测现有和预计发展的交通情况,了解原有路面结构的宽度、类型、厚度、标高、养护等情况,并对老路基做出鉴定,作为利用、改善和重建的依据。路面设计还应根据土基状态,综合气候、水文、筑路材料、交通性质、道路纵断面等因素通过计算论证道路路面结构类型和厚度、材料用量和工程造价,还可根据道路性质分段提出不同的路面结构。

(3) 桥、涵、灌溉渠道调查。调查收集河流水文资料,包括水位、流量、流速等,根据勘定的桥、涵、灌溉渠道位置方案选定桥位、桥型和孔径(包括涵洞和灌溉渠道的连通管)和确定必要的调治构筑物。

(4) 经济调查。查明影响路线修建性质、用途、运量流向、车辆组成等因素,论证采用的交通量、技术指标和设计依据的合理性以及道路建成后所取得的经济效果。

道路设计还要经过技术、经济多方面的方案分析论证和比较,选定合理的路线,并与周围景物相协调。

## 1.4 道路勘测设计的基本原则

速度似乎是现代人不断追求的目标。现代汽车的最高时速已达 800km 以上,飞机的最高时速已达 10000km,磁悬浮列车的运营速度可达 500km/h。高速铁路是我国经济发展的奇迹,其最高时速达到 350km,为世界之最。我国时速 1000km 的高速铁路正在研究之中。

然而,没有安全的速度是没有意义的。在我国道路交通事故排行榜中,超速(或高速)排第一位。我国每年因交通事故造成的死亡人数在 10 万人以上,与国际上发达国家相比,中国的交通事故死亡在绝对数值上是日本的 13.4 倍、德国的 18.4 倍;在相对数值的万车死亡人数上是日本的 12.2 倍、德国的 9.5 倍。因此,"安全才能回家",而不是"快速才能回家"。

汽车行驶总的要求是安全、迅速、经济、舒适。道路设计是以满足汽车行驶的要求为目的,在道路勘测设计基本原则中,安全排在第一位。在解决交通安全问题后,才能追求速度。

因此,道路勘测设计基本原则是:安全、迅速、经济、舒适。道路设计时速与技术标准必须建立在这个原则基础之上。

道路勘测设计还要体现国家有关的方针、政策,切合实际,技术先进,适用、美观并符合交通工程的要求。公路还应综合考虑山、水、田、林、路等统筹安排、布置协调、保护环境。设计标准应根据工程的不同性质、不同要求,区别对待。

## 1.5 道路勘测设计的基本程序

为了改进建设项目的管理，重大项目的审批要做好项目建议书、设计任务书或可行性研究报告。项目建议书根据国民经济长期规划、地区规划和行业规划等要求，经过调查、预测、分析后提出在技术、工程、经济和外部协作条件上是否合理和可行，进行全面分析、论证，做多方案比较，认为项目可行后推荐最佳方案。经批准后，由部门、地区或企业负责组织编制设计任务书或可行性研究报告上报。设计任务书批准后，所有新建、改建、扩建和技术改造的道路工程都必须编制勘测设计文件。

根据我国《公路工程基本建设管理办法》的规定，公路基本建设程序如下。
(1) 根据长远规划和项目建设书，进行可行性研究；
(2) 在可行性研究的基础上，编制设计计划任务书；
(3) 根据批准的计划任务书，进行现场勘测，编制初步设计文件和工程概算；
(4) 根据批准的初步设计文件，编制施工图和施工图预算；
(5) 列入年度基本建设计划；
(6) 进行施工前的各项准备工作；
(7) 编制施工组织设计及开工报告，报上级主管部门审批；
(8) 施工；
(9) 编制竣工图表和工程决算，进行竣工验收。

### 1. 公路工程可行性研究

"可行性研究"是基本建设前期工作的一项重要内容，是基本建设程序的重要组成部分，是进行项目决策和编制计划任务书的科学依据。公路工程可行性研究的目的是对待建工程的必要性、技术可行性、经济合理性、实施可能性等进行综合研究，推荐最佳方案，进行投资估算，并做出经济评价，为建设项目的决策和审批提供依据。

公路工程的可行性研究一般包括下列内容。
(1) 概述：论述建设任务依据、历史发展背景、建设范围与主要内容，提出可行性研究的主要结论。
(2) 现状及问题：论述建设地区交通运输网的现状和存在的主要问题，拟建公路在区域运输网中的作用，原有公路的技术状况和不适应程度。
(3) 发展预测：进行全面的交通调查和经济调查，论述该地区的经济特征，研究建设项目与经济发展的内在联系，预测交通运输量的发展情况。
(4) 建设规模和标准：论述项目建设规模和采用的等级及其主要技术指标。
(5) 建设条件和方案比选：调查建设项目所处地理位置的地形、地质、地震、气候、水文等自然条件和社会条件、主要建筑材料的来源及运输条件，进行方案的比选，并对环境影响做出分析。
(6) 投资估算与资金筹措：包括主要工程数量、公路建设用地及拆迁、单价拟定、投资估算和资金筹措等。
(7) 工程建设实施计划：包括勘测设计和工程施工的计划和要求、工程管理人员和技术人员的培训等。

(8) 经济评价：包括运输成本等经济参数的确定、建设项目直接经济效益分析、建设项目间接效益分析、建设项目费用估算等，对于贷款项目还需要进行项目的财务评价。

根据上述研究成果，通过综合分析评价，提出技术先进、投资少、效益好的最优建设方案。

2. 设计任务书

公路勘测设计工作是根据批准的设计任务书进行的，设计任务书包括以下内容。
(1) 建设的依据和意义。
(2) 路线的建设规模和修建性质。
(3) 路线的基本走向和主要控制点。
(4) 工程技术标准和主要技术指标。
(5) 勘测设计的阶段划分及各阶段完成的时间。
(6) 建设期限和投资估算，分期修建应提出每期的建设规模和投资估算。
(7) 施工力量的原则安排。
(8) 附路线示意图，工程数量，钢材、水泥、木材等用量。

计划任务书经上级批准后，如对建设规模、期限、技术等级标准及路线走向等重大问题有变更时，应报原批准机关审批同意。

3. 勘测设计的阶段划分

公路勘测设计可分为两阶段测设、一阶段测设和三阶段测设。

1) 两阶段测设

两阶段测设为公路勘测设计的主要程序，即通常一般公路所采用的测设程序。其步骤为：先进行初测、编制初步设计和工程概算，经上级批准初步设计后，再进行定测、编制施工图和工程预算；也可直接进行定测、编制初步设计，然后根据批准的初步设计，通过补充测量编制施工图和工程预算。

2) 一阶段测设

适用于技术简单、方案明确的小型公路工程，即进行一次详细的定测，据此编制施工图设计和工程预算。

3) 三阶段测设

对于技术上复杂而又缺乏经验的建设项目，或建设项目中的个别路段、特殊大桥、互通式立体交叉、隧道等，必要时应采用三阶段设计，即分初步设计、技术设计和施工图设计 3 个阶段。

不论采用哪种方式，在勘测前都要进行实地调查(或称视察)，它是勘测前不可缺少的一个步骤，也可与可行性研究结合在一起，但不作为一个阶段。

4. 设计文件的编制

设计文件是公路勘测设计的最后成果，经审查批准后是公路施工的依据。一般建设项目，可按初步设计、施工图设计两个阶段设计；有些技术上比较简单的道路工程建设项目，设计方案确定后，就可做施工图设计；技术上相当复杂的道路工程项目，可按初步设计、技术设计和施工图设计 3 个阶段进行。设计文件表达形式有：文字说明、设计图纸和表格3种。

1) 初步设计文件

初步设计是项目决策后,根据设计任务书要求所作的具体实施方案,应能满足项目投资包干、招标承包、材料、设备订货、土地征用和施工准备等要求。根据批准的设计任务书和收集的勘测设计资料编制初步设计文件,确定设计原则、技术标准、工程规模、工程数量、工程概算、材料数量等。其组成内容为:①设计说明书,包括设计依据及概述、设计技术准备、对道路工程设计的各个方案进行技术经济论证和提出推荐方案、存在问题和注意事项等;②主要工程数量和主要材料数量表;③工程概算,说明编制概算所采用的定额、各项费率标准、材料价格、施工方法及施工费用的依据;④设计图纸,包括道路位置示意图、平面地形图(包括征地、拆迁线)、纵断面图、横断面图、道路交叉、广场设计图、绿化、照明布置等。

2) 技术设计和施工图设计

技术设计主要用于技术上相当复杂的道路工程。初步设计经审批后就可进行技术勘测,根据技术勘测资料做技术设计或施工图设计。技术设计是对初步设计中一些复杂工程内容,如道路和广场的竖向设计,难度较大的道路交叉,交通组织措施,全面性的综合排水设计,有关地上、地下管线平面和立面的综合协调等进行深一步较详细的技术设计。施工图设计内容包括绘制道路平面、纵断面、横断面、平面交叉口、立体交叉、广场设计等的各部详细尺寸和标高,路面结构设计组成及厚度,排水设计,中小桥、涵洞、灌溉渠道连通管及其他附属构筑物的位置、标高、孔径、结构设计等施工详图和必要的施工说明,提出征地、房屋拆迁、迁移管线和障碍物等的数量,编制工程预算。当与初步设计有较大变动时,应修正初步设计和概算,报上级批准后实施。

施工图设计是施工单位编制施工组织设计的重要依据,其成果要比初步设计更为详尽和具体,重点反映在施工图纸上,施工单位可依图施工。

## 1.6 道路分类与分级

### 1.6.1 道路的分类

道路是指供各种车辆和行人等通行的工程设施的总称,按其使用特点共分为公路、城市道路、厂矿道路以及乡村道路等。

**1. 公路**

公路是指连接城市、乡村,主要供汽车行驶的道路。根据公路的作用及使用性质,又将公路划分为以下5种。

(1) 国家干线公路(简称国道),是指具有全国性政治、经济、文化以及国防意义的公路,包括重要的国际公路、国防公路以及连接各省、市、自治区、重要大中城市、港口枢纽、工农业基地等的主要干线公路。前述的"五纵七横"即属国道。

(2) 省级干线公路(简称省道),在省公路网中,具有全省性的政治、经济、国防意义，并经确定为省级干线的公路。

(3) 县级公路(简称县道)，具有全县性的政治、经济意义，并经确定为县级干线的公路。

(4) 乡级公路(简称乡道)，主要为乡村生产、生活服务，并经确定为乡级的公路。

(5) 专用公路由工矿、农林部门等投资修建，主要供部门使用的公路。

2. 城市道路

城市道路是指在城市范围内，供车辆及行人通行的道路。城市道路的功能除了把城市各部分联系起来为城市交通服务外，还起着形成城市布局主骨架的作用，同时为通风、采光、防火、绿化、商业活动等提供公共空间。

3. 厂矿道路

厂矿道路是指在工厂、矿山范围内，供运输车辆和行人通行的道路。

4. 林区道路

林区道路是指在林区主要供各种林业运输工具通行的道路。由于林区地形及运输木材的特征，其技术要求应按照专门制定的林区道路技术标准执行。

5. 乡村道路

乡村道路是指修建在乡村、农场，主要供行人和农业运输工具通行的道路。由于乡村道路主要为农业生产服务，因而，一般不列入国家公路等级标准。

本书主要针对公路和城市道路展开讨论。

## 1.6.2 公路的分级

公路根据功能和适应的交通量分为以下 5 个等级。

(1) 高速公路：一般能适应按各种汽车折合成小客车的年平均日交通量为 25000 辆以上，专供汽车分道高速行驶并全部控制出入口的公路。

(2) 一级公路：一般能适应按各种汽车折合成小客车的年平均日交通量为 15000 辆以上，为连接重要政治、经济中心，通往重点工矿场区、港口或机场，专供汽车分道行驶并根据需要控制出入口的公路。

(3) 二级公路：一般能适应按各种汽车折合成小客车的年平均日交通量为 5000～15000 辆，为连接政治、经济中心，通往大工矿场区、港口或机场的双车道公路。

(4) 三级公路：一般能适应按各种汽车折合成小客车的年平均日交通量为 2000～6000 辆，为沟通县以上城市的双车道公路。

(5) 四级公路：一般能适应按各种汽车折合成小客车的年平均日交通量为 2000 辆以下，为沟通县、乡(镇)、村等的双车道公路，或年平均日交通量 400 辆以下的单车道公路。

我国幅员辽阔，各地地理位置和自然条件各不相同，故对技术标准的掌握应在满足基本要求的前提下，结合实际灵活运用。使用技术标准时必须注意两种倾向：一是不考虑路线的作用和运输长远发展的要求，采用低标准以压低工程投资；二是盲目轻率、贪大求全，采用高标准，既增加了投资，又多占了土地。

公路等级应根据公路网的规划和远景交通量，从全局和长远利益出发，结合公路的使用任务、性质等综合确定。公路等级一经确定，则工程规模、设计技术标准和工程投资等就基本确定下来了。如果公路等级确定不当，不是使工程设计标准过高、投资过大，就是使工程设计标准过低，建成后不久就不再适用，造成资金上的浪费。因此，在选用上应注意以下几点。

（1）确定公路等级的主要因素是公路功能、交通量、沿线地形和自然条件，各级公路所能适应的年平均日交通量是指远景设计年限的交通量。远景设计年限为：高速公路和一级公路为20年；二级、三级公路为15年；四级公路根据实际情况确定。因此，在确定公路等级时，应首先确定远景设计交通量。

（2）在同一地形范围内，一条公路可根据交通量等情况分段采用不同的等级，但相邻设计路段的计算行车速度之差不宜超过20km/h。

（3）一条公路通过不同地形分区时，因相邻路段计算行车速度一般相差较大，在相互衔接处一定长度范围内，应结合地形变化，主要技术指标随之过渡（即设置过渡段），避免出现突变，且同一公路相邻路段公路等级之差不应超过一级。

（4）按不同设计速度设计的各路段，其长度不宜过短。高速公路和一级公路长度一般不小于20km，特殊情况下可减至10km；其他等级公路和城市出入口一级公路一般不小于10km，特殊情况下可减至5km。

（5）不同设计路段的衔接地点，应选择在交通量发生较大变化处，如交叉路口、互通式立体交叉处等；或者驾驶者能够明晰判断前方需要改变行车速度处，如桥梁、村镇、地形急剧变化等处，以免造成安全事故。

（6）技术指标的规定值是在一定车速下的极限值（如最大纵坡、极限最小平曲线半径）。当在地形平坦的情况下，定线不困难且不过分增加工程量时，应尽可能采用较高的指标，以提高公路的使用质量。只有在地形困难或受限制的情况下，才采用相应指标的极限值。

### 1.6.3 城市道路分类

按照道路在城市道路网中的地位、交通功能以及对沿线建筑物的服务功能，城市道路分为4类。

1. 快速路

快速路为城市中大量、长距离、快速交通服务。快速路对向行车道之间应设中间分车带，其进出口应采用全控制或部分控制。

快速路两侧不应设置吸引大量车流、人流的公共建筑物的进出口，两侧一般建筑物的进出口应加以控制。在进出口较多时，宜在两侧另建辅道。

2. 主干路

主干路为连接城市各主要分区的干路，以交通功能为主。自行车交通量大时，宜采用机动车与非机动车分隔形式，如三幅路或四幅路。

主干路两侧不应设置吸引大量车流、人流的公共建筑物的进出口。

### 3. 次干路

次干路应与主干路结合组成道路网，起集散交通的作用，兼有服务功能。

### 4. 支路

支路宜与次干路与居民区、工业区、交通设施等内部道路相连接，解决局部地区交通，以服务功能为主。

《城市道路工程设计规范》规定道路交通量达到饱和状态时的道路设计年限为：快速路和主干路 20 年；次干路 15 年；支路 10~15 年。

## 1.7 道路勘测设计的控制要素

### 1.7.1 设计车辆

道路上行驶的车辆主要是汽车。对于混合交通的道路还有一部分非机动车。汽车的物理特性及行驶于路上各种大小车辆的组成对于道路几何设计有决定意义，因此选择有代表性的车辆作为设计的依据（即设计车辆）是必要的。

研究公路路幅组成、弯道加宽、交叉口的设计、纵坡、视距等都与设计车辆的外廓尺寸有着密切的关系。汽车的种类很多，按使用目的、结构或发动机的不同分成各种类型，而作为道路设计依据的汽车可分为三类，即：小客车、载重汽车、鞍式列车（图 1-2）。

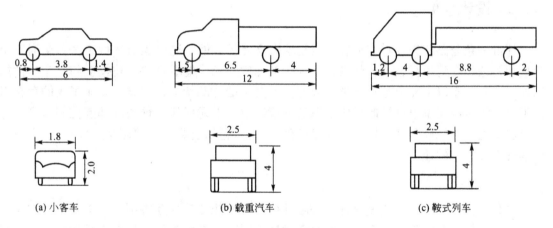

图 1-2 公路设计车辆外廓尺寸

汽车外廓尺寸限界即对汽车的总高、总宽、总长的限制规定，这项规定适用于公路和城市道路运输用的汽车及汽车列车。

车高——一般以载重汽车及半挂车的高度决定净空高度，以小客车的高度确定驾驶员的视线高度。

车宽——世界各国大型客、货运输汽车的宽度大致相同，一般为 2.5m。如果超过 2.5m，会严重地降低通行能力。本标准参照国际惯例以及我国的实际情况，确定了设计车辆的宽度为 2.5m。

车长——载重汽车的长度为不超过 12.0m，是考虑车辆的宽度做了限制以后，为提高运输效率，根据车辆的长度有向长趋向而制定的。车辆前悬、轴距及后悬的尺寸是根据双后轴的载重汽车考虑的。

汽车拖挂分半挂车和全挂车两种。一般是全挂车的车身较长，但在转弯时则半挂车占用路面的宽度较大。故此，选用了半挂车的车身长度。

设计车辆不包括超长、超宽、超高和超重的车辆，实际使用就要应根据道路功能和服务对象选定。《公路工程技术标准》和《城市道路工程设计规范》所规定的设计车辆外尺寸见表 1-2。

表 1-2 设计车辆外廓尺寸(m)

| 车辆类型 | | 总长 | 总宽 | 总高 | 前悬 | 轴距 | 后悬 |
|---|---|---|---|---|---|---|---|
| 小客车 | | 6 | 1.8 | 2.0 | 0.8 | 3.8 | 1.4 |
| 大型车 | | 12 | 2.5 | 4.0 | 1.5 | 6.5 | 4.0 |
| 铰接车 | 公路 | 16 | 2.5 | 4.0 | 1.2 | 4+8.8 | 2 |
| | 城市 | 18 | 2.5 | 4.0 | 1.7 | 5.8+6.7 | 3.8 |

自行车和电动车在大城市近郊和居民密集的地段，数量较多而且有发展的趋势，在设计时应充分注意。自行车的外廓尺寸为宽 0.60m，长 1.93m，载人以后的高为 2.25m；电动车的标准还是空白。

## 1.7.2 设计速度

评价一条公路首先要看它在客、货运输方面是否方便，这些是与运行速度和交通安全直接相关的。在驾车行驶中，驾驶人员采用的速度，除了他本身的驾驶技术和汽车的性能以外，还取决于以下 4 个基本条件：公路及其路侧的外部特征、气候、其他车辆的存在以及不论是法定的还是通过管制设施采取的速度限制。上述任何一种条件都能控制速度。实际上当交通量与气候条件良好时，公路的外廓特征(包括公路本身的道路条件)基本上决定着驾驶人员采用的速度。

1. 设计速度

在公路设计时，设计速度是确定公路几何线形并能使其相互协调的基本要素。它是在气候条件良好，车辆行驶只受公路本身条件影响时，具有中等驾驶技术人员能够安全、舒适驾驶车辆的速度，因此它与运行速度有密切关系。根据国内外观测研究，当设计速度高时，运行速度高于设计速度。这也说明设计速度与运行安全有关。

设计速度是公路设计时确定其几何线形的关键参数。技术标准根据车辆动力性能和地形条件，确定了不同等级公路的设计速度指标，各级公路按地形条件的差别，从 20km/h 到 120km/h。设计速度一经选定，公路的所有相关要素如曲线半径、视距、超高、纵坡、竖曲线半径等指标均与其配合以获得均衡设计。

城市道路设计相对要低一些，快速路和主干路的辅助设计速度宜为主路的 0.4 倍～

0.6倍。平面交叉口设计速度宜为主路的0.5倍～0.7倍,立体交叉匝道设计速度宜为主路的0.4倍～0.7倍。

2. 设计速度的拟定

设计速度的最大值:根据汽车性能,并参考国内外的实际经验,从节约能源以及人在感官上的感觉出发,设计速度的最大值采用120km/h是适宜的。

设计速度的最低值:考虑我国实际的地形条件、土地利用和投资的可有性,确定设计的最低值为20km/h。这比有些国家的规定值可能略低一些(国外规定设计速度的最小值有48km/h、40km/h、30km/h等),但我国认为20km/h还是符合我国的实际情况。各级公路设计速度规定见表1-3。

表1-3 各级公路设计速度

| 公路等级 | 高速度 | | | 一级 | | | 二级 | | 三级 | | 四级 |
|---|---|---|---|---|---|---|---|---|---|---|---|
| 设计速度/(km/h) | 120 | 100 | 80 | 100 | 80 | 60 | 80 | 60 | 40 | 30 | 20 |

3. 设计速度的运用

设计速度应根据公路的功能,结合地形、交通组成等条件综合评价来确定,不应仅考虑地形条件。

(1) 高速公路特殊困难的局部路段,且因新建工程可能诱发工程地质病害时,经论证,该局部路段的设计速度可采用60km/h,但长度不宜大于15km,或仅限于相邻两互通式立体交叉之间,与其相邻路段的设计速度不应大于80km/h。

(2) 一级公路作为干线公路时,设计速度宜采用100km/h或80km/h。

一级公路作为集散公路时,根据混合交通量、平面交叉间距等因素,设计速度宜采用60km/h或80km/h。

(3) 二级公路作为干线公路时设计速度宜采用80km/h。二级公路作为集散公路时,混合交通量较大、平面交叉间距较小的路段,设计速度宜采用60km/h。二级公路位于地形、地质等自然条件复杂的山区,经论证该路段的设计速度可采用40km/h。

城市道路与公路相比,也具有功能多样、组成复杂、行人交通量大、车辆多、类型杂、车速差异大、道路交叉口多等特点,平均行驶速度比之公路有较大的降低,城市各级道路设计车速见表1-4。

表1-4 各级城市道路设计速度

| 道路等级 | 快速路 | | | 主干路 | | | 次干路 | | | 支路 | | |
|---|---|---|---|---|---|---|---|---|---|---|---|---|
| 设计速度(km/h) | 100 | 80 | 60 | 60 | 50 | 40 | 50 | 40 | 30 | 40 | 30 | 20 |

## 1.7.3 交通量

交通量是指单位时间内通过道路某断面的交通流量(即单位时间通过道路某断面的车辆数目),其具体数值由交通调查和交通预测确定。

交通调查、分析和交通预测是公路建设项目可行性研究阶段进行现状评价、综合分析建设项目的必要性和可行性的基础，也是确定公路建设项目的建设规模、技术等级、工程设施、经济效益评价及公路几何线形设计的主要依据。可见，交通调查、分析及交通量预测水平的高低，尤其是预测的水平、质量和可靠程度，将直接影响到项目决策的科学性和工程技术设计的经济合理性。交通量的概念根据单位时间可分为：日交通量（单向/双向，汽车/混合交通）、小时交通量和年累计交通量。

### 1.7.4 通行能力

道路通行能力是一定的道路和交通条件下，道路上某一路段适应车流的能力，以单位时间内通过的最大车辆数表示。单位时间通常以小时计，对于多车道道路车辆数用一条车道的通过数表示，双车道公路用往返车道合计数表示，它是正常条件下道路交通的极限值。

交通量和通行能力是交通工程中的基本概念，本书不赘述。

### 1.7.5 公路的主要技术指标

各级公路的主要技术指标见表 1-5 和表 1-6。

表 1-5 各级公路路基宽度

| 公路等级 | | 高速公路、一级公路 | | | | | | | | |
|---|---|---|---|---|---|---|---|---|---|---|
| 设计速度/(km/h) | | 120 | | | 100 | | | 80 | | 60 |
| 车道数 | | 8 | 6 | 4 | 8 | 6 | 4 | 6 | 4 | 4 |
| 路基宽度/m | 一般值 | 45.0 | 34.5 | 28.0 | 44.0 | 33.5 | 26.0 | 32.0 | 24.5 | 23.0 |
| | 最小值 | 42.0 | — | 26.0 | 41.0 | — | 24.5 | | 21.5 | 20.0 |
| 公路等级 | | 二、三、四级公路 | | | | | | | | |
| 设计速度/(km/h) | | 80 | | 60 | | 40 | | 30 | 20 | |
| 车道数 | | 2 | | 2 | | 2 | | 2 | 2 或 1 | |
| 路基宽度/m | 一般值 | 12.0 | | 10.0 | | 8.5 | | 7.5 | 6.5 | 4.5 |
| | 最小值 | 10.0 | | 8.5 | | — | | | | |

表 1-6 各级公路纵坡、停车视距、半径等指标汇总

| 设计速度/(km/h) | | 120 | 100 | 80 | 60 | 40 | 30 | 20 |
|---|---|---|---|---|---|---|---|---|
| 最大纵坡/% | | 3 | 4 | 5 | 6 | 7 | 8 | 9 |
| 最小坡长/m | | 300 | 250 | 200 | 150 | 120 | 100 | 60 |
| 停车视距/m | | 210 | 160 | 110 | 75 | 40 | 30 | 20 |
| 圆曲线半径/m | 一般值 | 1000 | 700 | 400 | 200 | 100 | 65 | 30 |
| | 最小值 | 650 | 400 | 250 | 125 | 60 | 30 | 15 |

道路勘测设计主要技术依据有：《公路工程技术标准》(JTG B01—2003)，本书简称为《标准》；《公路路线设计规范》(JTG D20—2006)，本书简称为《规范》；《城市道路工程设计规范》(CJJ 37—2011)，本书简称为《城规》；《城市道路交通规划设计规范》(JTG GB 50220—1995)。

道路勘测常用符号见表1-7。

表1-7 道路勘测常用符号

| 序号 | 名称 | 英文符号 | 汉语拼音或国际通用符号 | 备注 |
|---|---|---|---|---|
| 1 | 交点 | I.P | JD | 交点 |
| 2 | 转点 | T.P. | ZD | 转点 |
| 3 | 导线点 | R.P. | DD | 导点 |
| 4 | 圆曲线起点 | B.C. | ZY | 直圆 |
| 5 | 圆曲线中点 | M.C. | QZ | 曲中 |
| 6 | 圆曲线终点 | E.C. | YZ | 圆直 |
| 7 | 复曲线公切点 | P.C.C. | GQ | 公切 |
| 8 | 第一缓和曲线起点 | T.S. | ZH | 直缓 |
| 9 | 第一缓和曲线终点 | S.C. | HY | 缓圆 |
| 10 | 第二缓和曲线终点 | C.S. | YH | 圆缓 |
| 11 | 第二缓和曲线起点 | S.T. | HZ | 缓直 |
| 12 | 反向平曲线点 | P.R.C. | FGQ | 反拐曲 |
| 13 | 变坡点 | P.V.I. | SJD | 竖交点 |
| 14 | 竖曲线起点 | B.V.C. | SZY | 竖直圆 |
| 15 | 竖曲线终点 | E.V.C. | SYZ | 竖圆直 |
| 16 | 竖曲线公切点 | P.C.V.C. | SGQ | 竖公切 |
| 17 | 反向竖曲线点 | P.R.V.C. | FSGQ | 反竖拐曲 |
| 18 | 公里标 | K | K | 书写在里程桩号前 |
| 19 | 转角、方位角 |  | $\theta$、$\alpha$ |  |
| 20 | 缓和曲线角 |  | $\beta$ |  |
| 21 | 缓和曲线参数 | $A$ | $A$ |  |
| 22 | 平、竖曲线半径 | $R$ | $R$ |  |
| 23 | 曲线长 | $L$ | $L$ | 包括缓和曲线长 |
| 24 | 圆曲线长 | $L_c$ | $L_y$ | $L$圆 |
| 25 | 缓和曲线长 | $L_s$ | $L_h$ |  |
| 26 | 平、竖曲线切线长 | $T$ | $T$ |  |

（续）

| 序号 | 名　称 | 英文符号 | 汉语拼音或国际通用符号 | 备注 |
|---|---|---|---|---|
| 27 | 平曲线外距、竖曲线外距 | $E$ | $E$ | |
| 28 | 校正值 | $D$ | $J$ | 校 |
| 29 | 超高值 | $H_s$（或 $e$） | $h_e$ | |
| 30 | 超高缓和长度 | $l_r$ | $l_c$ | |
| 31 | 加宽缓和长度 | $l_w$ | $l_j$ | |
| 32 | 水准点 | B.M. | B.M. | |
| 33 | 高程 | EL. | EL. H | |
| 34 | 设计高程 | D.EL. | D.EL. | |
| 35 | 路基宽度 | $B$ | $B$ | |
| 36 | 用地界 | R/W（或 R.O.W） | YDJ | 用地界 |
| 37 | 路面宽度 | $B$ | $b$ | |
| 38 | 路基加宽度 | $B_w$ | $B_j$ | |
| 39 | 路面加宽度 | $b_w$ | $b_j$ | |
| 40 | 流量 | $Q$ | $Q$ | |
| 41 | 流速、计算行车速度 | $V$ | $V$ | |
| 42 | 设计水位 | D.W.L | SW | 设位 |
| 43 | 历年最高洪水位 | H.W.L | GW | 高位 |
| 44 | 多年平均洪水位 | M.F.L. | PW | 平位 |
| 45 | 历史最高流冰水位 | H.I.W.L | BW | 冰位 |
| 46 | 历史最高潮水位 | H.T.W.L. | CW | 潮位 |
| 47 | 通航水位 | N.W.L. | HW | 航位 |
| 48 | 普通水位 | O.W.L. | TW | 通位 |
| 49 | 测量时水位 | S.W.L. | LW | 量位 |
| 50 | 地下水位 | U.W.L. | DW | 地位 |
| 51 | 东 | E | E | |
| 52 | 南 | S | S | |
| 53 | 西 | W | W | |
| 54 | 北 | N | N | |
| 55 | 左 | L | L | 左 |
| 56 | 右 | R | Y | 右 |

(续)

| 序号 | 名　称 | 英文符号 | 汉语拼音或国际通用符号 | 备注 |
|---|---|---|---|---|
| 57 | 面积 | A | A | |
| 58 | 填高 | F | T | 填 |
| 59 | 挖深 | C | W | 挖 |
| 60 | 填面积 | AF | AT | |
| 61 | 体积 | V | V | |
| 62 | 长 | L, l | L | |
| 63 | 宽 | B, b | B, b | |
| 64 | 高 | H, h | H, h | |
| 65 | 厚 | $d, \delta$ | $d, \delta$ | |
| 66 | 直径 | D, d | $D, \psi$ | |
| 67 | 半径 | R, r | R, r | |
| 68 | 三角点 | △ | △ | |
| 69 | GPS点 | ⊙ | ⊙ | |

## 1.8 道路勘测设计的发展方向

道路勘测设计的发展主要是指设计理论和技术手段的更新。传统的道路设计存在诸多安全隐患，如图1-3所示。在设计理念上，提出"宽容设计"理念，即以人为本、预防、容错、纠错。司机过错不应以生命为代价的"容错"理念，如图1-4所示。2004年"全国公路勘察设计工作会议"提出了"六个坚持六个树立"的理念：①以人为本，安全至上；②保护环境，和谐自然；③节约资源，持续发展；④质量第一，公众满意；⑤指标恰当，创作设计；⑥系统思想，周期成本。

(a) 边沟安全隐患

(b) 边坡安全隐患

图1-3　传统的道路设计

(a) 提高边坡净宽　　　　　　　　(b) 挡墙端部隐入

图1-4　以人为本的道路设计

设计技术的突破，从手工纸质设计发展到道路CAD设计，随着计算机技术和测绘技术的发展，可视化设计（BIM）技术已应用到工程领域。数字化地形扫描仪及卫星、遥感空间技术可为道路设计提供三维数字地形图，全新的BIM技术可在三维数字地形图上直接进行道路几何设计，还需要以三维数字地形图和BIM技术为平台开发新一代的三维道路设计软件。

## 1.9　道路勘测设计与其他课程的相互关系

道路工程建设包括：工程测量、交通规划、交通工程、工程地质、道路勘测设计、路基路面工程、桥梁与隧道工程等学科领域。道路勘测设计与这些学科也是相互关联的，它也涉及工程测量、交通规划、交通量、工程地质等内容。因此，在本书的编排上，凡是涉及其他学科的内容时，都将其内容删除，不再赘述。道路勘测设计必须在工程测量之后开设，可与交通工程和工程地质同时开设。路基路面工程、桥梁与隧道工程在其之后开设。

## 本　章　小　结

现代交通运输由铁路、公路、水运、航空及管道等五种运输方式组成。公路运输的最主要特点是机动灵活，适应性强，在各种运输方式中起了主导作用。

我国公路建设起步晚、发展快，高速公路通车总里程达8.5万千米，居世界第二位，"十二五"中后期，有望达到世界第一的水平，但我国公路建设与汽车工业相比仍相对滞后，主要表现为公路总里程少、密度低、等级低、地区发展不平衡。

道路勘测设计的任务是：研究汽车行驶与道路各个几何元素的关系，以保证在设计速度、预计交通量以及地形和其他自然条件下，行车安全、经济、舒适。

道路勘测设计基本原则是：安全、迅速、经济、舒适。

道路勘测设计的工作是依据设计任务书进行的，道路勘测设计的基本程序是：确定基本走向和技术标准、设计阶段划分、建设期限和投资估算、施工图及设计文件的编制。

道路是指供各种车辆和行人等通行的工程设施的总称。按其使用特点可分为公路、城市道路、厂矿道路以及乡村道路等。公路根据功能和适应的交通量分为五个等级：高速公路、一级公路、二级公路、三级公路、四级公路。城市道路分为四类：快速路、主干路、次干路、支路。城市道路依据城市规模、设计交通量、地形等又分为：Ⅰ级、Ⅱ级、Ⅲ级。

道路勘测设计的控制要素是：设计车辆、设计速度、设计交通量等要素。此外，道路勘测设计还必须遵循各种相关设计规范。

道路勘测设计的发展：在技术上从手工纸质设计发展到道路CAD设计，继而发展到三维可视化设计；在设计理念上，提出"宽容设计"理念，即以人为本、预防、容错、纠错。

## 习题与思考题

1-1 现代交通由哪几种运输方式组成？各有何特点？
1-2 如何划分公路等级？划分的依据是什么？
1-3 如何确定某公路的等级？一条较长公路是否可有不同的等级？
1-4 道路红线及其规划内容是什么？
1-5 简述道路勘测设计的任务。
1-6 简述道路勘测设计的原则。
1-7 简述道路勘测设计的程序。
1-8 上网查询近期我国道路建设成就和发展新思路。

# 第2章 汽车行驶理论

### 教学要点

| 知识要点 | 掌握程度 | 相关知识 |
|---|---|---|
| 基本概念 | (1) 准确理解汽车运动的基本规律；<br>(2) 掌握汽车的行驶稳定性；<br>(3) 掌握汽车行驶的动力特性 | (1) 驱动力、行驶阻力；<br>(2) 纵向稳定性、横向稳定性；<br>(3) 动力因素、爬坡能力 |
| 汽车行驶理论 | (1) 掌握汽车的驱动力和行驶阻力；<br>(2) 掌握汽车的行驶纵横向稳定性 | (1) 汽车行驶的充分必要条件；<br>(2) 滑移、倾覆 |

### 技能要点

| 技能要点 | 掌握程度 | 应用方向 |
|---|---|---|
| 汽车行驶条件 | (1) 掌握汽车驱动力、行驶阻力的计算；<br>(2) 掌握汽车行驶的平衡方程；<br>(3) 掌握汽车行驶纵横向稳定性 | (1) 驱动力、阻力的来源、大小等；<br>(2) 充分条件、必要条件等；<br>(3) 滑移条件、倾覆条件 |
| 汽车行驶特性 | (1) 掌握汽车的动力特性；<br>(2) 掌握汽车的制动性；<br>(3) 掌握汽车的燃油经济性 | (1) 加速、减速、爬坡能力等；<br>(2) 制动距离；<br>(3) 燃油消耗量 |

### 基本概念

驱动轮；从动轮；驱动力；行驶阻力；空气阻力；道路阻力；惯性阻力；附着力；充分条件；必要条件；动力因素；行驶状态；爬坡能力；纵向稳定性；横向稳定性；滑移条件；倾覆条件；制动距离；燃油经济性。

### 引例

道路设计是以满足汽车行驶的要求为前提的。汽车行驶对道路的基本要求是安全、迅速、经济与舒适，它是通过人、车、路和环境等方面来保证的。因此，在道路线形设计时，需要研究汽车在道路上的行驶特性及其对道路设计的具体要求，这是道路线形设计的理论基础。

# 2.1 汽车的驱动力、行驶阻力及汽车的行驶条件

## 2.1.1 汽车的驱动力

汽车行驶需要不断克服行驶中所遇到的各种运动阻力,为克服这些阻力,汽车必须具备足够的动力——牵引力。汽车的动力来自它的内燃发动机,燃料在发动机内燃烧,将热能转变为机械能,产生有效功率 $N_e$,驱使曲轴以每分钟 $n$ 的转速旋转,使发动机的曲轴上具有扭矩 $M_e$,再经过离合器、变速器、传动轴等变速和传动,将曲轴的扭矩传给驱动轮,产生 $M_K$ 的扭矩驱使汽车行驶。

**1. 汽车发动机曲轴扭矩 $M_e$**

如将 $N_e$、$M_e$ 以及单位燃料消耗量 $q_e$ 与 $n$ 之间的函数关系以曲线表示,则该曲线称为发动机特性曲线。汽车油门的开度不同,发动机的特性曲线也不相同。如果发动机油门全开,则此特性曲线称为发动机外特性曲线;如果发动机油门部分开启,则称为发动机部分负荷特性曲线。

在进行汽车驱动性能分析时,只需研究外特性中功率 $N_e$ 和扭矩 $M_e$ 与转数 $n$ 之间的关系曲线,发动机特性曲线上可省去单位燃料消耗量 $q_e$ 曲线。

图 2-1 所示为某一汽车发动机的外特性曲线。$n_{min}$ 为发动机的最小稳定工作转速,随着曲轴转速的不断提高,发动机所发出的扭矩以及功率都在增加。当曲轴转速为 $n_M$ 时,发动机扭矩达最大值 $M_{emax}$,如果进一步提高曲轴转速则发动机扭矩下降,但是发动机功率仍将继续增加,直至其最大值 $N_{emax}$(发动机的最大功率 $N_{emax}$ 和最大扭矩 $M_{emax}$,以及与其相应的曲轴转速 $n_N$ 及 $n_M$,通常记载在发动机的技术说明书中)。如再继续提高曲轴转速,则发动机所发出的功率由于气缸充气恶化,机械损失加剧等原因将逐渐降低。此时,发动机的磨损甚为剧烈,因此一般发动机设计时均使其最大转速 $n_{max}$ 不大于最大功率时的转速 $n_N$ 的 10%~25%。

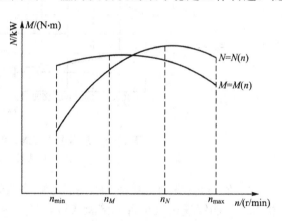

图 2-1 某汽油发动机的外特性曲线

图 2-2 所示为东风汽车 EQ6100-Ⅰ型发动机外特性曲线。

对于不同类型的发动机,其输出的功率不同,故产生的扭矩也不同。它们之间的关系如下:

$$N_e = M_e \omega / 1000$$

$$\omega = 2\pi n / 60$$

$$N_e = \frac{M_e n}{9549}$$

$$M_e = 9549 \frac{N_e}{n} \qquad (2-1)$$

式中　$N_e$——发动机有效功率(kW)；
　　　$M_e$——发动机曲轴扭矩(N·m)；
　　　$n$——发动机曲轴转速(r/min)；
　　　$\omega$——发动机曲轴转动角速度(rad/s)。

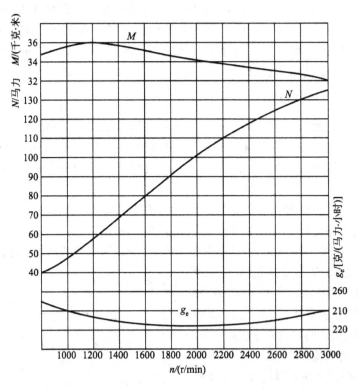

图 2-2　东风汽车 EQ6100-I 型发动机外特性曲线
注：1 马力=735.499W。

式(2-1)为发动机功率 $N_e$、扭矩 $M_e$ 和转速 $n$ 间的关系式，它表征发动机的特性。其中 $N_e-n$ 曲线通过汽车台架试验获得，$M_e-n$ 曲线按式(2-1)转绘而来。如找不到发动机的试验数据，发动机外特性曲线也可由下面近似公式来估算。

$$N_e = N_{e\max}\left[\frac{n}{n_N} + \left(\frac{n}{n_N}\right)^2 - \left(\frac{n}{n_N}\right)^3\right]$$

$$M_e = M_{e\max} - \frac{M_{e\max} - M_N}{(n_N - n_M)^2}(n_M - n)^2 \qquad (2-2)$$

式中　$M_N$——最大功率所对应的扭矩。

2. 驱动轮的扭矩 $M_k$

由于受力情况的不同，汽车车轮有驱动轮与从动轮之分。驱动轮上有发动机曲轴传来的扭矩 $M_k$，在扭矩 $M_k$ 的作用下车轮滚动前进。牵引力经车架传到从动轮的轮轴上而产生向前的运动。一般汽车(载重车及客车)均为前轮从动，后轮驱动，而某些特殊用途的汽车(如越野车及牵引车)也有前后轮均为驱动轮的。

发动机曲轴的扭矩 $M_e$，经传动系的离合器、变速箱、传动轴、主传动器而传到汽车的驱动轮上，当离合器接合时，发动机曲轴上的扭矩 $M_e$ 就传到变速箱中，在变速箱中，扭矩随所用排挡的传动比 $i_k$（发动机曲轴转速与变速箱输出转速之比）和机械效率 $\eta_k$ 而变，因此传到传动轴上的扭矩 $M_n$ 为

$$M_n = M_e i_k \eta_k$$

这一扭矩经传动轴被传到主传动器上后，还要按主传动器的主传动比 $i_0$（主传动器输入和输出的转速之比）和机械效率 $\eta_0$ 而变，因此主传动器的半轴而传到汽车驱动轮上的扭矩为

$$M_k = M_n i_0 \eta_0 = M_e i_0 \eta_0 i_k \eta_k$$

令 $\gamma = i_0 i_k$，$\gamma$ 为总变速比；$\eta_m = \eta_k \eta_0$，$\eta_m$ 称为传动系的机械效率，对于载重汽车一般为 0.8~0.85，对于小客车一般为 0.85~0.95，则

$$M_k = M_e i_0 i_k \eta_m = M_e \gamma \eta_m \tag{2-3}$$

式中 $M_k$——汽车驱动轮扭矩(N·m)；
$M_e$——发动机曲轴扭矩(N·m)；
$\gamma$——总变速比，$\gamma = i_0 i_k$；
$\eta_m$——传动系的机械效率，$\eta_m = \eta_k \eta_0$。

**3. 汽车的驱动力**

图 2-3 所示为驱动轮的受力情况，在驱动轮上作用有扭矩 $M_k$、行驶的总阻力 $R$、驱动轮垂直负荷 $G$ 以及路面对车轮的垂直反力 $G'$ 和水平反力 $F$。为计算方便，用一对力偶 $T$ 和 $T_a$ 代替 $M_k$，$T_a$ 作用于路面与轮缘上，与路面水平反力 $F$ 抗衡；$T$ 作用于驱动轮轮轴上，克服行驶阻力 $R$，推动汽车行驶，即为汽车的牵引力。有

$$T = \frac{M_k}{r} = \frac{M_e i_0 i_k \eta_m}{r} = \frac{M_e \gamma \eta_m}{r} \tag{2-4}$$

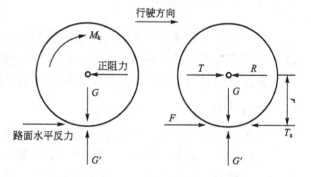

图 2-3 驱动轮的受力分析

式中 $T$——汽车驱动力或称牵引力(N)；
$r$——车轮工作半径，即计入轮胎弹性变形后的车轮半径(m)，它与内胎气压、外胎构造、路面的刚性与平衡性以及车轮上的荷载有关。其值一般为 $r_0$ 的 0.93~0.96，$r_0$ 为未变形前轮胎的自由半径。常见车型未变形车轮直径见表 2-1。

表 2-1 常见车型后轮未变形直径

| 车型 | 解放 CA10B | 东风 EQ140 | 黄河 JN150 | 跃进 NJ130 | 上海 SH760A |
|---|---|---|---|---|---|
| 直径/mm | 1018±5 | 1018±5 | 1018±8 | 940±8 | 755±5 |

此时，驱动轮上的转速 $n_k$ 为

$$n_{k}=\frac{n}{i_{0}i_{k}}=\frac{n}{\gamma}$$

相应的车速 $V$ 为

$$V=2\pi r n_{k}\frac{60}{1000}=0.377r\frac{n}{\gamma} \qquad (2-5)$$

式中　$V$——汽车行驶速度(km/h)；

$n_{k}$——驱动轮转速(r/min)。

则驱动力 $T$ 与行车速度 $V$ 之间的函数关系式为

$$T=\frac{M_{k}}{r}=\frac{M_{e}\gamma\eta_{m}}{r}=0.377\frac{n}{V}M_{e}\eta_{m} \qquad (2-6)$$

由式(2-6)可知，如要获得较大的驱动力 $T$，必须要有较大的总变速比 $\gamma$。但 $\gamma$ 增大，则车速 $V$ 就降低，因此，对同一发动机要得到大的驱动力和高的车速，二者是不可兼得的。为此，对汽车设置了几个排挡，每一排挡都具有固定的总变速比 $\gamma$ 以及该挡的最大车速和最小车速。当使用低排挡时，用较大的 $\gamma$ 值以获得较大的驱动力 $T$，但车速 $V$ 较小；而使用高排挡时，用较小的 $\gamma$ 值，获得较小的驱动力和较高的车速。

同样，通过式(2-6)也可推导出驱动力 $T$ 与功率 $N_{e}$ 之间的关系式为

$$T=0.377\frac{n}{V}M_{e}\eta_{m}=3600\frac{N_{e}}{V}\eta_{m} \qquad (2-7)$$

## 2.1.2　汽车的行驶阻力

汽车运动时需要不断克服运动中所遇到的各种阻力。这些阻力有来自汽车周围空气介质的阻力，有来自道路的路面不平整和上坡行驶时所形成的阻力，也有来自汽车变速行驶时克服惯性的阻力，分别称之为空气阻力、道路阻力、惯性阻力。

1. 空气阻力

汽车在空气中运动，空气本身也在流动，两者综合形成相对运动，从而造成空气质点对汽车行驶产生阻力，称为空气阻力。空气阻力分为压力阻力和摩擦阻力，而压力阻力又分为压差阻力、干扰阻力、冷却系阻力和诱导阻力。

为了简化计算，采用集中作用的空气阻力 $R_{w}$，来代替分布在整个汽车各部位上的阻力。汽车阻力 $R_{w}$ 的作用点通常称为汽车的风帆中心，它位于汽车纵向对称面内，其位置可用试验方法来确定。

由空气动力学的研究和试验得知，空气阻力可用下式计算：

$$R_{w}=\frac{1}{2}K\cdot\rho\cdot A\cdot v_{H}^{2} \qquad (2-8)$$

式中　$R_{w}$——空气阻力(N)；

$K$——空气阻力系数，其值可参考表 2-2 或由道路试验等方法测得；

$\rho$——空气密度(kg/m³)，一般 $\rho=1.2258$ kg/m³；

$A$——汽车迎风面面积或称正投影面积(m²)；

$v_{H}$——汽车与空气相对速度(m/s)；

$n$——随车速变化的指数,当 $v_H<1$m/s,$n=1$;$1<v_H<330$m/s,$n=2$;$v_H>330$m/s,$n=3$。

在汽车行驶中,一般 $n$ 取 2,地面空气密度变化甚小,可视为常数,在计算中又近似地取相对速度 $v_H$ 等于车速 $v$(m/s),则

$$R_w = \frac{1}{2}KAv^2 \tag{2-9}$$

式中　$v$——汽车与空气的相对速度,可近似地取汽车的行驶速度(m/s)。

将车速 $v$(m/s)化为 $V$(km/h)并化简,得

$$R_w = KAv^2 = KAV^2/21.15 \tag{2-10}$$

表 2-2　一般汽车空气阻力系数和迎风面积值

| 车型 | $K$ | $A/m^2$ |
| --- | --- | --- |
| 闭式车身小客车 | 0.20~0.35 | 1.6~2.8 |
| 敞式车身小客车 | 0.40~0.50 | 1.5~2.0 |
| 载重汽车 | 0.50~0.70 | 3.0~5.0 |
| 车厢式车身大客车 | 0.25~0.40 | 4.5~6.5 |

汽车列车的空气阻力较其牵引车单独行驶时的空气阻力大,但并不等于牵引车与挂车单独行驶时的空气阻力之和。汽车列车的空气阻力与挂车的数目及各节车之间的相对位置有关,处于列车中部的挂车空气阻力较小,最后一节挂车的空气阻力较大。在近似计算时,可取每节挂车的空气阻力为其牵引车的20%,则对 $n$ 节挂车的汽车列车,其空气阻力为

$$R_w = (1+0.2n)KAV^2/21.15 \tag{2-11}$$

2. 道路阻力

道路阻力是由弹性轮胎变形和道路的不同路面类型及纵坡度而产生的阻力,主要包括滚动阻力和坡度阻力。

1) 滚动阻力

弹性轮胎反复变形时,其材料内部发生摩擦要消耗一部分功率。在柔性路面上汽车行驶时汽车的不仅轮胎变形,而且路面也会变形,其接触面之间产生摩擦要消耗部分功率(路面支反力前移,与车轮重力形成反向力矩)。另外,由于路面的不平整而造成轮胎震动和撞击引起部分功率的消耗。滚动阻力与汽车的总重力成正比,若坡道倾角为 $\alpha$ 时,其值可用下式计算。

$$R_f = Gf\cos\alpha$$

由于坡道倾角 $\alpha$ 一般较小,认为 $\cos\alpha \approx 1$,则

$$R_f = Gf$$

式中　$R_f$——滚动阻力(N);
　　　$G$——车辆总重力(N);
　　　$f$——滚动阻力系数,它与路面类型、轮胎结构和行驶速度等有关,一般应由试验确定,在一定类型的轮胎和一定车速范围内,可视为只和路面状况有关的常

数,见表 2-3。

表 2-3  各种路面滚动阻力系数 $f$

| 路面类型 | 水泥混凝土及沥青混凝土路面 | 表面平整的黑色碎石路面 | 碎石路面 | 干燥平整的土路 | 潮湿不平的土路 |
|---|---|---|---|---|---|
| $f$ | 0.01～0.02 | 0.02～0.025 | 0.03～0.05 | 0.04～0.05 | 0.07～0.15 |

2) 坡度阻力

汽车在坡道倾角为 $\alpha$ 的道路上行驶时,车重 $G$ 在平行于路面方向的分力为 $G\sin\alpha$,上坡时它与汽车前进方向相反,阻碍汽车行驶;而下坡时与前进方向相同,助推汽车行驶。坡度阻力可用下式计算

$$R_i = G \cdot \sin\alpha$$

因坡道倾角一般较小,认为 $\sin\alpha \approx \tan\alpha = i$,则

$$R_i = G \cdot i$$

式中  $R_i$——坡度阻力(N);
  $G$——车辆总重力(N);
  $i$——道路纵坡度,是纵坡的垂直高度与水平距离的比值,上坡为正,下坡为负。

滚动阻力和坡度阻力均与道路状况有关,且都与汽车的总重力成正比,将它们统称为道路阻力,以 $R_R$ 表示

$$R_R = G(f + i) \tag{2-12}$$

式中  $f+i$——统称为道路阻力系数。

3. 惯性阻力

汽车变速行驶时,需要克服其质量变速运动时产生的惯性力和惯性力矩称为惯性阻力,用 $R_I$ 表示。汽车的质量分为平移质量和旋转质量(如飞轮、齿轮、传动轴和车轮等)两部分,变速时平移质量产生惯性力,旋转质量产生惯性力矩。

汽车平移质量的惯性力 $R_{I_1}$ 为

$$R_{I_1} = ma = \frac{G}{g}a \tag{2-13}$$

旋转质量的惯性力矩

$$R_{I_2} = \Sigma I \frac{d\omega}{dt} \tag{2-14}$$

式中  $I$——旋转部分的转动惯量;
  $\dfrac{d\omega}{dt}$——旋转部分转动时的角加速度;

旋转质量组成部分较多,且各部分的转动惯量的角加速度不同,计算比较复杂,为方便计算,一般以平移质量惯性乘以大于 1 的系数 $\delta$,来代替旋转质量惯性力矩的影响,即

$$R_I = \delta \frac{G}{g} a \tag{2-15}$$

式中  $R_I$——惯性阻力(N);
  $G$——车辆总重力(N);
  $g$——重力加速度(m/s²);

$a$——汽车的加速度(正值)或减速度(负值)(m/s²);

$\delta$——惯性力系数(或旋转质量换算系数),主要与飞轮的转动惯量、车轮的转动惯量以及传动系的传动比有关,其值可用下式计算。

$$\delta = 1 + \delta_1 + \delta_2 i_k^2$$

式中 $\delta_1$——汽车车轮惯性力的影响系数,$\delta_1 = 0.03 \sim 0.05$;

$\delta_2$——发动机飞轮惯性力的影响系数,小客的 $\delta_2 = 0.05 \sim 0.07$,载重车的 $\delta_2 = 0.04 \sim 0.05$;

$i_k$——变速箱的变速比,$i_k(本挡) = \dfrac{V_{\max}(高挡)}{V_{\max}(本挡)}$。

当汽车滑行或制动时,发动机系脱开,则 $\delta = 1 + \delta_1$。

这样,汽车总行驶阻力为

$$R = R_w + R_R + R_I$$

## 2.1.3 汽车的行驶条件

**1. 汽车的运动方程式**

汽车在道路上行驶时,必须有足够的驱动力来克服各种行驶阻力。当驱动力与各种行驶阻力之代数和相等的时候,称为驱动平衡。其驱动平衡方程式(也称汽车的运动方程式)为

$$T = R = R_w + R_R + R_I \tag{2-16}$$

式(2-16)中驱动力 $T$ 为节流阀全开的情况。如果节流阀部分开启时,要对驱动力 $T$ 进行修正,修正系数用 $U$ 表示,称之为负荷率。即

$$T = U\frac{M_k}{r} = U\frac{M_e \gamma \eta_m}{r}$$

一般负荷率 $U = 80\% \sim 90\%$。将有关公式代入式(2-12),则汽车的运动方程式为

$$U\frac{M_e \gamma \eta_m}{r} = \frac{KAV^2}{21.15} + G(f+i) + \delta\frac{G}{g}a \tag{2-17}$$

**2. 汽车的行驶条件**

汽车在道路上行驶,当驱动力等于各种行驶阻力之和时,汽车就等速行驶;当驱动力大于各种行驶阻力之和时,汽车就加速行驶;当驱动力小于各种行驶阻力之和时,汽车就减速行驶,直至停车。所以,要使汽车行驶,必须具有足够的驱动力来克服各种行驶阻力。即

$$T \geqslant R \tag{2-18}$$

上式是汽车行驶的必要条件(即驱动条件)。

只有足够的驱动力还不能保证汽车正常地行驶,若驱动轮与路面之间的附着力不够大,车轮将在路面上打滑,不能行进。所以,汽车能否正常行驶,还要受轮胎与路面之间附着条件的制约,即汽车行驶的充分条件是驱动力小于或等于轮胎与路面之间的附着力,即

$$T \leqslant G_k \varphi \tag{2-19}$$

式中 $\varphi$——附着系数，主要取决于路面的粗糙程度和潮湿泥泞程度，轧胎的花纹和气压，以及车速和荷载等，计算时可按表2-4选用；

$G_k$——驱动轮荷载，一般情况下，对于后轮驱动的汽车，小汽车为总重的0.5～0.65倍；载重汽车为总重的0.65～0.80倍；对于全轮驱动的汽车，为汽车总重。

表2-4 各类路面上附着系数 $\varphi$ 的平均值

| 路面类型 | 路面状况 | | | |
|---|---|---|---|---|
| | 干燥 | 潮湿 | 泥泞 | 冰滑 |
| 水泥混凝土路面 | 0.7 | 0.5 | | |
| 沥青混凝土路面 | 0.6 | 0.4 | | |
| 过渡式及低级路面 | 0.5 | 0.3 | 0.2 | 0.1 |

根据以上汽车行驶条件，在实际工作中对路面提出了一定要求，从宏观上讲要求路面平整而坚实，从微观上讲又要求路面粗糙而不滑，以增大附着力。

## 2.2 汽车的动力特性

**1. 动力因素**

分析汽车牵引平衡方程中的各个力，可以知道牵引力 $T$ 和空气阻力 $R_w$ 直接与汽车的构造及行驶速度有关，滚动阻力 $R_f$ 和坡度阻力 $R_i$ 取决于汽车所行驶的道路情况与坡度，而惯性阻力 $R_I$ 则取决于汽车的行驶状态。因此，可将牵引平衡方程写为

$$T - R_w = G(f+i) + \delta \frac{G}{g} a \tag{2-20}$$

式中等号左边的 $T-R_w$ 称为汽车的后备牵引力，其值与汽车的构造和行驶速度有关；等号右边的各项阻力与道路状况和行驶状态有关，在一般行驶速度范围内，可认为不受行驶速度的影响。

为使不同类型汽车的动力性进行比较，且有相同的评价尺度，将上式两端分别除以车辆总重 $G$，得

$$\frac{T-R_w}{G} = f + i + \frac{\delta}{g} a \tag{2-21}$$

令 $\frac{T-R_w}{G} = D$，称之为动力因数。

$D$ 称为动力因数，表征某型汽车在海平面高度上，满载情况下单位车重克服道路阻力和惯性阻力的性能。当汽车作等速行驶时，则

$$D = \frac{T}{G} - \frac{R_w}{G} = \frac{UM_e \eta_m}{rG} - \frac{KAV^2}{21.15G}$$

将前面的 $M_e$、$n$ 代入得

$$D = \frac{U\gamma\eta_m}{rG}\left[M_{emax} - \frac{M_{emax}-M_N}{(n_N-n_M)^2}(n_M-n)^2\right] - \frac{KAV^2}{21.15G}$$

$D$ 是速度 $V$ 的二次函数，简写为

$$D = PV^2 + QV + W \tag{2-22}$$

式中　$P = -\dfrac{1}{G}\left[\dfrac{7.036U\gamma^3\eta_m(M_{emax}-M_N)}{r^3(n_N-n_M)^2} + \dfrac{KA}{21.15}\right]$

　　　$Q = \dfrac{5.305U\gamma^2\eta_m n_M}{r^2G(n_N-n_M)^2}(M_{emax}-M_N)$

　　　$W = \dfrac{U\gamma\eta_m}{rG}\left[M_{max} - \dfrac{M_{emax}-M_N}{(n_N-n_M)^2}n_M^2\right]$

为使用方便，将 $D$ 与 $V$ 的关系绘成图，称为动力特性图。利用该图可直接查出各排挡下不同车速对应的动力因数值。图 2-4 为东风 EQ-140 载重车的动力特性图。

动力特性图是按海平面及汽车满载的情况绘制的，对不同海拔、荷载下的动力因数应进行修正，其修正系数称为海拔荷载系数 $\lambda$，有

$$\lambda = \xi\frac{G}{G'}$$

式中　$\lambda$——海拔荷载系数，见图 2-5；

　　　$\xi$——海拔系数；

　　　$G$——满载时汽车重力（N）；

　　　$G'$——实际装载时汽车重力（N）。

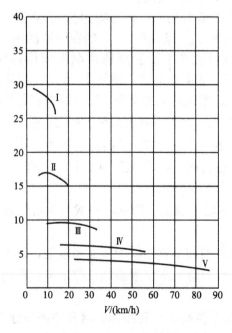

图 2-4　东风 EQ-140 载重车的动力特征图

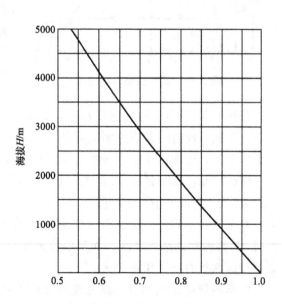

图 2-5　海拔系数图

考虑海拔荷载系数后，式(2-21)应改写为

$$\lambda D = f + i + \frac{\delta}{g}a \tag{2-23}$$

**2. 车速特性**

由式(2-23)可得

$$a = \frac{\lambda g}{\delta}(D - \psi) \tag{2-24}$$

式中　$\psi$——道路阻力系数，$\psi = \frac{f+i}{\lambda}$。

对不同排挡的 $D-V$ 曲线，$D$ 值都有一定使用范围。在某瞬时，当汽车的动力因数为 $D$，道路阻力系数为 $\psi$，汽车的行驶状态有以下 3 种情况。

当 $\psi < D$ 时：　$a = \frac{\lambda g}{\delta}(D - \psi) > 0$，加速行驶；

当 $\psi = D$ 时：　$a = 0$，等速行驶；

当 $\psi > D$ 时：　$a = \frac{\lambda g}{\delta}(D - \psi) < 0$，减速行驶。

每一排挡都存在各自的最大动力因数 $D_{max}$ 与之对应的速度称作临界速度，用 $V_k$ 表示。最高速度是指油门全开，汽车满载(不带挂车)在路面平整坚实的平直路段上，以直接挡稳定行驶时所能达到的最大速度。此时，加速度为零即 $dv/dt = 0$，则 $D = \psi$，直线与 $D = f(V)$ 曲线的交点(图 2-6 中的 $C$ 点)所对应的速度 $V_c$，即为在道路阻力系数为 $\psi$ 时，汽车可能的最大行驶速度。

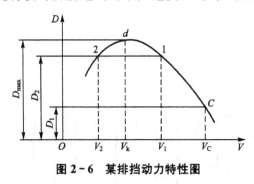

图 2-6　某排挡动力特性图

当汽车采用 $V_1 > V_k$ 的速度行驶时，如图 2-6 中的 1 点，在 $d$-1 的曲线范围内，$V$ 与 $D$ 成反比关系。当所遇道路阻力增加时，则汽车可以降低车速，增加 $D$ 值以克服道路阻力。若增加的阻力消失，则速度很容易提高到 $V_1$ 行驶。这种行驶情况称为稳定行驶。

若汽车采用 $V_2 < V_k$ 的速度行驶，如图 2-6 中的 2 点，在 2-$d$ 曲线范围内，$V$ 与 $D$ 成正比关系。此时，若道路阻力增加，汽车降低车速行驶，而 $D$ 值反而减小，这样动力因数更加不足，迫使汽车熄火停车。这样的行驶情况称为不稳定行驶。

由此可知，临界速度 $V_k$ 是汽车稳定行驶的极限最小速度。因此，一般汽车行驶速度均应采用大于同一挡位的 $V_k$ 值。

汽车的最小稳定速度是指汽车满载(不带挂车)在路面平整坚实的平直路段上，以最低挡(Ⅰ挡)行驶时的临界速度，而且以该速度行驶时，传动系不发生颤动或敲击声，在突然踏下加速踏板时发动机不熄火。

汽车的最高速度和最小稳定速度是评价汽车动力性能的主要指标。两者的差值越大，表示汽车对公路阻力的适应性能越强。因此，在进行公路设计时，应对行驶在道路上的主要车型的这两项指标加以了解，以便在设计时控制公路阻力的变化范围。

## 3. 汽车的爬坡性能

### 1) 汽车的最大爬坡度

汽车的爬坡性能是指汽车克服坡度的能力，通常用汽车最大爬坡度来评定，而汽车最大爬坡度是指汽车在坚硬的路面上，用最低挡位做稳定行驶时所能克服的最大坡度。

当汽车作上坡稳定行驶时，$dv/dt=a=0$，则由前述可知
$$i=\lambda D-f$$

由于低排挡时，汽车的爬坡能力比较大，坡度角 $\alpha$ 也比较大，则此时 $\cos\alpha<1$，$\sin\alpha\neq\tan\alpha=i$，则
$$\lambda D_{max}=f\cos\alpha+\sin\alpha$$

解此三角函数方程可得最大坡度角，即
$$\alpha_{max}=\arcsin\frac{\lambda D_{max}-f\sqrt{1-\lambda^2 D_{max}^2+f^2}}{1+f^2} \quad (2-25)$$

则汽车的最大爬坡度为
$$i_{max}=\tan\alpha_{max} \quad (2-26)$$

式中　$\alpha_{max}$——最低挡所能克服的最大坡道倾角；
　　　$D_{max}$——最低排挡的最大动力因数；
　　　$i_{max}$——最大爬坡度。

### 2) 汽车的动力上坡

在实际行驶时汽车通常在上坡之前加速，让汽车得到较高的车速，然后利用上坡时的减速惯性力来提高爬坡能力，这种用惯性力克服坡度的方法叫动力上坡。

假定汽车用一个排挡动力上坡，以速度 $V_1$ 驶入坡段，并以速度 $V_2$ 驶出坡段，则可能克服的坡度 $i_1$ 和相应的坡长 $s_1$，可用下面的方法求得，如图 2-7 所示。

由速度 $V_1$ 和 $V_2$ 在动力特性图上，可求得相应的动力因数值 $D_1$ 和 $D_2$，则由公式可得相应的加速度为 $a_1=\lambda\dfrac{g}{\delta}(D_1-\psi)$，$a_2=\lambda\dfrac{g}{\delta}(D_2-\psi)$。

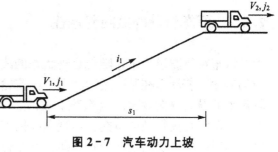

**图 2-7　汽车动力上坡**

为简化计算，假设汽车在整个坡道上行驶时为匀减速行驶，则可近似地取其平均值为 $a$，即
$$\frac{dv}{dt}=a=\frac{a_1+a_2}{2}=\lambda\frac{g}{\delta}\left(\frac{D_1+D_2}{2}-\psi\right)$$

因为 $vdt=ds$，将上式左边乘以 $ds$。所以
$$vdv=\lambda\frac{g}{\delta}\left(\frac{D_1+D_2}{2}-\psi\right)ds$$

$$\frac{\delta}{g}\int_{v_1}^{v_2}vdv=\lambda\left(\frac{D_1+D_2}{2}-\psi\right)\int_0^{s_1}ds$$

$$\frac{\delta(V_2^2-V_1^2)}{254}=\lambda\left(\frac{D_1+D_2}{2}-\psi\right)S_1$$

$$S_1 = \frac{\delta(V_2^2 - V_1^2)}{254\lambda\left(\dfrac{D_1 + D_2}{2} - f - i_1\right)} \tag{2-27}$$

$$i_1 = \frac{D_1 + D_2}{2} - f - \frac{\delta(V_2^2 - V_1^2)}{254\lambda s_1} \tag{2-28}$$

式中  $i_1$——汽车变速行驶时所能克服的坡度；

$S_1$——汽车变速行驶时所能克服的坡长；

$v$，$V$——分别为以 m/s 和 km/h 为单位计的速度值。

由式(2-28)可知，汽车在坡道上作变速行驶时，所能克服坡道的坡度与长度相关联。当 $i_1$ 值大时，则 $S_1$ 值小；反之，$i_1$ 值小时，$S_1$ 值大。

求汽车在坡道上以某一排挡作动力上坡时所能克服的最大坡度与坡长，通常取驶入坡道的速度为该挡位的最大速度 $V_{max}$，驶出坡道的速度为该挡位的临界速度 $V_k$，代入式(2-27)和式(2-28)计算。

## 2.3 汽车行驶的稳定性

汽车的行驶稳定性是指汽车在行驶过程中，在外部因素作用下，汽车尚能保持正常行驶状态和方向，不致失去控制而产生滑移、倾覆等现象的能力。

影响汽车行驶稳定性的因素主要有汽车本身的结构参数、驾驶员的操作技术以及道路与环境等外部因素。分析和研究汽车行驶的稳定性，对于合理设计汽车结构尺寸、正确设计公路、确保行车安全等均有十分重要的意义。

### 2.3.1 汽车行驶的纵向稳定性

汽车在行驶过程中，随着运动状态的改变，作用在前后车轮上的法向反作用力也有相应的变化。若汽车在某一运动状态下，前轮的法向反作用力为零时，则汽车将发生前轴车轮离地而导致纵向倾覆。当汽车上坡时由重力产生的下滑力大于车轮与路面间的附着力时，汽车将丧失行驶的可能，出现纵向倒溜，此两种情况均为汽车的纵向失稳。下面通过对汽车行驶中的受力情况分析来研究汽车行驶的纵向稳定性。

1. 纵向倾覆稳定性分析

如图 2-8 所示，后轴驱动的汽车，在硬路面的直坡道上以低速度等速行驶，并忽略了空气阻力、惯性阻力影响后的受力情况。若对汽车后轮着地点 $o_2$ 取矩，则可求得前轮垂直反力

$$Z_1 L = G\cos\alpha\, l_2 - G\sin\alpha\, h$$

$$Z_1 = \frac{G\cos\alpha\, l_2 - G\sin\alpha\, h}{L}$$

当汽车前轮离地，即法向作用力为零时，将导致汽车纵向颠覆。若令 $Z_1 = 0$，即可得到纵向颠覆稳定的条件，即

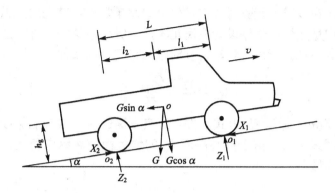

**图 2-8　汽车等速上坡受力示意图**

$$i_0 = \tan\alpha_0 = \frac{l_2}{h} \tag{2-29}$$

式中　$\alpha_0$——$Z_1$ 为零时极限坡道倾角；

$i_0$——$Z_1$ 为零时道路的纵坡度。

从式(2-29)可知，汽车重心至后轴的距离 $l_2$ 愈大，汽车重心高度 $h$ 愈低，则汽车所能克服的纵向坡度愈大，汽车的纵向稳定性也就愈好。汽车纵向倾覆稳定性仅与汽车结构参数 $l_2$ 和 $h$ 有关，一般 $l_2$ 和 $h$ 的数值在汽车设计中考虑，其比值 $l_2/h \approx 1$。因此，一般来说汽车的纵向倾覆稳定条件是很容易满足的。

2. 纵向滑移稳定性分析

从驱动轮的牵引附着条件看，后驱动的汽车，驱动轮不发生滑移的临界状态为下滑力与最大附着力相等，即

$$G\sin\alpha_\varphi = G_2\varphi$$

因为 $\sin\alpha_\varphi \approx \tan\alpha_\varphi = i_\varphi$，则

$$i_\varphi = \tan\alpha_\varphi = \frac{G_2}{G}\varphi \tag{2-30}$$

式中　$\alpha_\varphi$——产生纵向滑移临界状态时的坡道倾角；

$i_\varphi$——产生纵向滑移临界状态时的道路纵坡度；

$G_2$——汽车后轴重。

由式(2-30)可知，当公路的坡度角 $\alpha \geq \alpha_\varphi$（或 $i > i_\varphi$）时，由于驱动轮受附着条件的限制，所能产生的牵引力不足以克服 $\alpha_\varphi$ 的坡度，汽车将发生滑转而倒溜。对于载重汽车，一般 $G_2/G = 0.66 \sim 0.76$，在泥泞时 $\varphi = 0.2$，冰滑时 $\varphi = 0.1$，因此汽车不产生倒溜的条件一般是 $i < 0.13 \sim 0.15$（泥泞时）。

3. 纵向稳定性的保证

分析式(2-29)和式(2-30)，一般 $l_2/h$ 接近于1，而 $\varphi \cdot G_2/G$ 远远小于1，所以

$$\frac{G_2}{G}\varphi < \frac{l_2}{h} \quad \text{或} \quad i_\varphi < i_0$$

也就是说，汽车在坡道上行驶时，在发生纵向倾覆之前，首先发生纵向滑移现象。为保证汽车行驶的纵向稳定性，道路设计应满足不产生纵向滑移为条件，这样，也就避免了汽车的纵向倾覆现象出现。所以，汽车行驶时纵向稳定性的条件为

$$i < i_\varphi = \frac{G_2}{G}\varphi \tag{2-31}$$

只要设计的道路纵坡度 $i$ 满足上式条件，当汽车满载时一般都能保证纵向行驶的稳定性。但在运输中装载过高时，由于重心高度 $h_g$ 的增大而破坏纵向稳定性条件，所以，应对汽车装载高度有所限制。

### 2.3.2 汽车行驶的横向稳定性

**1. 汽车在曲线上行驶时力的平衡**

汽车在平曲线上行驶时会产生离心力，其作用点在汽车的重心，方向水平背离圆心。一定质量的汽车其离心力大小与行驶速度平方成正比，而与平曲线半径成反比，计算公式为

$$F = \frac{Gv^2}{gR}$$

式中　$F$——离心力(N)；
　　　$R$——平曲线半径(m)；
　　　$v$——汽车行驶速度(m/s)。

离心力对汽车在平曲线上行驶的稳定性影响很大，它可能使汽车向外侧滑移或倾覆。为了减小离心力的作用，保证汽车在平曲线上稳定行驶，必须使平曲线上路面做成外侧高、内侧低呈单向横坡的形式，称为横向超高。如图 2-9 所示，汽车行驶在具有超高的平曲线上时，其车重的水平分力可以抵消一部分离心力的作用，其余部分由汽车轮胎与路面之间的横向摩阻力与之平衡。

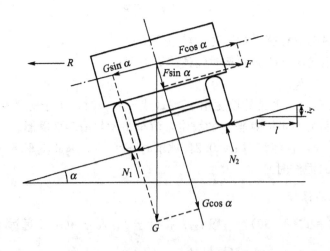

图 2-9　汽车在曲线上行驶的受力分析

将离心力 $F$ 与汽车重力 $G$ 分解为平行于路面的横向力 $X$ 和垂直于路面的竖向力 $Y$，即

$$X = F\cos\beta \pm G\sin\beta$$

$$Y = G\cos\beta \pm F\sin\beta$$

其中，$\beta$ 为路面横向坡度角；通常 $\beta$ 角很小，$\cos\beta \approx 1$，$\sin\beta \approx \tan\beta = i_h$，其中 $i_h$ 为路面横坡度。

则汽车在平曲线上行驶时受到的横向力大小 $X$ 为

$$X = F \pm Gi_h = \frac{Gv^2}{gR} \pm Gi_h = G\left(\frac{v^2}{gR} \pm i_h\right)$$

横向力 $X$ 是汽车行驶的不稳定因素，竖向力是稳定因素。就横向力而言，只从其值的大小是无法反映不同重量汽车的稳定程度。例如 5kN 的横向力若作用在小汽车上，可能使其产生横向倾覆的危险，而作用在重型载重汽车上则可能是安全的。于是采用横向力系数来衡量稳定性程度，其意义为单位车重的横向力，即

$$\mu = \frac{X}{G} \approx \frac{v^2}{gR} \pm i_h$$

将车速 $v$(m/s)化成 $V$(km/h)，则

$$\mu = \frac{V^2}{127R} - i_h \tag{2-32}$$

式中 $\mu$——横向力系数；
$V$——行车速度(km/h)；
$i_h$——横向超高坡度。

式(2-32)表达了横向力系数与车速、平曲线半径及超高之间的关系。$\mu$ 值愈大，汽车在平曲线上的稳定性愈差。此式对确定平曲线半径、超高率以及评价汽车在平曲线上行驶时的安全性和舒适性有十分重要的意义。

2. 横向倾覆稳定性分析

汽车在具有超高的平曲线上行驶时，由于横向力的作用，可能使汽车绕外侧车轮触地点产生向外横向倾覆的危险，为使汽车不产生倾覆，必须使倾覆力矩小于或等于稳定力矩，即

$$Xh \leq Y\frac{B}{2} = (Fi_h + G)\frac{B}{2}$$

因 $Fi_h$ 比 $G$ 小得多，可略去不计，则

$$\mu = \frac{X}{G} \leq \frac{B}{2h} \tag{2-33}$$

式中 $B$——汽车轮距(m)；
$h$——汽车重心高度(m)。

式(2-33)即为汽车不产生倾覆的稳定平衡条件。

3. 横向滑移稳定性分析

汽车在平曲线上行驶时，因横向力的存在，可能使汽车沿横向力的方向产生横向滑

移。为使汽车不产生横向滑移，必须使横向力小于或等于轮胎和路面之间的横向附着力，即

$$X \leqslant Y\varphi_h \approx G\varphi_h$$
$$\mu = \frac{X}{G} \leqslant \varphi_h \tag{2-34}$$

式中 $\varphi_h$——横向附着系数，一般 $\varphi_h = (0.6 \sim 0.7)\varphi$，$\varphi$ 值详见表 2-4。

4. 横向稳定性的保证

比较横向倾覆的稳定条件式(2-33)和滑移的稳定条件式(2-34)可知：汽车在平曲线上行驶时，倾覆是否发生取决于 $\frac{B}{2h}$ 值，滑移是否出现决定于 $\varphi_h$ 值。在现代汽车设计中，一般轮距较宽，重心较低，通常 $\frac{B}{2h} \approx 1$，而且根据试验资料，一般情况下 $\varphi_h \leqslant 0.5$，故一般 $\varphi_h < \frac{B}{2h}$。也就是汽车在平曲线上行驶时，在发生横向倾覆之前先产生横向滑移现象，为此，在道路设计中应保证汽车不产生横向滑移，同时也就保证了横向倾覆的稳定性。只要设计采用的 $\mu$ 值满足式(2-34)条件，一般在满载情况下能够保证横向行车的稳定性，但装载过高时可能发生倾覆现象。

## 2.4 汽车的制动性能

汽车的制动性是指汽车行驶中强制降低车速以至停车，或在下坡时能保持一定速度行驶的能力。

汽车的制动性直接关系到汽车的行驶安全，一些重大交通事故往往与制动距离太长有关，所以，具有良好的制动性能是汽车行驶安全的重要保障。影响制动性的因素主要有汽车的制动机构、人体机能以及路面状况等。

### 2.4.1 汽车制动性的评价指标

评价汽车制动性的指标主要有制动效能、制动效能的热稳定性及制动时汽车的方向稳定性 3 个方面。其中制动效能是指在良好路面上，汽车迅速降低车速直至停车的制动距离，这是制动性能最基本的评价指标。另两个评价指标主要用于汽车设计制造时考虑。

汽车制动的全过程包括：驾驶员发现前方的障碍物或接到紧急停车信号后作出的行动反应、制动器起作用、持续制动和放松制动器 4 个阶段。一般所指的制动距离是汽车从制动生效到汽车完全停住，这段时间内所走的距离。

### 2.4.2 汽车的制动过程与制动力

1. 制动平衡方程式

汽车的制动过程就是人为地增加汽车的行驶阻力，使汽车的动能或位能(当汽车下坡

行驶时)转化为其他形式的能(一般为热能)。车轮制动是利用制动器内的摩擦阻力矩来形成与汽车运动方向相反的路面对车轮的切向摩擦阻力,简称为车轮制动力。

车轮上的制动力随制动摩擦阻力矩的增加而增加,但由于制动力 $F_t$ 受到车轮与路面间的附着力(即反作用力)限制,在极限状态下,汽车的最大制动力取决于轮胎与路面间的附着力,其值等于车轮对地面的垂直荷载 $G$ 与轮胎和路面的摩擦系数 $\varphi$ 的乘积,即

$$F_{tmax}=G\varphi \tag{2-35}$$

式中 $G$——传到制动轮上的车重力,现代汽车全部轮子均为制动轮,故 $G$ 值为汽车的总重力;

$\varphi$——轮胎与路面间的摩擦系数,考虑到汽车轴间荷载的分配,制动减速度不宜过大等因素,在公路设计中,确定摩擦系数 $\varphi$ 值时,一般采用路面状况为潮湿时的 $\varphi$ 值。

制动力 $F_t$ 的方向与汽车运动方向相反。另外,因制动时速度减小很快,可略去空气阻力的影响,所以,制动平衡方程式为

$$F_t+R_R+R_I=0$$

即

$$G\varphi+G\psi+\frac{\delta G}{g}a=0 \tag{2-36}$$

$$a=-\frac{g}{\delta}(\varphi+\psi) \tag{2-37}$$

式中 $a$——制动减速度($m/s^2$);

$\psi$——道路阻力系数,$\psi=f+i$。

2. 制动距离

由式(2-36)得 $$S=\frac{\delta}{g(\varphi+\psi)}\int_{v_1}^{v_2}v\mathrm{d}v$$

将 $v(m/s)$ 化为 $V(km/h)$ 并积分

$$S=\frac{V_1^2-V_2^2}{254(\varphi+\psi)} \tag{2-38}$$

式中 $S$——制动距离(m);

$V_1$——制动初速度(km/h);

$V_2$——制动终速度(km/h)。

当制动到汽车停止时 $V_2=0$,则

$$S=\frac{V_1^2}{254(\varphi+\psi)} \tag{2-39}$$

实际使用中有时制动不充分等情况,可以采用一个使用系数(或者简称为制动系数)$K$ 予以修正。此时汽车制动减速行驶的全部制动距离应为

$$S=\frac{KV_1^2}{254(\varphi+\psi)} \tag{2-40}$$

式中 $K$——制动实际使用系数(或称制动系数),其值在1.0~1.4之间,公路设计时通常采用1.2。

## 2.5 汽车的燃油经济性

汽车完成运输工作所消耗的燃油量称为燃油消耗量。燃油经济性的评价指标通常用一定运行工况下汽车行驶百千米的燃油消耗量或一定燃油量能使汽车行驶的里程来衡量。燃油消耗量主要与汽车本身的结构(如外形尺寸、质量、发动机类型、传动系等)，以及汽车的使用条件(如行驶车速、挡位、道路阻力等)两方面有关。从道路设计的角度，减少单位运输中的燃油消耗量，可以降低运输成本。同时，一条道路的燃油消耗量也是评定道路质量的重要经济指标之一。

### 2.5.1 汽车的燃油经济性评价指标

评价汽车的燃油经济性指标有两类，一类是以行驶一定里程(或一定运量)所消耗的能量来衡量，如每行驶百千米的耗油量(单位为kg)、每吨千米运量的耗油量(单位为kg)等；另一类是消耗单位燃油所行驶的里程，如每千克燃油所行驶的里程(单位为km)。上述指标与发动机的燃油经济性有关。

通常发动机的燃油消耗率用$g_e$表示。燃油消耗率是指发动机发出每千瓦小时功率的燃料消耗量。已知发动机的功率$N$和转速$n$后，可在发动机台架试验获得的发动机负荷特性图上查出燃油消耗率$g_e$。

发动机的燃油消耗率与曲轴转速$n$及发出的功率$N$有关。由发动机外特性曲线可知，当转速在某值时，发动机燃油消耗率$g_e$最小，高于或低于该转速时耗油量均较大。故汽车在某挡位下，行驶速度与耗油量有关，汽车以某速度行驶耗油量最小，称为经济速度。该速度可通过发动机特性图并借助试验来确定。

汽车以等速$V$在道路上行驶时，每百千米所做的功$W$为

$$W = \frac{N_e}{V} \times 100$$

汽车以等速$V$在道路上行驶时，每百千米的燃油消耗量$Q$(单位为N/100km)为

$$Q = \frac{Wg_e}{100} \times 9.8 = \frac{N_e g_e}{1.02V}$$

或

$$Q = \frac{g_e}{3672\gamma\eta_m}\left(G\psi + \frac{KAV^2}{21.15}\right)$$

式中 $g_e$——燃油消耗率[g/(kW·h)]；

$\gamma$——燃油重度(N/L)，汽油为6.96～7.15N/L；柴油为7.94～8.13N/L；

$W$——汽车行驶时每百千米所做的功(kW·h)；

$N_e$——汽车发动机的功率(kW)。

### 2.5.2 影响汽车燃油经济性的因素

1. 汽车使用方面

主要与汽车的行驶速度、挡位选择、挂车的应用、正确调整保养等因素有关。这些属

于汽车运用与维修的研究课题。

2. 汽车结构方面

主要从改进汽车发动机、提高燃油质量、改进润滑油质量、改进传动系统、改进底盘及车身设计等方面着手。这些属于汽车设计研究的课题。

3. 道路设计方面

从道路线形和结构设计着手，提高道路路面质量和线形标准，对节省燃油消耗有着十分重要的意义，这是道路设计的一个重要任务。

# 本 章 小 结

汽车行驶理论是一门在分析汽车行驶基本规律的基础上，研究汽车行驶原理、使用性能和行驶性能的学科。

汽车的动力来自它的内燃发动机，燃料在发动机内燃烧，将热能转变为机械能，使发动机的曲轴上具有扭矩，再经过离合器、变速器、传动轴等变速和传动，将曲轴的扭矩传给驱动轮，驱使汽车行驶。

驱动力是驱动轮扭矩与车轮半径的比值，牵引力的本质是路面对驱动轮的水平反作用力。在车轮不打滑的情况下，驱动力和牵引力完全相符，其大小与行驶速度成反比。

汽车行驶阻力 $R$ 有：空气阻力、道路阻力、惯性阻力。

汽车行驶必要条件，$T \geq R$。汽车行驶充分条件，$T \leq G_k \varphi$。

动力因数是单位车重的有效牵引力。它表征某型号汽车在海平面高程上，满载情况下，每单位车重克服道路阻力和惯性阻力的性能。动力因数大于道路阻力系数时，汽车加速行驶；动力因数小于道路阻力系数时，汽车减速行驶；动力因数等于道路阻力系数时，汽车等速行驶。

临界速度 $V_k$ 是汽车稳定行驶的极限最小速度，汽车行驶速度均应采用大于同一挡位的 $V_k$ 值，否则，将会导致发动机熄火。

汽车稳定行驶性分纵向稳定和横向稳定。

在进行道路设计时，纵坡和横坡都不宜过大，横向力系数要小于横向附着系数。

汽车设计时，重心要低，且略微靠后，轮距宽度略为汽车重心高度的 2 倍。

汽车的制动性直接关系到汽车的行驶安全，汽车制动性的指标主要有制动效能、制动效能的热稳定性及制动时汽车的方向稳定性。制动距离是道路设计的一个重要指标。

燃油消耗量是指汽车完成运输工作所消耗的燃油量，百公里耗油量，每吨千米运量的耗油量。

# 习题与思考题

2-1 汽车的行驶性能有哪些？

2-2 汽车在行驶过程中，受到哪些阻力？影响阻力大小的因素有哪些？

2-3 汽车行驶的两个条件是什么?
2-4 汽车行驶中滚动阻力是如何形成的?影响它的主要因素是什么?
2-5 什么是汽车动力性?评价指标是什么?
2-6 为什么汽车的行驶速度提高,作用在汽车上的牵引力反而越小?
2-7 为什么汽车在弯道上行驶会出现横向失稳?为什么行驶在弯道内侧要比在外侧显得稳定?

# 第3章 平面设计

### 教学要点

| 知识要点 | 掌握程度 | 相关知识 |
|---|---|---|
| 基本概念 | (1) 准确理解道路平面线形的基本概念；<br>(2) 掌握圆曲线半径；<br>(3) 掌握缓和曲线长度及参数 | (1) 直线、圆曲线、缓和曲线；<br>(2) 极限值、一般值、最大值等；<br>(3) 回旋线方程 |
| 曲线要素 | (1) 掌握圆曲线特点及要素控制；<br>(2) 掌握缓和曲线长度及参数 | (1) 圆曲线的选用；<br>(2) 回旋线参数方程 |

### 技能要点

| 技能要点 | 掌握程度 | 应用方向 |
|---|---|---|
| 曲线要素计算 | (1) 掌握圆曲线要素的计算；<br>(2) 掌握缓和曲线要素的计算 | (1) 曲线长、切线长等；<br>(2) 内移量、曲线长、切线长等 |
| 平面线形设计 | (1) 平面线形设计原则；<br>(2) 行车视距；<br>(3) 平面设计成果的表达 | (1) 3种基本线形组合设计；<br>(2) 行车安全的相关技术要求；<br>(3) 各种设计成果表、路线平面图 |

## 基本概念

线形；线形设计；直线；圆曲线；缓和曲线；圆曲线要素；缓和曲线参数；回旋曲线；极限最小半径；一般最小半径；不设超高的最小半径；平曲线长度；行车视距；停车视距；超车视距；会车视距；平面设计图；线元表；逐桩坐标表。

## 引例

道路设计除了要满足安全、快速、经济、舒适的要求外，还必须体现美的本质。道路美学在现代工程中越来越受到重视。道路设计不仅属于技术的，也是属于艺术的。道路设计人员不仅是技术员，也是一个艺术家。

道路美学涉及视觉、各种附属设施的景观、绿化及环境等方面的内容。

一条设计优美的道路能给人美的享受，从而提高行车效率，降低行车事故。

## 3.1 概 述

### 3.1.1 路线

道路是一条三维空间实体，它是由路基、路面、桥梁、涵洞、隧道和沿线设施所组成的线形构造物。一般所说的路线(route of road)是指道路中线的空间位置，它是一条空间曲线(curve)，如图3-1所示。路线在水平面上的投影称为路线的平面(horizontal)；沿中线竖直剖切再行展开则是路线的纵断面(vertical)；中线上任意一点的法向切面是道路在该点的横断面(cross-sectional)。道路的平面、纵断面和各个横断面是道路的几何组成。

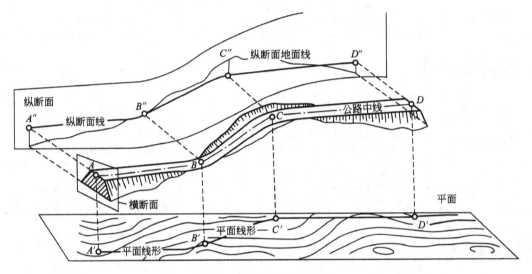

**图3-1 道路三维空间图**

路线设计是指确定路线空间位置和各部分的几何尺寸。为研究方便，可分解为平面设计、纵断面设计和横断面设计。三者之间是相互关联的，既分别进行，又要全面考虑。路线设计主要以设计图的形式来表达，设计图分又为平面图、纵断面图和横断面图。平面图是反映路线在平面上的形状、位置、尺寸的图形；纵断面图是反映路线在纵断面上的形状、位置、尺寸的图形；横断面图是反映道路在横断面上的结构、形状、位置、尺寸的图形。

公路和城市道路的路线位置都受自然条件、社会条件和技术条件等的制约。路线设计的任务就是在调查研究掌握大量材料的基础上，设计出一条有一定技术标准、满足行车要求、工作费用最省的路线。在设计的顺序上，一般是先定平面，并沿线形进行勘查测量，以取得地面线、地质及水文地质等资料；然后，再设计纵断面和横断面；为求得线形的均衡和减少土石方量，再修改平面位置。这样经过几次反复，可得到一个比较满意的结果。

## 3.1.2 平面线形设计的基本要求

### 1. 汽车行驶轨迹

道路是供汽车行驶的，所以研究汽车行驶规律是道路设计的基本课题，而在路线的平面设计中，主要考察汽车的行驶轨迹。只有当平面线形与这个轨迹相符合或相接近时，才能保证行车的顺畅、舒适和安全，特别是在高速行驶的情况下，对汽车行驶轨迹的研究更显重要。大量的观测与研究结果表明，行驶中的汽车，其轨迹有如下特征。

（1）汽车运行轨迹是连续的、圆滑的，即在任何一点不出现错头和破折；

（2）其曲率是连续的，即轨迹上任意一点不出现两个曲率值；

（3）其曲率的变化率是连续的，即轨迹上任意一点不出现两个曲率变化率的值。

不满足上述第一条的线路如图 3-2 所示。

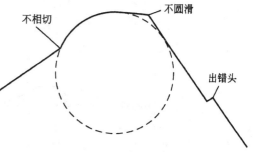

图 3-2　线形不连续的路线

满足上述第一条，但不满足上述第二条的线路如图 3-3 所示。同时满足上述第一条和第二条，但不满足上述第三条的线路如图 3-4 所示。图 3-2 中的线形一般是不允许的，

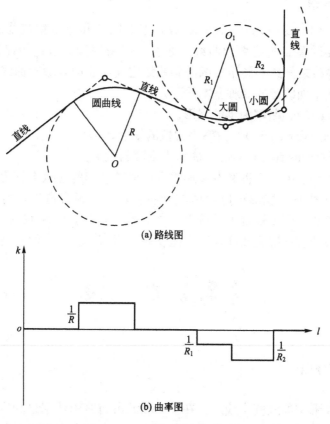

(a) 路线图

(b) 曲率图

图 3-3　曲率不连续的路线

图 3-3 中的线形在低等级公路中可以采用。现代高等级道路一般采用图 3-4 的平面线形，或有条件地采用图 3-3 的线形，它与汽车的行驶轨迹偏差不大，实践证明是很好的线形。

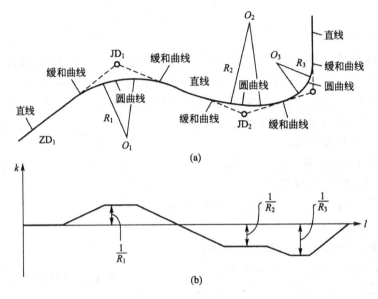

图 3-4 曲率连续的路线

### 2. 平面基本线形

道路的平面线形(horizontal alignment)，当受地形和地面建筑物的影响而发生转折时，在转折处就要设置曲线或组合曲线。曲线一般采用圆曲线，为保证行车的舒适与安全，在直线与圆曲线之间或不同半径的两圆曲线之间，要插入缓和曲线。因此，直线、圆曲线和缓和曲线是平面线形的 3 种基本线形。

(1) 直线(tangent)：曲率为零的线形。
(2) 圆曲线(circular curve)：曲率为常数的线形。
(3) 缓和曲线(transition curve)：曲率为变数的线形。

现代道路一般都是由这 3 种基本线形组合而成，它们的连接点称为道路的主点，其名称见表 1-6。这 3 种基本线形可以两两相互组合，只要组合得当，均可满足汽车行驶要求。至于它们的参数，则要视地形情况和人的视觉、心理、道路技术等级等条件来确定。可以作为缓和曲线的有：回旋曲线、三次抛物线、双纽曲线，常用的是回旋曲线。

## 3.2 直 线

### 3.2.1 直线的特点

直线是平面线形中的最基本线形，在公路和城市道路中使用最为广泛。笔直的道路给人以短捷、直达的良好印象，给人以美好的感受；加之汽车在直线上行驶时受力简单，方向明确,驾驶操作简易,能提供较好的超车条件;另外,从测设上看,直线只需定出两点,就可方便地测定方向和距离。基于直线的这些优点,在平面线形设计中,广泛采用直线线形,只要地势平坦、无大的地面障碍物,定线人员都首先考虑采用直线通过。

凡事有利就有弊,过长的直线易使司机感到单调、疲倦,难以目测车间距离,于是产生尽快驶出直线的急躁情绪,车速不断加快,很容易造成交通事故。另外,在地形变化复杂地段,直线线形难于与地形相协调,造成工程费用显著增高。因此,在采用直线线形并确定其长度时,必须持谨慎态度,不宜采用过长的直线,并注意直线的设置要与地形、地物、环境相适应。综上所述,直线的特点如下。

(1) 路线短捷、行车方向明确、视距良好、行车快速、驾驶操作简单。
(2) 线形简单,容易测设,易于设置其他构造物。
(3) 直线路段能提供较好的超车条件。
(4) 直线单一无变化,难与地形及周围环境相协调。
(5) 过长的直线在交通量不大且景观缺乏变化时,易使司机感到单调、疲倦。
(6) 在直线纵坡路段,司机易错误估计车间距离、行车速度及上坡坡度。
(7) 司机易对长直线估计过短或产生急躁情绪,超速行驶。
(8) 夜间对向行车易产生眩光。

依据直线的特点,可采用直线线形的路段如下。
(1) 不受地形、地物限制的平坦地区或山间的开阔谷地。
(2) 以直线条为主的城镇、近郊或农村。
(3) 长大桥梁、隧道等构造物路段。
(4) 路线交叉点及其前后。
(5) 双车道公路提供超车的路段。

## 3.2.2 直线的最大长度

基于直线的特点,直线的最大长度应有所控制,尽量不采用较长的直线,一般以设计速度(km/h)的20倍作为最大长度限制(以 m 计),见表3-1。当采用长的直线线形时,为弥补景观单调之缺陷,可采取如下技术措施。

表3-1 直线的最大长度、最小长度

| 设计车速V/(km/h) | | | 120 | 100 | 80 | 60 | 40 | 30 | 20 |
|---|---|---|---|---|---|---|---|---|---|
| 直线最大长度(20V)/m | | | 2400 | 2000 | 1600 | 1200 | 800 | 600 | 400 |
| 直线最小长度/m | 同向曲线间 | 一般值(6V) | 720 | 600 | 480 | 360 | 240 | 180 | 120 |
| | | 特殊值(2.5V) | — | — | — | — | 100 | 75 | 50 |
| | 反向曲线间(2V) | | 240 | 200 | 130 | 120 | 80 | 60 | 40 |

(1) 长直线上的纵坡坡度不宜过大,因长直线再加上陡坡行驶更容易造成高速度。
(2) 长直线与大半径凹形竖曲线组合为宜(图3-5),这样可以使生硬呆板的直线得到一些缓和。
(3) 道路两侧地形空旷时,宜采取植不同树种或设置一定建筑物、雕塑、广告牌等措施，以改善单调的景观。

（4）长直线或长下坡尽头的平曲线，除曲线半径、超高、视距等必须符合规定外，还必须采取设置标志、增加路面抗滑能力等安全措施。

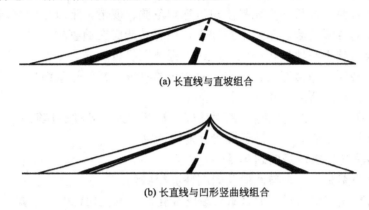

(a) 长直线与直坡组合

(b) 长直线与凹形竖曲线组合

图 3-5　长直线与凹形竖曲线组合

### 3.2.3　直线的最小长度

考虑到线形的连续和驾驶的方便，相邻两曲线之间应有一定的直线长度。这个直线长度是指前一曲线的终点到后一曲线起点之间的长度，对其最小值应有一定的要求。

1. 同向曲线间的直线最小长度

互相通视的同向曲线间若插以短直线，容易产生把直线和两端曲线看成为反向曲线的错觉，造成司机操作失误，在设计中这种情况应尽量避免。由于这种线形组合所产生的缺陷主要来自司机的错觉，所以要将两曲线拉开，也就是限制插入直线的最短长度，使同向曲线在司机的视觉以外。实践证明，行车速度愈高，司机愈是注视远处的目标，这个距离在数值上大约是行车速度 $V(km/h)$ 的 6 倍（以 m 计），所以《规范》推荐同向曲线间的最小直线长度以不小于 $6V$ 为宜，见表 3-1。

2. 反向曲线间的直线最小长度

转向相反的两圆曲线之间，考虑到为设置超高和加宽缓和段的需要，以及司机转向的需要，应设置一定长度的直线。如果无缓和曲线时，设置直线段最小长度以不小于行车速度的两倍为宜，见表 3-1；若两反向曲线已设缓和曲线，在受到限制的地点，也可将两反向缓和曲线首尾相接。

## 3.3　圆　曲　线

### 3.3.1　圆曲线的几何要素

在平面线形中，圆曲线是常用的基本线形，它在路线遇到障碍或地形需要改变方向时设置。各级公路和城市道路，不论转角大小均应设置圆曲线。圆曲线具有易与地形相适应、可循性好、线形美观、易于测设等优点，使用十分普遍。

如图 3-6 所示，圆曲线的几何要素为

$$T = R\tan\frac{\alpha}{2}$$

$$L = \frac{\pi}{180}\alpha R$$

$$E = R\left(\sec\frac{\alpha}{2} - 1\right)$$

$$J = 2T - L$$

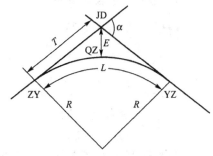

图 3-6　圆曲线几何要素

式中　$T$——切线长(m)；

$L$——曲线长(m)；

$E$——外距(m)；

$J$——超距(校正数)(m)；

$R$——圆曲线半径(m)；

$\alpha$——转角(°)。

## 3.3.2　圆曲线半径

行驶在圆曲线上的汽车将受到离心力的作用。离心力的大小与曲线半径密切相关，半径愈小，离心力愈大，汽车行驶的稳定性愈差。所以在选择圆曲线半径时，应尽可能选用较大的值，只有在地形或其他条件受到限制时，才使用较小的曲线半径。为了行车的安全与舒适，《规范》规定了圆曲线半径在不同情况下的最小值，见表 3-2。

表 3-2　公路圆曲线最小半径

| 设计速度/(km/h) | | 120 | 100 | 80 | 60 | 40 | 30 | 20 |
|---|---|---|---|---|---|---|---|---|
| 一般值/m | | 1000 | 700 | 400 | 200 | 100 | 65 | 30 |
| 极限值/m | | 650 | 400 | 250 | 125 | 60 | 30 | 15 |
| 不设超高最小半径 | 路拱≤2% | 5500 | 4000 | 2500 | 1500 | 600 | 350 | 150 |
| | 路拱>2% | 7500 | 5250 | 3350 | 1900 | 800 | 450 | 200 |

《城规》规定了城市道路的最小半径，见表 3-3。

表 3-3　城市道路圆曲线最小半径

| 计算行车速度/(km/h) | | 100 | 80 | 60 | 50 | 40 | 30 | 20 |
|---|---|---|---|---|---|---|---|---|
| 不设超高最小半径/m | | 1600 | 1000 | 600 | 400 | 300 | 150 | 70 |
| 设超高最小半径/m | 一般值 | 650 | 400 | 300 | 200 | 150 | 85 | 40 |
| | 极限值 | 400 | 250 | 150 | 100 | 70 | 40 | 20 |
| 不设缓和曲线最小半径/m | | 3000 | 2000 | 1000 | 700 | 400 | — | — |

1. 圆曲线半径计算公式

根据式(2-30)，得

$$R = \frac{V^2}{127(\mu + i_h)} \quad (3-1)$$

式中　$V$——行车速度(km/h)；
　　　$\mu$——横向力系数；
　　　$i_h$——横向超高坡度。

在车速 $V$ 一定的条件下，最小曲线半径 $R_{min}$ 取决于容许的最大横向力系数 $\mu_{max}$ 和最大横向超高坡度 $i_{h(max)}$。下面分别加以讨论。

1) 关于横向力系数 $\mu$

横向力对汽车产生种种不利的影响，$\mu$ 值越大越不利，主要表现在如下几个方面。

(1) 危及行车安全。

汽车能在弯道上行驶的基本前提是轮胎不在路面上滑移，这就要求横向力系数 $\mu$ 低于轮胎与路面之间的横向摩擦系数 $f$，即

$$\mu \leqslant f \quad (3-2)$$

横向摩擦系数 $f$ 与车速、路面及轮胎状况有关。一般在干燥路面上约为 0.4~0.8；在潮湿路面上约为 0.25~0.4；路面结冰或积雪时，降到 0.2 以下；在光滑的冰面上可降到 0.06。

(2) 增加驾驶操作的困难。

汽车在弯道上行驶时，在横向力的作用下，轮胎会产生横向变形，使轮胎的中间平面与轮迹前进方向形成一个横向偏移角。横向偏移角的存在增加了汽车在方向控制上的困难，特别是在高速行驶时。如果横向偏移角超过 5°，司机就不易保持驾驶方向上的稳定。

(3) 增加燃料消耗和轮胎磨损。

横向力的存在，使汽车的燃油消耗和轮胎磨损增加，表 3-4 是实测的增加百分比。

表 3-4　油耗、磨损百分比

| $\mu$ 值 | 0 | 0.05 | 0.10 | 0.15 | 0.20 |
|---|---|---|---|---|---|
| 燃油消耗/% | 100 | 105 | 110 | 115 | 120 |
| 轮胎磨损/% | 100 | 160 | 220 | 300 | 390 |

(4) 影响乘客反应心理。

若横向力系数 $\mu$ 值过大，在曲线半径小的弯道上司机要尽量大回转，容易离开车道而发生事故。另外，对司机和乘客来说，横向力系数 $\mu$ 值增大，感到不舒服。根据心理试验测试，乘客随 $\mu$ 值的变化其心理反应如下。

当 $\mu$<0.1 时，不感到有曲线存在，很平稳；
当 $\mu$=0.15 时，稍感到有曲线存在，尚平稳；
当 $\mu$=0.20 时，已感到有曲线存在，稍感不稳定；
当 $\mu$=0.35 时，感到有曲线存在，不稳定；

当 $\mu>0.40$ 时，非常不稳定，有倾车的危险性。

综上所述，$\mu$ 值的采用关系到行车的安全、经济与舒适。为计算圆曲线半径，应考虑各方面因素采用一个合适的 $\mu$ 值。研究结果表明，$\mu=0.11\sim0.16$ 较为合适。

2) 关于最大横向超高坡度 $i_{h(max)}$

在车速较高的情况下，为平衡离心力要用较大的超高。但道路上行驶车辆的速度并不一样，特别是在混合交通的道路上，不仅要照顾快车，也要考虑到慢车的安全。在个别情况下，因故（如前方路段冲坏、交通堵塞、交通事故等）暂停在弯道上的车辆，其离心力为零。如超高率过大，超出轮胎与路面间的横向摩擦系数，车辆有沿着路面最大合成坡度下滑的危险，因此必须满足

$$i_{h(max)} \leqslant f \tag{3-3}$$

式中 $f$——取一年中气候恶劣季节路面的横向摩擦系数。

《规范》对公路最大横向超高坡度的规定见表 3-5，《城规》中城市道路最大横向超高坡度见表 3-6。车速受限时，最大超高坡度也按表 3-6 执行。

表 3-5 公路最大横向超高值

| 公路等级 | 高速公路、一级公路 | 二、三、四级公路 |
|---|---|---|
| 一般地区/% | 8 或 10 | 8 |
| 积雪冰冻地区/% | 6 | |

表 3-6 车速受限时最大超高值

| 计算行车速度/(km/h) | 80 | 60、50 | 40、30、20 |
|---|---|---|---|
| 超高值/% | 6 | 4 | 2 |

2. 最小半径的计算

1) 极限最小半径

极限最小半径是指按计算行车速度行驶的车辆，能保证其安全行驶的最小半径。它是设计采用的极限值。当 $\mu$ 和 $i_h$ 都用到最大值，按式(3-1)即可计算出极限最小半径。公路曲线半径为极限最小半径时，设置最大超高。

一般最小半径指按计算行车速度行驶的车辆能保证其安全性和舒适性的最小半径，它是通常情况下推荐采用的最小半径值。它介于极限最小半径与不设超高的最小半径之间，其超高值随半径增大而减小。

根据以上叙述，横向力系数 $\mu=0.11\sim0.16$，最大横向超高坡度视道路的不同而不同，公路 $i_{h(max)}=0.1$、0.08、0.06，城市道路 $i_{h(max)}=0.06$、0.04、0.02，按式(3-1)可计算极限最小半径。

《规范》和《城规》中所规定的极限最小半径是考虑了我国的具体情况，并参照国外资料，取适当的最大横向力系数 $\mu_{max}$ 和最大横向超高坡度 $i_{h(max)}$ 进行计算，将其结果取整、归纳而得出的，见表 3-7。

极限最小半径是路线设计中的最小极限值，只有在特殊困难的条件下，不得已时才可以采用这一数值进行设计。

表 3-7  极限最小半径 $\mu$、$i_h$ 的取值表

| 设计车速/(km/h) | | 120 | 100 | 80 | 60 | 40 | 30 | 20 |
|---|---|---|---|---|---|---|---|---|
| 公路 | $\mu$ | 0.10 | 0.11 | 0.12 | 0.13 | 0.14 | 0.15 | 0.16 |
| | $i_{h(max)}$ | 8% | 8% | 8% | 8% | 8% | 8% | 8% |
| 城市道路 | $\mu$ | | 0.14 | 0.14 | 0.15 | 0.16 | 0.16 | 0.16 |
| | $i_{h(max)}$ | | 6% | 6% | 4% | 2% | 2% | 2% |

**2) 一般最小半径**

圆曲线的最小半径，一方面要考虑旅客有充分的舒适感和安全感，另一方面也要注意到在地形比较复杂的情况下不会过多地增加工程量。为此，《规范》规定了"一般最小半径"的横向力系数 $\mu$ 和最大横向超高坡度 $i_{h(max)}$ 的取值，见表 3-8。查得 $\mu$ 和最大横向超高坡度 $i_{h(max)}$ 后，便可按式(3-1)计算一般最小半径。在线路设计时，采用"一般最小半径"较为合理。

表 3-8  一般最小半径 $\mu$、$i_h$ 的取值表

| 设计车速(km/h) | | 120 | 100 | 80 | 60 | 40 | 30 | 20 |
|---|---|---|---|---|---|---|---|---|
| 公路 | $\mu$ | 0.05 | 0.05 | 0.06 | 0.06 | 0.06 | 0.05 | 0.05 |
| | $i_{h(max)}$ | 6% | 6% | 7% | 8% | 7% | 6% | 6% |
| 城市道路 | $\mu$ | | 0.067 | 0.067 | 0.067 | 0.067 | 0.067 | 0.067 |
| | $i_{h(max)}$ | | 6% | 6% | 4% | 2% | 2% | 2% |

**3) 不设超高的最小半径**

所谓不设超高的最小半径是指道路曲线半径较大、离心力较小时，汽车沿双向路拱外侧行驶的路面摩擦力足以保证汽车行驶安全稳定所采用的最小半径。

路面上不设超高，对于行驶在曲线外侧车道上的车辆来说是"反超高"，其横向超高坡度为负值，大小与路拱坡度相同。《规范》中所规定的"不设超高最小半径"是取 $\mu=0.035$，$i_{h(max)}=-0.015$，按式(3-1)计算并取整得来的。《城规》取 $\mu=0.067$，$i_{h(max)}=-0.02$。

在表 3-2 和表 3-3 中，列出了《规范》和《城规》中所规定的一般最小半径、极限最小半径和不设超高最小半径，设计时可以参考。

**3. 圆曲线最大半径**

如前所述，选用圆曲线半径时，在与地形等条件相适应的前提下，应尽可能采用大半径。当半径大到一定程度时，其几何性质和行车条件与直线无太大区别，而且容易给司机造成判断上的错误，反而带来不良的后果。所以，《规范》规定圆曲线最大半径以不超过 10000m 为宜。

# 3.4 缓和曲线

当汽车从直线进入圆曲线时，司机应逐渐改变前轮的转向角，使其适应相应半径的圆曲线。在直线上半径为无限大，在进入圆曲线后半径为 R，从直线过渡到圆曲线，汽车的行驶曲率半径是不断变化的，这一曲率半径变化路段即为缓和曲线段。

缓和曲线是道路平面线形主要要素之一，它是设置在直线和圆曲线之间的一种曲率连续变化的曲线。《规范》规定，除四级公路可不设缓和曲线外，其余各级公路都应设置缓和曲线。在现代高速公路上，有时缓和曲线所占比例超过了直线和圆曲线，成为平面线形的主要组成部分。在城市道路上，缓和曲线也被广泛地使用。

## 3.4.1 缓和曲线的作用与性质

1. 缓和曲线的作用

（1）曲率连续变化，便于车辆遵循。

汽车在转弯行驶过程中，存在一条曲率连续变化的轨迹线，无论车速高低这条轨迹线都是客观存在的，它的形式和长度与汽车构造、汽车行驶速度、司机转动方向盘的快慢等因素有关。在汽车低速行驶时，司机尚可利用路面的富余宽度把汽车保持在车道范围之内，缓和曲线似乎没有必要。但在高速行驶或曲率急变时，汽车有可能超越自己的车道而驶出一条很长的过渡性轨迹线，这种情况不能保证侧向稳定，是绝对不允许的。因此，从安全的角度出发，有必要设置一条司机易于遵循的路线，这便是缓和曲线。同时，缓和曲线的设置不仅使线路顺畅，而且构成美观与视觉协调的最佳线形。

（2）离心加速度逐渐变化，旅客感到舒适。

汽车在直线上行驶时，无离心力作用。在曲线上行驶时，要产生离心力，其大小与曲率半径成反比。汽车由直线驶入圆曲线或由圆曲线驶入直线时，由于曲率的突变而带来离心力的突变，对旅客产生侧向冲击力，使旅客有不舒适的感觉，所以应设置缓和曲线以缓和离心加速度的变化。

（3）横向超高、加宽逐渐变化，确保行车平稳。

行车道从直线过渡到圆曲线有两个显著变化：一是由直线上的双坡断面变为圆曲线上的单坡断面；二是由直线上的正常宽度变为圆曲线上的加宽宽度。这两个变化要在缓和曲线段完成，使横向超高坡度逐渐变化，避免车辆在行驶中左右摇摆。

（4）与圆曲线配合得当，保证线形美观。

不设缓和曲线感到路线扭曲，如图 3-7(a)所示；设置缓和曲线后变得平顺美观，如图 3-7(b)所示。

(a) 不设缓和曲线感觉路线扭曲　　　　(b) 设置缓和曲线后路线变得平顺美观

图 3-7　直线与曲线连接效果图

2. 缓和曲线的性质

假定汽车等速行驶，司机匀速转动方向盘。当方向盘转动角度为 $\varphi$ 时，前轮相应转动

角度为 $\Phi$，它们之间的关系为

$$\Phi = k\varphi \quad (\text{rad}) \tag{3-4}$$

式中 $k$ 为小于 1 的系数。而

$$\varphi = \omega t \quad (\text{rad}) \tag{3-5}$$

式中 $\omega$——方向盘转动的角速度(rad/s)；

$t$——方向盘转动时间(s)。

则汽车前轮的转向角为

$$\Phi = k\omega t \quad (\text{rad}) \tag{3-6}$$

如图 3-8 所示，设汽车前后轮轴距为 $d$，前轮转动 $\varphi$ 后，汽车的行驶轨迹曲线半径为 $r$，则

$$r = \frac{d}{\tan\Phi} \quad (\text{m})$$

由于 $\varphi$ 值很小，$\tan\Phi \approx \Phi$，则

$$r \approx \frac{d}{\Phi} = \frac{d}{k\omega t} \quad (\text{m}) \tag{3-7}$$

汽车以 $v$(m/s)等速行驶，经时间 $t$(s)以后，其行驶距离(弧长)为 $l$，则

$$l = vt \quad (\text{m}) \tag{3-8}$$

由式(3-7)，得

$$t = \frac{d}{k\omega r}$$

代入式(3-8)，得

$$l = v\frac{d}{k\omega r} \tag{3-9}$$

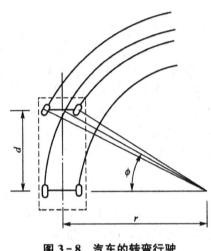

图 3-8 汽车的转弯行驶

式中 $v$、$d$、$k$、$\omega$ 均为常数，令

$$\frac{vd}{k\omega} = C$$

则

$$rl = C \tag{3-10}$$

式中 $l$——汽车自直线终点开始转弯，经 $t$(s)后行驶的距离(m)；

$r$——汽车行驶 $t$(s)后在 $l$ 处的曲率半径(m)；

$C$——常数。

上式说明，汽车匀速从直线进入圆曲线(或从圆曲线进入直线)，其行驶轨迹的弧长与曲率半径之积为一常数，这一性质正好与回旋线相符。

### 3.4.2 回旋线作为缓和曲线

**1. 回旋线的数学表达式**

回旋线是线路设计中最常用的一种缓和曲线。《规范》规定缓和曲线尽可能采用回旋线，其基本公式为

$$rl = A^2 \tag{3-11}$$

式中  $r$——回旋线上某点的曲率半径(m);
　　　$l$——回旋线上某点到原点的曲线长(m);
　　　$A$——回旋线的参数。

由于 $rl$ 乘积的单位是长度的二次方($m^2$),为使量纲一致,故令式(3-10)中的 $C = A^2$。$A$ 表征回旋线曲率变化的缓急程度,$A$ 值愈大,回旋线的弯曲程度愈缓。这种性质和圆曲线类似,圆曲线半径愈大,圆弧弯曲度愈平缓,整个圆也就变得愈大。所以,在回旋线中,$A$ 值与圆曲线中的半径具有相同的作用和意义。

在回旋线的任意点上,$r$ 是随 $l$ 的变化而变化的,但任意点处的 $rl$ 乘积始终为常数。在缓和曲线的终点处,$l = L_h$,$r = R$,则上式变为

$$RL_h = A^2 \tag{3-12}$$

式中  $R$——回旋线所连接的圆曲线半径(m);
　　　$L_h$——回旋线形的缓和曲线长度(m);

利用上式可以解决两个问题:①已知圆曲线半径 $R$ 和缓和曲线长度 $L_h$,从而确定回旋线参数 $A$,则回旋线的形态便基本确定;②先按条件选择圆曲线半径 $R$ 和回旋线参数 $A$,从而确定所需的缓和曲线长度 $L_h$。

图 3-9(a)为回旋线、双纽线、三次抛物线的形态,三种线形的前一段都比较接近,都适合于作缓和曲线,但一般采用回旋线作缓和曲线;如图 3-9(b)所示。图 3-10 为回旋线的曲率变化图(由直线到圆曲线时,曲率逐渐增大;从圆曲线到直线时,曲率逐渐减小)。

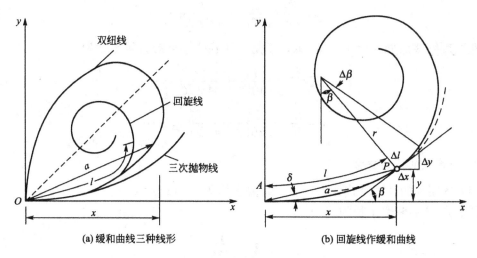

(a) 缓和曲线三种线形　　(b) 回旋线作缓和曲线

图 3-9　缓和曲线

如图 3-9 所示,在回旋线上任意点 $P$ 取微分单元,则有

$$dl = r \cdot d\beta$$
$$dx = dl \cdot \cos\beta = rd\beta\cos\beta \tag{3-13}$$
$$dy = dl \cdot \sin\beta = rd\beta\sin\beta \tag{3-14}$$

以 $r = A^2/l$ 代入,得

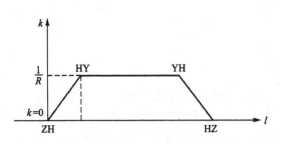

图 3-10 回旋线的曲率变化

$$dl = \frac{A^2}{l} \cdot d\beta$$

即

$$l \cdot dl = A^2 d\beta$$

积分，得

$$\int_0^l l \, dl = \int_0^\beta A^2 d\beta$$

$$l^2 = 2A^2 \beta \qquad l = \sqrt{2\beta} \cdot A$$

则

$$r = \frac{A^2}{l} = \frac{A}{\sqrt{2\beta}}$$

代入式(3-13)和式(3-14)，得

$$dx = \frac{A}{\sqrt{2\beta}} \cos\beta \cdot d\beta \tag{3-15}$$

$$dy = \frac{A}{\sqrt{2\beta}} \sin\beta \cdot d\beta \tag{3-16}$$

将上式积分，并将 $\sin\beta$、$\cos\beta$ 用级数展开，则得回旋线直角坐标方程为

$$x = l - \frac{l^3}{40r^2} + \frac{l^5}{3456r^4} - \cdots \tag{3-17}$$

$$y = \frac{l^2}{6r} - \frac{l^4}{336r^3} + \frac{l^6}{42240r^5} - \cdots \tag{3-18}$$

在回旋线终点处，$l = L_h$，$r = R$，于是，回旋线终点的直角坐标为

$$X = L_h - \frac{L_h^3}{40R^2} + \frac{L_h^5}{3456R^4} - \cdots \tag{3-19}$$

$$Y = \frac{L_h^2}{6R} - \frac{L_h^4}{336R^3} + \frac{L_h^6}{42240R^5} - \cdots \tag{3-20}$$

2. 回旋线的几何要素

(1) 各要素的计算公式如下，回旋线要素如图 3-11 所示。

任意点 $P$ 的曲率半径为

$$r = \frac{A}{\sqrt{2\beta}} \tag{3-21}$$

(2) $P$ 点的回旋线长为

$$l = \frac{A^2}{r} = A\sqrt{2\beta} \tag{3-22}$$

(3) 缓和曲线角是指回旋线上任意点 $P$ 的切线方向与 $x$ 轴的夹角，称作缓和曲线角，按下式计算。

$$\beta = \frac{l^2}{2A^2} = \frac{l^2}{2rl} = \frac{l}{2r} \quad (\text{rad}) \tag{3-23}$$

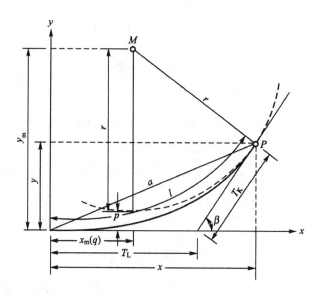

**图 3-11 回旋线要素**

（4）$P$ 点曲率圆的内移值为

$$p = y + r\cos\beta - r \tag{3-24}$$

（5）$P$ 点曲率圆圆心 $M$ 点的坐标为

$$x_m = x - r\sin\beta \tag{3-25}$$

$$y_m = r + p \tag{3-26}$$

（6）长切线长为

$$T_L = x - y\cot\beta \tag{3-27}$$

（7）短切线长为

$$T_K = \frac{y}{\sin\beta} \tag{3-28}$$

（8）$P$ 点的弦偏角为

$$\delta = \arctan\frac{y}{x} \approx \frac{\beta}{3} \quad (\text{rad}) \tag{3-29}$$

（9）$P$ 点的弦长为

$$a = \frac{y}{\sin\beta} \tag{3-30}$$

（2）有缓和曲线的道路平曲线几何要素计算如下。

如图 3-12 所示，道路平面线形的基本组成是：直线-回旋线-圆曲线-回旋线-直线。其几何要素的计算公式如下。

① 单圆曲线（不设缓和曲线）起点（终点）至缓和曲线起点的距离为

$$q = x_m = x - R\sin\beta = x - R\sin\left(\frac{L_h}{2R}\right)$$

$$= L_h - \frac{L_h^3}{40R^2} - R\left(\frac{L_h}{2R} - \frac{L_h^3}{48R^3}\right)$$

$$q = \frac{L_h}{2} - \frac{L_h^3}{240R^2} \qquad (3-31)$$

② 内移值为

$$p = y + R\cos\beta - R = y + R\cos\left(\frac{L_h}{2R}\right) - R$$

$$= \frac{L_h^2}{6R} - \frac{L_h^4}{336R^3} + R\left(1 - \frac{L_h^2}{2!(2R)^2} + \frac{L_h^4}{4!(2R)^4}\right) - R$$

$$= \frac{L_h^2}{6R} - \frac{L_h^2}{8R} - \frac{L_h^4}{336R^3} + \frac{L_h^4}{384R^3}$$

$$p = \frac{L_h^2}{24R} - \frac{L_h^4}{2688R^3} \qquad (3-32)$$

③ 缓和曲线终点旋转角为

$$\beta_0 = \frac{L_h}{2R} \cdot \frac{180}{\pi} \qquad (3-33)$$

④ 总切线长为

$$T = (R+p)\tan\frac{\alpha}{2} + q \qquad (3-34)$$

⑤ 曲线总长为

$$L = (\alpha - 2\beta_0)\frac{\pi}{180}R + 2L_h \qquad (3-35)$$

⑥ 外矢距(外距)为

$$E = (R+p)\sec\frac{\alpha}{2} - R \qquad (3-36)$$

⑦ 超距(校正值)为

$$J = 2T - L \qquad (3-37)$$

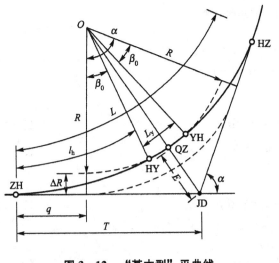

图 3-12 "基本型"平曲线

**3. 回旋线的相似性**

从回旋线的方程可以看出，回旋线的形状只有一种，只需改变参数 $A$ 就能得到大小不同的回旋曲线(如同改变圆的半径就可获得大小不同的圆一样)，因此，参数 $A$ 可以看成是回旋线的放大系数。所有的回旋线具有相似性。

$A=1$ 时的回旋线称为单位回旋线。根据相似性，可由单位回旋线要素计算任意回旋线要素。在各要素中，又分"长度要素"和"非长度要素"，长度要素主要有任意点 $P$ 的曲率半径、回旋线长、内移值、直角坐标、切线长、弦长等；非长度要素主要有缓和曲线角和弦偏角。它们的计算方法如下。

回旋线长度要素 = 单位回旋线长度要素 × $A$

回旋线非长度要素 = 单位回旋线非长度要素

### 3.4.3 其他形式的缓和曲线

缓和曲线一般都采用回旋线,但在个别情况下,也可以采用其他函数形式。

1. 三次抛物线

图 3-9(a)中,三次抛物线的方程式为

$$r=\frac{C}{x} \tag{3-38}$$

式中 $x$——弧长 $l$ 在横坐标上的投影(m);
　　 $r$——在弧长 $l$ 处的曲率半径(m);
　　 $C$——常数,$C=RL_h$;
　　 $R$——回旋线所连接的圆曲线半径(m);
　　 $L_h$——回旋线形的缓和曲线长度(m)。

三次抛物线的曲率半径与回旋线一样,也是随长度的增大而逐渐减小的,但当缓和曲线角 $\beta>24°$ 后,又开始增加。所以三次抛物线作为缓和曲线只能用在 $\beta\leqslant24°$ 的条件下。

2. 双纽线

双纽线方程式为

$$r=\frac{C}{a} \tag{3-39}$$

式中 $a$——弧长 $l$ 所对应的弦长(m)。

如图 3-9(a)所示,回旋线、三次抛物线和双纽线在极角较小(5°~6°)时,几乎没有差别。随着极角的增加,三次抛物线的长度比双纽线的长度增加得快些,而双纽线的长度又比回旋线的长度增加得快些;回旋线的曲率半径减小得最快,而三次抛物线减少得最慢。从保证汽车平顺过渡的角度来看,三种曲线都可以作为缓和曲线。除此之外,也有使用 $n$ 次抛物线、正弦型曲线、多圆弧曲线等各种曲线作为缓和曲线。但世界各国使用回旋线的最多,《规范》推荐的缓和曲线也是回旋线。

### 3.4.4 缓和曲线的长度及参数

1. 缓和曲线的最小长度

由于汽车要在缓和曲线上完成不同曲率的过渡行驶,所以要求缓和曲线要有足够的长度,以使司机有足够的时间从容地转动方向盘,使乘客感到舒适,使线形美观流畅。同时,圆曲线上的超高和加宽也要在缓和曲线段内完成。所以,应规定缓和曲线的最小长度,主要从以下几个方面来考虑。

1) 旅客感到舒适

汽车行驶在缓和曲线上,其离心加速度将随缓和曲线曲率的变化而变化,若离心加速度变化太快,旅客就会有不舒适的感觉。离心率加速度的变化率称作缓和系数,则缓和系数为

$$\alpha_h = \frac{a}{t} = \frac{v^2}{Rt} \tag{3-40}$$

式中 $v$——汽车行驶速度(m/s)；

$a$——离心加速度(m/s²)；

$t$——汽车在缓和曲线上的行驶时间(s)。

在等速行驶的情况下，有

$$t = \frac{L_h}{v}$$

则

$$\alpha_h = \frac{v^3}{RL_h} = 0.0214 \frac{V^3}{RL_h} \tag{3-41}$$

按式(3-41)可得缓和曲线最小长度计算公式为

$$L_{h(min)} = 0.0214 \frac{V^3}{\alpha_{h(max)} R} \tag{3-42}$$

式中 $\alpha_{h(max)}$——最大缓和系数(m/s³)。

关于最大缓和系数，其取值世界各国都不一样。我国铁路比公路早，铁路上采用 $\alpha_{h(max)} = 0.3 \text{m/s}^3$，公路上参考这一规定建议采用 $\alpha_{h(max)} = 0.6 \text{m/s}^3$，则缓和曲线最小长度为

$$L_{h(min)} = 0.036 \frac{V^3}{R} \tag{3-43}$$

2) 超高渐变率(附加坡度)适中

一般情况下，圆曲线段内必须设置超高。由于直线段上是正常的双向横坡断面，而圆曲线上为单向的超高断面，因此，在直线与圆曲线相接处的横断面就出现了突变。这种突变必然影响行车的舒适性，且如果超高坡度较大，曲线外侧无法通车。这就要求在直线与圆曲线之间设置过渡段，且有足够的长度，使路面从正常双向路拱逐渐过渡到单向横坡，以利于汽车舒适地从直线驶入圆曲线。

在超高过渡段上，路面外侧逐渐抬高，从而形成一个"附加坡度"，当圆曲线上的超高值一定时，这个附加坡度就取决于缓和段长。附加坡度(即超高渐变率)太大、太小都不好，太大对行车不利，太小对排水不利。《规范》规定了适中的超高渐变率，由此可导出计算缓和段最小长度的计算公式为

$$L_{h(min)} = \frac{B\Delta i}{p} \quad (\text{m}) \tag{3-44}$$

式中 $B$——旋转轴(绕边线旋转或绕中线旋转)至行车道外侧边缘的宽度(m)；

$\Delta i$——超高坡度与路拱坡度代数差(%)；

$p$——超高渐变率，详见第5章。

3) 行驶时间不过短

如果缓和曲线长度过短，汽车在缓和段的行驶时间就短，司机驾驶操作将过于匆忙，有可能造成安全事故。因此规定汽车在缓和曲线上的行驶时间一般不得小于3s，则

$$L_{h(min)} = vt = \frac{1}{3.6} Vt = \frac{V}{1.2} \quad (\text{m}) \tag{3-45}$$

综合上述3种影响因素，依据相应公式计算缓和曲线的最小长度，按式(3-45)计算

结果最大。因此，在考虑了上述各种影响因素以后，《规范》制定了各级公路缓和曲线最小长度，见表3-9；《城规》制定了城市道路的最小缓和曲线长度，与表3-9一致。城市道路设计车速为50km/h时，缓和曲线最小长度为45m。

表3-9 缓和曲线最小长度

| 设计速度/(km/h) | 120 | 100 | 80 | 60 | 40 | 30 | 20 |
|---|---|---|---|---|---|---|---|
| 缓和曲线最小长度/m | 100 | 85 | 70 | 50 | 35 | 25 | 20 |

2. 回旋线参数的确定

上面讨论的缓和曲线长度，是在地形等条件受到限制时的最小极限长度。在一般情况下，特别是当圆曲线半径较大或车速较高时，只要条件允许，应该使用更长的缓和曲线。现代道路的缓和曲线广泛使用的是回旋线，其基本参数是$A$，只要选定了参数$A$，便可按下式计算缓和曲线长度，即

$$L_h = \frac{A^2}{R}$$

参数$A$应根据下述几个方面来计算，最后综合加以确定。

1) 按离心加速度变化率确定

由式(3-41)，得

$$\alpha_h = 0.0214 \frac{V^3}{RL_h} = 0.0214 \frac{V^3}{A^2} \tag{3-46}$$

则

$$A = \sqrt{\frac{0.0214}{\alpha_h}} \cdot \sqrt{V^3} \tag{3-47}$$

离心加速度变化率$\alpha_h$，可参照下述规定：高速公路及快速路$\alpha_h \leqslant 0.5$，推荐值为0.35；一般道路及地方道路$\alpha_h \leqslant 0.6$；山岭区公路$\alpha_h \leqslant 0.785$；其他特殊地区道路$\alpha_h \leqslant 0.775$。由此，可计算出最小参数$A$。

2) 依行驶时间确定

设汽车在回旋线上行驶的时间为$t(s)$，汽车车速为$v(m/s)$或$V(km/h)$，则

$$A = \sqrt{RL} = \sqrt{Rvt} = \sqrt{\frac{RVt}{3.6}}$$

3) 根据视觉条件确定

由式(3-33)，得

$$L_h = 2R\beta_0 \frac{\pi}{180}$$

则

$$A = \sqrt{RL_h} = R\sqrt{\frac{2\pi\beta_0}{180}} \tag{3-48}$$

式中 $\beta_0$——缓和曲线终点旋转角(°)。

大量的经验表明，从司机的视觉角度，合适的$\beta_0 = 3° \sim 29°$，代入式(3-48)得

$$\frac{R}{3} \leqslant A \leqslant R \tag{3-49}$$

经验表明，当$R \approx 100$m时，通常取$A = R$；如果$R < 100$m时，则选择$A \geqslant R$；

100m＜R＜3000m 时，取 $A=R/3$；$R>3000$m 时，取 $A<R/3$。

除上述因素之外，回旋线参数的确定还必须考虑到地形、排水等条件，综合确定。

3. 缓和曲线的省略

在直线和圆曲线之间设置了缓和曲线后，圆曲线产生了内移值 $P$，在缓和曲线长度一定的情况下，内移值 $P$ 与圆曲线半径成反比，当 $R$ 达到一定值时，内移值 $P$ 值甚微，即使直线与圆曲线直接相连，汽车也能顺利地行驶，因为在圆曲线段加宽的路面中，已经包含了这个内移值。所以，《规范》规定，在下列情况下可不设缓和曲线。

(1) 在直线与圆曲线间，当圆曲线半径大于或等于"不设超高的最小半径"时（见表 3-2）。

(2) 半径不同的同向圆曲线间，当小圆半径大于或等于"不设超高的最小半径"时。

《城规》所规定的不设缓和曲线的最小圆曲线半径见表 3-3。

## 3.5 平面线形设计

### 3.5.1 平面线形设计的一般原则

(1) 平面线形应直捷、连续、顺适，并与地形地物相适应，与周围环境相协调。

在地势平坦的平原、微丘区，路线可以很容易做到直捷、顺适，直线所占比例较大；而在地势有很大起伏的山岭或重丘区，路线则多弯曲，曲线所占比例较大。路线首先要与地形相适应，这既是美学问题，也是经济问题和保护生态环境问题。直线、圆曲线和回旋线的选用与合理组合，主要取决于地形、地物等客观条件，片面地强调路线要以直线为主或以曲线为主，或人为规定三者的比例都是错误的。

(2) 行驶力学上的要求是最基本的，视觉和心理上的要求应尽量满足。

线路设计首先必须满足汽车正常行驶的要求，确保行驶的安全稳定性。同时，应尽可能满足司机和旅客视觉与心理上的需要。

对于高速公路、一级公路及计算行车速度 $V\geqslant 60$km/h 的公路，应注重立体线形设计，尽量做到线形连续、指标均衡、视觉良好、景观协调、安全舒适。

对于计算行车速度 $V\leqslant 40$km/h 的公路，首先在保证行车安全的前提下，正确运用平面线形各要素的最小值，力求减少工程量和降低工程投资。

(3) 保持平面线形的均衡与连贯。

为保证一条道路上的车辆以均匀的速度行驶，各线形要保持连续性而不出现技术指标的突变，设计时应注意以下几点。

① 长直线尽头不能接小半径曲线。长直线会导致较高的车速，若突然出现小半径曲线，会因减速不及时而造成安全事故，特别是在下坡方向的尽头更要注意。若由于地形所限小半径曲线难免时，中间应插入中等曲率的过渡性曲线，并使纵坡不要过大。

② 高、低标准之间要有过渡。同一等级道路上大、小指标之间，长直线与小半径曲线之间，相邻的大小半径曲线之间，同一条道路上采用不同计算行车速度设计的路段之间，均要有过渡。

(4) 应避免连续急弯的线形。

这种线形给司机造成不便，也给乘客的舒适带来不良的影响。设计时可在曲线间插入足够长的直线或回旋线。

（5）平曲线应有足够的长度。

平曲线包括圆曲线和两端的缓和曲线。如平曲线太短，汽车在平曲线上行驶时间就短，会给司机操纵带来困难，至少要行驶 6 秒。所以《规范》规定了平曲线最小长度，见表 3-10。

表 3-10 平曲线最小长度

| 设计速度/(km/h) | | 120 | 100 | 80 | 60 | 40 | 30 | 20 |
|---|---|---|---|---|---|---|---|---|
| 一般值/m | 公路 | 600 | 500 | 400 | 300 | 200 | 150 | 100 |
| | 城市道路 | — | 260 | 210 | 150 | 110 | 80 | 60 |
| 极限值/m | | 200 | 170 | 140 | 100 | 70 | 50 | 40 |
| 转角 $\alpha<7°$ 时 | | $1400/\alpha$ | $1200/\alpha$ | $1000/\alpha$ | $700/\alpha$ | $500/\alpha$ | $350/\alpha$ | $280/\alpha$ |

当 $\alpha<2°$ 时，按 $\alpha=2°$ 计算，计算平曲线的长度以 m 为单位。

公路一般最小曲线长度约为极限值的 3 倍，城市道路一般最小曲线长度约为极限值的 1.5 倍。

城市道路圆曲线和缓和曲线的最小长度都约为车辆 3 秒行驶距离。由于在缓和曲线上，方向是变化的，在长度计算取舍上，缓和曲线长要略为长一些，见表 3-11，《城规》规定了城市道路圆曲线的最小长度和缓和曲线的最小长度。

表 3-11 城市道路圆曲线的最小长度和缓和曲线的最小长度(m)

| 设计速度/(km/h) | 100 | 80 | 60 | 50 | 40 | 30 | 20 |
|---|---|---|---|---|---|---|---|
| 圆曲线 | 85 | 70 | 50 | 40 | 35 | 25 | 20 |
| 缓和曲线 | 85 | 70 | 50 | 45 | 35 | 25 | 20 |

道路弯道在一般情况下是由两段缓和曲线和一段圆曲线组成的。缓和曲线一般采用回旋线，其长度不能小于该级道路对其最小长度的规定；中间圆曲线的长度也应有大于 3s 的行程。当条件受到限制时，可将缓和曲线在曲率相等处直接连接，此时圆曲线长度变为 0，即中间可不设圆曲线。

另外，路线转角的大小反映了路线的舒顺程度，一般小一些较好，但中间插入的平曲线不宜过短，否则会使司机产生急转弯的错觉，以致造成驾驶者枉作减速转弯的操作。因此，对于小转角弯道应设置较长的平曲线，其长度应大于表 3-10 中规定的"一般值"，当受地形地物限制时，可减短至表中的"低限值"。

（6）平面线形标准需分期实施时，应满足近期要求，兼顾远期发展，减少废弃工程。

## 3.5.2 平面线形要素的组合类型

1. 基本型

基本型按直线—回旋线—圆曲线—回旋线—直线的顺序组合，如图 3-13 所示。

基本型中的回旋线参数、圆曲线半径及最小长度等都应符合有关规定。两回旋线可以相等，也可以根据地形条件设计成不相等的非对称型曲线。从线形的整体协调性来看，有

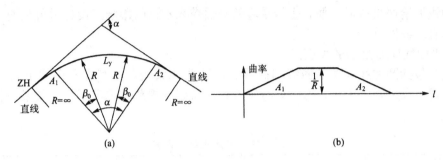

图 3-13 基本型平曲线

条件时宜将回旋线、圆曲线、回旋线之长度比设计成 $1:1:1$ 或 $1:2:1$,即圆曲线的长度是缓和曲线长度的 $1\sim2$ 倍。同时,$A$ 的取值符合 $R/3\leqslant A\leqslant R$ 的要求。

2. S 型

S 型指两个反向曲线用回旋线连接的组合,如图 3-14 所示。

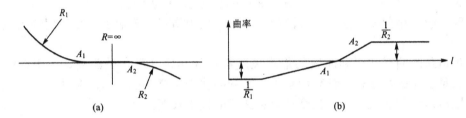

图 3-14 S 型平曲线

S 型两个回旋线参数 $A_1$ 与 $A_2$ 宜相等。当采用不同的参数时,$A_1$ 与 $A_2$ 之比以小于 1.5 为宜,不应超过 2.0,此外,在 S 型曲线上,两个反向回旋线之间不设直线。不得已需插入直线时,插入直线的长度应满足下式要求

$$l \leqslant \frac{A_1+A_2}{40} \quad (\text{m}) \tag{3-50}$$

式中 $l$——反向回旋线间短直线的长度(m);

$A_1$、$A_2$——回旋线参数。

如果中间插入直线长度超过上述计算值很多,则认为是两个基本型的曲线,而不是 S 型曲线了。

另外,S 型两圆曲线半径之比不宜过大,一般为

$$\frac{R_2}{R_1}=1\sim\frac{1}{3} \tag{3-51}$$

式中 $R_1$——大圆半径(m);

$R_2$——小圆半径(m)。

3. 卵型

用一个回旋线连接两个同向圆曲线的组合,如图 3-15 所示。

卵型上的回旋线参数 $A$ 不应小于该级道路对其的规定,同时宜在下列界限之内。

$$\frac{R_2}{2}\leqslant A\leqslant R_2 \tag{3-52}$$

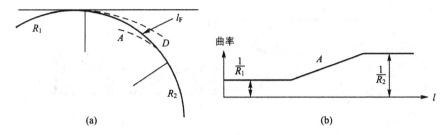

图 3-15 卵型平曲线

式中 $A$——回旋线参数；
$R_2$——小圆半径(m)。

另外，两圆曲线半径之比宜在下列界限之内

$$0.2 \leqslant \frac{R_2}{R_1} \leqslant 0.8 \qquad (3-53)$$

式中 $R_1$——大圆半径(m)。

两圆曲线的间距，宜在下列界限之内

$$0.003 \leqslant \frac{D}{R_2} \leqslant 0.03 \qquad (3-54)$$

式中 $D$——两圆曲线最小间距(m)。

4. 凸型

凸型指在两个同向回旋线间不插入圆曲线而直接衔接的组合，如图 3-16 所示。

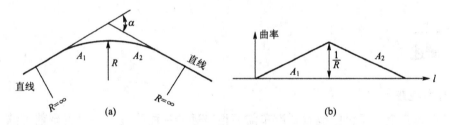

图 3-16 凸型平曲线

凸型的回旋线参数应符合道路的有关规定，连接点处曲率半径应符合圆曲线最小半径的规定。凸型曲线尽管保持在连接点处曲率相等，曲率变化连续。但因中间圆曲线长度为零，不利于驾驶操纵，所以只有在地形地物严格受到限制时，才容许采用凸型。

5. C 型

如图 3-17 所示，C 型指两同向回旋线在曲率为零处径相衔接，也就是相当于两基本型的同向曲线间直线长度为零。同样，这种线形不利于行车，因此只有在特殊情况下才使用 C 型。

6. 复合型

如图 3-18 所示，两个及两个以上的同向回旋曲线，在曲率相等处径相衔接的组合形式称为复合型曲线。

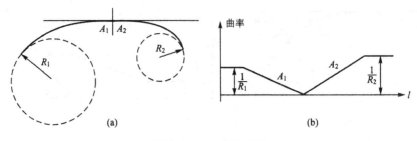

图 3-17  C型平曲线

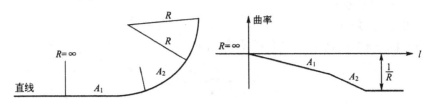

图 3-18  复合型平曲线

当受地形或其他特殊原因限制时，复合型的两个回旋线参数之比宜为

$$A_2 : A_1 = 1 : 1.5 \tag{3-55}$$

复合型一般很少采用，多出现在互通式立体交叉的匝道线形设计中。

综上所述，平面线形设计主要采用基本型、S型和卵型3种，其详细设计见第7章。

# 3.6 行车视距

## 3.6.1 概述

1. 行车视距

为了行车安全，司机应能看到汽车前面相当远的一段路程，一旦发现前方路面上有障碍物或迎面来车，能及时采取措施，避免相撞，这一必需的最短距离称为行车视距。

行车视距能否得到保证，直接关系到行车的安全，它是道路使用质量的重要指标之一。行车视距不足主要发生在下述几种场合。

(1) 道路平面上的暗弯，即挖方路段的弯道或内侧有障碍物的弯道，如图3-19(a)所示。

(2) 纵断面上的凸型竖曲线，如图3-19(b)所示。

(3) 下穿式立体交叉的凹形竖曲线，如图3-19(c)所示。

2. 行车视距的分类

根据司机发现障碍物或迎面来车所采取的措施不同，行车视距可分为如下几种类型。

(1) 停车视距：自行驶中的司机看到前方障碍物时起到安全停车所需的最短距离。

(2) 会车视距：在同一车道上两对向汽车相遇，从相互发现并同时采取措施时起，到两车安全停止所需的最短距离。

(3) 错车视距：在没有明确划分车道线的双车道路上，两对向行驶汽车相遇，发现后即采取减速避让措施，达到安全错车所需的最短距离。

(4) 超车视距：在双车道道路上，后车超越前车时，从开始驶离原车道之处起，至可见逆行车并能超车后安全驶回原车道所需的最短距离。

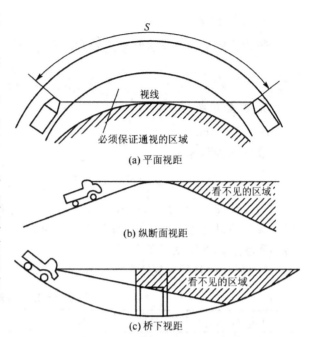

(a) 平面视距

(b) 纵断面视距

(c) 桥下视距

图 3-19　影响行车视距的地点

上述 4 种视距中，前 3 种属于对向行驶，第 4 种属于同向行驶。第 4 种所需距离最长，需要单独研究。而前 3 种视距中，以会车视距最长，只要道路能保证会车视距，停车视距和错车视距也就能得到保证了。由于会车视距约为停车视距的两倍，因此，只需计算停车视距就可以了。

3. 目高与物高

(1) 目高是指司机眼睛距地面的高度，规定以小客车为标准，采用 1.2m。

(2) 物高是指路面上的物体至路面的垂直距离。如果为偏于安全方面的考虑，物高应为 0，这样势必在纵断面设计中要加大凸型竖曲线的半径，是不经济的；如果单从经济方面考虑，取汽车顶部的高度，则因看不见比汽车低的障碍物而导致车祸。在道路上，除迎面来车外，还有横穿道路的行人、前面车辆掉下的货物以及因挖方边坡塌方滚下的石头等，各种障碍物高度不一。再考察汽车底盘离地的最小高度，一般为 0.14~0.2m。综上所述，物高取值为 0.1m。

## 3.6.2　停车视距

停车视距是指司机发现前方有障碍物到汽车在障碍物前停住所需的最短距离。停车视距可分为反应距离、制动距离和安全距离。

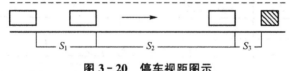

图 3-20　停车视距图示

1. 反应距离

反应距离是指当司机发现前方的障碍物，经过判断决定采取制动措施的那一瞬间到制动器真正开始起作用的那一瞬间汽车所行驶的距离。根据测定资料，从决定制动到制动器真正起作用的时间间隔 $t=2.5s$（判断时间 1.5s，制动生效时间 1.0s），在这段时间内汽车行驶的距离为

$$S_1 = \frac{V}{3.6} \cdot t \qquad (3-56)$$

2. 制动距离

制动距离是指汽车从制动生效到汽车完全停住时所走的距离。由式(2-39)得

$$S_2 = \frac{V^2}{254(\varphi+\psi)}$$

3. 安全距离

$S_3 = 5 \sim 10 \text{m}$

故停车视距为

$$S_{停} = S_1 + S_2 + S_3 = \frac{Vt}{3.6} + \frac{V^2}{254(\varphi+\psi)} + S_3 \quad (\text{m}) \tag{3-57}$$

当设计速度为120~80km/h时，采用设计速度的85%；当设计速度为60~40km/h时，采用设计速度的90%；当设计速度为30~20km/h时，采用原设计速度。附着系数 $\varphi$ 按不利状态即潮湿状态下取值。

《规范》中对行车视距的规定见表3-12。

表3-12 停车视距

| 设计速度/(km/h) | 120 | 100 | 80 | 60 | 40 | 30 | 20 |
|---|---|---|---|---|---|---|---|
| 公路停车视距/m | 210 | 160 | 110 | 75 | 40 | 30 | 20 |
| 城市道路停车视距/m | — | 160 | 110 | 70 | 40 | 30 | 20 |

城市道路设计时速为50km/h时，停车视距为60m。

### 3.6.3 超车视距

在一般双车道公路上行驶着各种速度不同的车辆，当快车追上慢车以后，需要占用供对向汽车行驶的车道进行超车。为了超车时的安全，司机必须能看到前面有足够长度的车流空隙，以便在相邻车道上没有出现对向驶来的汽车之前，完成超车而不阻碍被超汽车的行驶。这种快车超越前面慢车后再回到原来车道所需要的最短距离称为超车视距，如图3-21所示。

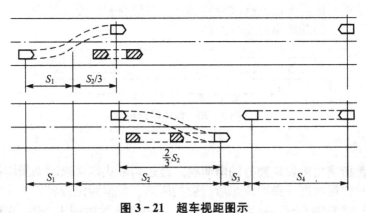

图3-21 超车视距图示

超车视距的全程分为四个阶段。

(1) 当超车汽车经判断认为有超车的可能时，首先加速行驶并逐渐移向对向车道，在

进入对向车道之前的行驶距离为加速行驶距离 $S_1$。

$$S_1 = \frac{V_0}{3.6}t_1 + \frac{1}{2}at_1^2 \tag{3-58}$$

式中 $V_0$——被超汽车的车速(km/h)；

$t_1$——加速时间(s)；

$a$——平均加速度(m/s²)。

（2）超车汽车在对向车道上行驶的距离 $S_2$ 为

$$S_2 = \frac{V}{3.6}t_2 \tag{3-59}$$

式中 $V$——超车汽车的速度(km/h)；

$t_2$——在对向车道上行驶的时间(s)。

（3）超车完了时，超车汽车与对向汽车之间的安全距离 $S_3$ 主要根据超车汽车与对向汽车的行驶速度来确定，一般为

$$S_3 = 15 \sim 100 \text{m} \tag{3-60}$$

（4）超车汽车从开始加速到超车完了时，对向汽车行驶的行驶距离 $S_4$

$$S_4 = \frac{V}{3.6}(t_1 + t_2) \tag{3-61}$$

以上 4 个距离之和是比较理想的全超车过程，其距离较长，在地形较为复杂的地点很难实现。因此，应将计算结果减小以便实际能够接受。事实上，尾随在慢车后面的快车司机往往在未看到前面的安全区段就已经开始了超车作业，如果进入对向车道之后发现迎面有汽车开来而超车距离又不足时，可返回自己的车道。因此，对向汽车的行驶时间大致为 $t_2$ 的 2/3 就足够了，即

$$S_4' = \frac{2}{3}S_2 = \frac{V}{5.4} \cdot t_2 \tag{3-62}$$

则最小超车视距为

$$S_{超} = S_1 + S_2 + S_3 + S_4' \tag{3-63}$$

在极特殊的情况下，不得已时可采用

$$S_{超} = \frac{2}{3}S_2 + S_3 + S_4' \tag{3-64}$$

设超车汽车和对向汽车都按设计速度行驶，被超汽车的速度 $V_0$ 较设计车速低 5~20km/h，各阶段的行驶时间据实测大致为：$t_1 = 2.9 \sim 4.5$s；$t_2 = 9.3 \sim 10.4$s，以此进行计算，并对超车视距做出人为规定(表 3-13)。

表 3-13 超车视距

| 设计速度/(km/h) | | 80 | 60 | 40 | 30 | 20 |
|---|---|---|---|---|---|---|
| 超车视距/m | 一般值 | 550 | 350 | 200 | 150 | 100 |
| | 最小值 | 350 | 250 | 150 | 100 | 70 |

## 3.6.4 各级公路对视距的要求

在一条公路的车流中，经常会出现停车、错车、会车和超车，特别是我国以混合交通

为主的双车道公路上更是如此。在各种视距中，以超车视距为最长，如果道路上各处都能满足超车视距的要求，对行车安全是最为有利的，但事实上是很难做到的，也是不经济的，故对不同的公路按其实际需要做了不同的规定。

（1）所有道路必须满足停车视距的要求。无论是单车道或双车道，有分隔带或无分隔带，高速公路还是其他公路，停车视距都是应该保证的。

（2）对于快、慢车分道行驶的多车道公路、中央有分隔带的公路，或在中央画线并严格实行分道行驶的双车道，可不要求超车视距，主要满足停车视距的要求。

（3）高速公路、一级公路的行车视距采用停车视距；二级、三级、四级公路的行车视距应满足会车视距的要求，其长度应不小于停车视距的两倍，且应有一定比例的路段保证超车视距。我国目前绝大多数双车道公路中央不画线，或虽已画线，但未能严格实行分道行驶，且有众多的非机动车干扰，汽车多在路中央行驶，当发现对面有汽车驶来时，再回到自己的车道上，因此，对视距应该适当放宽，受地形条件限制而采用分道行驶措施的地段，可采用停车视距。在下坡路段，行车视距可适当增加。

在山区道路，为减少开挖和拆迁工作量，正常行车视距不能满足时，可以采取其他措施防止碰车事故发生。如在弯道外侧设置球面反光镜；在路中心画线，强调各行其道；设置弯道鸣号标志等。

## 3.7 道路平面设计成果

完成路线平面设计以后，应立即绘制各种图纸和表格。主要的图纸有：路线平面设计图、路线交叉设计图、道路平面布置图等。主要表格有：直线、曲线及转角表，路线交点坐标表(或含在"直线、曲线及转角表"中)，逐桩坐标表，路线固定表，总里程及断链桩号表等。下面就主要部分予以说明。

### 3.7.1 直线、曲线及转角表

本表全面反映了路线的平面位置和路线平面线形的各项指标，它是道路设计的主要成果之一。只有在完成该表之后，才能据此计算"逐桩坐标表"和绘制"路线平面设计图"，同时在进行路线的纵断面设计、横断面设计和其他构造物设计时，都要以本表的数据为根据。直线、曲线及转角表见表3-14。

表3-14 直线、曲线及转角表

| 交点号 | 交点坐标 | | 交点桩号 | 转角值 | 曲线要素值/m | | | | | | |
|---|---|---|---|---|---|---|---|---|---|---|---|
| | N(X) | E(Y) | | | $R$ | $L_h$ | $A$ | $T$ | $L$ | $E$ | $J$ |
| 1 | 2 | 3 | 4 | 5 | 6 | 7 | 8 | 9 | 10 | 11 | 12 |
| $JD_0$ | 394.263 | 660.116 | K0+000 | | | | | | | | |
| $JD_1$ | 557.552 | 1107.536 | K0+476.285 | 10°50′03″(Y) | 1500 | 100 | 387.298 | 192.268 | 383.638 | 7.008 | 0.897 |
| $JD_2$ | 654.264 | 1703.614 | K1+079.261 | 5°48′30″(Y) | 2500 | 150 | 612.372 | 201.848 | 403.446 | 3.591 | 0.251 |

(续)

| 交点号 | 交点坐标 N(X) | 交点坐标 E(Y) | 交点桩号 | 转角值 | 曲线要素值/m R | $L_h$ | A | T | L | E | J |
|---|---|---|---|---|---|---|---|---|---|---|---|
| $JD_3$ | 678.551 | 2111.548 | K1+487.666 | | | | | | | | |

| 交点号 | 曲线主点桩号 第一缓和曲线起点 | 第一缓和曲线终点或圆曲线起点 | 曲线中点 | 第二缓和曲线起点或圆曲线终点 | 第二缓和曲线终点 | 直线长度及方向 直线段长/m | 交点间距/m | 计算方位角 | 备注 |
|---|---|---|---|---|---|---|---|---|---|
| 1 | 13 | 14 | 15 | 16 | 17 | 18 | 19 | 20 | 21 |
| $JD_0$ | | | | | | | | | |
| | | | | | | 284.018 | 476.285 | 69°57′00″ | |
| $JD_1$ | K0+284.018 | K0+384.018 | K0+475.837 | K0+567.656 | K0+667.656 | | | | |
| | | | | | | 209.757 | 603.873 | 80°47′03″ | |
| $JD_2$ | K0+877.413 | K1+027.413 | K1+079.136 | K1+130.859 | K1+280.859 | | | | |
| | | | | | | 206.808 | 408.656 | 86°35′34″ | |
| $JD_3$ | | | | | | | | | |

### 3.7.2 逐桩坐标表

高等级公路的线形指标高,表现在平面上是圆曲线半径较大,缓和曲线较长,在测设和放线时需采用坐标法,方能保证其测量精度。所以,计算一份"逐桩坐标表"是十分必要的。表 3-15 和表 3-16 是两种逐桩坐标表。

表 3-15  逐桩坐标表 1

| 桩号 | 坐标 N(X) | 坐标 E(Y) | 桩号 | 坐标 N(X) | 坐标 E(Y) |
|---|---|---|---|---|---|
| K0+000 | 394.263 | 660.116 | K0+160 | 449.117 | 810.419 |
| K0+020 | 401.119 | 678.904 | K0+180 | 455.974 | 829.207 |
| K0+040 | 407.976 | 697.692 | K0+200 | 462.830 | 847.995 |
| K0+060 | 414.833 | 716.480 | K0+220 | 469.687 | 866.783 |
| K0+080 | 421.690 | 735.268 | K0+240 | 476.544 | 885.571 |
| K0+100 | 428.547 | 754.056 | K0+260 | 483.401 | 904.359 |
| K0+120 | 435.403 | 772.844 | K0+280 | 490.258 | 923.147 |
| K0+140 | 442.260 | 791.632 | K0+284.018 | 491.635 | 926.921 |

(续)

| 桩 号 | 坐 标 | | 桩 号 | 坐 标 | |
| --- | --- | --- | --- | --- | --- |
| | N(X) | E(Y) | | N(X) | E(Y) |
| K0+300 | 497.110 | 941.936 | K0+580 | 573.568 | 1210.923 |
| K0+320 | 503.922 | 960.740 | K0+600 | 577.169 | 1230.596 |
| K0+340 | 510.645 | 979.577 | K0+620 | 580.593 | 1250.301 |
| K0+360 | 517.226 | 998.463 | K0+640 | 583.892 | 1270.027 |
| K0+380 | 523.616 | 1017.414 | K0+660 | 587.117 | 1289.765 |
| K0+384.018 | 524.871 | 1021.231 | K0+667.656 | 588.344 | 1297.322 |
| K0+400 | 529.766 | 1036.445 | K0+680 | 590.321 | 1309.507 |
| K0+420 | 535.663 | 1055.556 | K0+700 | 593.524 | 1329.249 |
| K0+440 | 541.304 | 1074.744 | K0+720 | 596.727 | 1348.990 |
| K0+460 | 546.689 | 1094.005 | K0+740 | 599.930 | 1368.732 |
| K0+475.837 | 550.771 | 1109.307 | K0+760 | 603.133 | 1388.474 |
| K0+480 | 551.817 | 1113.336 | K0+780 | 606.336 | 1408.216 |
| K0+500 | 556.687 | 1132.734 | K0+800 | 609.539 | 1427.958 |
| K0+520 | 561.297 | 1152.195 | K0+820 | 612.742 | 1447.700 |
| K0+540 | 565.648 | 1171.716 | K0+840 | 615.945 | 1467.442 |
| K0+560 | 569.737 | 1191.293 | K0+860 | 619.149 | 1487.183 |
| K0+567.656 | 571.234 | 1198.802 | K0+877.413 | 621.937 | 1504.372 |

表 3-16 逐桩坐标表 2

宜巴高速公路第 12 标段　　　　　　　　　　　　　　　　　　第××页　共××页

| 桩号 | 桩位 | 坐标 | | 高程/m | 切线方位/(° ′ ″) | 备注 |
| --- | --- | --- | --- | --- | --- | --- |
| | | X/m | Y/m | | | |
| | 中桩 | | | | | |
| | 左路基边 | | | | | |
| | 右路基边 | | | | | |
| | | | | | | |
| | 中桩 | | | | | |
| | 左路基边 | | | | | |
| | 右路基边 | | | | | |

计算者：　　　　　　　　　　校核者：　　　　　　　　　　　　　　　日期：

计算逐桩坐标时，要依据道路的基本线形分别计算。道路逐桩坐标计算的方法很多，这里以 3 种基本线形的起算数据为例分别介绍，其实用公式可满足各种复杂线形计算。

1. 直线坐标计算

已知直线起算数据：$K_0$、$\alpha_0$、$x_0$、$y_0$，求直线上任意里程桩 $K$ 的坐标 $x$、$y$。

$$\left.\begin{aligned}x=x_0+(K-K_0)\cos\alpha_0\\y=y_0+(K-K_0)\sin\alpha_0\end{aligned}\right\} \quad (3-65)$$

2. 圆曲线坐标计算

如图 3-22 所示，已知圆曲线起算数据：$K_0$、$\alpha_0$、$x_0$、$y_0$、$R$，求圆曲线上任意桩 $K$ 的坐标 $x$、$y$。

(1) 计算 $K$ 桩的坐标方位角。

$$\alpha=\alpha_0+\frac{(K-K_0)}{R} \quad (3-66)$$

(2) 计算圆心坐标。

$$\left.\begin{aligned}x_C=x_0+R\cos(\alpha_0+90°)=x_0-R\sin\alpha_0\\y_C=y_0+R\sin(\alpha_0+90°)=y_0+R\cos\alpha_0\end{aligned}\right\} \quad (3-67)$$

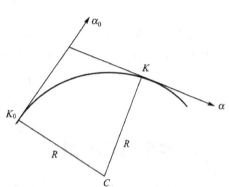

图 3-22 圆曲线坐标计算示意图

(3) 计算 $K$ 桩的坐标。

$$x=x_C+R\cos(\alpha-90°)$$
$$y=y_C+R\sin(\alpha-90°)$$
$$\left.\begin{aligned}x=x_0+R(\sin\alpha-\sin\alpha_0)\\y=y_0-R(\cos\alpha-\cos\alpha_0)\end{aligned}\right\} \quad (3-68)$$

注意：道路分左、右拐弯，对于右拐弯，$R$ 取正；对于左拐弯，$R$ 取负值。

3. 缓和曲线坐标计算

如图 3-23 所示，已知缓和曲线起算点 ZH(或 HZ)数据：$K_0$、$\alpha_0$、$x_0$、$y_0$、$A$，求缓和曲线上任意桩 $K$ 的坐标 $x$、$y$。

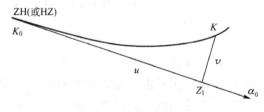

图 3-23 缓和曲线坐标计算示意图

(1) 计算曲线长。

$$l=K-K_0 \quad (3-69)$$

(2) 计算支距点坐标。

道路勘测设计中所采用的坐标系一般为全国统一的测量坐标系，以 $(x,y)$ 表示，而缓和曲线的直角坐标参数方程(3-17)和式(3-18)也是以 $(x,y)$ 表示，为便于区别，将式(3-17)和式(3-18)改写成：

$$u=l-\frac{l^5}{40A^4}+\frac{l^9}{3456A^8}-\cdots \quad (3-70)$$

$$v=\frac{l^3}{6A^2}-\frac{l^7}{336A^6}+\frac{l^{11}}{42240A^{10}}-\cdots \quad (3-71)$$

$$\left.\begin{array}{l}x_{Z_1}=x_0+u\cos\alpha_0\\ y_{Z_1}=y_0+u\sin\alpha_0\end{array}\right\} \quad (3-72)$$

(3) 计算 K 桩的坐标。

$$x=x_{Z_1}+v\cos(\alpha_0-90°)$$
$$y=y_{Z_1}+v\sin(\alpha_0-90°)$$
$$\left.\begin{array}{l}x=x_0+u\cos\alpha_0+v\sin\alpha_0\\ y=y_0+u\sin\alpha_0-v\cos\alpha_0\end{array}\right\} \quad (3-73)$$

注意：道路分左、右拐弯，对于右拐弯，取 $E=1$；对于左拐弯，取 $E=-1$；当起算点为 ZH 时，取 $F=1$，当起算点为 HZ 时，取 $F=-1$。则有：

$$x=x_0+Fu\cos\alpha_0-Ev\sin\alpha_0$$
$$y=y_0+Fu\sin\alpha_0+Ev\cos\alpha_0 \quad (3-74)$$

### 3.7.3 路线平面设计图

路线平面设计图是道路设计文件的重要组成部分。该图清晰地反映了道路平面位置和经过地区的地形和地物等，它是设计人员设计意图的重要体现。路线平面设计图对上级主管部门审批、专家评议、指导施工、恢复定线等均有重要的作用。

**1. 公路路线平面设计图**

1) 平面图的比例尺和测绘范围

（1）可行性研究或初步设计阶段的方案与比选，可采用 1∶50000 或 1∶10000 的比例尺地形图。

（2）初步设计、施工图设计的设计文件，一般采用 1∶2000 的比例尺地形图，在平原微丘区可用 1∶5000 的比例尺地形图。

（3）在地形特别复杂时，可测绘用 1∶500 或 1∶1000 的比例尺地形图。

（4）测绘宽度一般为中线两侧各 100～200m。对 1∶5000 的地形图，测绘宽度每侧应不小于 250m。

2) 路线平面图的内容及绘制方法

（1）导线及道路中线的展绘。现代道路设计一般是采用 CAD 电子地形图和辅助设计软件来完成道路设计。完成设计后，要按"逐桩坐标表"所提供的数据展绘曲线，并注明各曲线主要点以及公里桩、百米桩、断链桩的位置。对导线点、交点逐个编号，注明路线在本张图中的起点和终点里程等。

路线一律按前进方向从左至右画，在每张图的拼接处画出接线图。在图的右上角注明共×张、第几张，如图 3-24 所示。

（2）控制点的展绘。各种比例尺的地形图均应展绘出各等级的三角点、导线点、图根点、水准点等，并按规定的符号表示。

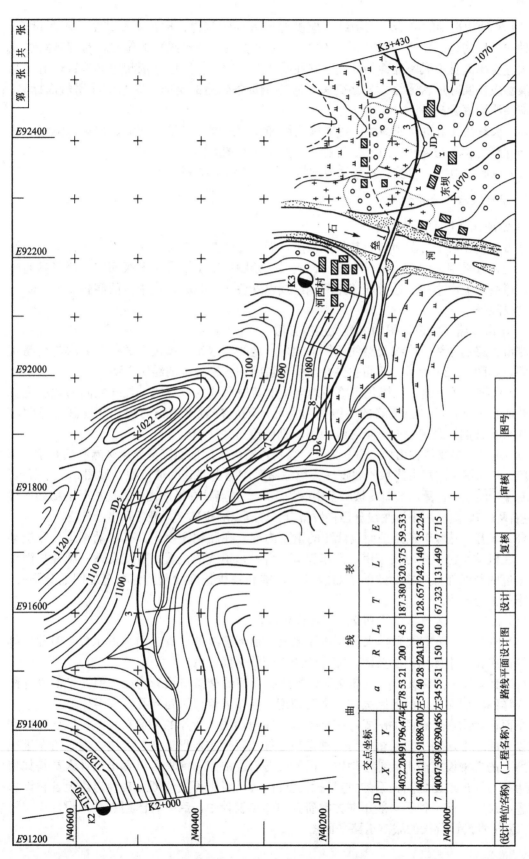

图 3-24 路线平面设计图

(3) 各种构造物的测绘。在图纸上应测绘出各种建筑物、构筑物及其主要附属设施。对各种线形地物(如管线、高低压电线等),应实测其支架或电线杆的位置。对穿越路线的高压线应实测其悬垂线距地面的高度,并注明伏安;地下管线应详细测定其位置;道路及其附属物应按实际形状测绘;公路交叉口应注明每条公路的走向;铁路应注明轨面标高,涵洞应注明洞底标高等。

(4) 水系及其附属物的测绘。要准确测绘和注明海洋、湖泊、河流、水渠、池塘、堤坝、水井等的位置与高程,对于河流和水沟要注明水的流向。

(5) 地形、地貌、植被、不良地质地带等均应详细测绘和注明。

2. 城市道路平面设计图

1) 绘图比例尺和测绘范围

城市道路相对于公路而言,其长度较短,而宽度较宽。在绘图比例尺的选择上,一般比公路大,可采用 1:500~1:1000 的比例尺。绘图的范围视道路等级而定,等级高的应大些,等级低的应小些。通常取道路两侧红线以外各 20~50m,或中线两侧各 50~150m,特殊情况除外。

2) 城市道路平面设计图的内容及绘制方法

城市道路的导线、中线及路线两侧的地形、地物、水系、植被等的绘制方法与公路基本相同,如图 3-25 所示。下面主要介绍城市道路中各种设施的绘制方法。

(1) 规划红线道路。红线是道路用地与城市其他用地的分界线,红线之间的宽度也就是道路的总宽度,所以当道路的中线画出之后,则应按城市道路的规划宽度画出道路红线。如果有远期红线规划或近期红线规划,都应绘出并注明。

(2) 坡口、坡脚线在山岭或重丘地区,新建道路由于原地面高低起伏必然有填有挖。填方路段在平面图中应画出路基的坡脚线;挖方路段应画出路基的坡口线。如图 3-26 所示,在路基横断面图上,量出坡口或坡脚至中线的距离,并点绘在平面图中相应桩号的横断面线上(左右两侧),然后用平滑曲线分别将坡口点、坡脚点顺序连接,最后画出示坡线。

(3) 车道线是城市道路平面设计图的重要内容。在路幅宽度内,有机动车道、非机动车道,在机动车道中还分快车道、慢车道等。各种车道线的位置、宽度要逐一画在平面图中。车道的曲线部分应按设计的圆曲线半径、缓和曲线长度绘制。各车道之间的分隔带、路缘带等也应绘出。

(4) 人行道、人行横道线和交通岛按设计绘制。

(5) 地上、地下管线和排水设施各处地上、地下管线的位置、雨水进水口、窨井、排水沟等都应在图中标出。必要时,需另绘排水管线平面图纸。

(6) 交叉口平面交叉口、立体交叉口虽然有专门的交叉口设计图纸,但在平面设计图中也应详细注明交叉口的各路去向、交叉角度、曲线元素以及路缘石转弯半径等。

平面设计图主要有两种图式:一种是直接在地形图上所作的平面布置图,红线以内和红线以外的地形地物一律保留;另一种是只绘红线以外的地形地物,红线以内只绘车道线和道路上的各种设施而不绘地形地物。两种图各有优缺点:前者可以看出设计人员是如何处理道路与地形地物之间关系的(包括拆迁情况),后者则可更清晰地表现道路上各种设施的位置与尺寸。前一种图一般用在方案研究与初步设计中,后一种图用在技术设计中。图 3-27 为技术设计阶段的城市道路平面图。

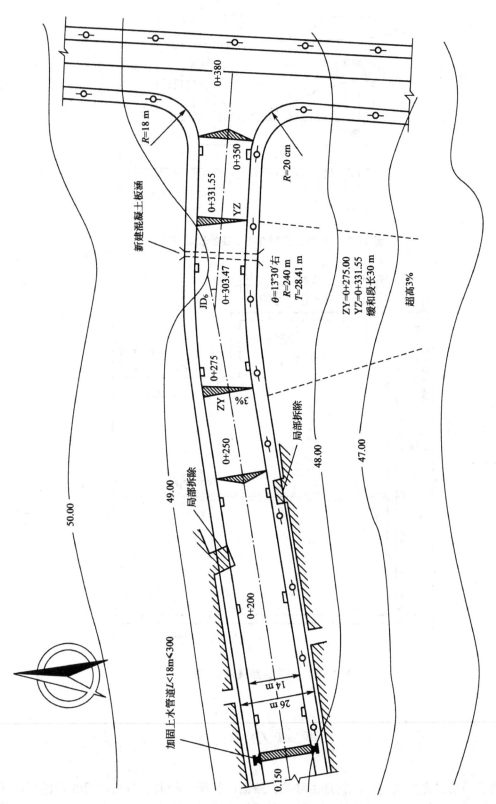

图 3-25 城市道路平面设计图

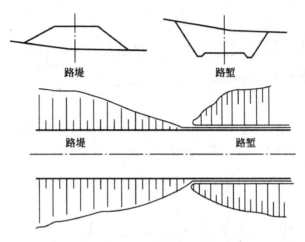

图 3-26 路堤、路堑在平面图的表示方法

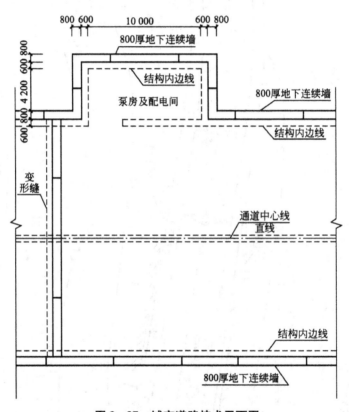

图 3-27 城市道路技术平面图

# 本 章 小 结

道路是一条三维空间实体,它是由路基、路面、桥梁、涵洞、隧道和沿线设施所组成的线形构造物。路线是道路中线所构成的一条空间曲线。路线在水平面上的投影称为路线

的平面线形；沿中线竖直剖切再行展开则是路线的纵断面线形；中线上任意一点的法向切面是道路在该点的横断面。道路的平面、纵断面和各个横断面是道路的几何组成。

道路的平面线形设计要符合汽车行驶轨迹，即需要线形连续、曲率连续。其基本线形有三种：直线、圆曲线和缓和曲线。

直线是平面线形中的最基本的线形，在公路和城市道路中使用最为广泛。直线既不能太长，也不能过短，最大长度以 20V 作为限制，即大约 72s 的行程；最小长度为以 6V(同向曲线间)或 2V(反向曲线间)作为限制。

圆曲线是常用的基本线形，它在路线遇到障碍或地形需要改变方向时设置。各级公路和城市道路，不论转角大小均应设置圆曲线圆。

圆曲线设计主要是确定其长度和半径。

圆曲线半径设计主要是从行车安全和舒适并结合地形来设置，分为极限最小半径、一般最小半径、不设超高的最小半径。通常情况下，选一般最小半径的 2 倍作为设计值。圆曲线半径最大值为 10000m。

圆曲线最小长度一般不做严格限制，但对整个平曲线的长度有限制，即以 6s 行程作为限制。

缓和曲线也是常用的基本线形，它是设置在直线和圆曲线之间的一种曲率连续变化的曲线。缓和曲线一般选用回旋曲线，即 $rl=A^2$。

缓和曲线设计就是设计缓和曲线参数 $A$ 和缓和曲线长度 $l$。缓和曲线的最小长度以 3s 行程作为限制。缓和曲线最小参数 $A$ 依据离心加速度变化率、行驶时间和视觉条件来确定，一般说来，满足视觉条件就可满足其他条件要求。为了便于控制缓和曲线线形，需要计算缓和曲线的几何要素：$p$、$q$、$\beta$、$T$、$L$、$E$、$J$ 等。

平面线形设计必须遵循直捷、连续、顺适、视觉连续、线形均衡等原则要求。

平面线形要素的组合类型有：基本型、S 型、卵型、凸型、C 型、复合型。平面线形设计主要采用前三种形式。

行车视距分停车视距、错车视距(会车视距)和超车视距。所有道路必须至少满足停车视距的要求；无分隔带的双向道路要满足超车视距的要求；有分隔带的单向道路只需要满足停车视距的要求；二、三、四级公路的行车视距应满足会车视距的要求，其长度应不小于停车视距的 2 倍。

平面线形设计完成之后，还需要绘制各种图纸和表格。主要的图纸有：路线平面设计图，路线交叉设计图，道路平面布置图等。主要的表格有：直线、曲线及转角表，路线交点坐标表，逐桩坐标表，路线固定表，总里程及断链桩号表等。

坐标计算按直线、圆曲线、缓和曲线的计算公式分别进行计算。

## 习题与思考题

3-1 简述平面线形的基本组成。

3-2 直线的特点是什么？适合哪些场合？

3-3 如何选用圆曲线的半径？

3-4 如何确定缓和曲线的有关参数？

3-5 设置缓和曲线的目的是什么?

3-6 什么是行车视距?哪些场合下行车视距会受到限制?

3-7 在平面线形设计中,对直线长度有何限制要求?

3-8 平面线形设计的一般原则是什么?

3-9 已知交点的里程为 K3+182.76,测得转角 $\alpha_y=25°48'$,圆曲线半径 $R=300$m,求曲线测设元素及主点里程。

3-10 某路线平面部分设计资料如下:

$JD_1=K6+666.66$、$JD_2=K7+222.22$、$ZY_1=K6+622.32$、$YZ_1=K6+709.59$

(1) 试计算弯道 1 的切线长、曲线长及曲线中点桩号;

(2) 试计算交点间距。

3-11 某公路,已知 $JD_1$、$JD_2$、$JD_3$ 的坐标分别是(1317.589,464.099)、(796.308,515.912)、(441.519,1219.007),并设 $JD_2$ 的半径 $R=250$m,缓和曲线 $L_h=50$m,$JD_2$ 的交点桩号为 K2+159.946。要求计算曲线要素($\alpha$、$T$、$L$、$E$、$J$)以及各要素桩号。

3-12 用 EXCEL 编写计算公式,完成上题中逐桩坐标计算。

3-13 某山岭二级公路,设计速度 $V=60$km/h,路线转角 $\alpha_{1y}=29°28'$,$\alpha_{2y}=39°38'$,$\alpha_{3Z}=9°42'$,$JD_1—JD_2$、$JD_2—JD_3$ 的距离分别为 589.87m,645.35m,选用 $R_1=300$,$L_{h1}=70$m,试确定 $JD_2$ 和 $JD_3$ 处的圆曲线和缓和曲线长度。

# 第4章 纵断面设计

### 教学要点

| 知识要点 | 掌握程度 | 相关知识 |
| --- | --- | --- |
| 基本概念 | (1) 准确理解纵断面设计的基本概念；<br>(2) 掌握纵断面设计的控制指标 | (1) 纵断面、地面线、设计线等；<br>(2) 坡度、坡长、竖曲线半径等 |
| 道路平、纵线形组合设计 | (1) 了解视觉分析；<br>(2) 理解线形组合形式；<br>(3) 理解平纵线形组合的基本要求 | (1) 视觉与车速、视觉分析方法；<br>(2) 直与直、直与曲、曲与曲；<br>(3) 平曲线与竖曲线组合、线形与景观协调、适当的合成坡度等 |

### 技能要点

| 技能要点 | 掌握程度 | 应用方向 |
| --- | --- | --- |
| 竖曲线设计 | (1) 掌握竖曲线上设计高程的计算；<br>(2) 理解竖曲线半径的选用 | (1) 里程桩设计高程的计算；<br>(2) 不同道路等级和不同地形条件半径不同 |
| 纵断面设计 | (1) 掌握纵断面设计步骤与方法；<br>(2) 熟悉纵断面设计的最后成果 | (1) 准确无误作出纵断面设计图；<br>(2) 纵断面设计文本完整性 |

### 基本概念

纵断面；地面线；设计线；地面高程；设计高程；施工高度(填、挖值)；最大坡度；最小坡度；平均坡度；合成坡度；高原纵坡折减；坡长；最大坡长；最小坡长；缓和坡段；竖曲线；爬坡车道；视觉分析；控制点；锯齿形街沟。

### 引例

纵断面设计优劣直接影响到路线的长短、使用质量、行车的安全和速度、工程造价、运营费用和乘客舒适的程度。随着道路CAD软件开发的成熟，为了使路线纵坡的坡度在设计和施工中便于计算和掌握，在拉坡设计过程中，可采用动态交互式拉坡或直接输入坡度，使纵断面设计过程更灵活方便，动态调整进行优化平纵组合和竖曲线设计，使纵断面设计更为合理可行。

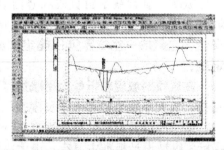

# 4.1 概述

沿着道路中线竖直剖切然后展开即为路线纵断面。由于自然因素的影响以及经济性要求，路线纵断面总是一条有起伏的空间曲线。纵断面设计的主要任务就是根据汽车的动力特性、道路等级、当地的自然地理条件以及工程经济性等，研究起伏空间线性几何构成的大小及长度，以便达到形成安全迅速、运输经济合理及乘客感觉舒适的目的。

图 4-1 为路线纵断面示意图。纵断面图是道路纵断面设计的主要成果，也是道路设计的重要技术文件之一。把道路的纵断面图与平面图结合起来，就能准确地定出道路的空间位置。

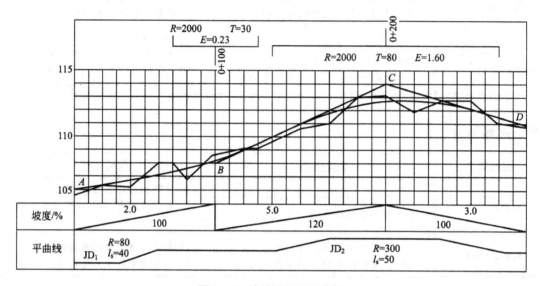

**图 4-1 路线纵断面示意图**

在纵断面图上有两条主要的线条：一条是地面线，它是根据中线上各桩点的高程而点绘的一条不规则的折线，反映了沿着中线地面的起伏变化情况；地面线上各桩号点的高程称为地面标高。另一条是设计线，它是经过技术上、经济上以及美学上等多方面比较后定出的一条具有规则形状的几何线，反映了道路路线的起伏变化情况。设计标高与地面标高的差值称为施工高度（填挖高度）。凡设计线高于地面线的各桩点需填土，反之应挖土。城市道路的纵断面设计线为路面设计线，故在填挖高度中要考虑路面结构厚度。

纵断面设计线是由直线和竖曲线组成的。直线（即均匀坡度线）有上坡和下坡，用纵坡和水平长度表示。直线的坡度和长度影响着汽车的行驶速度和运输经济性以及行车的安全，它们的一些临界值的确定和必要的限制，是以通行的汽车类型及行驶性能来决定的。

在直线的坡度转折处为平顺过渡要设置竖曲线，按坡度转折形式的不同，竖曲线有凹有凸，其大小用半径和水平长度表示。

纵断面设计标准就是根据汽车行驶的要求，规定的道路纵断面上和竖曲线设计的技术指标。纵坡设计标准主要有：最大纵坡、坡长限制、缓和坡段、其他纵坡标准等。竖曲线设计标准主要有：竖曲线最小半径和竖曲线最小长度。本章主要介绍道路纵断面设计这些技术指标制定的依据和内容及纵断面设计线的设计要点和计算。

## 4.2 纵坡及坡长设计

### 4.2.1 纵坡设计的一般要求

为使纵坡设计经济合理，必须在全面掌握勘测资料基础上，结合选(定)线的纵坡安排意图，经过综合分析、反复比较定出设计纵坡。纵坡设计的一般要求如下。

(1) 纵坡设计必须满足《标准》的各项规定。

(2) 为保证车辆能以一定速度安全顺利地行驶，纵坡应具有一定的平顺性，起伏不宜过大和过于频繁；尽量避免采用《规范》中的极限纵坡值，留有一定的余地。

(3) 设计应对沿线地形、地质、水文、地下管线、气候和排水等综合考虑，并根据需要采取适当的技术措施，以保证道路的稳定与通畅。

(4) 一般情况下纵坡设计应尽量减少土石方和其他工程数量，以降低造价和节省用地。

(5) 山岭重丘区地形纵坡设计应考虑纵向填挖平衡，尽量使挖方运作就近路段填方，以减少借方和废方(称为填挖平衡设计)。平原微丘区应满足最小填土高度要求，以保证路基稳定(称为包线设计)。

(6) 高速公路、一级公路应考虑通道、农田水利等方面的要求；低等级公路应注意考虑民间运输、农业机械等方面的要求。

### 4.2.2 最大纵坡

最大纵坡是道路纵坡设计的极限值，也是各级道路允许采用的最大坡度值。它是纵断面线形设计的一项重要指标。在高差较大的地区，坡度越大，公路里程就越短，一般来说工程数量也越省；但由于汽车的牵引力有一定的限度，故纵坡不能太大，必须对纵坡加以限制。最大纵坡的大小将直接影响路线的长短、使用质量、行车安全以及运营成本和工程的经济。

汽车沿陡坡行驶时，因升坡阻力增加而增大牵引力，从而降低车速，若长时间爬陡坡，不但会引起汽车水箱沸腾、气阻，使行驶无力以至发动机熄火，使行驶条件恶化。汽车下坡时制动次数增加，制动器易发热而失灵，驾驶员心理紧张，也容易发生车祸。因此从行车安全考虑对最大纵坡必须加以限制。

1. 确定最大纵坡应考虑的因素

1) 汽车的动力性能

不同类型的车辆具有不同的动力性能和制动性能。其上坡时的爬坡能力和下坡时的制动性能亦各不相同，因此对道路的最大纵坡要求均不相同。由汽车的动力特性曲线可知，汽车的爬坡能力与行驶速度成反比,车速越高爬坡能力越低。因此,在确定路线最大纵坡时必须以保证一定的行驶速度为前提。

2) 道路等级

不同的道路等级要求的行车速度不同;道路等级越高,行车速度越大,要求的纵坡越平缓。所以在确定最大纵坡时,必须把保证各等级道路具有的规定设计速度作为前提。

3) 自然因素

公路所经过的地形、海拔高度、气温、雨量、湿度和其他自然因素,均影响汽车的行驶条件和上坡能力。

2. 最大纵坡的确定

最大纵坡是各级道路纵坡限制值,各级道路允许的最大纵坡是根据汽车的动力特性、道路等级、自然条件、车辆安全行驶以及工程、运营经济等因素,通过综合分析全面考虑,合理确定的。只有在山岭区路线特别困难时,才采用最大纵坡。各级公路最大纵坡的规定见表 4-1。

表 4-1 各级公路的最大纵坡

| 设计速度/(km/h) | 120 | 100 | 80 | 60 | 40 | 30 | 20 |
|---|---|---|---|---|---|---|---|
| 最大纵坡/% | 3 | 4 | 5 | 6 | 7 | 8 | 9 |

《标准》规定:①设计速度为 120km/h、100km/h、80km/h 的高速公路,受地形条件或其他特殊情况限制时,经技术经济论证,最大纵坡可增加 1%;②设计速度为 40km/h、30km/h、20km/h 的公路,改建工程利用原有公路的路段,经技术经济论证,最大纵坡可增加 1%;③四级公路位于海拔 2000m 以上或积雪冰冻地区的路段,最大纵坡不应大于 8%。

城市道路规定的最大纵坡还应考虑非机动车特别是自行车的行驶要求,规定见表 4-2。

表 4-2 城市道路最大纵坡

| 设计速度/(km/h) | 100 | 80 | 60 | 50 | 40 | 30 | 20 |
|---|---|---|---|---|---|---|---|
| 最大纵坡度一般值/% | 3 | 4 | 5 | 5.5 | 6 | 7 | 8 |
| 最大纵坡度极限值/% | 4 | 5 | 6 | | 7 | 8 | |

注:(1) 除快速路外的其他等级道路,受地形条件或其他特殊情况限制时,经技术经济论证后,最大纵坡极限值可增加 1.0%。
(2) 积雪或冰冻地区的快速路最大纵坡不应大于 3.5%,其他等级道路最大纵坡不应大于 6.0%。

## 4.2.3 纵坡折减

1. 高原纵坡折减

在高海拔地区,因空气密度下降而使汽车发动机的功率、汽车的驱动力以及空气阻力降低,导致汽车的爬坡能力下降。另外,汽车水箱中的水易于沸腾而破坏冷却系统。在汽车满载情况下,不同海拔高度 $H$ 对应的海拔荷载修正系数 $\lambda$ 值见表 4-3。

可见海拔高度对 $\lambda$ 值的影响是相当大的,也就是对纵坡的影响很大。为此,在高原地区除了汽车本身要采用一些措施使得汽油充分燃烧,为避免随海拔增高而使功率降低过多,在道路纵坡设计中应适当采用较小的坡度。

表 4-3 满载时 $\lambda$ 与 $H$ 的关系

| 海拔高度 $H$/m | 0 | 1000 | 2000 | 3000 | 4000 | 5000 |
|---|---|---|---|---|---|---|
| 海拔荷载修正系数 $\lambda$ | 1.00 | 0.89 | 0.78 | 0.68 | 0.61 | 0.53 |

《规范》规定：设计速度小于或等于 80km/h 位于海拔 3000m 以上高原地区的公路，最大纵坡应按表 4-4 的规定予以折减。最大纵坡折减后若小于 4%，则仍采用 4%。

表 4-4 高原纵坡折减值

| 海拔高度/m | 3000～4000 | 4000～5000 | 5000 以上 |
|---|---|---|---|
| 纵坡折减/% | 1 | 2 | 3 |

2. 桥梁隧道纵坡

大、中桥上的纵坡不宜大于 4%，桥头引道纵坡不宜大于 5%；位于市镇附近非汽车交通量较大的地段，桥上及桥头引道纵坡均不得大于 3%；小桥涵纵坡随路线。

隧道内的纵坡不应大于 3%，并不得小于 0.3%；独立的明洞和长度小于 50m 的隧道可不受上述限制。

3. 非汽车交通量较大的路段纵坡

非汽车交通量较大的路段纵坡，应根据具体情况将纵坡放缓；平原微丘区一般不大于 2%～3%，山岭重丘区一般不大于 4%～5%。

## 4.2.4 理想的最大纵坡和不限长度的最大纵坡

理想的最大纵坡是指设计车型即载重汽车在油门全开的情况下，持续以理想速度 $V_1$ 等速行驶所能克服的坡度。$V_1$ 取值，对低速路为设计速度，高速路为载重汽车的最高速度。可按下式计算，即

$$i_1 = \lambda D_1 - f \tag{4-1}$$

式中　$i_1$——理想的最大纵坡；

　　　$D_1$——汽车行驶速度 $V_1$ 对应的动力因数。

因为在具有不大于 $i_1$ 的坡道上载重汽车能以最高速度行驶，这样，可以指望载重汽车与小客车、重车与轻车之间的速差最小，道路通行能力将最大。

理想的最大纵坡固然好，但这种坡度常因地形等条件的限制很难实现。为此，在某些路段有必要允许汽车由最大车速 $V_1$ 降到 $V_2$，以获得较大的坡度 $i_2$。在 $i_2$ 的坡道上，汽车将以 $V_2$ 的速度等速行驶。$V_2$ 称为容许速度，不同等级的道路容许速度应不同，其值一般不小于设计速度的 1/2～1/3（高速路取低限，低速路取高限）。

与容许速度 $V_2$ 相对应的纵坡 $i_2$ 称为不限长度的最大纵坡，根据 $V_2$ 可得 $D_2$，可按下式计算，即

$$i_2 = \lambda D_2 - f \tag{4-2}$$

当汽车在坡度小于或等于不限长度最大纵坡的坡道上行驶时，只要初速度大于容许速度，汽车至多减速到容许速度，与坡长长短无关；当实际坡度大于不限长度的最大纵坡

时，为防止汽车行驶速度低于容许速度，应对其坡长加以限制。

### 4.2.5 最小纵坡

为使道路上行车快速、安全和畅通，希望道路纵坡设计得小一些，但是，在挖方路段，设置边沟的低填方路段和其他横向排水不畅的路段，为了保证排水，防止水渗入路基而影响路基的稳定性，应设置不小于0.3%的纵坡（一般情况下以采用不小于0.5%为宜）。当然，对于干旱地区以及排水良好、不产生路面积水的路段，也可不受此最小纵坡的限制。

当必须设计水平坡(0%)或小于0.3%的纵坡时，边沟排水设计应与纵坡设计一起综合考虑，其边沟应作纵向排水设计。

### 4.2.6 坡长限制

坡长是指纵断面上相邻两变坡点间的水平长度。坡长限制，主要是对较陡坡的最大长度和一般纵坡的最小长度加以限制。

1. 最大坡长限制

道路纵坡的大小及坡长对汽车正常行驶影响很大。坡长限制，是根据汽车动力性能来决定的。所谓最大坡长限制是指控制汽车在坡道上行驶，当车速下降到最低允许速度时所行驶的距离。长距离的陡坡对汽车行驶很不利。连续上坡，发动机过热，水箱沸腾，行驶无力，影响机械效率，从而使行驶条件恶化，下坡则因刹车频繁而危及行车安全。在高速公路以及快慢车合行驶的公路上坡度大、坡长过长会影响行车速度和通行能力，纵坡越陡，坡长越长，对行车的影响越大。因此对纵坡的长度必须加以限制。

当公路上有大量兽力车通行时，在可能情况下宜在不超过500m处设置一段坡度不大于2%～3%的缓坡，以利于兽力车行驶。城市道路的非机动车车行道纵坡宜小于2.5%，否则应按表4-6限制坡长。

《标准》及《城规》规定了不同纵坡最大坡长见表4-5、表4-6、表4-7。

表4-5 公路不同纵坡最大坡长(m)

| 设计速度/(km/h) | | 120 | 100 | 80 | 60 | 40 | 30 | 20 |
|---|---|---|---|---|---|---|---|---|
| 纵坡坡度/% | 3 | 900 | 1000 | 1100 | 1200 | — | — | — |
| | 4 | 700 | 800 | 900 | 1000 | 1100 | 1100 | 1200 |
| | 5 | — | 600 | 700 | 800 | 900 | 900 | 1000 |
| | 6 | — | — | 500 | 600 | 700 | 700 | 800 |
| | 7 | — | — | — | — | 500 | 500 | 600 |
| | 8 | — | — | — | — | 300 | 300 | 400 |
| | 9 | — | — | — | — | — | 200 | 300 |
| | 10 | — | — | — | — | — | — | 200 |

表 4-6 城市道路坡长限制

| 设计速度/(km/h) | 100 | 80 | 60 | | | 50 | | | 40 | | |
|---|---|---|---|---|---|---|---|---|---|---|---|
| 纵坡度/% | 4 | 5 | 6 | 6.5 | 7 | 6 | 6.5 | 7 | 6.5 | 7 | 8 |
| 纵坡限制坡长/m | 700 | 600 | 400 | 350 | 300 | 350 | 300 | 250 | 300 | 250 | 200 |

表 4-7 城市道路非机动车车行道纵坡限制坡长(m)

| 车种<br>坡度/% | 自行车 | 三轮车、板车 | 车种<br>坡度/% | 自行车 | 三轮车、板车 |
|---|---|---|---|---|---|
| 3.5 | 150 | — | 2.5 | 300 | 150 |
| 3 | 200 | 100 | | | |

高速公路和一级公路纵坡及坡长的选用应充分考虑车辆运行质量的要求。对高速公路即使纵坡为 2%，其坡长也不宜过长。二级、三级、四级公路，当连续纵坡大于 5% 时，应在不大于表 4-5 所规定的长度处设置缓和坡段，缓和坡段的纵坡应不大于 3%，其长度应满足规定的最小坡长的要求。

2. 最小坡长限制

最小坡长限制主要是从汽车行驶平顺性的要求考虑。如果坡长过短，使变坡点增多，汽车行驶在连续起伏地段产生增重与减重的频繁变化，导致感觉不舒适，车速越高感觉越突出，而且路容美观、相邻两竖曲线的设置和纵断面的视距等也要求坡长不能太短。为使纵断面线形不至于因起伏频繁而呈锯齿形的状况，并便于平纵面线形的合理组合与布置，应对纵坡的最小长度做出限制。

最小坡长通常规定汽车以设计速度行驶 9~15s 的行程为宜。在高速公路上，9s 已满足行车及几何线形布设的要求，在低速公路上，为满足行车和布线的要求方可取大值。

《标准》和《城规》规定了各级道路最小坡长，见表 4-8、表 4-9。在平面交叉口、立体交叉的匝道以及过水路面地段，最小坡长可不受此限。

表 4-8 各级公路最小坡长

| 设计速度/(km/h) | 120 | 100 | 80 | 60 | 40 | 30 | 20 |
|---|---|---|---|---|---|---|---|
| 最小坡长/m | 300 | 250 | 200 | 150 | 120 | 100 | 60 |

表 4-9 城市道路最小坡长

| 设计速度/(km/h) | 100 | 80 | 60 | 50 | 40 | 30 | 20 |
|---|---|---|---|---|---|---|---|
| 最小坡长/m | 250 | 200 | 150 | 130 | 110 | 85 | 60 |

3. 陡坡组合坡长

当连续陡坡是由几个不同受限坡度值的坡段组合而成时，应按不同坡度的坡长限制折算确定；其连续陡坡最短坡长应大于规范规定的最小坡长。

例如：某山岭区三级公路，第一坡段纵坡度为 7%，长度为 200m，即占坡长限制的

2/5；第二坡段纵坡度为6%，长度为200m，即占坡长限制的2/7；第一坡段、第二坡段设计完后还剩1－2/5－2/7＝31.43/100，若第三坡段采用4%的坡度，其坡长最多可设多长？第三段坡长最长采用(31.43/100)×1100＝345.73m，这时就把100%的坡长值全用完了，在使用坡长限制的纵坡度时，坡长只能小于或等于100%的坡长限制，一般情况下，应留有一定的余地。

### 4.2.7 缓和坡段

当连续陡坡长度大于最大坡长限制的规定值时，应在不大于最大坡长所规定的长度处设置纵坡不大于3%的坡段，称为缓和坡段。

在纵断面设计中，当陡坡长度达到限制坡长时，应安排一段缓坡，用以恢复在陡坡上降低的速度。同时从下坡安全考虑，设计一段缓坡也是非常必要的。在缓和坡段上汽车将加速行驶，理论上缓坡的长度应适应这个加速过程的需要，但实际设计中很难满足这个要求。

缓和坡段的具体位置应结合纵向地形起伏情况，尽量减少填挖方工程数量，同时应考虑路线的平面线形要素。在一般情况下，缓和坡段宜设置在平面的直线或较大半径的平曲线上，以便充分发挥缓和坡段的作用，提高整条道路的使用质量。在必须设置缓和坡段而地形又困难的地段，可以将缓和坡段设在半径比较小的平曲线上，但应适当增加缓和坡段的长度，此时缓和坡段的长度应予增加，如二级公路小于80m，三级公路小于40m，四级公路小于20m，所增加的长度为该平曲线的半径值，以使缓和坡段端部的竖曲线位于小半径平曲线之外。

不同等级的公路其缓和坡度不同，对于越岭公路，《标准》规定缓和坡段的纵坡应不大于3%，其长度不得小于最小坡长要求。

### 4.2.8 平均纵坡

平均纵坡是指在一定长度的路段内，路线纵向所克服的高差值与该路段的距离之比，用百分率(%)表示，是衡量纵断面线形设计质量的重要指标之一。

$$i_p = \frac{H}{L} \tag{4-3}$$

式中　　$H$——相对高差(m)；
　　　　$L$——路线长度(m)；
　　　　$i_p$——平均纵坡(%)。

根据对山区公路行车的实际调查发现，有时虽然道路纵坡设计完全符合最大纵坡、坡长限制及缓和坡长的规定，但也不能保证行车顺利安全。主要原因是设计者在进行路线纵坡设计拉坡时可能不断交替使用极限长度的最大纵坡及缓和坡长，极容易形成"台阶式"纵断面线形，这是一种符合标准和规范但又不合常理的做法，故一般不宜采用。如果在长距离内，平均纵坡较大，汽车上坡用二挡时间较长，发动机长时间发热，易导致汽车水箱沸腾、气阻，增加汽车零件磨损；同样，汽车下坡时，频繁刹车，易引起制动器发热，甚至烧毁制动片，加之驾驶员心理过分紧张，极易发生事故。因此有必要从汽车行驶方便和安全的角度出发,合理运用最大纵坡、坡长限制及缓和坡段的规定,还应控制平均纵坡。这样既可保证路线的平均纵坡不致过陡,也可以避免局部地段使用过大的平均纵坡。

为了合理地运用最大纵坡、坡长限制和缓和坡段的规定,保证纵坡均衡匀顺,确保行车安全和舒适,必须对平均纵坡加以限制。平均纵坡与坡道长度有关,还与相对高差有关。《标准》规定:二级、三级、四级公路越岭路线连续上坡(或下坡)路段,相对高差为200~500m时,平均纵坡不应大于5.5%;相对高差大于500m时,平均纵坡不应大于5%;并注意任何相邻连续3km路段的平均纵坡不宜大于5.5%。

## 4.2.9 合成坡度

合成坡度是指在设有超高的平曲线路段上,由路线纵坡与超高横坡所组成的坡度,如图4-2所示。其计算公式为

$$i_H = \sqrt{i_z^2 + i^2} \tag{4-4}$$

式中 $i_H$——合成坡度;
$i_z$——超高横坡;
$i$——纵坡坡度。

由于合成坡度是由纵向坡度与横向坡度组合而成的,其坡度值比原路线纵坡大,汽车在设有超高的坡道上行驶时,在陡坡急弯处,若合成坡度过大,将产生附加阻力、汽车重心发生偏移等不良现象,给行车安全带来影响。所以,在平曲线与坡度组合时,为了防止汽车沿合成坡度方向滑移,应将超高横坡与路线纵坡组成的合成坡度控制在适当的范围以内。

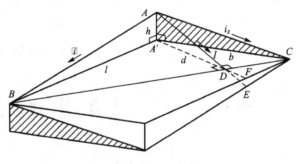

图4-2 合成坡度

《规范》及《城市道路设计规范》规定的道路最大合成坡度见表4-10、表4-11。

表4-10 各级公路最大合成坡度

| 公路等级 | 高速公路 | | | 一级公路 | | | 二级公路 | | 三级公路 | | 四级公路 |
|---|---|---|---|---|---|---|---|---|---|---|---|
| 设计速度/(km/h) | 120 | 100 | 80 | 100 | 80 | 60 | 80 | 60 | 40 | 30 | 20 |
| 合成坡度值/% | 10.0 | 10.0 | 10.5 | 10.0 | 10.5 | 10.5 | 9.0 | 9.5 | 10.0 | 10.0 | 10.0 |

注:在积雪冰冻地区,公路的合成坡度值应不大于8%。

表4-11 城市道路合成坡度

| 设计速度/(km/h) | 100 | 80 | 60 | 50 | 40 | 30 | 20 |
|---|---|---|---|---|---|---|---|
| 合成坡度/% | 7 | | 6.5 | | 7 | | 8 |

注:积雪地区各级道路的合成坡度值应小于或等于6%。

实践证明，合成坡度对于控制急弯和陡坡组合的路段纵坡设计是非常必要的，当陡坡与小半径平曲线相重叠时，在条件许可的情况下，采用较小的合成坡度为宜。特别是在下述情况时合成坡度必须小于8%：冬季路面有积雪、结冰地区；自然横坡较陡峻的傍山路段；非汽车交通量比率高的路段。

为了保证路面排水，《规范》还规定各级公路的最小合成坡度不宜小于0.5%；在超高过渡的变化处，合成坡度不应设计成0%。当合成坡度小于0.5%时，应采取综合排水措施，以保证路面排水畅通。

路线为各种横坡及纵坡合成时，为便于检查合成坡度是否超标，可直接用合成坡度临界图进行检查，如图4-3所示，可不必用式(4-4)进行计算。

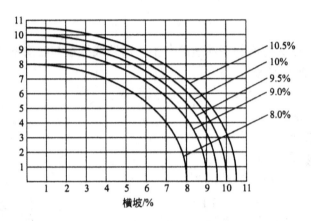

图 4-3 合成坡度临界图

## 4.3 竖曲线设计

### 4.3.1 竖曲线的线形

纵断面上相邻两条纵坡线相交的转折处，为了行车安全、舒适以及视距的需要用一段曲线来缓和，这条连接两纵坡线的曲线叫竖曲线。竖曲线的线形通常采用圆曲线或二次抛物线两种。在设计和计算上为方便一般采用二次抛物线作为竖曲线。抛物线的纵轴保持直立，且与两相邻纵坡线相切。一般情况下，竖曲线在变坡点两侧是不对称的，但两切线长保持相等。

纵断面上相邻两条纵坡线相交形成转坡点(变坡点)，其相交角通常用坡度值之差代替，用 $\omega$ 表示。当竖曲线变坡点在曲线上方时为凸形竖曲线，反之为凹形竖曲线。所以纵断面设计线是由直坡段和竖曲线组成。竖曲线只用水平距离和半径表示。

### 4.3.2 竖曲线要素的计算公式

取 $xOy$ 坐标系如图4-4所示，设变坡点相邻两直线坡段坡度分别为 $i_1$ 和 $i_2$，它们的

代数差用 $\omega$ 表示，即 $\omega=i_2-i_1$，上坡为正、下坡为负，代入计算公式中。当 $\omega$ 为 "+" 时，表示凹形竖曲线；$\omega$ 为 "-" 时，表示凸形竖曲线。竖曲线要素主要包括竖曲线长度 $L$、切线长度 $T$ 和外距 $E$，其中竖曲线长度和切线长度是指水平距离，也就是两点里程桩距离之差。

值得注意的是：由于在纵断面上只计水平距离和竖直高度，斜线不计角度而计坡度。因此，竖曲线的切线长与曲线长是其在水平面上的投影，切线支距是竖直的高程差，相邻两坡度线的交角用坡度差表示。

在道路纵断面设计中，变坡点设置竖曲线，一般采用二次抛物线。取一般二次抛物线顶点 $M$ 的坐标为 $M(0,0)$，即抛物线顶点为平面坐标系 $xOy$ 坐标原点。

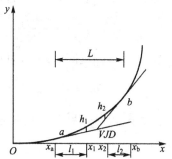

图 4-4 竖曲线计算示意图

二次抛物线一般方程为

$$y=ax^2 \quad (a 为常数) \tag{4-5}$$

该方程最大曲率点应在 $M$ 点，可用下述方法求得。

先求 $y=ax^2$ 的一阶、二阶导数：$y'=2ax$，$y''=2a$。

由曲率公式 $k=\dfrac{|y''|}{(1+y'^2)^{3/2}}$，把 $y'$、$y''$ 代入得

$$k=\dfrac{|2a|}{(1+2ax^2)^{3/2}}$$

$M$ 点曲率即为抛物线的最大曲率，即得 $k_{\max}$。

因 $|2a|$ 为常数，当 $(1+2ax^2)^{3/2}$ 最小时，可使 $k$ 最大，则 $2ax=0$，解得 $x=0$，此时 $k_{\max}=|2a|$。

把 $x=0$ 代入 $y=ax^2$ 中，得 $y=0$，则 $M$ 点的坐标为 $(0,0)$。由解析几何可知，这一点恰好是该二次抛物线顶点，因此抛物线在顶点处曲率最大。

设上述二次抛物线在 $M$ 点处的曲率半径为 $R$，则 $R=1/k_{\max}$，代入 $k_{\max}$ 式，有

$$R=\dfrac{1}{|2a|}$$

则 $a=\pm\dfrac{1}{2R}$

式中 "+" ——代表抛物线凹形；
"-" ——代表抛物线凸形。

则竖曲线方程为 $y=\pm\dfrac{1}{2R}x^2 \tag{4-6}$

竖曲线要素计算公式如图 4-4 所示，后坡 $i_1$，前坡 $i_2$，变坡点 VJD 高程 $H_1$，对竖曲线方程求导数，得 $y'=\dfrac{x}{R}$，导数实际上就是抛物线上任意点的切线，所以得到

$$y'=\dfrac{x}{R}=\tan a=\dfrac{h}{L}=i$$

则 $i_1$ 是在竖曲线方程 $a$ 点的切线斜率，即 $y'=i_1$ $\quad x_a=R\cdot i_1$
则 $i_2$ 是在竖曲线方程 $b$ 点的切线斜率，即 $y'=i_2$ $\quad x_b=R\cdot i_2$

由上可得竖曲线长度 $L$：

$$L = x_b - x_a = R \cdot i_2 - R \cdot i_1 = R(i_2 - i_1) = R\omega \quad (4-7)$$

在 $[x_a, x_1]$ 区间，距 $x_a$ 为 $l_1$ 一段平距，求 $h_1$，即得

$$h_1 = \frac{(x_a + l_1)^2}{2R} - \left(\frac{x_a^2}{2R} + l_1 i_1\right) = \frac{(x_a + l_1)^2}{2R} - \frac{x_a^2}{2R} - l_1 \frac{x_a}{R} = \frac{l_1^2}{2R}$$

在 $[x_1, x_b]$ 区间，距 $x_b$ 为 $l_2$ 一段平距，求 $h_2$，即得

$$h_2 = \frac{(x_b - l_2)^2}{2R} - \left(\frac{x_b^2}{2R} - l_2 i_2\right) = \frac{(x_b - l_2)^2}{2R} - \left(\frac{x_b^2}{2R} - l_2 \frac{x_b}{R}\right) = \frac{l_2^2}{2R}$$

由上两式得，当 $l_1 = T_1$，$l_2 = T_2$，则得到

$$h_1 = \frac{T_1^2}{2R}, \quad h_2 = \frac{T_2^2}{2R}$$

又因为在变坡点处：$h_1 = h_2$，所以 $T_1 = T_2 = T$
又因为 $T_1 = x_1 - x_a$，$T_2 = x_b - x_1$，$L = x_b - x_a$ 所以

$$T_1 + T_2 = L$$

故切线长 $T$：

$$T = \frac{L}{2} = \frac{R(i_2 - i_1)}{2} = \frac{R\omega}{2} \quad (4-8)$$

竖曲线上任意点至相应切线的距离 $h$（竖距）：

$$h = \frac{l^2}{2R} \quad (4-9)$$

式中 $l$——竖曲线任意点至竖曲线起点（终点）的距离（m）；
　　　$R$——竖曲线的半径（m）。

竖曲线外距为

$$E = \frac{T^2}{2R} \quad 或 \quad E = \frac{R\omega^2}{8} = \frac{L\omega}{8} = \frac{T\omega}{4} \quad (4-10)$$

### 4.3.3 竖曲线的最小长度和最小半径

在纵断面设计中，竖曲线的设计要受众多因素的限制，其中有 3 个限制因素决定着竖曲线的最小半径或最小长度。

**1. 缓和冲击要小**

汽车行驶在竖曲线上时，产生径向离心力。这个力在凹形竖曲线上是增重，在凸形竖曲线上是减重。这种增重与减重达到某种程度时，旅客就有不舒适的感觉，同时对汽车的悬挂系统也有不利影响，所以在确定竖曲线半径时，对离心加速度应加以控制。汽车在竖曲线上行驶时其离心加速度为

$$a = \frac{v^2}{R} \quad (\text{m/s}^2)$$

用 $V$（km/h）表示并整理得

$$R = \frac{V^2}{13a} \quad (\text{m})$$

根据试验，离心加速度 $a$ 限制在 $0.5 \sim 0.7 \text{m/s}^2$ 比较合适。但考虑到不因冲击而造成的不舒适感，以及视觉平顺等的要求，我国《标准》规定的竖曲线最小半径值与式（4-11）计算结果极相近，相当于 $a = 0.278 \text{m/s}^2$。

$$R_{\min} = \frac{V^2}{3.6} \text{ 或 } L_{\min} = \frac{V^2 \omega}{3.6} \qquad (4-11)$$

**2. 时间行程不过短**

汽车从直坡道行驶到竖曲线上，尽管竖曲线半径较大，当坡角很小时，竖曲线长度也很短。其长度过短，汽车倏忽而过，冲击增大，乘客不适；从视觉上考虑也会感到线形突然转折，驾驶员产生变坡很急的错觉，因此，应限制汽车在竖曲线上的行程时间不过短。最短应为 3s 行程，即

$$L_{\min} = \frac{V}{3.6} t = \frac{V}{1.2} \qquad (4-12)$$

**3. 满足视距要求**

汽车行驶在竖曲线上，若为凸形竖曲线，如果半径太小，会阻挡驾驶员的视线；若在凹形竖曲线上时，也同样存在视距问题。对地形起伏较大地区的道路，在夜间行车时，若竖曲线半径过小，前灯照射距离近，影响行车速度和安全；高速公路及城市道路跨线桥、门式交通标志及广告宣传牌等，如果它们正好处在凹形竖曲线上方，也会影响驾驶员的视线。因此为了保证行车安全，对竖曲线的最小半径和最小长度应加以限制。

**4. 凸形竖曲线的最小半径和最小长度**

凸形竖曲线最小长度应以满足停车视距要求为主，按竖曲线长度 $L$ 和停车视距 $S_T$ 的关系分为两种情况。

（1）当 $L < S_T$（如图 4-5 所示）时。

$$h_1 = \frac{d_1^2}{2R} - \frac{t_1^2}{2R} \text{ 则 } d_1 = \sqrt{2Rh_1 + t_1^2} \qquad h_2 = \frac{d_2^2}{2R} - \frac{t_2^2}{2R} \text{ 则 } d_2 = \sqrt{2Rh_2 + t_2^2}$$

式中　$R$——竖曲线半径(m)；
　　　$h_1$——驾驶员视线高，即目高 $h_1 = 1.2$m；
　　　$h_2$——障碍物高，即物高 $h_2 = 0.1$m。

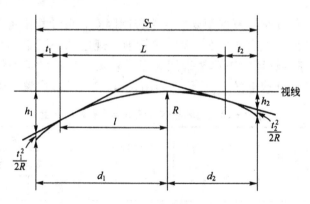

图 4-5　凸形竖曲线计算图式($L < S_T$)

由 $t_1 = d_1 - l = \sqrt{2Rh_1 + t_1^2} - l$，得　$t_1 = \frac{Rh_1}{l} - \frac{l}{2}$

由 $t_2 = d_2 - (L-l) = \sqrt{2Rh_2 + t_2^2} - (L-l)$，得　$t_2 = \frac{Rh_2}{L-l} - \frac{L-l}{2}$

视距长度 $S_T = t_1 + L + t_2 = \dfrac{Rh_1}{l} + \dfrac{L}{2} + \dfrac{Rh_2}{L-l}$

令 $\dfrac{dS_T}{dl} = 0$，解此得 $l = \dfrac{\sqrt{h_1}}{\sqrt{h_1}+\sqrt{h_2}} L$，代入上式得

$$S_T = \dfrac{R}{L}(\sqrt{h_1}+\sqrt{h_2})^2 + \dfrac{L}{2} = \dfrac{(\sqrt{h_1}+\sqrt{h_2})^2}{\omega} + \dfrac{L}{2}$$

$$L_{\min} = 2S_T - \dfrac{2(\sqrt{h_1}+\sqrt{h_2})^2}{\omega} = 2S_T - \dfrac{4}{\omega} \tag{4-13}$$

(2) 当 $L \geqslant S_T$（如图 4-6 所示）时。

$$h_1 = \dfrac{d_1^2}{2R} \text{ 则 } d_1 = \sqrt{2Rh_1} \qquad h_2 = \dfrac{d_2^2}{2R} \text{ 则 } d_2 = \sqrt{2Rh_2}$$

$$S_T = d_1 + d_2 = \sqrt{2R}(\sqrt{h_1}+\sqrt{h_2}) \quad \text{或} \quad S_T = \sqrt{\dfrac{2L}{\omega}}(\sqrt{h_1}+\sqrt{h_2})$$

$$L_{\min} = \dfrac{S_T^2 \omega}{2(\sqrt{h_1}+\sqrt{h_2})^2} = \dfrac{S_T^2 \omega}{4} \tag{4-14}$$

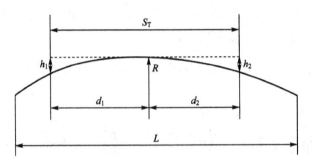

图 4-6 凸形竖曲线计算图式 ($L \geqslant S_T$)

比较以上两种情况，显然式(4-14)计算结果大于式(4-13)，应将式(4-14)作为有效控制。

根据缓和冲击、行驶时间及视距要求 3 个限制因素，可计算出各设计度时的凸形竖曲线最小半径和最小长度，见表 4-12。表中《标准》规定的一般最小半径为极限最小半径的 1.5～2.0 倍，在条件许可时以尽量采用大于一般最小半径的竖曲线为宜。竖曲线最小长度相当于各级道路设计速度的 3s 行程，即用式(4-12)计算取整而得。

表 4-12 凸形竖曲线最小半径和最小长度

| 计算行车速度 /(km/h) | 停车视距 $L_{\min}$ | 缓和冲击 $L_{\min}=\dfrac{V_1^2 \omega}{3.6}$ | 视距要求 $L_{\min}=\dfrac{S_T^2 \omega}{4}$ | 《标准》规定值/m | | |
|---|---|---|---|---|---|---|
| | | | | 竖曲线半径 | | 竖曲线最小长度 |
| | | | | 一般值 | 极限值 | 极限值 |
| 120 | 210 | $4000\omega$ | $11025\omega$ | 17000 | 11000 | 100 |
| 100 | 160 | $2778\omega$ | $6400\omega$ | 10000 | 6500 | 85 |
| 80 | 110 | $1778\omega$ | $3025\omega$ | 4500 | 3000 | 70 |
| 60 | 75 | $1000\omega$ | $1406\omega$ | 2000 | 1400 | 50 |

(续)

| 计算行车速度 /(km/h) | 停车视距 $L_{min}$ | 缓和冲击 $L_{min}=\dfrac{V_1^2\omega}{3.6}$ | 视距要求 $L_{min}=\dfrac{S_1^2\omega}{4}$ | 《标准》规定值/m | | |
|---|---|---|---|---|---|---|
| | | | | 竖曲线半径 | | 竖曲线最小长度 |
| | | | | 一般值 | 极限值 | 极限值 |
| 40 | 40 | $444\omega$ | $400\omega$ | 700 | 450 | 35 |
| 30 | 30 | $250\omega$ | $225\omega$ | 400 | 250 | 25 |
| 20 | 20 | $111\omega$ | $100\omega$ | 200 | 100 | 20 |

5. 凹形竖曲线最小半径和最小长度

凹形曲线的最小长度，应满足两种视距的要求：一是保证夜间行车安全，前灯照明应有足够的距离；二是保证跨线桥下行车有足够的视距。

1) 夜间行车前灯照射距离要求

(1) 当 $L < S_T$（见图 4-7 所示）时。

$$h + S_T \tan\delta = \frac{(L+l)^2}{2R} - \frac{l^2}{2R} = \frac{\omega(2S_T - L)}{2}$$

解得 $L_{min} = 2\left(S_T - \dfrac{h + S_T \tan\delta}{\omega}\right)$

式中　$S_T$——停车视距(m)；

　　　$h$——车前灯高度，$h = 0.75$ m；

　　　$\delta$——车前灯光束扩散角，$\delta = 1.5°$。

将已知数据代入，得

$$L_{min} = 2\left(S_T - \frac{0.75 + 0.026 S_T}{\omega}\right) \tag{4-15}$$

(2) 当 $L \geqslant S_T$（如图 4-8 所示）时。

$$h + S_T \tan\delta = \frac{S_T^2}{2L} = \frac{S_T^2 \omega}{2L}$$

$$L_{min} = \frac{S_T^2 \omega}{2(h + S_T \tan\delta)}$$

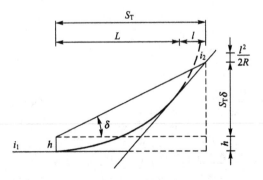

图 4-7　夜间行车前灯照射距离 ($L < S_T$)

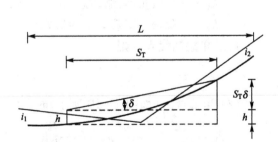

图 4-8　夜间行车前灯照射距离 ($L \geqslant S_T$)

将已知数据代入，得

$$L_{\min}=\frac{S_T^2\omega}{1.5+0.0524S_T} \tag{4-16}$$

显然，式(4-16)计算结果大于式(4-15)，应以式(4-16)作为有效控制。

2) 跨线桥下行车视距要求

(1) 当 $L<S_T$（如图4-9所示）时。

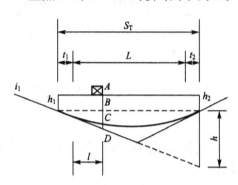

图4-9 跨线桥下行车视距($L<S_T$)

$$h_0=\frac{(L+t_2)^2}{2R}-\frac{t_2^2}{2R}$$

$$AB=h_1+\frac{h_2+h_1}{2R}(t_1+l)$$

$$BD=h_0\frac{t_1+l}{S_T}=\left[\frac{(L+t_2)^2}{2R}-\frac{t_2^2}{2R}\right]\frac{t_1+l}{S_T}$$

$$CD=\frac{l^2}{2R}$$

因 $S_T=t_1+L+t_2$，则 $t_2=S_T-t_1-L$

$$h=AB+BD-CD$$
$$=h_1+\frac{h_2-h_1}{S_T}(t_1+l)+\frac{L(t_1+l)}{2RS_T}(2S_T-2t_1-L)-\frac{l^2}{2R}$$

由 $\mathrm{d}h/\mathrm{d}l=0$ 解出 $l$，代入上式并整理得

$$h_{\max}=h_1+\frac{1}{2RS_T^2}\left[2S_Tt_1+R(h_2-h_1)+\frac{L}{2}(2S_T-2t_1-L)\right]\left[R(h_2-h_1)+\frac{L}{2}(2S_T-2t_1-L)\right]$$

由 $\mathrm{d}h_{\max}/\mathrm{d}t_1=0$ 可解出 $t_1$，代入上式得

$$h_{\max}=h_1+\frac{[2R(h_2-h_1)+(2S_T+L)]^2}{8RL(2S_T-L)}$$

解得

$$L_{\min}=2S_T-\frac{4h_{\max}}{\omega}\left[1-\frac{h_1+h_2}{2h_{\max}}+\sqrt{\left(1-\frac{h_1}{h_{\max}}\right)\left(1-\frac{h_2}{h_{\max}}\right)}\right]$$

式中 $h_{\max}$——桥下设计净空，$h_{\max}=4.5\mathrm{m}$；

$h_1$——驾驶员视线高度，$h_1=1.5\mathrm{m}$；

$h_2$——障碍物高度，$h_2=0.75\mathrm{m}$。

将已知数据代入，则

$$L_{\max}=2S_T-\frac{26.92}{\omega} \tag{4-17}$$

(2) 当 $L\geqslant S_T$（如图4-10所示）时。

$$h_0=\frac{S_T^2}{2R} \qquad AB=h_1+\frac{h_2-h_1}{S_T}l$$

$$BD=h_0\frac{l}{S_T}=\frac{S_T}{2R}l$$

$$CD = \frac{l^2}{2R}$$

同理可得  $h = h_1 + \frac{h_2 - h_1}{S_T} l + \frac{S_T}{2R} l - \frac{l^2}{2R}$

由 $dh/dl = 0$ 解出 $l$，代入上式并整理得

$$h_{max} = h_1 + \frac{1}{2R}\left[\frac{R(h_2 - h_1)}{S_T} + \frac{S_T}{2}\right]^2$$

$$L_{min} = \frac{S_T^2 \omega}{\left[\sqrt{2(h_{max} - h_1)} + \sqrt{2(h_{max} - h_2)}\right]^2}$$

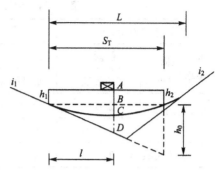

图 4-10 跨线桥下行车视距($L \geqslant S_T$)

将已知数据代入，得

$$L_{min} = \frac{S_T^2 \omega}{26.92} \tag{4-18}$$

比较以上两式，应以式(4-18)作为有效控制。

根据影响竖曲线最小半径的 3 个限制因素，可计算出凹形竖曲线最小半径，见表 4-13。

表 4-13 凹形竖曲线最小半径

| 计算行车速度/(km/h) | 停车视距 $S_{min}$ | 缓和冲击 $\frac{V_1^2 \omega}{3.6}$ | 夜间行车照明 $\frac{S_1^2 \omega}{1.5 + 0.0524 S_T}$ | 桥下视距 $\frac{S_1^2 \omega}{26.92}$ | 《标准》规定值 | |
|---|---|---|---|---|---|---|
| | | | | | 极限值 $R_{min}$/m | 一般直径/m |
| 120 | 210 | 4000ω | 3527ω | 1683ω | 4000 | 6000 |
| 100 | 160 | 2778ω | 2590ω | 951ω | 3000 | 4500 |
| 80 | 110 | 1778ω | 1666ω | 449ω | 2000 | 3000 |
| 60 | 75 | 1000ω | 1036ω | 209ω | 1000 | 1500 |
| 40 | 40 | 444ω | 445ω | 59ω | 450 | 700 |
| 30 | 30 | 250ω | 293ω | 22ω | 250 | 400 |
| 20 | 20 | 111ω | 157ω | 15ω | 100 | 200 |

表中显示凹形竖曲线最不利的情况是径向离心力的冲击，故应以式(4-11)作为有效控制。

总之，无论是凸形竖曲线还是凹形竖曲线都要受到上述缓和冲击、视距及行驶时间 3 种因素控制。竖曲线极限最小半径是缓和冲击和保证行车视距所必需的竖曲线半径的最小值，该值只有在地形受限制迫不得已时采用。通常为了使行车有较好的舒适条件，设计时多采用大于极限最小半径 1.5~2.0 倍，该值为竖曲线一般最小值。与平曲线相似，当坡度角较小时即使采用较大的竖曲线半径，竖曲线的长度也很短，这样容易使驾驶员产生急促的变坡感觉，同时，竖曲线长度过短，易对行车造成冲击。我国按照汽车在竖曲线上以设计速度行驶 3s 行程控制竖曲线最小长度。各级公路的竖曲线最小长度和半径规定见表 4-14，在竖曲线设计时，不但保证竖曲线半径要求，还必须满足竖曲线最小长度规定。

表4-14  公路竖曲线最小半径和竖曲线最小长度

| 设计速度/(km/h) | | 120 | 100 | 80 | 60 | 40 | 30 | 20 |
|---|---|---|---|---|---|---|---|---|
| 凸形竖曲线半径/m | 极限值 | 11000 | 6500 | 3000 | 1400 | 450 | 250 | 100 |
| | 一般值 | 17000 | 10000 | 4500 | 2000 | 700 | 400 | 200 |
| 凹形竖曲线半径/m | 极限值 | 4000 | 3000 | 2000 | 1000 | 450 | 250 | 100 |
| | 一般值 | 6000 | 4500 | 3000 | 1500 | 700 | 400 | 200 |
| 竖曲线最小长度/m | | 100 | 85 | 70 | 50 | 35 | 25 | 20 |

### 4.3.4 竖曲线的设计和计算

1. 竖曲线设计

竖曲线设计，首先应确定合适的半径。在不过分增加工程量的情况下，宜选择较大的竖曲线半径；只有当地形限制或其他特殊困难时，才选用极限最小半径。

为获得更好的视觉效果，使视觉上感到舒适畅顺，从视觉观点考虑的竖曲线半径见表4-14，为一般最小值的1.5~4.0倍。常用的视觉观点考虑的竖曲线最小半径见表4-15。

表4-15  从视觉观点所需的竖曲线最小半径

| 设计速度/(km/h) | 竖曲线半径/m | |
|---|---|---|
| | 凸形 | 凹形 |
| 120 | 20000 | 12000 |
| 100 | 16000 | 10000 |
| 80 | 12000 | 8000 |
| 60 | 9000 | 6000 |

相邻竖曲线衔接时应注意以下几点。

(1) 同向竖曲线：特别是两同向凹形竖曲线间如果直线坡段不长，应合并为单曲线或复曲线形式的竖曲线，避免出现断背曲线。

(2) 反向竖曲线：反向竖曲线间应设置一段直线坡段，直线坡段的长度一般不小于设计速度的3s行程，以使汽车从失重(或增重)过渡到增重(失重)有一个缓和段。

(3) 竖曲线设置应满足排水需要。若邻纵坡之代数差很小时，采用大半径竖曲线可能导致竖曲线上的纵坡小于0.3%，不利于排水，应重新进行设计。

2. 竖曲线计算

(1) 计算竖曲线的基本要素。

竖曲线长 $L$、切线长 $T$、外距 $E$。

(2) 计算竖曲线的起、终点的桩号。

竖曲线的起点的桩号=变坡点的桩号$-T$

竖曲线的终点的桩号＝变坡点的桩号＋T
(3) 计算竖曲线上任意点切线标高及改正值(竖距)。

$$切线标高＝变坡点的标高±(T-l)×i；改正值：h=\frac{l^2}{2R}$$

(4) 计算竖曲线上任意点设计标高。
某桩号在凸形竖曲线的设计标高＝该桩号在切线上的设计标高－h
某桩号在凹形竖曲线的设计标高＝该桩号在切线上的设计标高＋h

3. 竖曲线半径选择考虑因素

(1) 选择半径应符合标准所规定的竖曲线的最小半径和最小长度的要求。
(2) 在不过分增加土石方工程量的情况下，为使行车舒适，宜采用较大的竖曲线半径。
(3) 结合纵断面起伏情况和标高控制要求，确定合适的外距值，按外距控制选择半径：

$$R=\frac{8E}{\omega^2}$$

(4) 考虑相邻竖曲线的连接(即保证最小直坡段长度或不发生重叠)，限制曲线长度，按切线长度选择半径。

$$R=\frac{2T}{\omega}$$

(5) 过大的竖曲线半径将使竖曲线过长，从施工和排水来看都是不利的，选择半径时应注意。
(6) 夜间行车交通量较大的路段考虑灯光照射方向的改变，使前灯照射范围受到限制，选择半径时应适当加大，以使其有较长的照射距离。

【例 4-1】 某山岭区二级公路(图 4-11)，变坡点桩号为 K3＋030.00，高程为 427.68，前坡为上坡，$i_1=+5\%$，后坡为下坡，$i_2=-4\%$，竖曲线半径 $R=2000$m。试计算竖曲线诸要素以及桩号为 K3＋000.00 和 K3＋100.00 处的设计标高。

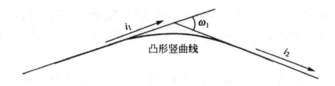

图 4-11 某山岭区二级公路凸形竖曲线

1. 计算竖曲线要素

$\omega=i_1-i_2=5\%-(-4\%)=0.09$　所以该竖曲线为凸形竖曲线
曲线长 $L=R\omega=2000×0.09=180$m
切线长 $T=L/2=180/2=90$m
外距 $E=\frac{T^2}{2R}=\frac{90^2}{2×2000}=2.03$m

2. 竖曲线起点、终点桩号

竖曲线起点桩号＝(K3＋030.00)－90＝K2＋940.00

竖曲线终点桩号＝(K3+030.00)+90=K3+120.00

3. K3+000.00、K3+100.00 的切线标高和改正值(竖距)

K3+000.00 的切线标高＝427.68－(K3+030.00－K3+000.00)×5‰＝426.18m

K3+000.00 的改正值(竖距)＝$\dfrac{(K3+000.00-K2+940.00)^2}{2\times 2000}$＝0.90m

K3+100.00 的切线标高＝427.68－(K3+100.00－K3+030.00)×4‰＝424.88m

K3+100.00 的改正值(竖距)＝$\dfrac{(K3+120.00-K3+100.00)^2}{2\times 2000}$＝0.10m

4. K3+000.00 和 K3+100.00 的设计标高

K3+000.00 的设计标高＝426.18－0.9＝425.28m

K3+100.00 的设计标高＝424.88－0.1＝424.78m

## 4.4 爬坡车道的设计

爬坡车道是陡坡路段正线行车道外侧增设的供载重车或慢速车行驶的专用车道。为了在长陡的路段上将大型车、慢速车从主线车流中分离出去，宜在陡坡路段增加辅助的爬坡车道，这样可提高小汽车行驶的自由度，确保行车安全，增加道路的通行能力。

一般来讲，最理想的纵断面设计应是坡度较缓，不设置爬坡车道。但这样设计有时会造成路线迂回或路基高填深挖，从而增加工程费用。所以，在特殊情况下，采用较大的纵坡值而增设爬坡车道会产生既经济又安全的效果。但应特别指出的是，设置爬坡车道并非是最好的措施，解决问题的根本途径还在于精选路线，定出纵坡值较小又经济适用的路线。

### 4.4.1 设置爬坡车道的条件

我国《规范》规定：高速公路、一级公路纵坡长度受限制的路段，应对载重汽车上坡行驶速度的降低值和设计通行能力进行验算，符合下列情况之一者，可在上坡方向行车道右侧设置爬坡车道。

(1) 沿上坡方向载重汽车的行驶速度降低到表 4-16 容许最低速度以下时，可设置爬坡车道。

表 4-16 上坡方向允许的最低速度

| 设计速度/(km/h) | 120 | 100 | 80 | 60 |
| --- | --- | --- | --- | --- |
| 容许最低速度/(km/h) | 60 | 55 | 50 | 40 |

(2) 上坡路段的设计通行能力小于设计小时交通量时，应设置爬坡车道。

爬坡车道设计通行能力的计算方法与正线的通行能力计算方法相同。

对需设置爬坡车道的路段，应与改善正线纵坡不设爬坡车道的方案进行技术经济比较；对隧道、大桥、高架构造物及深挖路段，当因设置爬坡车道使工程费用增加很多时，经论证爬坡车道可以缩短或不设；对双向六车道高速公路可不另设爬坡车道，将外侧车道作为爬坡车道使用。

对于山岭地区的高速公路，由于地形复杂，纵坡设计控制因素较多，在这种路段上，计算行车速度一般在 80km/h 以下，是否设置爬坡车道，必须在上述条件下，从公路建设的目的、服务水平、工程建设投资规模等综合分析比较后确定。

### 4.4.2 爬坡车道的设计

1. 横断面组成

爬坡车道设于上坡方向正线行车道右侧，如图 4-12 所示。爬坡车道的宽度为 3.5m，包括设于其左侧路缘带的宽度 0.5m。爬坡车道的平曲线需要加宽时，应按一个车道规定加宽值设计。

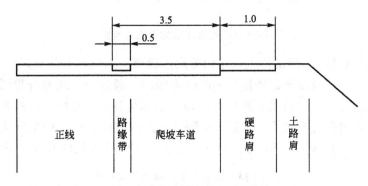

图 4-12　爬坡车道横断面组成(单位：m)

爬坡车道的路肩和正线一样仍然由硬路肩和土路肩组成，但由于爬坡车道上行驶速度较低，其硬路肩宽度可以不按正线的安全标准要求设计，一般为 1.0m，而土路肩宽度以按正线要求设计为宜。

窄路肩不能提供停车使用，在长而连续的爬坡车道路段上，其右侧应按规定设置紧急停车带。

2. 横坡度

如上所述，因为爬坡车道的行车速度比正线小，为了行车安全起见，高速公路正线超高坡度与爬坡车道的超高坡度之间的对应关系见表 4-17。

表 4-17　爬坡车道的超高坡度

| 正线的超高横坡/% | 10 | 9 | 8 | 7 | 6 | 5 | 4 | 3 | 2 |
|---|---|---|---|---|---|---|---|---|---|
| 爬坡车道的超高横坡/% | | | | 5 | | | | 3 | 2 |

超高坡度的旋转轴为爬坡车道内侧边缘线。

若爬坡车道位于直线路段时，其横坡度的大小同正线路拱坡度，采用直线式横坡，坡向向外。

另外，爬坡车道右侧路肩的横坡度大小和坡向，参照正线与右侧路肩之间关系的有关规定确定。

3. 平面布置与长度

爬坡车道的平面布置如图 4-13 所示,其总长度由起点处渐变段长度 $L_1$、爬坡车道的长度 $L$ 和终点处附加长度 $L_2$ 组成。

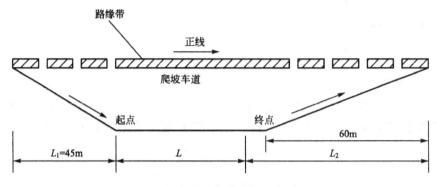

图 4-13　爬坡车道的平面布置图

起点处渐变段长度 $L_1$ 用来使正线车辆驶离正线而进入爬坡车道,其长度一般取 45m。爬坡车道的长度 $L$,一般应根据所设计的纵断面线形,通过加、减速行程图绘制出载重车行驶速度曲线,找出小于允许最低速度的路段,从而得到需设爬坡车道的路段。

爬坡车道终点处附加长度 $L_2$ 用来供车辆驶入正线前加速至允许最低速度,其值与附加段的纵坡度有关,见表 4-18,该附加长度包括终点渐变段长度 60m 在内。

表 4-18　爬坡车道终点处附加长度

| 附加段的纵坡/% | 下坡 | 平坡 | 上坡 | | | |
|---|---|---|---|---|---|---|
| | | | 0.5 | 1.0 | 1.5 | 2.0 |
| 附加长度/m | 150 | 200 | 250 | 300 | 350 | 400 |

爬坡车道起、终点的具体位置除按上述方法确定外,还应考虑与线形的关系,通常应设在通视条件良好容易辨认并与正线连接顺适的地点。

## 4.5　道路平、纵线形组合设计

道路的空间线形是指由道路的平面线形和纵断面线形及横断面所组成的空间带状结构物;道路设计是从路线规划开始的,然后经选线、平面线形设计、纵断面设计和平纵线形组合设计,最终以平、纵、横组合的立体线形展现出来。汽车行驶过程中,驾驶员所选择的实际行车速度是他对立体线形的判断作出的,因此,设计中不仅仅满足平面、纵断面线形标准,还必须满足道路空间线形视觉的连续性,并有足够的舒适感和安全感。

平、纵线形组合设计的总要求:对于设计速度大于或等于 60km/h 的道路,必须注意平、纵的合理组合,尽量做到线形连续、指标均衡、视觉良好、景观协调、安全舒适。设计速度愈高,线形设计可考虑的因素愈应周全。对于设计速度小于或等于 40km/h 的道路,首先应在保证行车安全的前提下,正确地运用线形要素指标,在条件允许的情况下,不过多增加工程量的情况下，力求做到各种线形要素的合理组合，并尽量避免和减轻不利的组合。

### 4.5.1 视觉分析

**1. 视觉分析的概念和意义**

道路设计除应考虑自然条件、汽车行驶力学的要求外，还要把驾驶员在心理和视觉上的反应作为重要因素考虑。汽车在道路上行驶时，驾驶员是通过视觉、运动感觉和时间的变化来判断线形。道路的线形、周围景观、标志及其他有关信息，驾驶员几乎都是通过视觉感受到的。

从视觉心理出发，对道路的空间线形及其与周围自然景观和沿线建筑的协调，保持视觉的连续性，使行车具有足够的舒适感和安全感的综合设计称为视觉分析。

**2. 视觉与车速的动态规律**

驾驶员的视觉判断能力与车速密切相关，车速越高，其注视前方越远，而视角逐渐变小。驾驶员的注意力集中和心理紧张程度随车速的增加而增加，注意力集中点和视野距离随车速提高而增大，当汽车高速行驶时，驾驶员对前景细节的视觉开始变得模糊不清，而视角随车速逐渐变窄，已不能顾及两侧景象了。由此可见，对于快速道路来说，必须使驾驶员明白无误地了解线形，尽量避免由于判断错误而导致驾驶失误。

**3. 视觉分析方法**

所谓线形状况是指道路平面和纵断面线形所组成的立体形状，在汽车快速行驶中给驾驶员提供的连续不断的视觉印象。设计者通过道路透视图评价线形组合是否顺势流畅，对易产生判断失误和茫然的地方，必须在设计阶段中用透视图检查出缺陷的路段随时修改，然后再绘制透视图分析研究。

透视图是按照汽车在道路上的行驶位置，根据线形的几何状况确定视轴方向以及由车速确定的视轴长度，利用坐标透视的原理绘制的。通过透视图，可以看出立体线形是否顺适，是否有易产生判断错误或茫然的地方，路旁障碍是否妨碍视线等。透视图不仅可以判断平面线形和纵面线形以及公路和风景是否协调，而且小至超高过渡段的连接，大至构造物的设计，都可以看清，差不多在公路几何设计的所有领域中都可以利用。因此，绘制透视图是视觉分析的最好办法。

### 4.5.2 道路平、纵线形组合设计

道路线形是一条立体的空间曲线，立体线形组合的优劣最后集中反映在汽车的行驶速度上，如果只按平面线形和纵面线形的标准来设计，而不将二者结合起来统筹考虑，最终的设计不一定是好设计。平、纵线形组合设计是指在首先满足汽车运动学和力学要求的前提下，来研究如何满足视觉、心理方面的连续性和舒适性，与周围环境的协调，以及良好的排水条件。

1. 道路平、纵线形组合设计原则

(1) 应能在视觉上自然地诱导驾驶员的视线,并保持视觉的连续性。

任何使驾驶员感到茫然、迷惑或判断失误的线形都应避免。在视觉上能否自然地引导视线,是衡量平、纵线形组合优劣的最基本问题。

(2) 平面与纵断面线形的技术指标应大小均衡,不要悬殊太大,使线形在视觉上和心理上保持协调。

对纵面线形不断起伏,而在平面上却采用高标准的线形是无意义的;反之,在平面上线形迂回前进、弯道较多,而在纵断面设计上采用高标准也同样没有意义。

(3) 选择组合得当的合成坡度,以利于路面排水和安全行车。

(4) 应注意线形与自然环境和景观的配合与协调。

如配合得好,可以减轻驾驶员的疲劳和紧张程度,并可起到引导视线的作用。

2. 线形组合的形式

通过分解立体线形要素,可得出平、纵线形有以下 6 种组合形式,如图 4-14 所示。

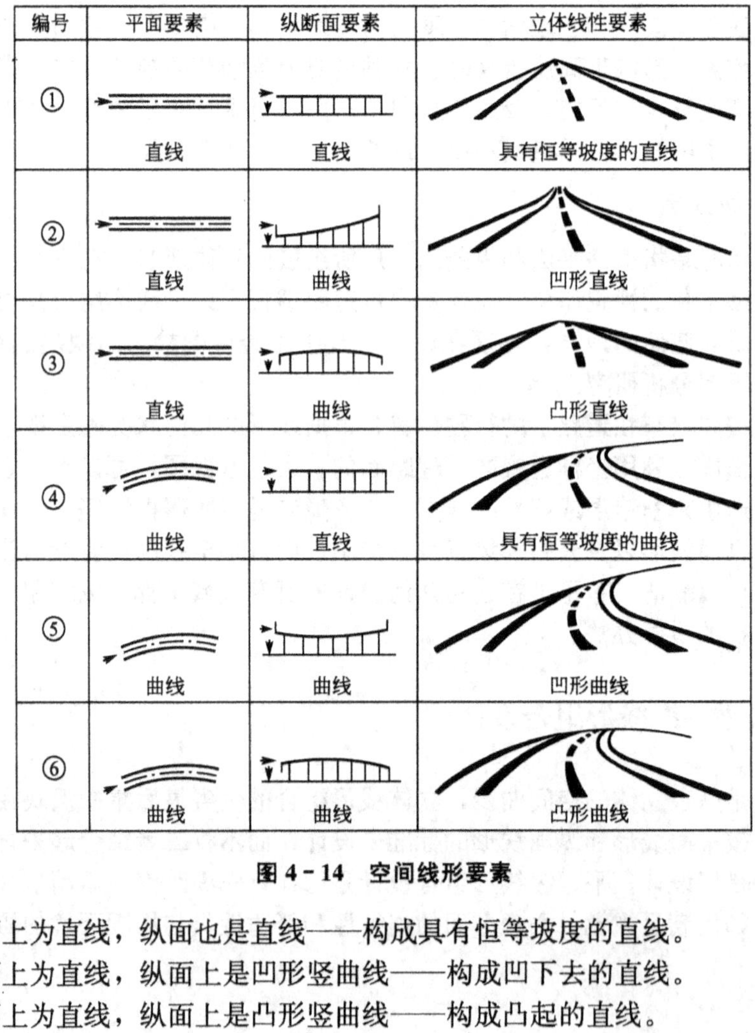

| 编号 | 平面要素 | 纵断面要素 | 立体线性要素 |
|---|---|---|---|
| ① | 直线 | 直线 | 具有恒等坡度的直线 |
| ② | 直线 | 曲线 | 凹形直线 |
| ③ | 直线 | 曲线 | 凸形直线 |
| ④ | 曲线 | 直线 | 具有恒等坡度的曲线 |
| ⑤ | 曲线 | 曲线 | 凹形曲线 |
| ⑥ | 曲线 | 曲线 | 凸形曲线 |

图 4-14 空间线形要素

(1) 平面上为直线,纵面也是直线——构成具有恒等坡度的直线。

(2) 平面上为直线,纵面上是凹形竖曲线——构成凹下去的直线。

(3) 平面上为直线,纵面上是凸形竖曲线——构成凸起的直线。

(4) 平面上为曲线，纵面上为直线——构成具有恒等坡度的平曲线。
(5) 平面上为曲线，纵面上为凹形竖曲线——构成凹下去的平曲线。
(6) 平面上为曲线，纵面上为凸形竖曲线——构成凸起的平曲线。

上述①～②型是在垂直平面内的线形类，④～⑥型是立体曲线。从视觉、心理分析来看，它们各有优势和不足。

(1) ①型组合往往线形单调、枯燥，行车过程中视景缺乏变化，容易使驾驶员产生疲劳和频繁超车。设计时应采用画车道线、高标志、绿化，并与路侧设施配合等方法来调节单调的视觉，增进视线诱导。

(2) ②型组合具有较好的视距条件，能给驾驶员以动的视觉效果，行车条件较好。设计时要注意避免采用较短的凹形竖曲线，尤其在两个凹形竖曲线间注意不要插入短的直坡段；在长直线末端不宜插入小半径的凹形竖曲线。

(3) ③型组合视距条件差，线形单调，应注意避免，无法避免时应采用较大的竖曲线半径；若与②型组合时，应注意克服"驼峰"、"暗凹"和"浪形"等不良视觉现象出现。

(4) ④型组合一般说来只要平曲线半径选择适当，纵坡不太陡，即可获得较好的视觉和心理感受；设计时须注意检查合成坡度是否超限。

(5) ⑤型组合设计是一种常见的又比较复杂的组合形式。如果平、纵面线形几何要素的大小适宜，位置适当，均衡协调，可以获得视觉舒顺、视线诱导良好的立体线形。相反则会出现一些不良的后果，设计时应引起特别重视。

3. 平纵线形组合的基本要求

1) 平曲线和竖曲线组合

平曲线和竖曲线两者在一般情况下应相互重合，如图 4-15 所示，宜将竖曲线的起、终点，放在平曲线的缓和段内；这种立体线形不仅能起到诱导视线的作用，而且可取得平顺和流畅的效果。

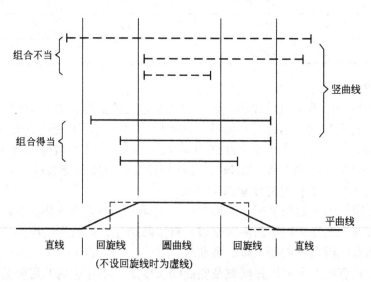

图 4-15 平、纵曲线的组合原则

这种布置通常称为平曲线与竖曲线的对应。其优点是：当车辆驶入凸形竖曲线的顶点之前，即能清楚地看到平曲线的始端，辨明转弯的走向，不致因判断错误而发生事故。

图 4-16 是按此要求设计的线形，既顺适又美观。若平、竖曲线的半径都很大，则平、竖曲线的位置可不受上述限制。若做不到竖曲线与平曲线较好的配合，且两者的半径都小于某限度时，宁可把平、竖曲线拉开相当距离，使平曲线位于直坡段上或竖曲线位于直线上。

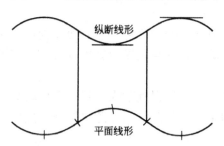

**图 4-16 平曲线与竖曲线折合良好的线形**

当平曲线半径和竖曲线半径都很小时，平曲线和竖曲线两者不宜重叠。

当平曲线缓而长，纵断面坡差较小时，可不要求平、竖曲线一一对应，平曲线中可包含多个竖曲线或竖曲线略长于平曲线。这对平坦地区的高速公路设计是重要的。

凸形竖曲线的顶部或凹形竖曲线的底部不得插入小半径的平曲线，也不得与反向平曲线拐点相重合，以免误导驾驶员视线，使驾驶员操作失误，引起交通事故。

平曲线与竖曲线大小应保持均衡，平、竖曲线几何要素要大体平衡、匀称、协调，不要把过缓与过急、过长与过短的平曲线和竖曲线组合在一起。表 4-19 为平纵曲线半径大致均衡的参考值。

**表 4-19 平、纵曲线半径的均衡**

| 平曲线半径/m | 竖曲线半径/m | 平曲线半径/m | 竖曲线半径/m |
| --- | --- | --- | --- |
| 500 | 10000 | 1100 | 30000 |
| 700 | 12000 | 1200 | 40000 |
| 800 | 16000 | 1500 | 60000 |
| 900 | 20000 | 2000 | 100000 |
| 1000 | 25000 | | |

2) 平面直线与纵断面的组合

平面的长直线与纵断面直坡段相配合，对双车道公路能提供超车方便，在平坦地区易与地形相适应，行车单调，驾驶员易疲劳。从美学的观点上，平面的直线与一个大半径的凸形竖曲线配合为好，与一个凹形竖曲线相配合次之；在直线中较短距离内两次以上的变坡会形成反复凹凸的"驼峰"和"凹陷"，使线形视觉效果既不美观也不连续。

平面直线与纵断面组合时应注意以下事项。

(1) 平面长直线配纵面长坡时，线形单调、枯燥，容易使司机疲劳和超速行驶。

(2) 平面直线上短距离内纵面多次变坡，有隐蔽路段，同时影响夜间行车前灯照射。

(3) 在平面直线段内不能插入短的竖曲线。

(4) 在平面长直线上不能设置陡坡及竖曲线长度短、半径小的凹形竖曲线。

(5) 在平面直线上的纵断面线形应避免出现"驼峰"、"暗凹"、"跳跃"等使驾驶员视觉中断的线形。

3) 要选择适当的合成坡度

合成坡度过大对行车不利,特别是在冬季结冰期更危险;合成坡度过小对排水不利也影响行车,车辆行驶时有溅水干扰。虽然《标准》对合成坡度的最大允许值作了规定,但在进行平、纵面线形组合时,如条件可能,最好使合成坡度小于8%,最小合成坡度不应小于0.5%。

4. 线形组合特征及注意问题(表4-20)

表4-20 线形组合特征及注意问题

| 空间线形组合 | 特征 | 注意问题 |
| --- | --- | --- |
| 平面长直线与纵断面长坡段组合 | (1) 线形单调、枯燥,景观无变化,容易产生疲劳<br>(2) 驾驶易超速行驶,超车频繁<br>(3) 在交通比较错综复杂的路段(如交叉口),采用这种线形要素是有利的 | (1) 为调节单调的视觉,增设视线诱导设施<br>(2) 划车道线、设置标志<br>(3) 改变景观,分段绿化、与路旁建筑设施相配合 |
| 平面直线与凹形竖曲线组合 | (1) 具有较好的视距条件<br>(2) 线形不再生硬、呆板<br>(3) 给予驾驶员以动的视觉印象,提高了行车的舒适性 | (1) 注意避免采用较短的凹形竖曲线,以避免产生折点<br>(2) 在两个凹形竖曲线间注意不要插入短直线 |
| 平面直线与凸形竖曲线组合 | (1) 线形视距条件差<br>(2) 线形单调,应尽量避免 | 注意采用较大的竖曲线半径,以保证有较好的视距 |
| 平曲线与纵面直坡段组合 | (1) 只要平曲线半径选择适当、平面的圆曲线与纵面直坡段组合其视觉效果是良好的<br>(2) 若平面的直线与圆曲线组合不当(如断背曲线)、或平曲线半径较小时与纵面直坡段组合将在视觉上产生折曲现象。 | (1) 要注意平曲线半径与纵坡度协调<br>(2) 要注意合成坡度的要求<br>(3) 要避免急弯与陡坡相组合 |
| 平曲线与竖曲线组合 | (1) 平曲线与竖曲线组合的组合线形,如果平纵面几何要素的大小适当、均衡协调、位置适宜,可以获得视觉舒顺、诱导视线良好的空间线形<br>(2) 平曲线与竖曲线较小,则会出现一些不良的组合效果 | (1) 一般情况下,当平、纵曲线半径较大时,应使平、纵曲对应重叠组合,并使平曲线较长而将竖曲线包起来<br>(2) 注意平、纵曲线几何要素指标均衡、匀称、协调,不要把过缓与过急、过长与过短的平纵曲线组合在一起<br>(3) 注意凸形竖曲线顶部与凹形竖曲线底部,不得与反向平曲线的拐点重合<br>(4) 避免在一个平曲线上连续出现多个凹、凸竖曲线<br>(5) 应避免出现"暗凹"、"跳跃"等不良现象 |

5. 道路线形与景观的协调与配合

道路作为一种人工构造物,应将其视为景观的对象来研究。修建道路会对自然景观产生影响，有时产生一定破坏作用。而道路两侧的自然景观反过来又会影响道路上汽车的行驶，特别是对驾驶员的视觉、心理以及驾驶操作等都有很大影响。

平、纵线形组必须是在充分与道路所经地区的景观相配合的基础上进行，否则，即使线形组合符合有关规定也不一定是良好设计。所以在道路的规划、选线、设计、施工全过程中重视景观要求；尽量少破坏沿线自然景观，避免深挖高填；应能提供视野的多样性，力求与周围的风景自然地融为一体；不得已时，可采用修整、植草皮、种树等措施加以补救；条件允许时，以适当放缓边坡或将其变坡点修整圆滑，以使边坡接近于自然地面形状，增加路容美观；应进行综合绿化处理，避免形式和内容上的单一化。对于驾驶员来说，只有看上去具有优美的线形和景观，才能称为舒适安全的道路。对设计速度高的道路，平、纵线形组合设计与周围景观配合尤为重要。

## 4.6 纵断面设计方法及纵断面图

### 4.6.1 纵断面设计要点

纵断面设计主要是指纵坡和竖曲线设计。纵断面设计的主要内容是根据公路等级、沿线自然条件和构造物控制高程等，确定路线合适的高程、各坡段的纵坡度和坡长，并设计竖曲线。基本要求是纵坡均匀平顺、起伏和缓，坡长和竖曲线长短适当，平面与纵断面组合设计协调以及填挖经济、平衡。这些要求虽然在选、定线阶段有所考虑，但要在纵断面设计中具体加以实现。

1. 纵坡极限值的运用

根据汽车动力特性和考虑经济等因素制订纵坡的极限值，最大纵坡设计时不可轻易采用，应留有余地。在受限制较严的地带，如越岭线为争取高度、缩短路线长度或避开艰巨工程等，才有条件地使用纵坡极限值。好的设计应尽量考虑人的感觉、心理上的要求，使驾驶员有足够的安全感、舒适感和视觉上的美感。一般来讲，纵坡应力求平缓，但为了路面和边沟排水，最小纵坡不应低于 0.3‰~0.5‰。

2. 最短坡长

坡长是指纵断面两变坡点之间的水平距离。坡长不宜过短，以不小于设计速度 9s 的行程为宜。对连续起伏的路段，坡度应尽量小，坡长和竖曲线一般应争取到极限值的一倍或两倍以上，避免锯齿形的纵断面，以使增重与减重变化和缓，但不应超过最大坡长限制。

3. 各种地形条件下的纵坡设计

（1）平原、微丘地区的纵坡应均匀平缓，注意保证最小填土高度和最小纵坡的要求。丘陵地区的纵坡应避免过分迁就地形而使路线起伏过大，注意纵坡应顺适不产生突变。

（2）山岭、重丘地形的沿河线应尽量采用平缓纵坡，坡长不应超过限制长度，纵坡不宜大于 6‰，注意路基控制高程的要求。

（3）越岭线的纵坡应力求均匀，尽量不采用极限或接近极限的坡度，更不宜在连续采用极限长度的陡坡之间夹短的缓和坡段。越岭路线一般不应设置反坡。

（4）山脊线和山腰线除结合地形不得已时采用较大纵坡外，在可能条件下纵坡应缓些。

（5）沿水库上游岸边的路线，路基设计标高应考虑水库水位升高后地下水位雍升，以及水库淤积后雍水曲线抬高和浪高的影响；在寒冷地区还应考虑冰塞雍水对水位增高的影响。

（6）大、中桥桥头引道（在洪水泛滥范围内）的路基设计标高，一般应高于该桥设计洪水位（包括雍水和浪高）至少 0.5m；小桥涵附近的路基设计标高应高于桥涵前雍水水位至少 0.5m（不计浪高）。

（7）特殊地区和不良地质地区的路基要求对路线纵断面拉坡设计高程进行控制。

（8）桥涵和通道要求的最低路基设计高程对路线纵断面拉坡设计高程要进行控制。

4. 竖曲线半径的选用

竖曲线应选用较大半径为宜。在不过分增加工程数量的情况下，应选用大于或等于一般最小半径的半径值，特殊困难方可用极限最小值。坡差小时应尽量采用大的竖曲线半径。当有条件时，宜按表 4-21 的规定进行设计。

表 4-21 视觉要求的最小竖曲线半径值

| 计算行车速度<br>/(km/h) | 竖曲线半径/m | |
|---|---|---|
| | 凸形 | 凹形 |
| 120 | 20000 | 12000 |
| 100 | 16000 | 10000 |
| 80 | 12000 | 8000 |
| 60 | 9000 | 6000 |
| 40 | 3000 | 2000 |

5. 相邻竖曲线的衔接

相邻两个同向凹形或凸形竖曲线，特别是两同向凹形竖曲线间，如直坡段不长应合并为单曲线或复曲线，避免出现断背曲线，这样要求对行车是有利的。对相邻反向竖曲线，为使增重与减重间和缓过渡，最好中间设置一段直坡线，直坡线的长度一般不小于设计速度的 3s 行程。当半径比较大时，亦可直接连接，如图 4-17 所示。

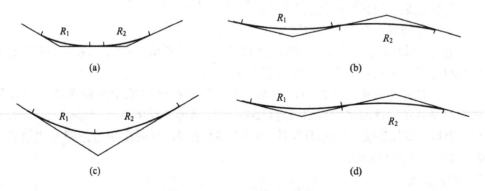

图 4-17 相邻竖曲线的衔接

## 4.6.2 纵断面设计方法与步骤及注意问题

1. 纵断面设计方法与步骤

1) 准备工作

纵断面设计(俗称拉坡)之前在纵断面图纸上,根据中桩和水准测量记录按比例标注里程桩号和标高,点绘地面线;绘出平面直线与平曲线资料,以及土壤地质说明资料,并将桥梁、涵洞、地质土质等与纵断面设计有关的资料在纵断面图纸上标明。熟悉和掌握全线有关勘测设计资料,领会设计意图和设计要求。

2) 标注控制点

控制点是指影响纵坡设计高程的控制点。如路线起、终点,越岭垭口,重要桥梁、涵洞的桥面标高,最小填土高度,最大挖深,沿溪线的洪水位,隧道进出口,平面交叉和立体交叉点,铁路交叉点及受其他因素限制路线必须通过的标高控制点。

在山区道路上,除考虑上述控制点外,还应考虑各横断面上的"经济点",以求降低造价。山区道路就是根据路基填挖平衡关系控制路中心填挖值的标高点,称为"经济点"。

"经济点"通常可用路基断面透明模板在只绘有地面线的横断面图上确定下来。图 4-18 所示是这种自制"路基断面透明模板"的样式。该"模板"可用透明扫描纸胶片制成,其上按横断面测图的比例绘出路基宽度 $B$(挖方地段还要包括两侧边沟所占宽度)和各种不同坡度的边坡线。使用时将"模板"扣在有关中桩的只有地面线的横断面图上,使两者的中线重合,然后上下移动"模板"直到能使填、挖面积大致相等时,则停止移动,此时"模板"上的路基顶面与该中桩的地面高之间的差值就是经济填挖值。再将此差值的大小按比例点绘到纵断面图的相应中桩位置上,即为该断面"经济点"的

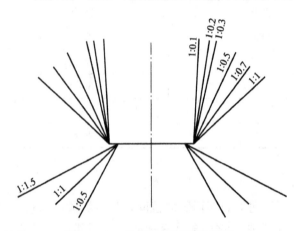

图 4-17 路基横断面透明模板

位置。平原区道路一般无"经济点"问题。

横断面"经济点"有以下 3 种情况。

(1) 当地面横坡不大时,可在中桩地面标高上下找到填方和挖方基本平衡的标高,纵坡设计应尽量通过该点,如图 4-19(a)所示;

(2) 当地面横坡较陡,填方往往不易填稳,用多挖少填或全挖路基的方法比砌筑坡脚、修筑挡墙经济,此时多挖少填或全挖路基的标高为"经济点",如图 4-19(b)所示;

(3) 当地面横坡很陡,无法填方时,需砌筑挡土墙,此时采用全挖路基比填方修筑挡墙经济,如图 4-19(c)所示。

3) 试定纵坡

在已标出"控制点"、"经济点"的纵断面图上,根据定线意图,全面考虑地面线起伏

情况，纵坡线必须满足控制点及《规范》对坡长、坡度的要求，本着以"控制点"为依据，照顾多数"经济点"的原则，通过的经济点越多，则工程量越小，投资就越省，通过穿插与取直，试定出若干直坡段线。对各种可能坡度线方案反复比较，最后定出既符合技术标准，又满足控制点要求，且土石方最省的设计线作为初定的坡度线，将前后坡度线延长交会出变坡点的初定位置。

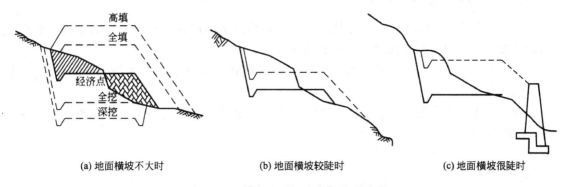

图 4-19 横断面"经济点"位置确定

4）调整纵坡

将所定坡度与选线时坡度的安排比较，二者应基本相符，若有较大的差异时，应全面分析，找出原因，决定取舍。对照技术标准，检查纵坡度、坡长、纵坡折减、合成坡度及平面与纵面配合是否适宜，以及路线交叉、桥隧和接线等处的纵坡是否合理，不符合要求时则应调整纵坡线。调整方法是对初定坡度线平抬、平降、延伸、缩短或改变坡度值。

5）核对

选择有控制意义的重点横断面，如高填深挖、地面横坡较陡峻地段路基、挡土墙、重要桥涵以及其他重要控制点等，根据纵断面图上对应桩号填挖的高度，用"模板"在横断面图上"戴帽"检查是否填挖过大、坡脚落空或过远、挡土墙过大、桥梁过高或过低、涵洞过长等情况，若有问题应及时调整纵坡线。在横坡陡峻地段核对更为重要。

6）定坡

纵坡线经调整核对后，即可确定纵坡线。逐段将直坡线的坡度值、变坡点的桩号和标高确定下来。坡度值可用三角板推平行线法或计算确定，坡度值要求取值到万分之一，即 0.01%。变坡点位置一般要调整到 10m 的整数桩号上，变坡点标高是由纵坡度和坡长依次推算而得。由于现在内业设计都由公路 CAD 系统来完成，因此，纵坡坡度也可以由 CAD 系统确定的变坡点标高进行反算。变坡点高程要求精确到 0.001m。

道路的纵坡设计是在全面掌握设计资料的基础上经过多次方案比较，精心设计才能完成。纵坡设计还要注意：①与平面线形的合理组合，以得到较佳的空间组合线形；②回头曲线路段纵坡的特殊要求；③大中桥上不宜设置竖曲线，即不宜设变坡点；④注意交叉口、城镇、大中桥、隧道等地段路线纵坡的特殊要求。

7）设置竖曲线

拉坡时已考虑了平、纵组合问题，根据技术标准、平纵组合均衡等确定竖曲线半径，计算竖曲线要素。

8）计算各桩号的设计标高

根据已定的纵坡和变坡点的设计标高及竖曲线半径，即可计算出各桩号的设计标高。中桩设计标高与对应原地面标高之差即为路基施工高度，当两者之差为"+"则是填方；为"-"则是挖方。

2. 纵坡设计应注意的问题

（1）设置回头曲线地段，拉坡时应按回头曲线技术标准先定出该地段的纵坡，然后从两端接坡，应注意在回头曲线地段不宜设竖曲线。

（2）大中桥上不宜设置竖曲线，桥头两端竖曲线的起终点应设在桥头 10m 以外，如图 4-20 所示。

（3）小桥涵允许设在斜坡地段或竖曲线上，为保证行车平顺，应尽量避免在小桥涵处出现驼峰式纵坡，如图 4-21 所示。

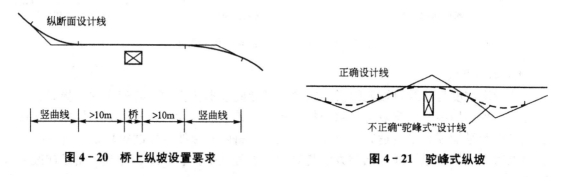

图 4-20　桥上纵坡设置要求　　　　图 4-21　驼峰式纵坡

（4）注意平面交叉口纵坡及两端接线要求。公路与公路交叉时一般宜设在水平坡段，其长度应不小于最短坡长规定。两端接线纵坡应不大于 3%，山区工程艰巨地段不大于 5%。

（5）拉坡时如受"控制点"或"经济点"制约，导致纵坡起伏过大，或土石方工程量太大，经调整仍难以解决时，可用纸上移线的方法修改原定纵坡线。具体方法是按理想要求定出新的纵坡设计线，然后找出对应新设计线的填挖高度，用"模板"在横断面上新填挖高度左右移动，定出适宜的中线位置。该点距原路中线的横距就是按新纵坡设计要求希望平面线形调整移动的距离，据此可做出纸上平面移线，若为实地定线时还应到现场改线。这种移线修正纵面线形的方法，在山区和丘陵区公路的纵坡设计中是常用到的。

（6）对连接段纵坡，如大、中桥引导及隧道两端接线等，纵坡应平缓，避免产生突变。

## 4.6.3　纵断面设计成果

1. 纵断面设计图

纵断面设计图是道路设计的主要文件之一，它反映路线所经的中心地面起伏情况与设计标高的关系，把它与平面线形结合起来，就能反映出道路路线在空间的位置。

如图 4-22 所示，纵断面图采用直角坐标，以横坐标表示水平距离（里程桩号），纵坐标表示垂直高程。为了明显地表明地形起伏，通常将横坐标的比例采用 1:2000（城市道路采用 1:500～1:1000），纵坐标采用 1:200。城市道路如图 4-23 所示，横向比例采用：1:500～1:1000，纵向比例采用 1:50～1:100。

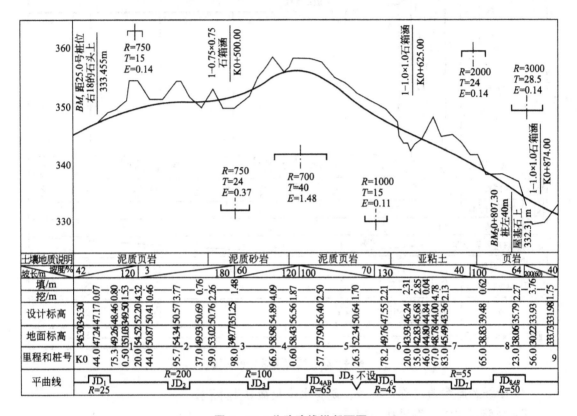

图 4-22 公路路线纵断面图

纵断面图是由上下两部分内容组成的。上部主要用来绘制地面线和纵坡设计线，另外也用以标注竖曲线及其要素；坡度与坡长（有时标在下部）；沿线桥涵及人工构造物的位置、结构类型、孔数与孔径；与道路、铁路交叉的桩号及路名；沿线跨越的河流名称、桩号、常水位和最高洪水位；水准点位置、编号和高程；断链桩位置、桩号及长短链关系等。下部主要用来填写有关内容，自下而上分别填写：直线及平曲线；里程桩号；地面高程；设计高程；填、挖高度；土壤地质说明。

绘制的纵断面设计图，应按规定采用标准纸和统一格式，以便装订成册。

2. 纵面图的内容

(1) 桩号里程、地面高程与地面线、设计高程与设计线、施工填挖值。

(2) 设计线的纵坡度及坡长。

(3) 竖曲线及其要素、平曲线资料。

(4) 设计排水沟沟底线及坡度、距离、高程、流水方向、土壤地质情况。

(5) 沿线桥涵及人工构造物的位置、结构类型及孔径，涵洞可只示出位置。

(6) 与铁路、公路交叉的桩号及路名；

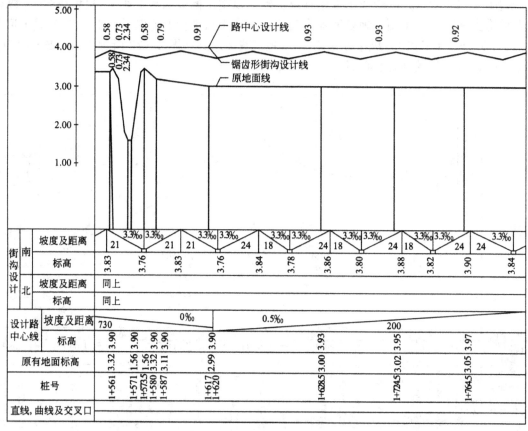

图 4-23 城市道路纵断面图

(7) 沿线跨越河流名称、桩号、现有水位及最高洪水位。

(8) 水准点位置、编号和高程。

(9) 断链桩位置、桩号及长短链关系。

3. 绘制纵断面设计图的步骤

(1) 按一定的比例,在透明毫米方格计算纸上标出与本图适应的横向和纵向坐标,横向坐标标出百米桩号,纵向坐标标出整十米高程。

(2) 在坐标系中按水准测量提供的各桩号地面高程与相应的桩号配合点绘各桩号地面点,并将各地面标高点用直线依次连接后就成为纵断面图的地面线。

(3) 在坐标图上绘出各水准点的位置、编号,并注明高程。

(4) 将桥涵位置绘制在坐标图上,并注明孔数、孔径、结构类型、桩号等。

(5) 在纵断面设计图下部表内分别注明土壤地质资料、绘出平面直线和平曲线的位置、转向(平曲线以开口矩形表示,开口向上为向左转,开口向下为向右转),并注明平曲线有关资料(一般只需注明交点编号和圆曲线半径)。

(6) 纵坡和竖曲线确定后,将设计线(包括直线坡和竖曲线)绘出,并注明纵坡度、坡长(以分式表示,分子为纵坡度,分母为坡长),在各竖曲线范围内分别注明各竖曲线的基本要素(包括变坡点桩号、竖曲线半径、切线长、外距)。

(7) 填注其他各有关资料或特定需要的资料。

(8) 描图或在透明毫米方格计算纸上直接上墨,待墨汁干后再将无用的铅笔字线擦净。

## 4.7 城市道路纵断面设计要求及锯齿形街沟设计

### 4.7.1 城市道路纵断面设计要求

城市道路纵断面设计内容及绘制方法与公路基本相同。只是由于城市道路所经地区的地形、地物以及地上地下各种管线的影响,使得制约纵断面设计线标高的控制点较多,如城市桥梁、铁路跨线桥、铁路道口、平面交叉点、滨河路的最高水位以及沿街建筑物的地坪标高等。当设计纵坡小于最小纵坡时,应在道路两侧做锯齿形街沟设计。

城市道路纵断面设计的要求,除了前面讲述的最大和最小纵坡、坡长限制、合成坡度、平均坡度、竖曲线最小半径和最短长度、平纵组合的要求外,还应满足由城市道路的特点所决定的具体要求。城市道路纵断面设计的具体要求如下。

(1) 纵断面设计应参照城市规划控制标高,适应临街建筑立面布置以及沿路范围内地面水的排除。

确定道路中线设计标高时,必须满足下列各控制点标高的要求。

① 城市桥梁桥面标高 $H_桥$。
$$H_桥 = h_水 + h_浪 + h_净 + h_桥 + h_面 (m)$$

式中 $h_水$——河道设计水位标高(m);
  $h_浪$——浪高(m),一般取为 0.50m;
  $h_净$——河道通航净空高度(m),视通航等级而定;
  $h_桥$——桥梁上部建筑结构高度(m);
  $h_面$——桥上路面结构厚度(m),应包括预留的路面补强厚度在内。

② 立交桥桥面标高 $H_桥$。

当桥下为铁路时 $H_桥 = h_轨 + h_沉 + h_净 + h_桥 + h_面 (m)$

式中 $h_轨$——铁路轨顶标高(m);
  $h_净$——铁路净空高度(m),一般蒸汽机车、内燃机车为 6.00m,电气机车为 6.55m;
  $h_沉$——桥梁预估沉降量(m)。

当桥下为道路时 $H_桥 = h_路 + h_净 + h_桥 + h_面 (m)$

式中 $h_路$——路面标高(m),应包括预留的路面补强厚度在内;
  $h_净$——道路净空高度(m),见表 4-22。

表 4-22 道路最小净高

| 车行道种类 | 机动车道 | | 非机动车道与人行道 | |
|---|---|---|---|---|
| 行使车辆种类 | 各种机动车 | 小客车 | 自行车、三轮车 | 行人 |
| 最小净高/m | 4.5 | 3.5 | 2.5 | 3.5 |

③ 铁路道口应以铁路轨顶标高为准。
④ 相交道路交叉点应以交叉中心规划标高为准。

⑤ 满足沿街两侧建筑物前地坪标高(如图4-24所示)。确定道路中线设计标高 $H_{中}$ 时，为保证道路及两侧街坊地面水的排除，一般应使侧石顶面标高 $h_{顶}$ 低于两侧街坊或建筑物前的地坪标高 $h_{地}$。车行道横坡度 $i_{横}$ 和人行道横坡度 $i_{人}$ 视面层类型在1‰～2‰之间选用，建筑物前地坪横坡度 $i_{地}$ 为0.5％～1.0％。根据横断面各组成部分宽度和横坡度可确定包括预留路面补强厚度在内的道路中线设计标高。

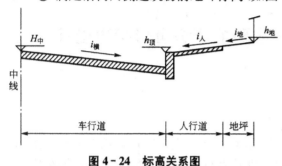

图4-24 标高关系图

(2) 应与相交道路、街坊、广场和沿街建筑物的出入口有平顺的衔接。

(3) 山城道路及新建道路的纵断面设计应尽量使土石方平衡。

在保证路基稳定的条件下，力求设计线与地面线接近，以减少土石方工程量，保持原有天然稳定状态。

(4) 旧路改建宜尽量利用原有路面，若加铺结构层时，不得影响沿路范围的排水。

(5) 机动车与非机动车混合行驶的车行道，最大纵坡宜不大于3％，以满足非机动车爬坡能力的要求。

(6) 道路最小纵坡应不小于0.5％，困难时不小于0.3％，特别困难情况下小于0.3％时，应设置锯齿形街沟或采取其他综合排水措施。

(7) 道路纵断面设计必须满足城市各种地下管线最小覆土深度的要求，见表4-23。

表4-23 常用管线的最小覆土深度

| 管道名称 | | 深度/m | 备注 | 管道名称 | | 深度/m | 备注 |
|---|---|---|---|---|---|---|---|
| 电讯管道 | | 0.7～0.8 | 人行道下 0.5m | 煤气管 | 干煤气 | 0.9 | |
| 电讯锌装电缆 | | 0.8 | | | 湿煤气 | 1.0 | |
| 电车电缆 | | 0.7 | | 给水管 | $\phi \geqslant 500mm$ | 1.0 | |
| 电力电缆 | 1.0kV以下 | 0.7 | | | $\phi < 500mm$ | 0.7 | |
| | 20～35kV | 1.0 | | 雨水管 | | 0.7 | |
| 热管道 | 直接埋在土中 | 1.0 | | 污水管 | | 0.7 | |
| | 在地道中敷设 | 0.8 | | | | | |

### 4.7.2 锯齿形街沟设计

**1. 设置锯齿形街沟的目的**

道路设计中为减少填、挖方工程量，保证道路中线标高与两侧建筑物前地坪标高的衔接关系，有时不得不采用很小的甚至是水平的纵坡度。这种纵坡对行车是有利的，尽管设置了路拱横坡，但纵坡很小使纵向排水不畅通，路面会产生局部积水，尤其在暴雨或多雨季节，积水面积更大，不仅妨碍交通，而且影响路基的稳定性。因此，对设计纵坡很小的路段，要设法保证路面排水畅通，其中设置锯齿形街沟(或称偏沟)就是一种有效方法。

2. 设置锯齿形街沟的条件

《城规》规定：道路中线纵坡度小于0.3%时，可在道路两侧车行道边缘1～3m宽度范围内设置锯齿形街沟。

3. 锯齿形街沟的设计

(1) 设计方法：所谓街沟是指城市道路上利用高出路面的缘石与路面边缘(或平石)地带作为排出地面水的沟道。在纵断面图上，正常设计时道路中线纵坡设计线、缘石顶面线和街沟设计线是3条相互平行的线。锯齿形街沟的设计方法就是保持缘石顶面线与道路中线纵坡设计线平行的条件下，交替地改变缘石顶面线与路面边缘(或平石)之间的高度，在最低处设计雨水进水口，使雨水口处锯齿形街沟范围的路面横坡度增大，两雨水口之间分水点处的路面横坡度减小，从而使路面边缘(或平石)的纵坡度增大到0.3%以上，由此达到纵向排水的要求。由于街沟纵坡呈上下连续交替状态，故称之为锯齿形街沟。

(2) 缘石外露高度：缘石外露高度不宜过低，否则，街沟的排水量不能满足要求，以致流水溢过缘石流到人行道上影响行人交通；但也不宜过高，以免影响行人跨越。一般情况下，在雨水口处缘石外露高度 $h_g=0.18\sim0.2\mathrm{m}$，在分水点处 $h_w=0.1\sim0.12\mathrm{m}$，雨水口处与分水点处的缘石高差 $h_g-h_w$ 宜控制在 $0.06\sim0.1\mathrm{m}$ 范围内。

(3) 分水点与雨水口的位置：锯齿形街沟设计主要是确定分水点和雨水口的位置，即街沟纵坡变坡点之间的距离，以便布置雨水口。如图4-25所示，设相邻雨水口间距为$l$，分水点至雨水口的距离分别为 $l_1$ 和 $l-l_1$；雨水口处缘石外露高度为 $h_g$，分水点处缘石外露高度为 $h_w$；缘石顶线纵坡为 $i$(一般等于路中线纵坡)，左、右街沟线的纵坡为 $i_1$ 和 $i_2$。

由左侧高度关系 $h_w+i_1 l_1-i l_1=h_g$，得

$$l_1=\frac{h_g-h_w}{i_1-i}$$

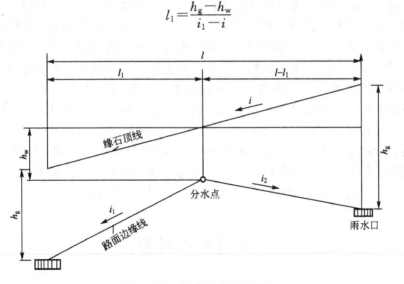

图4-25 锯齿形街沟计算图

由右侧高度关系 $h_w+i(l-l_1)+i_2(l-l_1)=h_g$ 得

$$l - l_1 = \frac{h_g - h_w}{i_2 + i}$$

设置锯齿形街沟,虽然能保证纵向排水的要求,但施工比较麻烦,雨水干管埋设深度随长度而增加,路面拓宽改建困难,且在街沟宽度范围内对行车有一定的影响。因此,设计时尽可能少采用锯齿形街沟,设法使道路中线纵坡度满足最小纵坡的要求。

## 本章小结

路线纵断面是沿着道路中线竖直剖切后的展开面。纵断面设计线是由直线和竖曲线组成的。直线(即均匀坡度线)有上坡和下坡,用高差和水平长度表示,竖曲线采用抛物线。

道路纵坡过大不利于行车,纵坡过小(横向排水不畅时)又不利于排水,因此,纵坡既不宜过大,也不宜过小。各级公路的最大纵坡见表 4-1,城市道路最大纵坡见表 4-2。在挖方路段、设置边沟的低填方路段和其他横向排水不畅的路段,为了保证排水,防止水渗入路基而影响路基的稳定性,应设置不小于 0.3% 的纵坡(一般情况下以采用不小于 0.5% 为宜)。

两均匀坡度线延长相交点就是变坡点,变坡点之间的里程差就是坡长,坡长指水平面长度。坡长既不宜过大,也不宜过小,都必须进行限制。

平均纵坡是指在一定长度的路段内,路线纵向所克服的高差值与该路段的距离之比。合成坡度是由纵向坡度与横向坡度组合而成的,合成坡度的最大值见表 4-10、表 4-11,最小值不小于 0.5%。

竖曲线设计主要是设计竖曲线最小半径和竖曲线长度,竖曲线要素的基本方程见式(4-9)和式(4-10)。竖曲线最小半径和最小长度分别见表 4-12、表 4-13、表 4-14。

高速公路、一级公路纵坡长度受限制的路段,应对载重汽车上坡行驶速度的降低值和设计通行能力进行验算,符合下列情况之一者,可在上坡方向行车道右侧设置爬坡车道。

道路线形是一条立体的空间曲线,立体线形组合的优劣最后集中反映在汽车的行驶速度上。设计时,还必须进行平、纵组合设计,组合原则是:视觉上自然地诱导驾驶员的视线,并保持视觉的连续性;平面与纵断面线形的技术指标应大小均衡,平曲线包含竖曲线,竖曲线的半径是平曲线半径的 10~20 倍为宜;合成坡度利于路面排水和安全行车;线形与自然环境和景观的配合与协调。

纵断面设计的主要内容是根据公路等级、沿线自然条件和构造物控制高程等,确定路线合适的高程、各坡段的纵坡和坡长,并设计竖曲线。纵断面设计完成后,还要绘制路线纵断面图。城市道路还要进行锯齿形街沟设计,以利于行车和排水。

## 习题与思考题

4-1 什么是路线纵断面?

4-2 纵断面设计线由什么组成?

4-3 为什么要对路线最大纵坡加以限制?规定最大纵坡值主要考虑哪些因素?

4-4 二次抛物线形竖曲线的几何要素公式是什么?

4-5 简述道路平、纵线形组合设计的组合原则。

4-6 简述纵断面的设计方法与步骤。

4-7 某公路变坡点的桩号为 K2+260,高程为 387.62m,前一坡段 $i_1=5\%$,后一坡 $i_2=1\%$;竖曲线的半径 $R=5000$m。试确定:

(1) 判别竖曲线的凹凸性,计算竖曲线的要素;

(2) 计算竖曲线起终点的桩号;

(3) 计算 K2+200.00、K2+240.00、K2+380.00、K2+500.00 各点的设计标高。

4-8 某三级公路,设计速度为 30km/h,某坡段为 6%坡长采用 300m;紧接设坡度为 5%的坡,坡长采用 200m,问在其后面是否还能接 7%的陡坡?坡长最长为多少?

4-9 在纵断面设计时,某凹形竖曲线的变坡点为 K1+600,竖曲线起点为 K1+500。

(1) 计算该竖曲线的几何要素 $T$、$L$、$R$。

(2) 在表格中完成各桩号的设计高程及其他辅助计算。

| 序号 | 桩号 | 切线高程 | 竖距 | 设计高程 |
|---|---|---|---|---|
| 1 | K1+200 | | | 18.450 |
| 2 | K1+500 | | | |
| 3 | K1+560 | | | |
| 4 | K1+600 | 10.450 | 1.250 | |
| 5 | K1+700 | | | |
| 6 | K1+800 | | | |
| 7 | K1+925 | | | |

# 第5章 横断面设计

> **教学要点**

| 知识要点 | 掌握程度 | 相关知识 |
| --- | --- | --- |
| 基本概念 | (1) 准确理解道路横断面的基本概念；<br>(2) 掌握道路横断面组成及类型 | (1) 横断面、行车道、超高、加宽等；<br>(2) 高速公路与一级公路、二级公路、三级公路、四级公路、城市道路等 |
| 道路用地范围与建筑限界 | (1) 理解道路用地范围；<br>(2) 理解建筑限界；<br>(3) 了解红线宽度与路幅的概念 | (1) 红线宽度、路幅宽度、路基宽度；<br>(2) 建筑限界、净空高度 |

> **技能要点**

| 技能要点 | 掌握程度 | 应用方向 |
| --- | --- | --- |
| 曲线加宽与超高 | (1) 掌握平曲线加宽设计；<br>(2) 掌握曲线超高设计 | (1) $R \leqslant 250m$ 时平曲线内侧加宽；<br>(2) $R \leqslant R_{不设超高min}$ 时曲线外侧设超高 |
| 路基横断面设计与成果 | (1) 掌握横断面设计方法；<br>(2) 准确理解标准横断面图的作用；<br>(3) 掌握横断面设计最后设计成果 | (1) 逐桩横断面图、标准横断面图；<br>(2) 路基设计表、土石方数量计算表 |
| 路基土石方数量计算及调配 | (1) 掌握土石方数量计算方法；<br>(2) 掌握土石方调配方法；<br>(3) 准确理解调配的几个问题 | (1) 挖方按天然密实体方体积计算，填方按压实后的体积计算；<br>(2) 挖方+借方=填方+弃方；<br>(3) 计价方量=挖方量+借方量 |

> **基本概念**

横断面；车行道；加宽；超高；路拱；路肩；路基宽度；路幅宽度；红线宽度；经济运距；免费运距；平均运距；运量；计价土石方数量。

> **引例**

横断面设计的主要任务就是在满足交通、环境、公用设施管线敷设以及排水要求的前提下，经济合理地确定各组成部分及相互之间的位置与高差。

横断面设计是公路几何设计中最为复杂和繁重的部分之

一，其中主要原因是变化太多、做法不一，如对扣除路槽、清除表土等附加因素的考虑。设计时必须要增加一些控制项目，来满足项目实际情况变化的需要。

道路横断面是指中线上各里程桩号沿法线方向的剖面图，这个剖面图是由横断面设计线和地面线构成的一个闭合图形。其中，设计线包括行车道、路肩、分隔带、边沟、边坡、截水沟、护坡道、碎落台以及取土坑、弃土堆、环境保护设施等。城市道路的横断面组成中，还包括机动车道、非机动车道、人行道、绿带、分车带等。高速公路和一级公路上还有变速车道、爬坡车道、紧急停车带等；二级公路、三级公路和四级公路还有避险车道和错车道等。横断面图中的地面线是表示横断面方向地面起伏变化的线，它是通过现场实测或由大比例尺地形图、航测相片、数字地面模型等途径获得。路线设计中所讨论的横断面设计只限于与横断面线形有关的那一部分，主要是指路基顶面两侧路肩之间各组成部分的宽度、路拱横向坡度和超高等问题，所以有时也将路线横断面设计称作"路幅设计"。横断面设计的目的就是保证足够的断面尺寸、强度和稳定性，使之经济合理，同时为路基土石方工程数量计算、道路的施工和养护提供依据。边坡、边沟、截水沟、护坡道等设计在路基工程中研究。

## 5.1 道路横断面组成及类型

### 5.1.1 公路横断面组成及类型

公路横断面的组成和各部分的尺寸要根据设计交通量、交通组成、设计车速、地形条件等因素确定。在保证道路的通行能力和交通安全与畅通的前提下，尽量做到用地省、投资少、后期养护费用低，使道路发挥其最大的经济效益与社会效益。

1. 公路横断面组成

高速公路和一级公路的路基横断面通常是将上、下行车辆用等宽等高分隔带分开；或将上、下行车道放在不同的平面上分隔。前者称为整体式断面，后者称为分离式断面。其横断面由行车道、中间带、路肩以及紧急停车带、爬坡车道、变速车道等组成，如图5-1(a)所示。

二、三、四级公路的路基横断面由行车道、路肩以及错车道等组成。城郊混合交通量大，实行快、慢车道分开的路段，其横断面组成还包括人行道、自行车道等，应根据实际情况选用，如图5-1(b)所示。

道路在直线段和平曲线半径小于或等于250m段的路基宽度是不同的，在平曲线半径小于或等于250m的曲线上，路基宽度还包括行车道加宽的宽度。

为了迅速排除路面和路肩上的积水，将路面和路肩做成有一定横坡的斜面。直线路段路面横断面形式为中间高、两边低，呈双向倾斜，称做路拱。半径在小于不设超高最小半径的平曲线上为了减少或抵消离心力，路面做成向弯道内侧倾斜的单向横坡，称作超高。

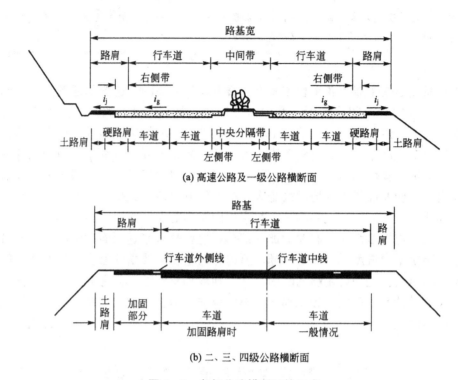

(a) 高速公路及一级公路横断面

(b) 二、三、四级公路横断面

图 5-1 各级公路横断面的组成

2. 公路横断面的类型

1) 单幅双车道

单幅双车道公路指的是整体式的供双向行车的双车道公路。这类公路在我国公路总里程中占的比重最大，一般二级公路、三级公路、部分四级公路均属此类。这类公路适应的交通量范围大，最大交通量可达到折合小客车交通量 15000 辆/昼夜。行车速度可从 20km/h 至 80km/h，在这些公路上行驶时，只要各行其道，视距良好，车速一般都不会受影响，但当交通量很大、非机动车混入率高、视距条件又差时，其车速和通行能力则大大降低。所以对混合行驶相互干扰较大的路段，可专设非机动车道，与机动车分离行驶，如图 5-2 所示。

图 5-2 单幅双车道横断面

2) 双幅多车道

四车道、六车道和更多车道的公路,中间一般都设分隔带或做成分离式路基而构成"双幅路"。有些分离式路基为利用地形或处于风景区等与自然条件相适应时,一般都设计成两条独立的单向行车道路。

这种类型的公路适应车速高、通行能力大,每条车道能担负的交通量比一条双车道公路还多,而且行车顺适、事故率低,但占地多、造价较高,适用于高速公路和一级公路,如图 5-3 所示。

(a) 整体式道路横断面图　　　　　　(b) 分离式道路横断面图

图 5-3　双幅多车道横断面

3) 单车道

对交通量小、地形复杂、工程艰巨的山区公路或地方性道路采用单车道公路,适用于地形困难的四级公路。我国《标准》中规定的四级公路路基宽度为 4.50m、路面宽度为 3.50m,就属于此类。此类公路交通量小,车速低。为错车的需要,应在不大于 300m 的距离内选择有利地点设置错车道,使驾驶员能够看到相邻两错车道之间的车辆。错车道处的路基宽度大于或等于 6.5m,有效长度大于或等于 20m,错车道的尺寸规定如图 5-4 所示。错车道的间距应根据错车时间、视距、交通量等情况决定。错车的位置至少可以看到相邻两个错车道的情况。

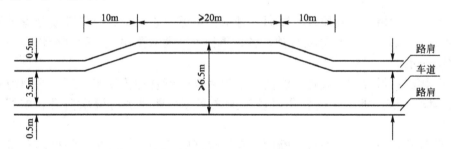

图 5-4　错车道布置示意图

## 5.1.2　城市道路横断面组成及类型

1. 城市道路横断面组成

城市道路的交通性质和组成比较复杂,尤其表现在行人和各种非机动车较多,各种交通工具及行人的交通问题都需要在横断面设计中综合考虑予以解决，另外还要综合考虑城市绿化与公用设施的设置等，所以城市道路路线设计中的横断面设计是矛盾的主要方面，一般都放在平面和纵断面设计之前进行。

城市道路上供各种车辆行驶的部分统称为行车道。在行车道断面上，供汽车、无轨电车、摩托车等机动车行驶的部分称为机动车道。供自行车、三轮车、板车等非机动车行驶的部分称作非机动车道。此外，还有供行人步行使用的人行道和分隔各种车道（或人行道）的分隔带及绿化带。

城市道路各组成部分相互联系和影响，其位置的安排和宽度的确定必须首先保证车辆和行人的安全和畅通，同时要与道路两侧的各种建筑物及自然景观相协调，并能满足地面、地下排水和各种管线埋设的要求。横断面设计应注意近期与远期相结合，使近期工程成为远期工程的组成部分，并预留管线位置，路面宽度及高度等均应有发展余地。城市道路横断面图如图5-5所示。

图 5-5　城市道路横断面图

2. 城市道路横断面布置类型

城市道路常见的几种断面形式如下。

（1）单幅路：其俗称"一块板"断面，各种车辆在行车道上混合行驶，如图5-6(a)所示。

（2）双幅路：俗称"两块板"断面，是指在车道中心用中央分隔带或分隔墩将行车道分为两部分，上、下行车辆分向行驶，各自再根据交通需要决定是否划分快、慢车道，如图5-6(b)所示。

（3）三幅路：俗称"三块板"断面，中间为双向行驶的机动车车道，两侧为靠右侧行驶的非机动车车道。机动车道和非机动车道之间用分隔带或分隔墩分开，如图5-6(c)所示。

（4）四幅路：俗称"四块板"断面。在三幅路的基础上，再将中间机动车车道分隔为两半分向行驶，如图5-6(d)所示。

在图中：

$w_r$——红线宽度(m)；

$w_b$——非机动车车道宽度(m)；

$w_e$——机动车行车道宽度或机动车与非机动车混合行驶的行车道宽度(m)；

$w_{pe}$——机动车道路面宽度或机动车与非机动车混合行驶的路面宽度(m)；

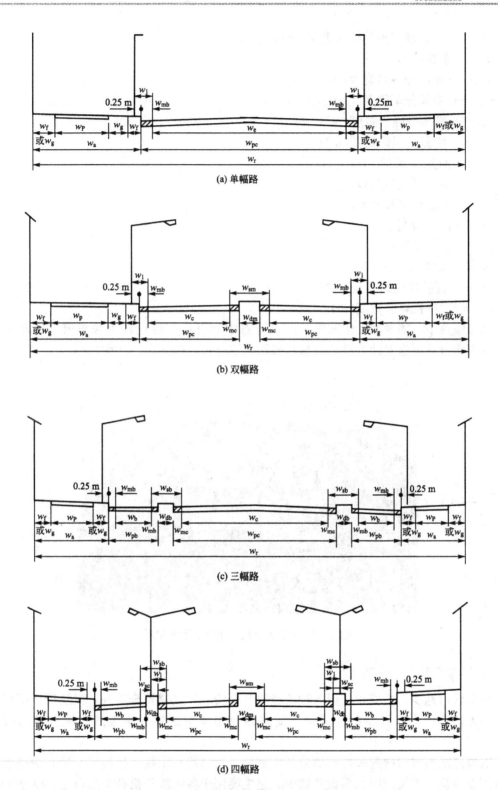

图 5-6 城市道路横断面布置基本形式

$w_{pb}$——非机动车道路面宽度(m);
$w_{mc}$——机动车道路缘带宽度(m);

$w_{mb}$——非机动车道路缘带宽度(m);
$w_1$——侧向净宽(m);
$w_{dm}$——中间分隔带宽度(m);
$w_{sm}$——中间分车带宽度(m);
$w_{db}$——两侧分隔带宽度(m);
$w_{sb}$——两侧分车带宽度(m);
$w_a$——路侧带宽度(m);
$w_p$——人行道宽度(m);
$w_g$——绿化带宽度(m);
$w_f$——设施带宽度(m);
$w_s$——路肩宽度(m);
$w_{sh}$——硬路肩宽度(m);
$w_{sp}$——保护性路肩宽度(m);
$sp$——保护性路肩宽度(m)。

在四幅路中,随着城市快速的发展,可将中间机动车道设计为快车道与机动车道行驶,两侧非机动车道设计为慢车道与非机动车道行驶,如图5-7所示。

图5-7 快车道与慢车道横断面布置图

3. 横断面形式的选用

单幅路占地少,投资省,但各种车辆混合行驶,对交通安全不利,仅适用于机动车交通量不大且非机动车较少的次干路、支路以及用地不足拆迁困难的旧城改建的城市道路上。

双幅路断面将对向行驶的车辆分开,减少了对向行车干扰,提高了车速,分隔带上还可以用作绿化、布置照明和敷设管线等。它主要用于各向两条机动车道以上,非机动车较少的道路。有平行道路可供非机动车通行的快速路和郊区道路以及横向高差较大或地形特殊的路段亦可采用。

三幅路将机动车与非机动车分开,对交通安全有利;在分隔带上可以布置绿带,有利于夏天遮阳防晒、布置照明和减少噪声等。对于机动车交通量大、非机动车多的城市道路上宜优先考虑采用。但三幅式断面占地较多，只有当红线宽度等于或大于 40m 时才能满足车道布置的要求。

四幅路不但将机动车和非机动车分开，还将对向行驶的机动车分开，于安全和车速较三幅路更为有利。它适用于机动车辆车速较高、各向两条机动车道以上、非机动车多的快速路与主干路。

一条道路宜采用相同形式的横断面。当道路横断面形式或横断面各组成部分的宽度变化时，应设过渡段。过渡段的起、止点宜选择在交叉口或结构物处。

## 5.2 行车道宽度

### 5.2.1 行车道宽度的确定

行车道是道路上供各种车辆行驶部分的总称，包括快车道和慢车道，在一般公路和城市道路上还有非机动车道。车道宽度是指为了交通上的安全和行车上的顺适，根据汽车大小、车速高低而确定的各种车辆以不同速度行驶时所需的宽度。行车道的宽度还要根据车辆最大宽度，加上错车、超车所必需的余宽来确定。

公路的一条行车带内一般包括两条以上的车道。高速公路和一级公路有 4 条以上的车道，每侧再划分超车道与行车道。城市道路的横断面布置与公路有较大区别，如城市道路车道两侧有高出路面的路缘石，而公路两侧则有与路面齐平的且有一定宽度的路肩。城市道路在路幅布置上比公路更富于变化，行车规律、交通组织及管理与公路也有所不同。下面取两者有代表性的交通状况加以分析，探讨车道宽度的确定方法。

1. 一般双车道公路行车道宽度的确定

一条车道的宽度主要是根据设计车辆尺寸、汽车行驶速度和安全距离三方面因素来确定的。双车道公路有两条车道，行车道宽度包括汽车宽度和应满足错车、超车行驶所必需的富余宽度。汽车宽度取载重汽车车厢的总宽度，为 2.5m。富余宽度是指对向行驶时两车厢之间的安全间隙或汽车轮胎至路面边缘的安全距离，如图 5-8 所示。则双车道公路每一条单向行驶的车道宽度可用下式计算：

$$B_{单} = \frac{a+c}{2} + x + y \qquad (5-1)$$

两条车道：

$$B_{双} = a + c + 2x + 2y \qquad (5-2)$$

式中 $a$——设计车厢宽度(m)；

$c$——汽车轮距(m)；

$2x$——两车厢安全间隙(m)；

$y$——轮胎与路面边缘之间的安全距离(m)。

根据大量试验观测，得出计算 $x$、$y$ 的经验公式为

$$x=y=0.50+0.005V \tag{5-3}$$

式中 $V$——行车速度(km/h)。

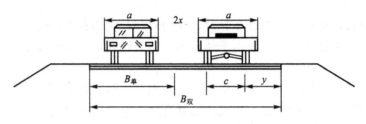

图 5-8 双车道公路的行车道宽度

从式(5-3)可知行车道的富余宽度与车速有关,此外还与路侧环境、驾驶员心理、车辆状况等有关。当双车道公路设计速度为 80km/h 以上时,取一条车道的宽度为 3.75m 是合适的。对车速较低、交通量不大的公路可取较小的宽度。双车道公路行车道宽度根据设计速度一般为 7.5m、7.0m、6.5m、6.0m,见表 5-1。

表 5-1 各级公路行车道宽度

| 公路等级 | 高速公路、一级公路 | | | | | |
|---|---|---|---|---|---|---|
| 设计速度/(km/h) | 120、100 | | | 80 | | 60 |
| 车道数 | 8 | 6 | 4 | 6 | 4 | 4 |
| 行车道宽度/m | 2×15.0 | 2×11.25 | 2×7.5 | 2×11.25 | 2×7.5 | 2×7.0 |
| 公路等级 | 二、三、四级公路 | | | | | |
| 设计速度/(km/h) | 80 | 60 | 40 | | 30 | 20 |
| 车道数 | 2 | 2 | 2 | | 2 | 1 或 2 |
| 行车道宽度/m | 7.5 | 7.0 | 7.0 | | 6.5 | 3.5 或 6.0 |

二级公路混合交通量大,非汽车交通对汽车运行影响较大时,可画线分快、慢车道(慢车道即利用硬路肩及加固土路肩的宽度),这种公路仍属双车道范畴。

**2. 有中央分隔带的公路行车道宽度**

高速公路、一级公路有 4 条以上的车道,一般设置中央分隔带,分隔带两侧的行车道只有同向行驶的汽车,如图 5-9 所示。

车速、交通组成和大型车的混入率对行车道宽度的确定有较大的影响。根据实地观测,得出下列关系式:

$$S=0.0103V_1+0.56 \tag{5-4}$$

$$D=0.000066(V_2^2-V_1^2)+1.49 \tag{5-5}$$

$$M=0.0103V_2+0.46 \tag{5-6}$$

则单侧行车道宽度:

$$B=S+D+M+a_1+a_2 \tag{5-7}$$

式中 $S$——右后轮外缘与车道右侧之间的安全间隔(m);

$D$——两汽车后轮外缘之间的安全间隙(m);

$M$——左后轮外缘与车道左侧之间的安全间隙(m);

$V_1$、$V_2$——分别为超车与被超车的车速(kW/h);

$a_1$、$a_2$——汽车后轮外缘间距(m)。

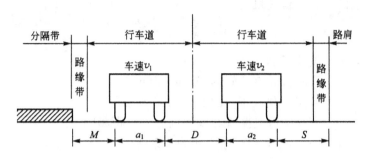

图 5-9 有中央分隔带的行车道宽度

根据上式计算结果得出下列结论:《标准》中设计速度从 120km/h 至 80km/h,每条车道宽度均采用 3.75m;当设计速度小于 80km/h 时,每条车道宽度可采用 3.50m;高速公路为八车道,当设置左侧硬路肩时,内侧车道宽度可采用 3.5m。

当高速公路的交通量超过 4 个车道的容量时,其车道数可按双数增加。

《规范》对车道宽度规定见表 5-2。

表 5-2 车道宽度

| 设计车速/(km/h) | 120 | 100 | 80 | 60 | 40 | 30 | 20 |
| --- | --- | --- | --- | --- | --- | --- | --- |
| 车道宽度/m | 3.75 | 3.75 | 3.75 | 3.50 | 3.50 | 3.25 | 3.00 |

注:(1) 设计速度为 20km/h 且为单车道时,车道宽度应采用 3.50m。

(2) 高速公路为八车道时,内侧车道宽度可采用 3.50m。

3. 城市道路的行车道宽度

(1) 靠路边的车道宽。

① 一侧靠边,另一侧为反向行驶的车道(如图 5-10 所示):

$$B_1 = \frac{x}{2} + a_1 + c \tag{5-8}$$

② 一侧靠边,另一侧为同向行驶的车道:

$$B'_1 = \frac{d}{2} + a_1 + c \tag{5-9}$$

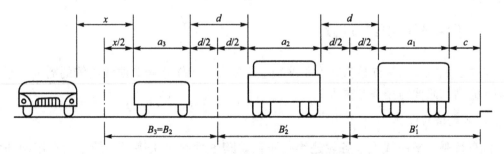

图 5-10 城市道路的行车道宽度示意图

(2) 靠路中心线的车道宽度。

$$B_3 = B_2 = \frac{x}{2} + a_3 + \frac{d}{2} \tag{5-10}$$

(3) 同向行驶的中间车道宽度为

$$B_2' = \frac{d}{2} + a_2 + \frac{d}{2} \tag{5-11}$$

式中　$a_1$、$a_2$、$a_3$——设计车辆宽度(m)；
　　　　$x$——反向行驶汽车间的安全间隙(m)；
　　　　$d$——同向行驶汽车间的安全间隙(m)；
　　　　$c$——车身边缘与路缘石间的横向安全距离(m)。

根据试验观测得出 $x$、$d$、$c$ 与车速之间的关系式：

$$c = 0.4 + 0.02 V^{\frac{3}{4}} \quad (m) \tag{5-12}$$

$$d = 0.7 + 0.02 V^{\frac{3}{4}} \quad (m) \tag{5-13}$$

$$x = 0.7 + 0.02 (V_1 + V_2)^{\frac{3}{4}} \quad (m) \tag{5-14}$$

式中　$V$——实际车速(km/h)。

上列诸式表明车道宽 $B$ 是车道 $V$ 的函数，依车速的变化一般在 3.40~3.80 之间。考虑到城市道路上行驶的车辆各异，且车道还需调剂使用，故一条车道的平均宽度取 3.5m 即可；当车速 $V > 40$km/h 时，可取 3.75m。

城市道路机动车的车道宽度规定见表 5-3。

表 5-3　城市道路机动车车道宽度

| 车型及车道类型 | 设计速度/(km/h) | |
|---|---|---|
| | >60 | ≤60 |
| 大型车或混行车道 | 3.75 | 3.50 |
| 小客车专用车道 | 3.50 | 3.25 |

4. 专用车道宽度

专用车道主要有爬坡车道、变速车道、错车道、避险车道、紧急停车带、港湾式停靠站等。其车道或行车道宽度规定为：爬坡车道与变速车道的车道宽度采用 3.50m；错车道路段的行车道宽度不小于 5.50m；避险车道的宽度应不小于 4.50m；紧急停车带宽度为 5.00m；公交汽车港湾式停靠站的宽度应为 3.00m。

## 5.2.2　平曲线加宽及其过渡

平曲线加宽是指为满足汽车在平曲线上行驶时后轮轨迹偏向曲线内侧的需要，平曲线内侧相应增加路面与路基的宽度。

1. 加宽值的计算

汽车行驶在平曲线上，各轮迹半径不同，其中后内轮轨迹半径最小，且偏向曲线内侧，前轴外侧车轮的行驶轨迹半径最大。故曲线内侧应增加路面宽度，以确保曲线上行车的顺适与安全。另外，汽车行驶在横向力较大的弯道上会有一定的横向摆动，也应增加路的宽度。

普通汽车的加宽值可由图 5-11 所示的几何关系求得。

$$b = R - (R_1 + B)$$

而

$$R_1 + B = \sqrt{R^2 - A^2} = R - \frac{A^2}{2R} - \frac{A^4}{8R^3} - \cdots$$

故

$$b = \frac{A^2}{2R} + \frac{A^4}{8R^3} + \cdots$$

上式第二项以后的数值极小，可省略不计，故一条车道的加宽值为

$$b_半 = \frac{A^2}{2R} \tag{5-15}$$

式中 $A$——汽车后轴至前保险杠的距离(m)；

$R$——圆曲线半径(m)。

对于有 $N$ 个车道的行车道：

$$b = \frac{NA^2}{2R} \tag{5-16}$$

半挂车的加宽值由图 5-12 所示的几何关系求得。

$$b_1 = \frac{A_1^2}{2R}$$

$$b_2 = \frac{A_2^2}{2R'}$$

式中 $b_1$——牵引车的加宽值(m)；

$b_2$——拖车的加宽值(m)；

$A_1$——牵引车保险杠至第二轴的距离(m)；

$A_2$——第二轴至拖车最后轴的距离(m)。

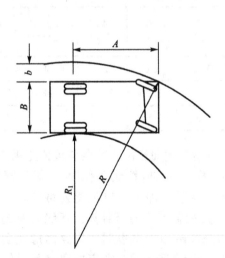

图 5-11 普通汽车的加宽

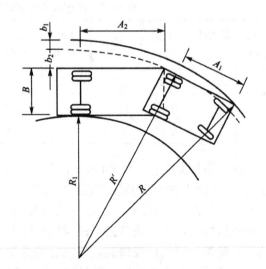

图 5-12 半挂车的加宽

其余符号如图 5-12 所示。

由于 $R' = R - b_1$，而 $b_1$ 与 $R$ 相比甚微，可取 $R' \approx R$，则半挂车的加宽值为

$$b = b_1 + b_2 = \frac{A_1^2 + A_2^2}{2R} \quad (5-17)$$

令 $A_1^2 + A_2^2 = A^2$，上式归纳成式：

$$b = \frac{NA^2}{2R} \quad (5-18)$$

据实测，汽车转弯加宽还与车速有关，一个车道摆动加宽值计算的经验公式为

$$b' = \frac{0.05V}{\sqrt{R}} \quad (5-19)$$

式中　$V$——汽车转弯时车速(km/h)。

考虑车速的影响，平曲线上路面的加宽值按下式计算：

$$b = N\left(\frac{A^2}{2R} + \frac{0.05V}{\sqrt{R}}\right) \quad (5-20)$$

根据 3 种标准车型轴距的不同，其轴距加前悬的长度为 5m、8m 和 5.2m+8.8m，分别计算并对结果进行整理，可得出不同半径所对应的 3 类加宽值。《标准》规定的双车道路面加宽值见表 5-4，城市道路圆曲线每条车道的加宽值见表 5-5。

我国《标准》规定，当平曲线半径小于或等于 250m 时，应在平曲线内侧设置加宽。

表 5-4　双车道公路圆曲线加宽值

| 加宽类型 | 平曲线半径/m | 250~200 | <200~150 | <150~100 | <100~70 | <70~50 | <50~30 | <30~25 | <25~20 | <20~15 |
|---|---|---|---|---|---|---|---|---|---|---|
| 1 | 5 | 0.4 | 0.6 | 0.8 | 1.0 | 1.2 | 1.4 | 1.8 | 2.2 | 2.5 |
| 2 | 8 | 0.6 | 0.7 | 0.9 | 1.2 | 1.5 | 2.0 | | | |
| 3 | 5.2+8.8 | 0.8 | 1.0 | 1.5 | 2.0 | 2.5 | | | | |

表 5-5　城市道路圆曲线每条车道的加宽值(m)

| 车型＼圆曲线 | 250~200 | 200~150 | 150~100 | 100~60 | 60~50 | 50~40 | 40~25 | 30~20 | 20~15 |
|---|---|---|---|---|---|---|---|---|---|
| 小型汽车 | 0.28 | 0.30 | 0.32 | 0.35 | 0.39 | 0.40 | 0.45 | 0.60 | 0.70 |
| 普通汽车 | 0.40 | 0.45 | 0.60 | 0.70 | 0.90 | 1.00 | 1.30 | 1.80 | 2.40 |
| 铰接车 | 0.45 | 0.55 | 0.75 | 0.95 | 1.25 | 1.50 | 1.90 | 2.80 | 3.50 |

四级公路和设计速度为 30km/h 的三级公路采用第 1 类加宽值；其余各级公路采用第 3 类加宽值。对不经常通行集装箱运输半挂车的公路，根据其实际情况可采用第 2 类加宽值。

对于 $R>250m$ 的圆曲线，由于其加宽值甚小，可以不加宽。单车道公路路面加宽值按表列数值折半，由 3 条以上车道构成的行车道，其加宽值应另行计算。各级公路的路面加宽后，路基一般也相应加宽，四级公路路基采用 6.5m 以上宽度时，当路面加宽后剩余的路肩宽度不小于 0.5m 时，则路基可不予加宽；小于 0.5m 时，则应加宽路基以保证路肩宽度不小于 0.5m。

分道行驶公路，当圆曲线半径较小时，其内侧车道的加宽应大于外侧车道的加宽值，设计时应通过计算，确定其差值。

## 2. 加宽的过渡

当圆曲线段设置全加宽时而直线段不加宽，为了使路面由直线段正常宽度断面过渡到圆曲线段全加宽断面，需要在直线和圆曲线之间设置加宽缓和段。在加宽缓和段上，路面宽度应逐渐变化。加宽过渡段设置应根据公路性质和等级可采用不同的方法。如图 5-13 所示，加宽缓和段可设置到超高缓和段内。

### 1) 比例过渡

二级、三级、四级公路的加宽缓和段的设置，应采用在相应的缓和曲线或超高、加宽缓和段全长范围内按长度成比例增加过渡的方法，如图 5-14(a) 所示。加宽过渡段内任意点的加宽值为

$$b_x = \frac{L_x}{L} b \tag{5-21}$$

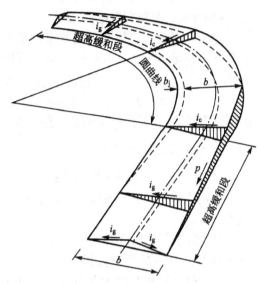

式中 $L_x$——任意点距过渡段起点的距离(m)；
$L$——加宽过渡段全长(m)；
$b$——圆曲线上的全加宽(m)。

图 5-13 平曲线缓和段

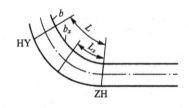 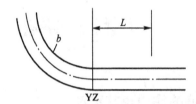

(a) 设缓和曲线的弯道比例过渡　　(b) 不设缓和曲线的弯道比例过渡

图 5-14 加宽的过渡

比例过渡简单易做，但经加宽以后的路面内侧与行车轨道不符，过渡段的起点、终点出现折线，对于路容也不美观。这种方法一般用于二级、三级、四级公路。但如果加宽值较小而加宽过渡段较长，折点不明显时也可采用。

### 2) 高次抛物线过渡

对于高速公路、一级公路和对路容有一定要求的二级公路设置加宽缓和段时，应采用高次抛物线过渡形式。

在加宽过渡段上插入一条高次抛物线，抛物线上任意点的加宽值为

$$b_x = (4k^3 - 3k^4) b \tag{5-22}$$

式中 $k = \frac{L_x}{L}$。

用这种方法处理以后的路面内侧边缘圆滑、美观，适用于高速公路、一级公路和对路容有一定要求的二级公路路段。

### 3) 回旋线过渡

在加宽过渡段路面内侧插入回旋线，这样不但中线上有回旋线，而且加宽以后的路面

边线也是回旋线，与行车轨迹相符，保证了行车的顺适与线形的美观。这种方法适用于高速公路和一、二级公路的下列路段：①位于大城市近郊的路段；②桥梁、高架桥、挡土墙、隧道等构造物处；③设置各种安全防护设施的路段。

4）插入二次抛物线过渡

对于设有缓和曲线的公路弯道，按上述比例加宽方法处理以后的加宽缓和段起终点其曲率并不连续。为了弥补这一缺陷，可以在 ZH(HZ)和 HY(YH)点处各插入一条二次抛物线。插入以后，缓和段的长度有所增加，路容有所改进。

上述 4 种方法是常用的加宽过渡方法，除此之外，还有直线与圆弧相切法、修正系数法等。设计者可根据实际情况来选择对线形有利的设计方法。

3. 加宽缓和段的长度

（1）对于设有缓和曲线的平曲线，加宽缓和段应采用与缓和曲线相同的长度。

（2）对于不设缓和曲线，但设置有超高缓和段的平曲线，可采用与超高缓和段相同的长度。

（3）对于既不设缓和曲线，又不设超高的平曲线，加宽缓和段应按渐变率为 1:15 且长度不小于 10m 的要求设置。

（4）对于复曲线的大圆和小圆之间设有缓和曲线的加宽缓和段，均可以按上述方法处理。

## 5.3 路肩、中间带与人行道

### 5.3.1 路肩的作用及其宽度

行车道外缘至路基边缘之间，具有一定宽度的带状结构部分称为路肩。路肩通常包括路缘带（高速公路和一级公路设置）、硬路肩、土路肩三部分组成，各级公路都要设置路肩，其作用是：①由于路肩紧靠在路面的两侧设置，具有保护及支撑路面结构的作用；②供发生故障的车辆临时停放之用，有利于防止交通事故和避免交通紊乱；③作为侧向余宽的一部分，能增加驾驶的安全和舒适感。尤其在挖方路段，还可以增加弯道视距，减少行车事故；④提供道路养护作业、埋设地下管线的场地。对未设人行道的道路，可供行人及非机动车使用；⑤精心养护的路肩，能增加公路的美观，并起诱导视线的作用。

路肩从构造上又可分为硬路肩、土路肩。硬路肩是指进行了铺装的路肩，它可以承受汽车荷载的作用力，在混合交通的公路上便于非机动车、行人通行。在填方路段，为使路肩能汇集路面积水，在路肩边缘应设置缘石。土路肩是指不加铺装的土质路肩，它起保护路面和路基的作用，并提供侧向余宽。

高速公路、一级公路当采用分离式断面时或宽度大于 4.5m 的中间带时，行车道左侧应设左路肩（包括硬路肩和土路肩）。高速公路、一级公路，有条件时宜采用大于或等于 2.50m 的右侧硬路肩。当右侧硬路肩的宽度小于 2.5m 时，应设紧急停车带。

城市道路一般设地下管渠及集水井排水，两侧设人行道。如采用边沟排水则应在路面外侧设置路肩，与公路一样，分硬路肩和保护性路肩。城市道路的设计速度大于或等于 40km/h 时，应设置硬路肩。保护性路肩一般为土质或简易铺装，其作用是为城市道路的某些交通设施，如护栏、栏杆、交通标志牌等的设置提供场地，最小宽度为 0.5m。双幅路或四幅路中间具有排水沟的断面，应设置左侧路肩。

土路肩起到保护路面和路基的作用，并提供侧向余宽。土路肩的"土"字并非指一定要用土作为表面材料，有条件的都应绿化或加固。通常有 3 种加固方式：植草、空心混凝土预制块加植草、实心混凝土预制块或天然石材，不同加固方式的适用条件是不同的，设计时应根据实际情况而选用。

其他各级公路和城市道路的路肩宽度根据条件可采用 2.25m、2.0m、1.75m、1.50m、1.00m、0.75m，最窄不能小于 0.50m。

《规范》对各级公路路肩宽度规定见表 5-6。

表 5-6　各级公路右侧路肩宽度

| 设计速度 /(km/h) | | 高速公路、一级公路 | | | | 二、三、四级公路 | | | | |
| --- | --- | --- | --- | --- | --- | --- | --- | --- | --- | --- |
| | | 120 | 100 | 80 | 60 | 80 | 60 | 40 | 30 | 20 |
| 右侧硬路肩宽度/m | 一般值 | 3.00<br>3.50 | 3.00 | 2.50 | 2.50 | 1.50 | 0.75 | — | — | — |
| | 最小值 | 3.00 | 2.50 | 1.50 | 1.50 | 0.75 | 0.25 | | | |
| 土路肩宽度/m | 一般值 | 0.75 | 0.75 | 0.75 | 0.50 | 0.75 | 0.75 | 0.75 | 0.50 | 0.25（双车道）<br>0.50（单车道） |
| | 最小值 | 0.75 | 0.75 | 0.75 | 0.50 | 0.50 | 0.50 | | | |

注：(1) 表中所列"一般值"为正常情况下的采用值，"最小值"为条件受限制时可采用的值。
(2) 设计速度为 120km/h 的四车道高速公路，宜采用 3.50m 的右侧硬路肩；六车道、八车道高速公路，宜采用 3.00m 的右侧硬路肩。
(3) 高速公路和一级公路应在右侧硬路肩宽度内设右侧路缘带，其宽度一般为 0.50m。
(4) 八车道高速公路，宜设置左侧硬路肩，其宽度宜采用 2.50m。左侧硬路肩宽度内含左侧路缘带宽度。

高速公路、一级公路为分离式断面时，应设置左侧硬路肩，其左侧路肩宽度规定见表 5-7。

表 5-7　高速公路、一级公路左侧路肩宽度

| 设计速度/(km/h) | 120 | 100 | 80 | 60 |
| --- | --- | --- | --- | --- |
| 左侧硬路肩宽度/m | 1.25 | 1.00 | 0.75 | 0.75 |
| 左侧土路肩宽度/m | 0.75 | 0.75 | 0.75 | 0.50 |

## 5.3.2　分隔带的作用及其宽度

1. 中间带

1) 中间带的作用

4 条和 4 条以上车道的道路应设置中间带。中间带由两条左侧路缘带和中央分隔带组

成,如图 5-15 所示。其作用有以下 5 点。

(1) 将上、下行车流分开,既可防止因快车驶入对向行车道造成车祸,又能减少道路中心线附近的交通干扰,从而提高通行能力和安全。

(2) 可作为设置公路标志牌及其他交通管理设施的场地,也可作为行人的安全岛使用。

(3) 设置一定宽度的中间带并种植花草灌木或设置防眩网,可防止对向车辆灯光炫目,还可起到美化路容和环境的作用。

(4) 设于分隔带两侧的路缘带,由于有一定宽度且颜色醒目,既引导驾驶员视线,又增加行车所必需的侧向余宽,从而提高行车的安全性和舒适性。

(5) 可以避免车辆中途掉头,消灭紊乱车流,减少交通事故。

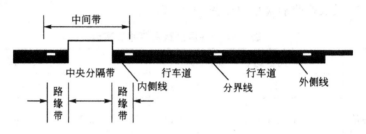

图 5-15 中间带的组成

2) 中间带的宽度

中间带的宽度是根据行车道以外的侧向余宽,防止驶入对向行车道的护栏、种植、防眩网、交叉道路的桥墩等所需的设施带宽度而定的。宽中间带的作用明显,但投资和占地多,不易采用,所以我国原则上采用窄的中间带。《标准》规定的最小中间带宽度随公路等级、地形条件变化在 2.00~4.50m 之间变化,一级公路作为集散公路且地形条件及其他特殊情况限制时,中央分隔带可采用宽度不小于 0.60m 的混凝土防撞护栏,并按规定设置左侧路缘带。中间带具体尺寸见表 5-8。

表 5-8 中间带宽度

| 设计速度/(km/h) | | 120 | 100 | 80 | 60 |
| --- | --- | --- | --- | --- | --- |
| 中央分隔带宽度/m | 一般值 | 3.00 | 2.00 | 2.00 | 2.00 |
| | 最小值 | 2.00 | 2.00 | 1.00 | 1.00 |
| 左侧路缘带宽度/m | 一般值 | 0.75 | 0.75 | 0.50 | 0.50 |
| | 最小值 | 0.75 | 0.50 | 0.50 | 0.50 |
| 中间带宽度/m | 一般值 | 4.50 | 3.50 | 3.00 | 3.00 |
| | 最小值 | 3.50 | 3.00 | 2.00 | 2.00 |

注:表中所列"一般值"为正常情况下的采用值,"最小值"为条件受限制时可采用的值。

路缘带是路肩或中间带的组成部分,与行车道连接,用行车道的外侧标线或不同的路面颜色来表示。路缘带主要起诱导驾驶员视线和分担侧向余宽的作用,以利于行车安全。左侧路缘带常用宽度为 0.50m 或 0.75m。

城市道路因机动车和非机动车混合行驶,当设置非机动车道时,除设有中间分车带外,还有两侧分车带。城市道路规定的分车带最小宽度一般为 2.0~3.0m。

设施带是分车带内设置防护栅、标志、绿化等的地带。

中间带的宽度一般情况下应保持等宽,若需要变宽时,在宽度变化的地点,应设置过渡段。过渡段以设在回旋线范围内为宜,其长度应与回旋线长度相等。宽度大于 4.50m 的中间带过渡段以设在半径较大的平曲线路段为宜。图 5-16 所示为几种变宽过渡设计的例子。

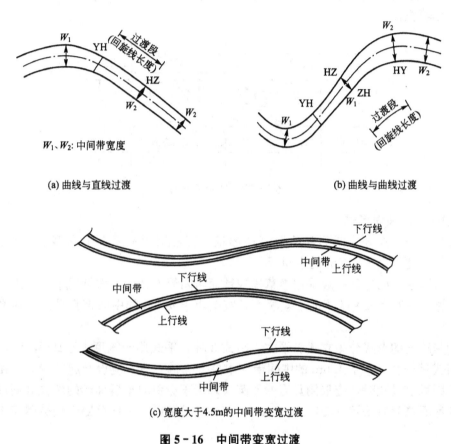

图 5-16 中间带变宽过渡

3) 中间带的开口

为了便于养护作业、临时调整行车方向和某些车辆在必要时调头,中央分隔带应按一定距离设置开口部,具体要求如下。

(1) 在互通式立体交叉、隧道、特大桥、服务区等设施的前后分离(汇合)处,必须设置中央分隔带开口。

(2) 中央分隔带开口间距应视需要而定,开口部一般情况下以每 2km 的间距设计为宜,太密将会造成交通的紊乱。城市道路可根据横向交通(车辆和行人)的需要设置。

(3) 中央分隔带开口长度不宜大于 40m。八车道高速公路开口长度可适当增加,但不应大于 50m。中央分隔带开口处应设置活动护栏。

(4) 中央分隔带开口应设置在通视良好的路段,若在曲线上开口,其曲线半径宜大于 700m。

(5) 中央分隔带开口端部的形状:常用的有半圆形和弹头形两种。对于窄的分隔带

（$M<3.0m$）可用半圆形，宽的（$M\geqslant 3.0m$）可用弹头形。

（6）分离式路基应在适当位置设置横向连接道，以供维修或抢险时使用。

中央分隔带开口端部的形状中弹头形如图 5-17 所示。图中 $R$、$R_1$ 和 $R_2$ 为控制设计半径。$R$ 和 $R_1$ 足够大时，才能保证汽车以容许的速度驶离主车道进行左转弯，一般采用 $R_1=25\sim120m$。$R$ 切于开口中心线，其值取决于开口的大小。为了避免过大的开口并方便行车，一般采用 $R$ 的最小值为 15m。弹头尖端圆弧半径 $R_2$ 可采用分隔带宽度的 1/5，外观上看比较悦目。

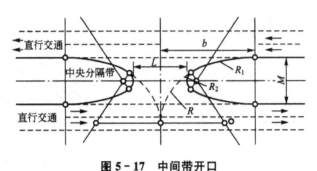

图 5-17 中间带开口

4）中间带的表面形式

中间带表面形式分为凹形和凸形两种形状，凹形用于宽度大于或等于 4.5m 的中间带，凸形用于宽度小于 4.5m 的中间带。

中央分隔带表面处理一般采用植草皮或铺面封闭等方式。一般情况下，宽度大于或等于 4.5m 的中间带宜采用植草皮、栽灌木，宽度小于 4.5m 的中间带宜采用栽矮灌木或铺面封闭。

中间带缘石的形式分为立式、平式、斜式 3 种，平式用于宽度大于或等于 4.5m 的中间带，斜式用于宽度小于 4.5m 的中间带。中央分隔带一般不应设凸起的缘石，由于排水或其他原因而需设置时，应采用具有低而圆滑外形不会引起车辆弹起的斜式缘石或平式缘石。斜式缘石高度宜采用 0.10～0.12m。不得在高速公路、一级公路中央分隔带上采用立式缘石。

2. 两侧带

布置在横断面两侧的分车带叫两侧带，其作用与中间带相同，只是设置的位置不同而已。两侧带常用于城市道路的横断面设计中，它可以分隔快车道与慢车道、机动车道与非机动车道、车行道与人行道等。

两侧带的最小宽度规定 2.0～2.25m。在北方寒冷积雪地区，在满足最小宽度的前提下，还应考虑能否满足临时堆放积雪的要求。

### 5.3.3 城市道路路侧带的组成及其宽度

位于城市道路行车道两侧的人行道、绿带、公用设施带等统称为路侧带。路侧带的宽度应根据道路类别、功能、行人流量、绿化、沿街建筑性质及布设公用设施要求等要求来综合确定。

1. 人行道

人行道主要是供行人步行之用,应能满足行人的安全与通畅,保证高峰小时的行人流量,同时也是植物生长、立杆的场地。人行道的地下空间还可埋设管线等。

根据我国部分城市的调查资料:大城市现有单侧步行道宽度为 3~10m,中等城市为 2.5~8m,小城市为 2~6m。

行人步行道宽度必须满足行人通行的安全和顺畅要求,规范规定人行道宽度不得小于表 5-9 所列的数值。

表 5-9 单侧步行道的最小宽度

| 项 目 | 步行道最小宽度/m | | 项 目 | 步行道最小宽度/m | |
|---|---|---|---|---|---|
| | 一般值 | 最小值 | | 一般值 | 最小值 |
| 各级道路 | 3.0 | 2.0 | 火车站、码头附近路段 | 5.0 | 4.0 |
| 商业或公共场所集中路段 | 5.0 | 4.0 | 长途汽车站 | 4.0 | 3.0 |

2. 种植带

人行道上靠行车道一侧一般种植行道树。行道树的株距一般为 4~6m,树池采用边长为 1.5m 的正方形或 1.2m×1.8m 的矩形,也有种植草皮与花丛的。

3. 设施带

设施带宽度包括设置行人护栏、照明灯柱、标志牌、信号灯等的宽度。红线宽度较窄及条件困难时,设施带可与种植带合并,但应避免各种设施与树木间的干扰。常用宽度为:护栏 0.25~0.50m,杆柱 1.0~1.5m。

按上述所求得的步行道宽、绿带宽与设施带宽之和即为人行道宽。此外,还要考虑人行道下面埋设管线所需要的宽度。为了使街道各部分宽度相互协调,符合视觉上的正常比例,再将计算的人行道宽度与整个街道宽度相比较。一般认为街道宽与单侧人行道宽之比在 5:1~7:1 的范围内是比较合理的。

## 5.3.4 路缘石

路缘石是设置在路面与其他构造物之间的标石。在分隔带与路面之间、人行道与路面之间一般都需要设置路缘石,在公路的中央分隔带边缘、行车道右侧边缘或路肩外侧边缘常设路缘石。

路缘石的形状有立式、斜式和曲线式等几种,如图 5-18 所示。

高速公路和一级公路中央分隔带上的路缘石起导向、连接和便于排水的作用,高度不宜太高,因为高的路缘石(高度>20cm),高速行驶的汽车一旦驶入便会飞跃甚至翻车。所以高速公路的分隔带因排水必须设置路缘石时,应使用低矮光滑的斜式或曲线式的路缘石,高度宜小于12cm。

城市道路的人行道及人行横道宽度范围内路缘石宜做成低矮的,而且坡面较为平缓的

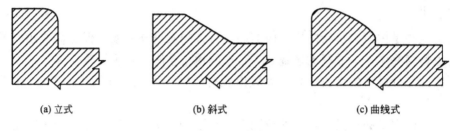

图 5-18 路缘石

斜式,便于儿童车、轮椅及残疾人通行。在分隔带端头或交叉口的小半径处,缘石宜做成曲线式。

路缘石宜高出路面 10～12cm,桥上、隧道内线形弯曲段或陡峻路段等处,可高出 25～40cm,并应有足够的埋置深度,以保证稳定。缘石宽度宜为 10～15cm。

由于设有路缘石排水时,雨水在路面上方纵向流动,影响行车,所以也经常设计成向下凹的路槽形式。

### 5.3.5 公路路基宽度

各级公路路基宽度为车道宽度与路肩宽度之和,当设有中间带、加减速车、爬坡车道、紧急停车带、避险车道、错车道等时,应计人这些部分的宽度。《规范》对各级公路路基宽度规定见表 5-10 和表 5-11。

表 5-10 各级公路路基宽度

| 公路等级 | | 高速公路、一级公路 | | | | | | | | |
|---|---|---|---|---|---|---|---|---|---|---|
| 设计速度/(km/h) | | 120 | | | 100 | | | 80 | | 60 |
| 车道数 | | 8 | 6 | 4 | 8 | 6 | 4 | 6 | 4 | 4 |
| 路基宽度/m | 一般值 | 45.0 | 34.5 | 28.0 | 44.0 | 33.5 | 26.0 | 32.0 | 24.5 | 23.0 |
| | 最小值 | 42.0 | — | 26.0 | 41.0 | — | 24.5 | — | 21.5 | 20.0 |
| 公路等级 | | 二、三、四级公路 | | | | | | | | |
| 设计速度/(km/h) | | 80 | | 60 | | 40 | | 30 | | 20 |
| 车道数 | | 2 | | 2 | | 2 | | 2 | | 2 或 1 |
| 路基宽度/m | 一般值 | 12.0 | | 10.0 | | 8.5 | | 7.5 | | 6.5　　4.5 |
| | 最小值 | 10.0 | | 8.5 | | — | | — | | — |

注:(1)"一般值"为正常情况下的采用值,"最小值"为条件受限制时可采用的值。
(2)八车道高速公路路基宽度 45.00m 为设置左侧硬路肩、内侧车道采用 3.50m 时的宽度。
(3)八车道高速公路路基宽度 42.00m 为不设置左侧硬路肩、内侧车道采用 3.75m 时的宽度。

二级公路因交通量、交通组成等需要设置慢车道的路段,设计速度为 80km/h 的二级公路路基宽度可采用 15.0m;设计速度为 60km/h 时其路基宽度可采用 12.0m。四级公路应采用双车道路基宽;交通量小的路段,可采用单车道 4.50m 的路基宽。

确定路基宽度时,应将中央分隔带、路缘带、路肩等宽度的"一般值"、"最小值"同类项相加,这个规定的目的是为了充分发挥端面的整体功能,避免因任意抽换而影响各部分功能应有的作用。

表 5-11 高速公路、一级公路分离式断面路基宽度

| 公路等级 | | 高速公路、一级公路 | | | | | | | | |
|---|---|---|---|---|---|---|---|---|---|---|
| 设计速度/(km/h) | | 120 | | | 100 | | | 80 | | 60 |
| 车道数 | | 8 | 6 | 4 | 8 | 6 | 4 | 6 | 4 | 4 |
| 路基宽度/m | 一般值 | 22.00 | 17.00 | 13.75 | 21.75 | 16.75 | 13.00 | 16.00 | 12.25 | 11.25 |
| | 最小值 | — | — | 13.25 | — | — | 12.50 | — | 11.25 | 10.25 |

注:(1) 八车道的内侧车道宽度如采用 3.50m,相应路基宽度可减 0.25m。
(2) 表中所列"一般值"为正常情况下的采用值,"最小值"为条件受限时可采用的值。

# 5.4 道路路拱、边沟、边坡

## 5.4.1 道路路拱

**1. 路拱坡度的选定**

为了利于路面横向排水,将路面做成由中央向两侧倾斜的拱形,称为路拱,其倾斜的大小以百分率表示。

路拱对排水有利但对行车不利。路拱坡度所产生的水平分力增加了行车的不平稳,同时也给乘客不舒适的感觉,而且当车辆在有水或潮湿的路面上制动时还会增加侧向滑移的危险。为此,对路拱大小的采用及形状的设计应兼顾两方面的影响。对于不同类型的路面,由于其表面的平整度和透水性不同,再考虑当地的自然条件选用不同的路拱坡度,路拱坡度的选用,应以有利于路面横向排水顺畅和保证行车安全、稳定为原则。在一般情况下,干旱少雨地区可取低值;多雨地区宜取高值,选用表 5-12 中规定的数值。

表 5-12 不同路面类型的路拱坡度

| 路面类型 | 路拱坡度/% |
|---|---|
| 沥青混凝土、水泥混凝土 | 1~2 |
| 其他黑色路面、整齐石块 | 1.5~2.5 |
| 半整齐石块、不整齐石块 | 2~3 |
| 碎、砾石等粒料路面 | 2.5~3.5 |
| 低级路面 | 3~4 |

高速公路和一级公路由于其路面较宽,迅速排除路面降水尤为重要,所以当此种公路处于降雨强度较大的地区时应采用较大值,在严重强度降雨地区时,路拱坡度可适当

增大。

分离式路基，每侧行车道可设置双向路拱，这样对排除路面积水有利。在降水量不大的地区也可采用单向横坡，并向路基外侧倾斜，但在积雪冻融地区，应设置双向路拱。

路拱的形式有抛物线形、直线接抛物线形、折线形等。路拱的形式很多，各有特点。在设计道路横断面时，应根据车行道宽度、横坡度、路面结构类型、排水和交通等要求来选择。非机动车车道路拱坡度可根据路面面层类型参考表 5-12 选用。

人行道横坡宜采用单面坡，坡度为 1‰～2‰。路缘带横坡与路面相同。

2. 路肩横坡

(1) 直线路段的硬路肩一般应设置向外侧倾斜的横坡，其横坡值应与行车道横坡度相同，路线纵坡平缓且设置拦水带时，也可稍大于路面，其横坡值宜采用 3‰～4‰。

(2) 曲线路段的路肩横坡。

曲线路段内、外侧硬路肩横坡的横坡值及其方向：当行车道超高横坡值小于或等于 5‰时，其横坡值和方向与相邻行车道相同；当行车道超高横坡值大于 5‰时，其横坡值应不大于 5‰，且方向与相邻行车道相同。处于加、减速车道地段的硬路肩，当加、减速车道的走向需设置与车道超高方向相反的横坡度时，应控制超高过渡段的转移拱顶线两侧的反向横坡度的差值不大于 8‰。

(3) 硬路肩的横坡应随相邻车道的横坡一同过渡，其过渡段的纵向渐变率应控制在 1/330～1/150 之间。

(4) 土路肩的横坡：土路肩的排水性远低于路面，位于直线路段或曲线路段内侧，且车道或硬路肩的横坡值大于或等于 3‰时，土路肩的横坡应与车道或硬路肩横坡值相同；小于 3‰时，土路肩的横坡应比车道或硬路肩的横坡值大 1‰或 2‰。位于曲线路段外侧的土路肩横坡，应采用 3‰或 4‰的反向横坡值。

(5) 路肩的横坡改变倾斜方向的旋转轴为路缘带外侧边缘。

### 5.4.2 曲线超高

1. 超高及其作用

为抵消车辆在曲线路段上行驶时所产生的离心力，将路面做成外侧高于内侧的单向横坡的形式，这就是曲线上的超高。合理地设置超高，可以全部或部分抵消离心力，提高汽车行驶在曲线上的稳定性与舒适性。当汽车等速行驶时，圆曲线上所产生的离心力是常数，而在回旋线上行驶则因回旋线曲率是变化的，其离心力也是变化的。因此，超高横坡度在圆曲线上应是与圆曲线半径相适应的全超高，在缓和曲线上应是逐渐变化的超高。这段从直线上的双向横坡渐变到圆曲线上的单向横坡的路段，称做超高缓和段或超高过渡段。四级公路不设回旋线，但曲线上若设置有超高，从构造的角度讲，在直线段上也应设有超高缓和段或叫超高过渡段。

2. 超高值计算

极限最小半径($R_{min}$)是与最大超高率($i_{h(max)}$)相对应的，对任意半径的圆曲线超高值 $i_h$ 的确定，由汽车在圆曲线上行驶的力的平衡方程式可得：

$$i_h + \mu = \frac{V^2}{127R} \tag{5-23}$$

式中右边是汽车行驶在曲线上所产生的离心加速度，只要代入相应的车速 $V$ 和半径 $R$ 即可求得。等式左边是抵抗该加速度的路面超高 $i_h$ 和横向力系数 $\mu$。计算超高 $i_h$ 的值，必须首先明确 $\mu$ 的大小。

由上式可得（对应如图 5-19 所示）：

$$R_A = \frac{V_A^2}{127 i_{h(max)}} \tag{5-24}$$

按式(5-24)计算的 $R_A$ 是在最大超高 $i_{h(max)}$ 下大多数车辆的横向力系数为 0 的曲线半径值。如图 5-19 所示，令 $R = R_A$、$i_h = i_{h(max)}$，所对应的点为 $B$；令 $R = R_{max}$、$i_h = i_{h(max)}$，所对应的点为 $D$。将 $OB$ 的中点 $A$ 与 $BD$ 的中点 $C$ 相连接，然后分别在 $OAE$ 与 $ECD$ 两个转折处作与直线相切的两条二次抛物线，取抛物线上的纵坐标为各种 $R$ 的设计超高值 $i_h$。

这种方法的特点是：当曲率较小时（大半径曲线），横向力主要由超高来承受，随着曲率的增大，则设置逐渐接近最大超高的曲线超高。作用于汽车上的横向力系数随曲率的变化呈抛物线变化，兼顾了大半径和小半径，但对大半径曲线更有利。

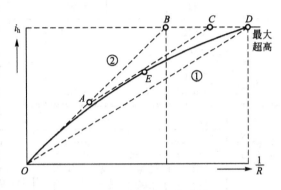

图 5-19 超高值的计算

按上述原则可以计算出不同设计速度下，不同半径所对应的超高。在实际应用时，为便于应用，可直接查《公路路线设计规范》所列出曲线半径的范围和相应的超高值，见表 5-13。

表 5-13 各级公路的圆曲线半径与全超高横坡度

| 半径/m 超高/% | 高速公路、一级公路 | | | | | | | |
|---|---|---|---|---|---|---|---|---|
| | 120km/h | | 100km/h | | 80km/h | | 60km/h | |
| | 一般情况 | 积雪冰冻地区 | 一般情况 | 积雪冰冻地区 | 一般情况 | 积雪冰冻地区 | 一般情况 | 积雪冰冻地区 |
| 1 | <5500 ~3240 | <5500 ~1940 | <4000 ~1710 | <4000 ~1550 | <2500 ~1240 | <500 ~1130 | <1500 ~810 | <1500 ~720 |
| 2 | <3240 ~2160 | <1940 ~1290 | <710 ~1220 | <1550 ~1050 | <1240 ~830 | <1130 ~750 | <810 ~570 | <720 ~460 |
| 3 | <2160 ~1620 | <1290 ~970 | <1220 ~950 | <950 ~760 | <830 ~620 | <750 ~520 | <570 ~430 | <460 ~300 |
| 4 | <1620 ~1300 | <970 ~780 | <950 ~770 | <760 ~550 | <620 ~500 | <520 ~360 | <430 ~340 | <300 ~190 |
| 5 | <1300 ~1080 | <780 ~650 | <770 ~650 | <550 ~400 | <500 ~410 | <360 ~250 | <340 ~280 | <190 ~125 |

(续)

| 半径/m 超高/% | 高速公路、一级公路 ||||||||
|---|---|---|---|---|---|---|---|---|
| | 120km/h || 100km/h || 80km/h || 60km/h ||
| | 一般情况 | 积雪冰冻地区 | 一般情况 | 积雪冰冻地区 | 一般情况 | 积雪冰冻地区 | 一般情况 | 积雪冰冻地区 |
| 6 | <1080~930 | | <650~560 | | <410~350 | | <280~230 | |
| 7 | <930~810 | | <560~500 | | <350~310 | | <230~200 | |
| 8 | <810~720 | | <500~440 | | <310~280 | | <200~160 | |
| 9 | <720~656 | | <440~400 | | <280~250 | | <160~125 | |

| 半径/m 超高/% | 二、三、四级公路 ||||||||||
|---|---|---|---|---|---|---|---|---|---|---|
| | 80km/h || 60km/h || 40km/h || 30km/h || 20km/h ||
| | 一般情况 | 积雪冰冻地区 | 一般情况 | 积雪冰冻地区 | 一般情况 | 积雪冰冻地区 | 一般情况 | 积雪冰冻地区 | 一般情况 | 积雪冰冻地区 |
| 1 | <2500~1210 | <2500~1130 | <1500~780 | <1500~720 | <600~390 | <600~360 | <350~230 | <350~210 | <150~105 | <150~95 |
| 2 | <1210~840 | <1130~750 | <780~530 | <720~460 | <390~270 | <360~230 | <230~150 | <210~130 | <105~70 | <95~60 |
| 3 | <840~630 | <750~520 | <530~390 | <460~300 | <270~200 | <230~150 | <150~110 | <130~80 | <70~55 | <60~40 |
| 4 | <630~500 | <520~360 | <390~300 | <300~190 | <200~150 | <150~90 | <110~80 | <80~50 | <55~40 | <40~25 |
| 5 | <500~410 | <360~250 | <300~230 | <190~125 | <150~120 | <90~60 | <80~60 | <50~30 | <40~30 | <25~15 |
| 6 | <410~320 | | <1500~780 | | <120~90 | | <60~50 | | <30~20 | |
| 7 | <320~250 | | <1500~780 | | <90~60 | | <50~30 | | <20~15 | |
| 8 | | | | | | | | | | |

    高速公路和一级公路超高横坡度不应大于10%，其他各级公路不应大于8%，积雪冰冻地区，最大超高横坡度不宜大于6%；当超高横坡度的计算值小于路拱坡度时，应设置等于路拱坡度的超高。因此，各级公路和城市道路圆曲线部分的最小超高值是该道路直线部分的路拱坡度之值。

3. 超高过渡方式

1) 无中间带道路的超高过渡

无中间带的道路行车道，无论是双车道还是单车道，在直线路段的横断面均为以中线为脊向两侧倾斜的路拱。路面要由双向倾斜的路拱形式过渡到具有超高的单向倾斜的超高形式，外侧须逐渐抬高，在抬高过程中，行车道外侧首先绕中线旋转，若超高横坡度等于路拱坡度，则直至与内侧横坡相等为止，如图 5-20 所示。

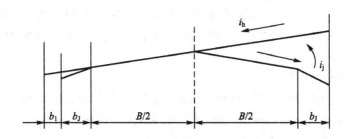

图 5-20 超高值等于路拱时的过渡

当超高坡度大于路拱坡度时，可分别采用如下 3 种过渡方式。

(1) 绕未加宽前的内侧车道边缘旋转。

先将外侧车道绕路中线旋转，待达到与内侧车道构成单向横坡后，整个断面再绕未加宽前的内侧车道边缘旋转，直至超高横坡度。这种方法由于行车道内侧不降低，有利于路基的纵向排水，一般新建工程多用此法，如图 5-21(a) 所示。

(2) 绕中线旋转。

先将外侧车道绕路中线旋转，待达到与内侧车道构成单向横坡后，整个断面继续绕中线旋转，直至超高横坡度。这种方法可保持中线标高不变，且在超高坡度一定的情况下，外侧边缘的抬高值较小，多用于旧路改建工程，如图 5-21(b) 所示。

(3) 绕外边缘旋转。

将外侧车道绕外边缘旋转，与此同时，道路的中线和内侧边缘线都相应降低，中线降低较快。待达到单向横坡后，整个断面仍绕外侧车道边缘旋转，直至超高横坡度。这种方法属于比较特殊的过渡方法，仅用于某些为改善路容的地点，如图 5-21(c) 所示。

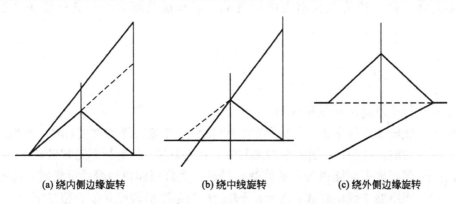

(a) 绕内侧边缘旋转　　(b) 绕中线旋转　　(c) 绕外侧边缘旋转

图 5-21 无中间带道路的超高过渡方式

2) 有中间带公路的超高过渡
(1) 绕中间带的中心线旋转。

先将外侧行车道绕中央分隔带外侧边缘旋转，待达到与内侧行车道构成相同横坡后，整个断面一同继续绕中间带中线旋转，直至超高横坡度。此时，中央分隔带呈倾斜状。这种方法可保持中线标高不变，且在超高坡度一定的情况下，外侧边缘的抬高值较小，多用于中间带宽度较窄(小于或等于4.5m)的情况，如图5-22(a)所示。

(2) 绕中央分隔带边缘旋转。

将两侧行车道分别绕中央分隔带外侧边缘旋转，使之各自成为独立的单向超高断面，此时中央分隔带维持原水平状态。这种方法应用较广，适用于各种中间带宽度，如图5-22(b)所示。

(3) 绕各自行车道中线旋转。

将两侧行车道分别绕各自的中心线旋转，使之各自成为独立的单向超高断面，此时中央分隔带两侧边缘分别升高和降低，而成为倾斜断面。这种方法使用较少，对于车道数大于4条的公路可采用此法，如图5-22(c)所示。

3种方式的优缺点与无中间带的公路相似。中间带宽度较窄时(小于或等于4.5m)可采用(1)法；各种宽度的中间带都可以用(2)法；对于车道数大于4条的公路可采用(3)法。城市道路的超高过渡方式与公路相同。分离式断面的道路由于上、下行车道是各自独立的，其超高的设置及其过渡可按两条无分隔带的道路分别处理。

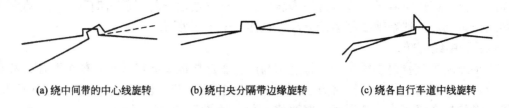

(a) 绕中间带的中心线旋转　　(b) 绕中央分隔带边缘旋转　　(c) 绕各自行车道中线旋转

图 5-22　有中间带道路超高的过渡方式

4. 超高过渡段长度

为了行车的舒适、路容的美观和排水的通畅，必须设置一定长度的超高过渡段，超高的过渡则是在超高过渡段全长范围内进行的。双车道公路最小超高过渡段长度按下式计算：

$$L_c = \frac{B'\Delta_i}{p} \qquad (5-25)$$

式中　$L_c$——最小超高过渡段长度(m)。

　　　$B'$——旋转轴至行车道(设路缘带时为路缘带)外侧边缘的宽度(m)，当绕内边线旋转时，$B'=B$；当绕中线旋转时，$B'=B/2$，$B$ 为行车道宽度；

　　　$\Delta_i$——超高坡度与路拱坡度的代数差(%)，当绕路面内边缘线旋转时，$\Delta_i=i_h$；当绕路中线旋转时，$\Delta_i=i_h+i_1$，$i_1$ 为路拱横坡度，$i_h$ 为超高值；

　　　$p$——超高渐变率，即旋转轴线与行车道(设路缘带时为路缘带)外侧边缘线之间的相对坡度，其最大值见表5-14。

根据上式计算的超高过渡段长度，应凑成 5m 的整倍数，并不小于 10m 的长度。

表 5-14　最大超高渐变率

| 设计速度 /(km/h) | 超高旋转轴位置 | | 设计速度 /(km/h) | 超高旋转轴位置 | |
|---|---|---|---|---|---|
| | 中线 | 边线 | | 中线 | 边线 |
| 120 | 1/250 | 1/200 | 40 | 1/150 | 1/100 |
| 100 | 1/225 | 1/175 | 30 | 1/125 | 1/75 |
| 80 | 1/200 | 1/150 | 20 | 1/100 | 1/50 |
| 60 | 1/175 | 1/125 | | | |

多车道公路的超高缓和段长度，按上式计算之值在乘以下列系数：

从旋转轴到行车带边缘的距离　　系数
两车道　　　　　　　　　　　　1.5
三车道　　　　　　　　　　　　2.0

为了行车的舒适，超高过渡段应不小于按式(5-25)计算的长度。但从利于排除路面雨水考虑，横坡度由 2%（或 1.5%）过渡到 0% 路段的超高渐变率不得小于 1/330，即超高过渡段又不能设置得太长。所以在确定超高过渡段长度 $L_c$ 时应考虑以下几点。

(1) 一般的情况下，在确定缓和曲线长度时，已经考虑了超高过渡段所需的最短长度，故一般取超高过渡段 $L_c$ 与缓和曲线长度 $L_s$ 相等，即 $L_c = L_s$。

(2) 若计算出的 $L_c > L_s$，应修改平面线形，使 $L_s \geq L_c$。当平面线形无法修改时，可将超高过渡起点前移，即超高过渡在缓和曲线起点前的直线路段开始。

(3) 若 $L_s >$ 计算出的 $L_c$，但只要超高渐变率 $p \geq 1/330$，仍取 $L_c = L_s$。否则，超高过渡可设在缓和曲线某一区段内，全超高断面宜设在缓圆点或圆缓点处。

(4) 四级公路不设缓和曲线，但若圆曲线上设有超高，则应设置超高过渡段，超高过渡段在直线和圆曲线上各分配一半。

5. 横断面超高值的计算

在公路工程施工中，路面的超高横坡及正常路拱横坡是不便于用坡度值来控制的，而是用路中线及路基、路面边缘相对于路基设计高程的相对高差来控制的。因此，在设计中为便于施工，应计算出路线上任意位置的路基设计高程与路肩及路中线的高差。所谓超高值就是指设置超高后路中线、路面边缘及路肩边缘等计算点与路基设计高程的高差。平曲线上设置超高以后，道路中线和内、外侧边线与设计标高之差 $h$，应予计算并列于"路基设计表"中。

路基设计标高是指路基断面上某一位置相对于水平面基准点的相对高度。路基设计高程的位置：①新建公路的路基设计高程：高速公路和一级公路（整体式路基）采用中央分隔带的外侧边缘高程；二、三、四级公路一般是指未超高加宽之前的路肩边缘标高；②对于改建公路一般按新建公路规定办理，也可视具体情况而采用行车道中线高程。

1) 无中间带的道路

无中间带的道路超高方式有 3 种，常用方式为绕内边线旋转和绕中线旋转。无中间带的道路超高值计算公式见表 5-15 和表 5-16，可参看图 5-23 所示。

表 5-15  绕内边线旋转超高值计算公式

| 超高位置 | | 计算公式 | | 注 |
|---|---|---|---|---|
| | | $x \leqslant x_0$ | $x > x_0$ | |
| 圆曲线上 | 外缘 $h_c$ | $b_J i_J + (b_J + B) i_h$ | | （1）计算结果均为与设计高之差；<br>（2）临界断面距过渡段起点<br>$x_0 = \dfrac{i_G}{i_h} L_c$<br>（3）$x$ 距离处的加宽值：<br>$b_x = \dfrac{x}{L_c} b$ |
| | 中线 $h'_c$ | $b_J i_J + \dfrac{B}{2} i_h$ | | |
| | 内缘 $h''_c$ | $b_J i_J - (b_J + b) i_h$ | | |
| 过渡段上 | 外缘 $h_{cx}$ | $b_J(i_J - i_G) + [b_J i_G + (b_J + B) i_h] \dfrac{x}{L_c}$（或 $\approx \dfrac{x}{L_c} h_c$） | | |
| | 中线 $h'_{cx}$ | $b_J i_J + \dfrac{B}{2} i_G$ | $b_J i_J + \dfrac{B}{2} \cdot \dfrac{x}{L_c} i_h$ | |
| | 内缘 $h''_{cx}$ | $b_J i_J - (b_J + b_x) i_G$ | $b_J i_J - (b_J + b_x) \dfrac{x}{L_c} i_h$ | |

表 5-16  绕中线旋转超高值计算公式

| 超高位置 | | 计算公式 | | 注 |
|---|---|---|---|---|
| | | $x \leqslant x_0$ | $x > x_0$ | |
| 圆曲线上 | 外缘 $h_c$ | $b_J(i_J - i_G) + \left(b_J + \dfrac{B}{2}\right)(i_G + i_h)$ | | （1）计算结果均为与设计高之差<br>（2）临界断面距过渡段起点：<br>$x_0 = \dfrac{2 i_G}{i_G + i_h} L_c$<br>（3）$x$ 距离处的加宽值：<br>$b_x = \dfrac{x}{L_c} b$ |
| | 中线 $h'_c$ | $b_J i_J + \dfrac{B}{2} i_G$ | | |
| | 内缘 $h''_c$ | $b_J i_J + \dfrac{B}{2} i_G - \left(b_J + \dfrac{B}{2} + b\right) i_h$ | | |
| 过渡段上 | 外缘 $h_{cx}$ | $b_J(i_J - i_G) + \left(b_J + \dfrac{B}{2}\right)(i_G + i_h) \dfrac{x}{L_c}$（或 $\approx \dfrac{x}{L_c} h_c$） | | |
| | 中线 $h'_{cx}$ | $b_J i_J + \dfrac{B}{2} i_G$（定值） | | |
| | 内缘 $h''_{cx}$ | $b_J i_J - (b_J + b_x) i_G$ | $b_J i_J + \dfrac{B}{2} i_G - \left(b_J \dfrac{B}{2} + b_x\right) \dfrac{x}{L_c} i_h$ | |

表 5-15、表 5-16、图 5-22 中（以下长度单位均为 m）

$B$——路面宽度；

$b_J$——路肩宽度；

$i_G$——路拱坡度；

$i_J$——路肩横坡度；

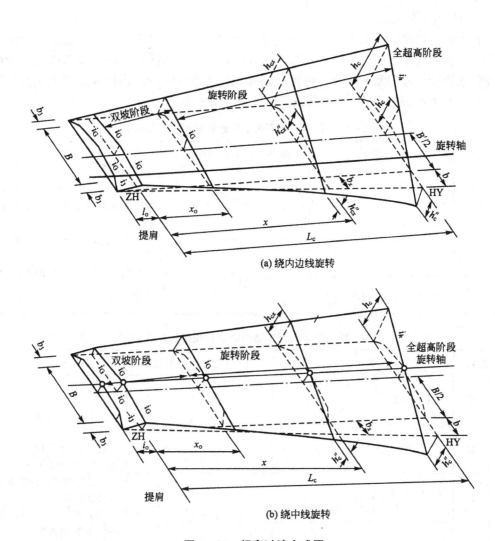

图 5-23 超高过渡方式图

$i_h$——超高横坡度；

$L_c$——超高过渡段长度（或缓和曲线长度）；

$l_0$——路基坡度由 $i_J$ 变为 $i_G$ 所需的距离，一般可取 1.0m；

$x_0$——与路拱同坡度的单向超高点到超高过渡段起点的距离；

$x$——超高过渡段中任一点至起点的距离；

$h_c$——路肩外缘最大抬高值；

$h_c'$——路中线最大抬高值。

$h_c''$——路基内缘最大降低值；

$h_{cx}$——$x$ 距离处路基外缘抬高值；

$h_{cx}'$——$x$ 距离处路基中线抬高值；

$h_{cx}''$——$x$ 距离处路基内缘降低值；

$b$——圆曲线加宽值；

$b_x$——$x$ 距离处路基加宽值。

2) 设有中间带的公路

设有中间带道路的超高方式有 3 种,在实际设计中,其中常用方法是绕中央分隔带边缘旋转和绕各自行车道中心旋转。在超高过程中,内、外侧同时从超高缓和段起点开始绕各自旋转轴旋转,外侧逐渐抬高,内侧逐渐降低,直到 HY(或 YH)点达到全超高。计算公式见表 5-17 和表 5-18,可参看图 5-24 和图 5-25。

表 5-17 绕中央分隔带边缘旋转超高值计算公式

| 超高位置 | | 计算公式 | $x$ 距离处行车道横坡值 | 备 注 |
|---|---|---|---|---|
| 外侧 | C | $(b_1+B+b_2) \cdot i_x$ | $i_x = \dfrac{i_G+i_h}{L_c}x - i_G$ | (1) 计算结果为与设计高之高差<br>(2) 设计高程为中央分隔带外侧边缘的高程<br>(3) 加宽值 $b_x$ 按加宽计算公式计算<br>(4) 当 $x=L_c$ 时,为圆曲线上的超高值 |
| 外侧 | D | 0 | | |
| 内侧 | D | 0 | $i_x = \dfrac{i_h-i_G}{L_c}x + i_G$ | |
| 内侧 | C | $-(b_1+B+b_x+b_2) \cdot i_x$ | | |

表 5-18 绕各自行车道中心旋转超高值计算公式

| 超高位置 | | 计算公式 | $x$ 距离处行车道横坡值 | 备 注 |
|---|---|---|---|---|
| 外侧 | C | $\left(\dfrac{B}{2}+b_2\right)i_x - \left(\dfrac{B}{2}+b_1\right)i_G$ | $i_x = \dfrac{i_G+i_h}{L_c}x - i_G$ | (1) 计算结果为与设计高之高差<br>(2) 设计高程为中央分隔带外侧边缘的高程<br>(3) 加宽值 $b_x$ 按加宽计算公式计算<br>(4) 当 $x=L_c$ 时,为圆曲线上的超高值 |
| 外侧 | D | $-\left(\dfrac{B}{2}+b_1\right)(i_x+i_G)$ | | |
| 内侧 | D | $\left(\dfrac{B}{2}+b_1\right)(i_x+i_G)$ | $i_x = \dfrac{i_h-i_G}{L_c}x + i_G$ | |
| 内侧 | C | $-\left(\dfrac{B}{2}+b_x+b_2\right)i_x - \left(\dfrac{B}{2}+b_1\right)i_G$ | | |

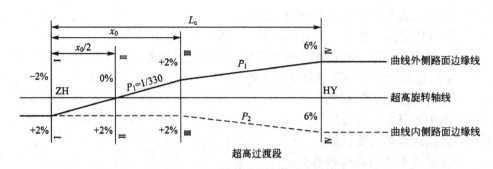

图 5-24 行车道超高横坡变化图

表 5-17、表 5-18、图 5-23 中:

$B$——左侧(或右侧)行车道宽度(m);

$b_1$——左侧路缘带宽度(m);

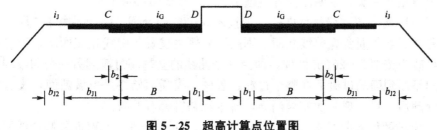

图 5-25 超高计算点位置图

$b_2$——右侧路缘带宽度(m);
$b_x$——$x$ 距离处路基加宽值(m);
$i_h$——超高横坡度;
$i_G$——路拱横坡度;
$x$——超高过渡段中任意一点至超高过渡段起点的距离(m)。

表中仅列出了行车道外侧边线和中央分隔带边线的超高计算,硬路肩外侧边线、路基边线的超高可根据路肩横坡和路肩宽度从行车道外侧边线推算。

6. 超高设计图

前述平曲线超高设计都是针对一个平曲线设计的。两个或两个以上平曲线,其间距较短时,除考虑单一平曲线的超高设计外,还需研究两个平曲线间的超高过渡问题。解决这个问题,需要"超高设计图",图 5-26 所示是简化了的超高过渡的纵断面图,该图是以旋转轴为横坐标轴,纵坐标是相对高程。为使超高更加清晰,纵坐标是夸大了的。

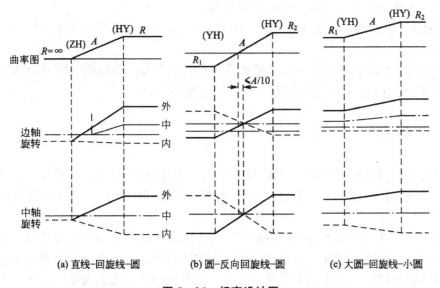

图 5-26 超高设计图

图 5-26(a)是基本型曲线的超高设计图。从缓和曲线(等于超高过渡段长)起点开始超高,外侧逐渐抬高,内侧逐渐降低,至缓和曲线终点超高达到全值,其间是按直线变化,符合缓和曲线上的曲率变化规律,也符合行车离心力的变化规律。在路面外侧边线抬高过

程中，与中线相交一次，说明路面外侧横坡为 0，对横向排水不利。

图 5-26(b)两相邻曲线是反向的。如按图 5-26(a)处理，路面要由单坡断面变为双坡断面，又要由双坡断面变为单坡断面，则路面外侧边线要与中线相交两次，于排水和路容都不利。可改为按图 5-26(b)处理，即由一个曲线的全超高过渡到另一个曲线的反方向全超高，中间是面到面的过渡，在整个过渡过程中，横断面始终是单坡断面，没有固定旋转轴。这样处理后，只出现一次零坡断面，排水和路容都有改善。

图 5-26(c)两相邻曲线是同向的。如按图 5-26(a)处理，则路面外侧边线要与中线相交两次，对排水和路容都不利，而且对曲线外侧汽车的舒适性影响很大。改为按图 5-26(c)处理，即由一个曲线的全超高过渡到另一个曲线的同方向全超高，中间是面到面的过渡，在整个过渡过程中，外侧路面始终向内倾斜，与内侧路面构成单坡断面。这样处理后，不出现零坡断面，对排水、路容和行车都有利。

### 5.4.3 边沟

边沟的主要作用是排除路面及边坡处汇集的地表水，以确保路基与边坡的稳定，一般在公路路堑及低填方路段设置边沟。

边沟的断面形状主要取决于排水流量的大小、公路的性质、土质情况及施工方法等。一般情况下，在排水量小石质地段多采用三角形；在排水量大的路段多采用梯形。

边沟设计宜遵循如下规定。

(1) 底宽与深度不小于 0.4m。

(2) 沟底纵坡一般不小于 0.5%，特殊困难路段也不得小于 0.2%；当陡坡路段沟底坡度较大时，为防止冲刷，边沟应采取加固措施。

(3) 边沟边坡：梯形边沟内侧一般为 1:1～1:1.5；三角形边沟内侧一般为 1:2～1:4。

(4) 边沟长度不宜过长，一般不超过 500m，即应选择适当地点设置出水口，多雨地区不宜超过 300m；三角形边沟长度一般不宜超过 200m。

### 5.4.4 边坡坡度

路基边坡即路肩的外边缘与坡脚（路堑则为边沟外侧沟底与坡顶）所构成的坡面，是支撑路基主体的重要组成部分。路基边坡的坡度，习惯上用边坡的高度与宽度的比值来表示，如 1:0.5、1:1、1:1.5、1:1.75 等。

路基边坡坡度，应根据当地自然条件、岩土性质、填挖类型、边坡高度、使用要求和施工方法等确定。边坡过陡，稳定性就差，雨水冲刷力也大，易出现崩塌等事故；边坡过缓，土石方数量增加，工程成本提高。因此，正确合理地确定边坡坡度，是公路横断面设计的主要内容之一。

**1. 路堤边坡**

路堤的边坡坡度，应根据填料的物理力学性质、气候条件、边坡高度以及基底的工程地质和水文地质条件进行合理的选定。

1) 填土路堤边坡

当地质条件良好,边坡高度不大于20m时,其边坡坡度不宜陡于表5-19的规定值。对边坡高度大于20m的路堤,边坡形式宜采用阶梯形,边坡坡度必须进行稳定性分析计算确定,并应进行个别设计。浸水路堤在设计水位以下部分的边坡坡度,不宜陡于1:1.75。

表5-19 路堤边坡坡度表

| 填料类别 | 边坡坡度 | |
|---|---|---|
| | 上部高度（$H \leqslant 8m$） | 下部高度（$H \leqslant 12m$） |
| 细粒土 | 1:1.5 | 1:1.75 |
| 粗粒土 | 1:1.5 | 1:1.75 |
| 巨粒土 | 1:1.3 | 1:1.5 |

2) 砌石路基边坡

填石路基应选用当地不易风化的片、块石砌筑,内侧填石;岩石风化严重或软质岩石路段不宜采用砌石路基。砌石顶宽不小于0.8m,基底面向内倾斜,砌石高度不宜超过15m。砌石内、外坡率不宜大于表5-20所示的规定值。

表5-20 砌石边坡坡度表

| 序号 | 砌石高度/m | 内边坡度 | 外坡坡度 |
|---|---|---|---|
| 1 | ≤5 | 1:0.3 | 1:0.5 |
| 2 | ≤10 | 1:0.5 | 1:0.67 |
| 3 | ≤15 | 1:0.6 | 1:0.75 |

2. 路堑边坡

1) 土质路堑边坡

土质路堑边坡形式及坡度应根据工程地质条件、边坡高度、排水措施、施工方法,并结合自然稳定和人工边坡的调查及力学分析综合确定。边坡高度不大于20m时,边坡坡度不宜大于表5-21的规定值。边坡高度大于20m时,应进行个别勘察设计。

表5-21 土质路堑边坡坡度

| 土的类别 | | 边坡坡度 |
|---|---|---|
| 粘土、粉质粘土、塑性指数大于3的粉土 | | 1:1 |
| 中密以上的中砂、粗砂、砾砂 | | 1:1.5 |
| 卵石土、碎石土、圆砾土、角砾土 | 胶结和密实 | 1:0.75 |
| | 中密 | 1:1 |

注：黄土、红粘土、高液限土、膨胀土等特殊土质挖方边坡形式及坡度应按有关规定确定。

2）岩质路堑边坡

岩质路堑边坡形式及坡度应根据工程地质与水文地质条件、边坡高度、施工方法，并结合自然稳定和人工边坡的调查综合确定，必要时可采用稳定性分析方法予以检算。边坡坡度不大于30m时，无外倾软弱结构面的边坡坡度按表5-22所示确定。

对于有外倾软弱结构面的岩质边坡、坡顶边缘附近有较大荷载的边坡、边坡高度超过表5-22规定范围的边坡，边坡坡度应通过稳定性分析计算确定。硬质岩石挖方路基宜采用光面、顶裂爆破技术。边坡高度大于20m的软弱松散岩质路堑，宜采用分层开挖、分层防护和坡脚预加固技术。岩石挖方边坡高度大于30m时，应进行高边坡个别处理设计。

表5-22 岩质路堑边坡坡度

| 边坡岩体类型 | 风化程度 | 边坡坡度 | |
|---|---|---|---|
| | | $H<20m$ | $15m \leqslant H<30m$ |
| Ⅰ类 | 未风化、微风化 | 1∶0.1~1∶0.3 | 1∶0.1~1∶0.3 |
| | 弱风化 | 1∶0.1~1∶0.3 | 1∶0.3~1∶0.5 |
| Ⅱ类 | 未风化、微风化 | 1∶0.1~1∶0.3 | 1∶0.3~1∶0.5 |
| | 弱风化 | 1∶0.3~1∶0.5 | 1∶0.5~1∶0.75 |
| Ⅲ类 | 未风化、微风化 | 1∶0.3~1∶0.5 | |
| | 弱风化 | 1∶0.5~1∶0.75 | |
| Ⅳ类 | 弱风化 | 1∶0.5~1∶1 | |
| | 弱风化 | 1∶0.75~1∶1 | |

注：(1) 有可靠的资料和经验时，可不受本表限制；
(2) Ⅳ类强风化包括各类风化程度的极软岩。

3. 护坡道

护坡道的作用是减缓路堤边坡的平均坡度，是保证路堤稳定的措施之一。一般情况下，当路堤填土高度小于或等于2m时，可不设护坡道；当路堤填土高度大于2m时，应设置宽度为1m的护坡道；当路堤填土高度大于6m时，应设置宽度为2m的护坡道。为利于排水，护坡道表面应做成向外侧倾斜2%的横坡。

## 5.5 道路用地范围与建筑限界

### 5.5.1 道路用地范围

道路用地是指为修建、养护道路及其沿线设施而依照国家规定所征用的土地。道路用地的征用必须遵守国家有关的土地法规，依据道路横断面设计的要求，在保证其修建、养护所必须用地的前提下，尽量节省每一寸土地。

1. 公路用地范围

填方地段为公路路堤两侧排水沟外边缘(无排水沟时为路堤或护坡道坡脚)以外,挖方地段为路堑坡顶截水沟外边缘(无截水沟为坡顶)以外,不小于1m的土地为公路用地范围。在有条件的地段,高速公路、一级公路不小于3m,二级公路不小于2m的土地为公路用地范围。

高填深挖路段,可能会因取土、弃土以及在路基的开挖填筑和养护过程中占用更多的土地,所以在这种地段公路用地范围应适当加宽,并根据计算结果确定用地范围。

桥梁、隧道、互通式立体交叉、分离式立体交叉、平面交叉、交通安全设施、服务设施、管理设施、绿化以及料场、苗圃等应根据实际需要确定用地范围。

风沙、雪害以及特殊地质地带,应根据需要确定设置防护林、种植固沙植物、安装防沙、防雪栅栏等设施应根据实际需要确定用地范围。

对于改建公路,在原有公路的基础上,可参考上述有关规定执行。

2. 城市道路用地

城市道路用地范围为城市道路红线宽度。城市道路红线指划分城市道路用地和城市建筑用地、生产用地及其他备用地的分界控制线。红线宽度为包括车行道、人行道、绿化带等在内的规划道路的总宽度,所以也称为规划路幅。城市道路的红线规划考虑道路的功能与性质、横断面形式及其各组成部分的合理宽度以及今后发展的需要,由城市规划部门确定。

## 5.5.2 道路建筑限界

道路建筑限界又称净空,是为保证车辆、行人的通行安全,对道路和桥面上以及隧道中规定的一定的高度和宽度范围内不允许有任何障碍物侵入的空间界限。它由净高和净宽两部分组成。建筑限界的上缘边界线为水平线(超高路段超高横坡平行),两侧边界线与水平线垂直(超高路段与路面垂直)。在道路横断面设计时,应充分研究各路幅组成要素与道路公共设施之间的关系,在有限的空间内合理安排、正确设计。道路标志、标牌、护栏、照明灯柱、电杆、行道树、桥墩、桥台等设施的任何部件都不能侵入建筑限界之内。

我国《标准》规定各级公路建筑限界,并对建筑限界有如下规定:路段设置爬坡车道、紧急停车带、避险车道、错车道、加减速车道等时,行车道应包括其宽度;桥梁、隧道设置人行道、检修道时,建筑限界应包括所增加的宽度;一条公路应采用同一净高;高速公路、一级公路的净高应为5.00m,二级公路、三级公路、四级公路的净高应为4.50m;人行道、自行车道、检修道与行车道分开设置时,其净高应为2.5m。各级公路建筑限界规定如图5-27所示。

对城市道路而言,其建筑限界的划定原理与公路相同,最小净高见表5-23。对于无轨电车、有轨电车、双层客车等其他特种车辆,最小净高应满足车辆通行的要求。

表5-23 城市道路最小净高

| 行车道种类 | 机动车道 | | 非机动车道 | |
|---|---|---|---|---|
| 行驶车辆种类 | 各种机动车 | 小客车 | 自行车、三轮车 | 行人 |
| 最高净高/m | 4.5 | 3.5 | 2.5 | 2.5 |

在图 5 - 27 中：

$W$——行车道宽度；

$C$——当设计速度等于或大于 100km/h 时为 0.5m，小于 100km/h 时为 0.25m；

$L_1$——左侧硬路肩宽度；

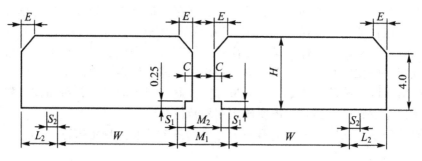

(a) 高速公路、一级公路整体式

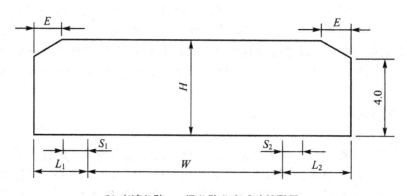

(b) 高速公路、一级公路分离式建筑限界

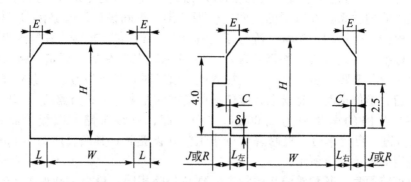

(c) 二级、三级和四级公路一般路段　　(d) 二级、三级和四级公路隧道及设人行道时

图 5 - 27　公路的建筑限界（单位：m）

$L_2$——右侧硬路肩宽度；

$S_1$——左侧路缘带宽度；

$S_2$——右侧路缘带宽度；

$M_1$——中间带宽度；

$M_2$——中央分隔带宽度；

$J$——隧道内检修道宽度；

$R$——隧道内人行道宽度；

$d$——隧道内检修道或人行道高度；

$E$——建筑限界顶角宽度，当 $L\leqslant 1m$ 时，$E=L$；当 $L>1m$，$E=1m$；

$H$——净高，一条公路应采用一个净高，高速公路、一级公路、二级公路为 5.00m，三级、四级公路为 4.50m；

$L$——侧向宽度，高速公路、一级公路的侧向宽度为硬路肩宽度($L_1$ 或 $L_2$)，其他各级公路的侧向宽度为路肩宽度减去 0.25m。

## 5.6 路基横断面设计及成果

### 5.6.1 公路横断面

**1. 公路横断面设计要求**

公路横断面的组成除包括与行车有关的路幅外，还包括与路基工程、排水工程、环保工程有关的各种设施。

这些设施的位置和尺寸均应在横断面设计中有所体现。对于路基横断面形式和尺寸，在确定路线平面位置时就已有所考虑。在纵断面设计中，根据路线标准和地形条件对路基的合理高度进行了分析和计算。因此，施工图设计阶段的横断面设计是在总结上述工作的基础上把它具体化，并绘制横断面设计图纸，作为计算土石方数量和日后施工的依据。

横断面设计，必须结合地形、地质、水文等条件，本着节约用地的原则选用合理的断面形式，以满足行车顺适、工程经济、路基稳定且便于施工和养护的要求。

**2. 路基标准横断面**

在具体设计每个横断面之前，应先确定路基的标准横断面，或称"典型横断面"。在标准断面图中，一般要包括：路堤、路堑、半堤半堑、护肩路基、挡土墙路基、砌石路基等，挡土墙断面必须按现行《公路路基设计规范》的规定办理。对于高填、深挖、特殊地质或浸水路堤等应单独设计。

**3. 路基横断面设计方法**

横断面设计方法俗称"戴帽子"或"戴帽"，即在横断面测量所得各桩号的横断面地面线上，按纵断面设计确定的填挖高度和平面设计确定的路基宽度、超高、加宽值，结合当地的地形、地质等自然条件，参考典型横断面图式，逐桩号绘出横断面图；对采用挡土墙、护坡等结构物的路段，所采用结构物应绘于相应的横断面图上，并注明其起讫桩号、圬工种类和断面的尺寸，结构物的尺寸要根据土压力的大小经稳定性验算确定。具体设计步骤如下：

（1）按 1：200 的比例绘制横断面地面线；定测阶段，横断面地面线是现场测绘的，若纸上定线，可在大比例的地形图上内插获得。在计算机辅助设计中，可以通过数字化仪或键盘向计算机输入横断面各变化点相对中桩的坐标，由计算机自动绘制。

（2）从"路基设计表"中抄入路基中心填挖高度，对于有超高和加宽的曲线路段，还应抄入"左高"、"右高"、"左宽"、"右宽"等数据。

（3）根据现场调查所得来的"土壤、地质、水文资料"，参照"标准横断面图"设计出各桩号横断面，确定路幅宽度，填或挖的边坡坡线，在需要各种支挡工程和防护工程的地方画出该工程结构的断面示意图。在计算机辅助设计中，由计算机自动设计，并利用人机对话调整特殊断面。

（4）根据综合排水设计，画出路基边沟、截水沟、排灌渠等的位置和断面形式。必要时需注明各部分尺寸（不必绘出路拱，但必须绘出超高、加宽）。此外，对于取土坑、弃土坑、绿化等也尽可能画出。经检查无误后，修饰描绘。

（5）分别计算各桩号断面的填方面积（$A_T$）、挖方面积（$A_W$），并标注于图上。一条道路的横断面图数量极大，为提高手工绘制的工作效率，可事先制作若干透明模板。但根本的解决办法是"路线 CAD"，它不但能准确绘制横断面图，而且能自动解算横断面面积。

对于分离式断面的公路和具有变速车道、爬坡车道、避险车道、紧急停车道的断面，可参照上述步骤绘制。

上面所介绍的横断面设计方法，仅限于在"标准横断面图"范围以内的那些断面，其操作比较机械，所以形象化地称之为"戴帽子"。对特殊情况下的横断面，则必须按照路基课程中所讲述的原理和方法进行特殊设计，绘图比例尺也应按需要采用不同的值，如图 5-28所示。

4. 路基设计表

"路基设计表"严格地说不能只作为横断面设计的成果，它是路线平、纵、横设计成果的一个汇总，其前半部分是平面与纵面设计的成果，后半部分是横断面设计成果。横断面设计计完成后，表明沟底纵坡与道路纵坡一致，如果不一致，则需另外填写。路基设计表见表 5-24。

## 5.6.2 城市道路横断面

1. 横断面设计图

当按照城市道路的交通性质、地形条件以及近期与远期相结合的原则确定了横断面组成和宽度以后，即可绘制横断面设计，如图 5-29 所示。城市道路的横断面设计图与公路横断面图的作用是相同的，即指导施工和计算土石方数量。

城市道路横断面设计图一般要用的比例尺为 1：100 或 1：200，在图上应绘出红线宽度、行车道、人行道、绿带、照明、新建或改建的地下管道等各组成部分的位置和宽度，以及排水方向、路面横坡等。

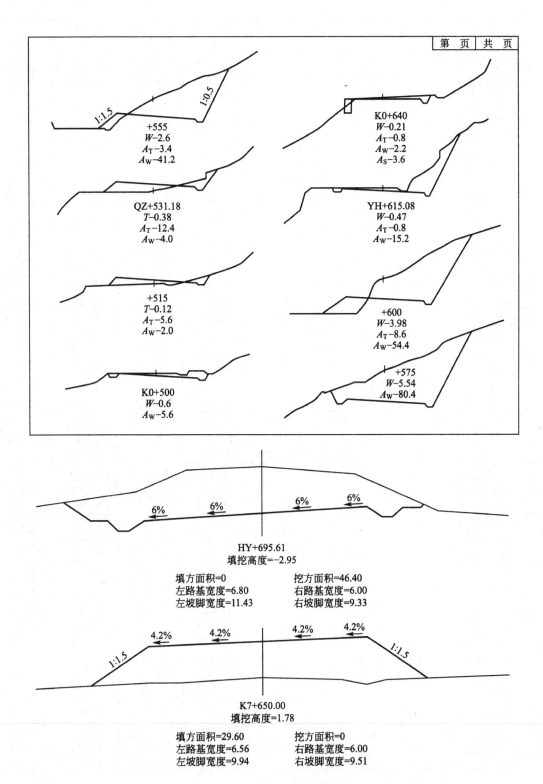

图 5-28　公路路基横断面设计图

表 5-24 路基设

| 桩号 | 平曲线 | 竖曲线 | 地面高程/m | 设计高程/m | 填挖高度/m | 左路肩 |
|---|---|---|---|---|---|---|
| K1+000.000 | | | 24.860 | 24.860 | 0.000 | 1.500 |
| +025.000 | | | 24.890 | 25.005 | -0.115 | 1.500 |
| +050.000 | | | 25.220 | 25.150 | 0.070 | 1.500 |
| +075.000 | | | 25.280 | 25.295 | -0.015 | 1.500 |
| +100.000 | | | 25.200 | 25.440 | -0.240 | 1.500 |
| +125.000 | | K1+150 | 25.420 | 25.582 | -0.162 | 1.500 |
| +150.000 | | 25.730 | 25.750 | 25.635 | 0.115 | 1.500 |
| ZH +164.519 | | 凸 R=5000 | 25.913 | 25.609 | 0.304 | 1.500 |
| +175.000 | | T=30.833, E=0.095 | 26.030 | 25.563 | 0.467 | 1.500 |
| +200.000 | | | 25.610 | 25.403 | 0.207 | 1.500 |
| HY +214.519 | | | 25.331 | 25.310 | 0.021 | 1.500 |
| +225.000 | 右51°11′14″ | | 25.130 | 25.264 | -0.134 | 1.500 |
| +250.000 | R=150 | | 24.980 | 25.264 | -0.284 | 1.500 |
| QZ +256.522 | Lh=50 | K1+300 | 24.990 | 25.290 | -0.300 | 1.500 |
| +275.000 | | 24.750 | 25.020 | 25.421 | -0.401 | 1.500 |
| HY +298.526 | | 凹 R=4000 | 25.481 | 25.712 | -0.231 | 1.500 |
| +300.000 | | T=88.747 | 25.510 | 25.734 | -0.224 | 1.500 |
| +325.000 | | E=0.984 | 26.000 | 26.204 | -0.204 | 1.500 |
| HZ +348.526 | | | 26.179 | 26.788 | -0.610 | 1.500 |
| +350.000 | | | 26.190 | 26.830 | -0.640 | 1.500 |
| +375.000 | | | 28.350 | 27.612 | 0.738 | 1.500 |
| +400.000 | | K1+425, 34.25 | 27.400 | 28.517 | -1.117 | 1.500 |
| +425.000 | | 凸 R=35000 | 30.150 | 29.275 | 0.875 | 1.500 |
| +450.000 | | T=35.036, E=0.205 | 30.010 | 29.825 | 0.185 | 1.500 |
| +475.000 | | | 30.320 | 30.204 | 0.116 | 1.500 |
| +500.000 | | | 30.700 | 30.566 | 0.134 | 1.500 |
| +525.000 | | | 31.420 | 30.928 | 0.492 | 1.500 |
| +550.000 | | | 31.560 | 31.290 | 0.270 | 1.500 |
| ZH +566.086 | | | 31.592 | 31.523 | 0.069 | 1.500 |
| +575.000 | | | 31.610 | 31.652 | -0.042 | 1.500 |
| +600.000 | | | 32.040 | 32.014 | 0.026 | 1.500 |
| HY +601.086 | | | 32.053 | 32.030 | 0.022 | 1.500 |
| +625.000 | 右32°37′53″ | | 32.330 | 32.377 | -0.047 | 1.500 |
| +650.000 | R=150 | | 32.220 | 32.739 | -0.519 | 1.500 |
| QZ +654.776 | Lh=35 | | 32.455 | 32.808 | -0.353 | 1.500 |
| +675.000 | | | 33.450 | 33.101 | 0.349 | 1.500 |
| +700.000 | | | 33.520 | 33.463 | 0.057 | 1.500 |
| HY +708.467 | | | 33.754 | 33.585 | 0.168 | 1.500 |
| +725.000 | | | 34.210 | 33.825 | 0.385 | 1.500 |
| HZ +743.467 | | | 34.726 | 34.092 | 0.634 | 1.500 |
| +750.000 | | | 34.908 | 34.187 | 0.721 | 1.500 |
| +753.902 | | | 35.017 | 34.243 | **0.774** | 1.500 |

计表

| 路基宽度/m | | | 与设计高之差/m | | | | 备注 |
|---|---|---|---|---|---|---|---|
| 左行车道 | 右行车道 | 右路肩 | 左路肩 | 左行车道 | 右行车道 | 右路肩 | |
| 3.750 | 3.750 | 1.500 | -0.105 | -0.075 | -0.075 | -0.105 | 本例以中线为设计高程，路拱、路肩横坡相同。本例平、纵组合不合理，但不影响路基设计计算。 |
| 3.750 | 3.750 | 1.500 | -0.105 | -0.075 | -0.075 | -0.105 | |
| 3.750 | 3.750 | 1.500 | -0.105 | -0.075 | -0.075 | -0.105 | |
| 3.750 | 3.750 | 1.500 | -0.105 | -0.075 | -0.075 | -0.105 | |
| 3.750 | 3.750 | 1.500 | -0.105 | -0.075 | -0.075 | -0.105 | |
| 3.750 | 3.750 | 1.500 | -0.105 | -0.075 | -0.075 | -0.105 | |
| 3.750 | 3.750 | 1.500 | -0.105 | -0.075 | -0.075 | -0.105 | |
| 3.750 | 3.750 | 1.500 | -0.105 | -0.075 | -0.075 | -0.105 | |
| 3.750 | 3.750 | 1.500 | -0.039 | -0.028 | -0.091 | -0.127 | |
| 3.750 | 3.750 | 1.500 | +0.119 | +0.085 | -0.128 | -0.180 | |
| 3.750 | 3.750 | 1.500 | +0.210 | +0.150 | -0.150 | -0.210 | |
| 3.750 | 3.750 | 1.500 | +0.210 | +0.150 | -0.150 | -0.210 | |
| 3.750 | 3.750 | 1.500 | +0.210 | +0.150 | -0.150 | -0.210 | |
| 3.750 | 3.750 | 1.500 | +0.210 | +0.150 | -0.150 | -0.210 | |
| 3.750 | 3.750 | 1.500 | +0.210 | +0.150 | -0.150 | -0.210 | |
| 3.750 | 3.750 | 1.500 | +0.210 | +0.150 | -0.150 | -0.210 | |
| 3.750 | 3.750 | 1.500 | +0.201 | +0.143 | -0.148 | -0.207 | |
| 3.750 | 3.750 | 1.500 | +0.043 | +0.031 | -0.110 | -0.154 | |
| 3.750 | 3.750 | 1.500 | -0.105 | -0.075 | -0.075 | -0.105 | |
| 3.750 | 3.750 | 1.500 | -0.105 | -0.075 | -0.075 | -0.105 | |
| 3.750 | 3.750 | 1.500 | -0.105 | -0.075 | -0.075 | -0.105 | |
| 3.750 | 3.750 | 1.500 | -0.105 | -0.075 | -0.075 | -0.105 | |
| 3.750 | 3.750 | 1.500 | -0.105 | -0.075 | -0.075 | -0.105 | |
| 3.750 | 3.750 | 1.500 | -0.105 | -0.075 | -0.075 | -0.105 | |
| 3.750 | 3.750 | 1.500 | -0.105 | -0.075 | -0.075 | -0.105 | |
| 3.750 | 3.750 | 1.500 | -0.105 | -0.075 | -0.075 | -0.105 | |
| 3.750 | 3.750 | 1.500 | -0.105 | -0.075 | -0.075 | -0.105 | |
| 3.750 | 3.750 | 1.500 | -0.025 | -0.018 | -0.094 | -0.132 | |
| 3.750 | 3.750 | 1.500 | +0.200 | +0.143 | -0.148 | -0.207 | |
| 3.750 | 3.750 | 1.500 | +0.210 | +0.150 | -0.150 | -0.210 | |
| 3.750 | 3.750 | 1.500 | +0.210 | +0.150 | -0.150 | -0.210 | |
| 3.750 | 3.750 | 1.500 | +0.210 | +0.150 | -0.150 | -0.210 | |
| 3.750 | 3.750 | 1.500 | +0.210 | +0.150 | -0.150 | -0.210 | |
| 3.750 | 3.750 | 1.500 | +0.210 | +0.150 | -0.150 | -0.210 | |
| 3.750 | 3.750 | 1.500 | +0.210 | +0.150 | -0.150 | -0.210 | |
| 3.750 | 3.750 | 1.500 | +0.061 | +0.044 | -0.075 | -0.160 | |
| 3.750 | 3.750 | 1.500 | -0.105 | -0.075 | -0.075 | -0.105 | |
| 3.750 | 3.750 | 1.500 | -0.105 | -0.075 | -0.075 | -0.105 | |
| 3.750 | 3.750 | 1.500 | -0.105 | -0.075 | -0.075 | -0.105 | |

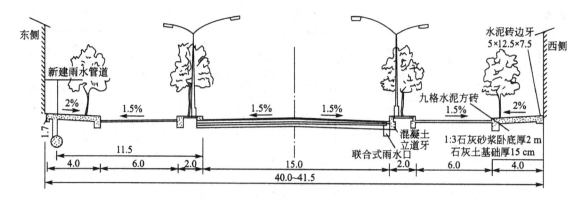

图 5.29 城市道路横断面设计图(单位：m)

#### 2. 横断面现状图

沿道路中线每隔一定距离绘制横断面地面线。若属旧街道的改建，实际上就是横断面的现状图，图中包括地形、地物、原街道的各组成部分、边沟、路侧建筑等，比例尺为 1:100 或 1:200。有时为了更明显地表现地形和地物高度的变化，也可采用纵、横不同的比例尺绘制。

#### 3. 横断面施工图

在完成道路纵断面设计之后，各中线上的填挖高度则为已知。将这一高度点绘在相应的横断面现状图上，然后将横断面设计图以相同的比例尺画于其上。此图反映了各断面上的填、挖和拆迁界线，是施工时的主要根据。

## 5.7 路基土石方数量计算及调配

土石方是道路工程的一项主要工程量，在道路设计和路线方案比较中，路基土石方数量的多少是评价道路测设质量的主要技术经济指标之一。在编制道路施工组织计划和工程概、预算时，还需要确定分段和全线的路基土石方数量。地面形状是很复杂的，填挖方不是简单的几何体，所以其计算只能是近似的，计算的精确度取决于中桩间距、测绘横断面时采点的密度和计算公式与实际情况的接近程度等。计算时一般应按工程的要求，在保证使用的前提下力求简化。

### 5.7.1 横断面面积计算

路基填挖的断面积，是指断面图中原地面线与路基设计线所包围的面积，高于地面线者为填方，低于地面线者为挖方，两者应分别计算。下面介绍几种常用的面积计算方法。

#### 1. 积距法

如图 5-30 所示，将断面按单位横宽划分为若干个梯形与三角形条块，每个小条块的面积近似按每个小条块中心高度与单位宽度的乘积计算：

$$A_i = bh_i$$

则横断面面积为

$$A = bh_1 + bh_2 + \cdots + bh_n = b\sum_{i=1}^{n} h_i \quad (5-26)$$

当 $b=1m$ 时，则 $A$ 在数值上就等于各小条块平均高度之和 $\sum h_i$。

要求得 $\sum h_i$ 的值，可以用卡规逐一量取各条块高度的累积值。当面积较大卡规张度不够用时，也可用米厘方格纸折成窄条代替卡规量取积距。用积距法计算面积简单、迅速。若地面线较顺直，也可以增大 $b$ 的数值。若要进一步提高精度，可增加测量次数最后取其平均值。

2. 坐标法

如图 5-31 所示，已知断面图上各转折点坐标 $(x_i, y_i)$，则断面面积为

$$A = \frac{1}{2}\sum_{i=1}^{n}(x_i y_{i+1} - x_{i+1} y_i) \quad (5-27)$$

坐标法的精度较高，适宜于用计算机计算。

计算横断面面积还有几何图形法、数方格法、求积仪法等。

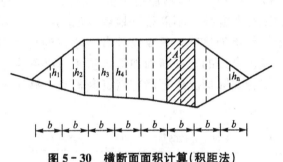

图 5-30 横断面面积计算(积距法)

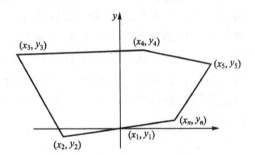

图 5-31 横断面面积计算(坐标法)

## 5.7.2 土石方数量计算

路基土石方计算工作量较大，加之路基填挖变化的不规则性，要精确计算土石方体积是十分困难的。在工程上通常采用近似计算。土石方数量一般可采用平均断面法或棱台体积法计算。

若相邻两断面均为填方或均为挖方且面积大小相近，则可假定断面之间为一棱柱体(图 5-32)，其体积的计算公式为

$$V = (A_1 + A_2)\frac{L}{2} \quad (5-28)$$

式中 $V$——体积，即土石方数量($m^3$)；

$A_1$、$A_2$——分别为相邻两断面的面积($m^2$)；

$L$——相邻断面之间的距离(m)。

此种方法称为平均断面法，如图 5-32 所示。用平均断面法计算土石方体积简便、实用，是公路上常采用的方法。但其精度较差，只有当 $A_1$、$A_2$ 相差不大时才较准确。当

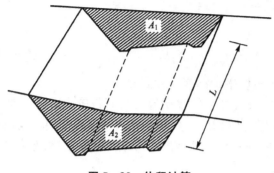

图 5-32 体积计算

$A_1$、$A_2$ 相差较大时，则按棱台体公式计算更为接近，其计算公式如下：

$$V = \frac{1}{3}(A_1+A_2)L\left(1+\frac{\sqrt{m}}{1+m}\right)$$

(5-29)

式中　$m = A_1/A_2$，其中 $A_1 < A_2$。

第二种的方法精度较高，应尽量采用，特别适用计算机计算。

土石方数量计算时，计算值是否与实际更接近与计算方法的选择关系并不大，其关键点在于两相邻桩号之间是否存在有特征断面点，如在两相邻桩号之间地形变化可能较大，就应该加设地形加桩，才能较为准确地反映实际地形，土石方数量才与实际更接近。这是设计者必须考虑的。

如图 5-33 所示，某纵断面实际地形如图中实线，如果只设置中桩+260、+280，则设计反映的图形如图中的点画线，如果中间加设+267，则设计反映的图形如图中的虚线；又如图 5-34 所示，某平面中线所在位置地形平坦，但在中桩+260 到+280 之间右侧有一个水塘，如果只设置中桩+260 和+280 而中间不加设中桩+265、+273 则根本不能反映水塘存在，同时也会把相应的工程量漏掉，不能很好地统计出实际的工程量。综上所述，虽然土石方计算时实际情形可能更加复杂，只要设计者能够找到合适的特征断面，就能很好地进行土石方的统计计算。合适的特征断面加桩这项工作必须在平面设计编制里程桩时，一定要到实地核对，结合实际情况进行确定特征断面点，减少土石方数量的误差。

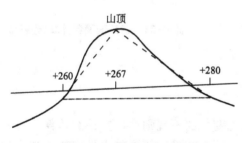

图 5-33　纵断面加桩图

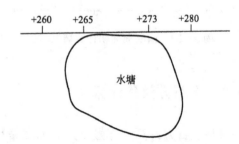

图 5-34　平面加桩图

用上述方法计算的土石方体积中，是包含了路面体积的。若所设计的纵断面有填有挖基本平衡，则填方断面中多计算的路面面积与挖方断面中少计算的路面面积相互抵消，其总体积与实施体积相差不大。但若路基是以填方为主或以挖方为主，则最好是在计算断面面积时将路面部分计入，也就是填方要扣除、挖方要增加路面所占的那一部分面积，特别是路面厚度较大时更不能忽略。

计算路基土石方数量时，应扣除大、中桥及隧道所占路线长度的体积；桥头引道的土石方，可视需要全部或部分列入桥梁工程项目中，但应注意不要遗漏或重复；小桥涵所占的体积一般可不扣除。

路基工程中的挖方按天然密实方体积计算，填方按压实后的体积计算。

## 5.7.3 路基土石方调配

土石方调配是指在路基设计和施工中，合理调运挖方作为填方的作业。

土石方调配的目的是为确定填方用土的来源、挖方弃土的去向，以及计价土石方的数量和运量等。通过调配，合理地解决各路段土石方平衡与利用问题，使从路堑挖出的土石方，在经济合理的调运条件下移挖作填，达到填方有所"取"，挖方有所"用"，避免不必要的路外借土和弃土，以减少耕地占用，降低公路造价，减轻对环境的破坏。

### 1. 土石方调配原则

（1）在半填半挖断面中，应首先考虑在本路段内移挖作填进行横向平衡，多余的土石方再作纵向调配，以减少总的运输量。

（2）土石方调配应考虑桥涵位置对施工运输的影响，一般大沟不作跨越调运，同时应注意施工的可能与方便，尽可能避免和减少上坡运土。

（3）为使调配合理，必须根据地形情况和施工条件，选用适当的运输方式，确定合理的经济运距，用以分析工程用土是调运还是外借。

（4）土方调配"移挖作填"固然要考虑经济运距问题，但这不是唯一的指标，还要综合考虑弃方或借方占地、赔偿青苗损失及对农业生产的影响等。有时移挖作填虽然运距超出一些，运输费用可能稍高一些，但如能少占地，少影响农业生产，对整体来说也未必是不经济的。

（5）不同的土方和石方应根据工程需要分别进行调配，以保证路基稳定和人工构造物的材料供应。

（6）位于山坡的回头曲线路段，要优先考虑上下线的土方竖向调运。

（7）土方调配对于借土和弃土应事先同地方商量，妥善处理。借土应结合地形、农田规划等选择借土地点，并综合考虑借土还田、整地造田等措施。弃土应不占或少占耕地，在可能条件下宜将弃土平整为可耕地，防止乱弃乱堆，或堵塞河流，损坏农田。

### 2. 土石方调配方法

土石方调配方法有多种，如累积曲线法、调配图法及土石方计算表调配法等。目前生产上多采用土石方计算表调配法，该法不需绘制累积曲线图与调配图，可直接在土石方表上（表5-25）进行调配，其优点是方法简捷、调配清晰、精度符合要求。该表也可由计算机自动完成。具体调配步骤如下。

（1）土石方调配是在土石方数量计算与复核完毕的基础上进行的，调配前应将可能影响运输调配的桥涵位置、陡坡、大沟等注在表旁，供调配时参考。

（2）弄清各桩号间路基填挖方情况并作横向平衡，明确本桩利用、填缺与挖余数量。然后按填挖方分别进行闭合核算，其核算式为

$$填方 = 本桩利用 + 填缺$$
$$挖方 = 本桩利用 + 挖余$$

（3）在作纵向调配前，根据"填缺"、"挖余"的分布情况，选择适当施工方法及可能采取的运输方式定出合理的经济运距，供土石方调配时参考。

表 5-25　路基土石方

| 桩号 | 横断面面积（或为半面积）/m³ | | | 平均面积 | | | 距离/m | 挖方分类及数量/m³ | | | | | | | | | | | |
|---|---|---|---|---|---|---|---|---|---|---|---|---|---|---|---|---|---|---|---|
| | 挖 | 填 | | 挖 | 填 | | | 总数量 | 土 | | | | | | 石 | | | | |
| | | | | | | | | | 松土 | | 普通土 | | 硬土 | | 软石 | | 次坚石 | | 坚石 | |
| | | 土 | 石 | | 土 | 石 | | | % | 数量 | % | 数量 | % | 数量 | % | 数量 | % | 数量 | % | 数量 |
| 1 | 2 | 3 | 4 | 5 | 6 | 7 | 8 | 9 | 10 | 11 | 12 | 13 | 14 | 15 | 16 | 17 | 18 | 19 | 20 | 21 |
| K14+000 | 60.0 | | | | | | | | | | | | | | | | | | | |
| +017 | 82.2 | | | 71.1 | | | 17 | 1.209 | | | 20 | 242 | 10 | 121 | | | 50 | 604 | 20 | 242 |
| +025 | 86.4 | 10.0 | 4.0 | 84.3 | 5.0 | 2.0 | 8 | 674 | | | | 135 | | 67 | | | | 337 | | 135 |
| +037 | | 78.0 | | 43.2 | 39.0 | 5.0/2.0 | 12 | 518 | | | | 103 | | 52 | | | | 259 | | 104 |
| +041 | | 69.6 | | | 73.8 | | 4 | | | | | | | | | | | | | |
| +050 | 78.4 | | | 39.2 | 34.8 | | 9 | 353 | | | | | 20 | 71 | | | | 176 | 30 | 106 |
| +060 | 34.4 | | | 56.4 | | | 10 | 564 | | | | | | 113 | | | | 282 | | 169 |
| +072 | 86.8 | | | 60.6 | | | 12 | 727 | | | | | | 145 | | | | 364 | | 218 |
| +080 | 25.0 | | | 55.9 | | | 8 | 447 | | | | | | 89 | | | | 224 | | 134 |
| +086 | | 24.6 | 54.6 | 12.5 | 12.3 | 27.3 | 6 | 75 | | | | | | 15 | | | | 37 | | 23 |
| +094 | | 28.0 | 56.0 | | 26.3 | 55.3 | 8 | | | | | | | | | | | | | |
| +100 | | 20.0 | 56.0 | | 24.0 | 56.0 | 6 | | | | | | | | | | | | | |
| +108 | | 24.0 | 44.0 | | 22.0 | 50.0 | 8 | | | | | | | | | | | | | |
| +114 | 24.0 | | 2.0 | 12.0 | 12.0 | 22.0/1.0 | 6 | 72 | | | | | | 14 | | | | 36 | | 22 |
| +124 | 46.0 | | 1.0 | 35.0 | | 1.5 | 10 | 350 | | | | | | 70 | | | | 175 | | 105 |
| +140 | 16.0 | 8.0 | | 31.0 | 4.0 | 0.5 | 16 | 496 | | | | | | 99 | | | | 248 | | 149 |
| +160 | 42.0 | 6.0 | | 29.0 | 7.0 | | 20 | 580 | | | | | | 116 | | | | 290 | | 174 |
| +180 | 62.0 | | | 52.0 | 3.0 | | 20 | 1040 | | | | | | 208 | | | | 520 | | 312 |
| +190 | 14.0 | 21.0 | | 38.0 | 10.5 | | 10 | 380 | | | | | | 76 | | | | 190 | | 114 |
| +200 | | 36.0 | | 7.0 | 28.5 | | 10 | 70 | | | | | | 14 | | | | 35 | | 21 |
| 小计 | | | | | | | 200 | 7555 | | | | | | 1270 | | | | 3777 | | 2208 |

注：(1) 24、30 栏中的"( )"表示以石代土。
(2) 31、32、33、34 栏中分子为数量，分母为运距。
(3) 31、32 栏是指普通土和次坚石，如有不同，须加注明。

## 数量计算表

| 填方数量/m³ | | 利用方数量/m³ 及运距(单位) | | | | | | 借方数量/m³ 及运距(单位) | | 废方数量/m³ 及运距(单位) | | 总运量/m³ (单位) | |
|---|---|---|---|---|---|---|---|---|---|---|---|---|---|
| | | 本桩利用 | | 填缺 | | 挖余 | | 远运利用纵向调配示意 | | | | | |
| 土 | 石 | 土 | 石 | 土 | 石 | 土 | 石 | | | 土 | 石 | 土 | 石 | 土 | 石 |
| 22 | 23 | 24 | 25 | 26 | 27 | 28 | 29 | 30 | 31 | 32 | 33 | 34 | 35 | 36 |
| | | | | | | 363 | 846 | 调至上公里土 236 石:500 | | | | 346/③ | | 1038 |
| | 40 16 | | 56 | | | 202 | 416 | | | | | | 329/③ | | 987 |
| 468 | 60 24 | 155 (279) | | 84 | 34 | | | 土202 石87 | | | | | | | |
| 295 | | | | 295 | | | | 石(40) | | | | | | | |
| 313 | | 71 (242) | | | | 40 | | | | | | | | | |
| | | | | | | 113 | 451 | | | | | 443/② | | 886 |
| | | | | | | 145 | 582 | | | | | | | | |
| | | | | | | 89 | 358 | | | | | | | | |
| 74 | 164 | 15 | 60 | 59 | 104 | | | | | | | | | | |
| 210 | 442 | | | 210 | 442 | | | 土347 石882(66) | | | | | | 694 | 1896 |
| 144 | 336 | | | 144 | 336 | | | | | | | | | | |
| 176 | 400 | | | 176 | 400 | | | | | | | | | 105 | 609 |
| 72 | 132 6 | 14 | 58 | 58 | 80 | | | 土105 石480 (129) | | | | | | | |
| | 15 | | 15 | | | 70 | 265 | | | | | | | | |
| 64 | 8 | 64 | 8 | | | 35 | 389 | | | | | | 45 | | |
| 140 | | 115 (24) | | | | | | 440 | | | | | | 440 | |
| 60 | | 60 | | | | 148 | 832 | | | | | 148 | 832 | | |
| 105 | | 76 (29) | | | | | | 275 | | | | | | 60 | |
| 285 | | 14 (56) | | 215 | | | | | | | | | | | |
| | | | | | | | | 石(215) 土654右1362(537) | | | | | | | |
| 2406 | 1574 60 | 585 (630) | 281 | 1191 | 1362 | 1165 | 4894 | | | | | 148 | 2495 | 799 | 5416 |

(4) 根据填缺挖余分布情况，结合路线纵坡和自然条件，本着技术经济和支农的原则，具体拟定调配方案。方法是逐桩逐段地将毗邻路段的挖余就近纵向调运到填缺内加以利用，并把具体调运方向和数量用箭头标明在纵向利用调配栏中。

(5) 经过纵向调配，如果仍有填缺或挖余，则应会同当地政府协商确定借土或弃土地点，然后将借土或弃土的数量和运距分别填注到借方或废方栏内。

(6) 调配完成后，应分页进行闭合核算，核算式为

$$填缺 = 远运利用 + 借方$$
$$挖余 = 远运利用 + 废方$$

(7) 土石方调配后，应按下式进行复核检查：

$$横向调运 + 纵向调运 + 借方 = 填方$$
$$横向调运 + 纵向调运 + 弃方 = 挖方$$
$$挖方 + 借方 = 填方 + 弃方$$

特别注意的是：土石方调配一般在本公里内进行，必要时也可跨公里调配，但需将调配的方向及数量分别注明，以免混淆。每公里土石方数量计算与调配完成后，须汇总列入"路基每公里土石方表"，并进行全线总计与核算。至此完成全部土石方计算与调配工作。

以上检查一般是逐页进行复核的，如有跨页调配，须将其数量考虑在内。经核证无误后，即可分别计算计价土石方数量、运量和运距等，为编制施工预算提供土石方工程数量。

3. 关于调配计算的几个问题

1) 经济运距

经济运距用以确定借土或调运的限界及距离。当调运距离小于经济运距时，采用纵向调运是经济的；反之，则可考虑就近借土。

填方用土来源，一是路上纵向调运，二是就近路外借土。一般情况下调运路堑挖方来填筑距离较近的路堤还是比较经济的。但如调运的距离过长，以致运价超过了在填方附近借土所需的费用时，移挖作填就不如在路堤附近就地借土经济。因此，采取"调"还是"借"，有个限度距离问题，这个限度距离即所谓"经济运距"。其值按下式计算：

$$L_{经} = \frac{B}{T} + L_{免} \tag{5-30}$$

式中　$B$——借土单价(元/m³)；

　　　$T$——远运运费单价[元/(m³·km)]；

　　　$L_{免}$——免费运距(km)。

2) 免费运距

土、石方作业包括挖、装、运、卸等工序，在某一特定距离内，只按土、石方数量计价而不计运费，这一特定的距离称为免费运距。施工方法的不同，其免费运距也不同，如人工运输的免费运距为20m，铲运机运输的免费运距为100m。

3) 平均运距

土方调配的运距，是指从挖方体积的重心到填方体积的重心之间的距离。在路线工程中为简化计算起见，这个距离可简单地按挖方断面间距中心至填方断面间距中心的距离计算，称平均运距。

在纵向调配时，当其平均运距超过定额规定的免费运距，应按其超运距计算土石方运量。

4）运量

土石方运量为平均运级与土石方调配数量的乘积。

在生产中，如工程定额将人工运输每 10m 的平均运距划为一个运输单位，称之为一"级"，20m 为两个运输单位，称为二"级"，以此类推。在土方计算表内可用符号①、②表示，不足 10m 时，仍按一级计算或四舍五入。于是

$$总运量＝调配（土石方）方数×n$$

式中　　$n$——平均运距单位（级），$n=\dfrac{L-L_免}{10}$；

　　　　$L$——平均运距（m）；

　　　　$L_免$——免费运距（m）。

式中的分母 10 表示运级为 10m，当采用不同的运输方式时，运级可能不同。

5）计价土石方数量

在土石方调配中，所有挖方无论是"弃"或"调"，都应予以计价。但对于填方则不然，要根据用土来源来决定是否计价。如果是路外借土，那当然要计价，倘若是移挖作填调配利用，则不应再计价，否则形成双重计价。因此计价土石方必须通过土石方调配表来确定，其数量为

$$计价土石方数量＝挖方数量＋借方数量$$

一般工程上所说的土石方总量，实际上是指计价土石方数量。一条公路的土石方总量，一般包括路基工程、排水工程、临时工程、小桥涵工程等项目的土石方数量。对于独立大、中桥梁、长隧道的土石方数量应另外计算。

## 5.8 横断面设计成果

路基横断面设计的主要成果是"两图两表"，即路基横断面设计图、路基标准横断面图、路基设计表与路基土石方计算表。

**1. 路基横断面设计图**

路基横断面设计图是路基每一个中桩的法向剖面图，它反映每个桩位处横断面的尺寸及结构，是路基施工及横断面面积计算的依据，图中应给出地面线与设计线，并标注桩号、施工高度与断面面积。相同的边坡坡度可只在一个断面上标注，挡墙等圬工构造物可只绘出形状不标注尺寸，边沟也只需绘出形状。横断面设计图应按从下到上、从左到右的方式进行布置，一般采用 1∶200 的比例。

**2. 路基标准横断面图**

如图 5-35 所示，路基标准横断面图是路基横断面设计图中出现的所有路基形式的汇总。它表示出了所有设计线（包括边坡、边沟、挡墙、护肩等）的形状、比例及尺寸，用以指导施工。这样路基横断面设计图就不必对每一个断面都进行详细的标注（其中很多断面的比例、尺寸都是相同的），避免了工作的重复与烦琐，也使横断面设计图比较简洁。

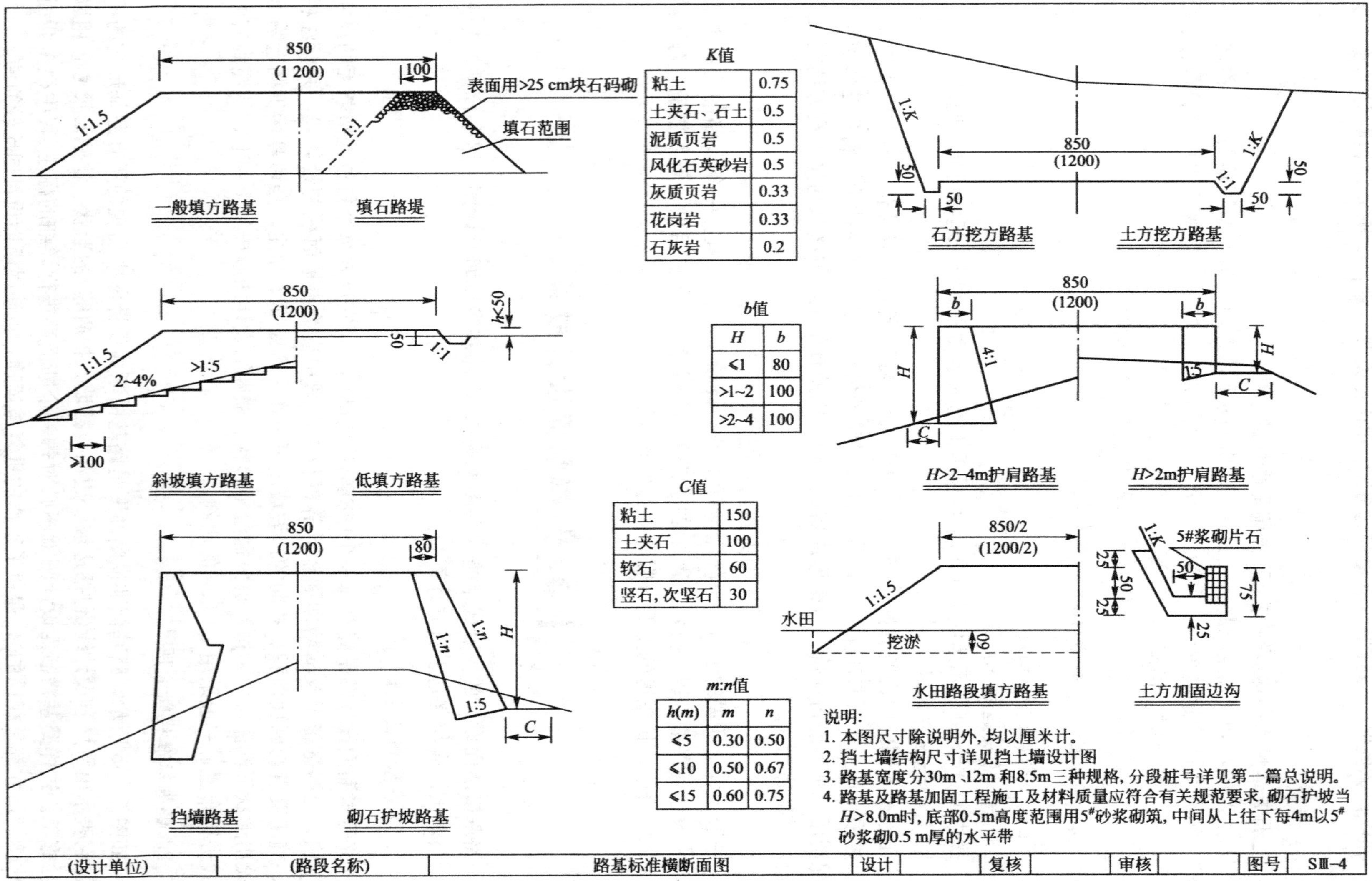


*K*值

| | |
|---|---|
| 粘土 | 0.75 |
| 土夹石、石土 | 0.5 |
| 泥质页岩 | 0.5 |
| 风化石英砂岩 | 0.5 |
| 灰质页岩 | 0.33 |
| 花岗岩 | 0.33 |
| 石灰岩 | 0.2 |

*b*值

| *H* | *b* |
|---|---|
| ≤1 | 80 |
| >1~2 | 100 |
| >2~4 | 100 |

*C*值

| | |
|---|---|
| 粘土 | 150 |
| 土夹石 | 100 |
| 软石 | 60 |
| 竖石, 次坚石 | 30 |

*m*:*n*值

| *h*(*m*) | *m* | *n* |
|---|---|---|
| ≤5 | 0.30 | 0.50 |
| ≤10 | 0.50 | 0.67 |
| ≤15 | 0.60 | 0.75 |

说明:
1. 本图尺寸除说明外, 均以厘米计。
2. 挡土墙结构尺寸详见挡土墙设计图
3. 路基宽度分30m、12m 和8.5m三种规格, 分段桩号详见第一篇总说明。
4. 路基及路基加固工程施工及材料质量应符合有关规范要求, 砌石护坡当 $H$>8.0m时, 底部0.5m高度范围用5#砂浆砌筑, 中间从上往下每4m以5#砂浆砌0.5 m厚的水平带

图 5-35　标准横断面图

3. 路基设计表

路基设计表严格地说不能只作为横断面设计的成果,它是路线设计成果的一个汇总,其前半部分是平面与纵面设计的成果。横断面设计完成后,再将"边坡"、"边沟"等栏填上。其中"边沟"一栏的"坡度"如不填写,表明沟底纵坡与道路纵坡一致,如果不一致,则需另外填写。

4. 路基土石方计算表

路基土石方是道路工程的一项主要工程量,所以在道路设计和路线方案比较中,路基土石方数量的多少是评价道路测设质量的主要技术经济指标之一,也是编制道路施工组织计划和工程概预算的主要依据。

5. 其他成果

对于特殊情况下的路基(如高填深挖路基、侵河路基、不良地质地段路基等)应单独设计,并绘制特殊路基设计图。图中应出示缘石大样,中央分隔带开口设计图等。

## 本 章 小 结

公路横断面最基本的组成是行车道和路肩,除此之外,还包括分隔带、边沟、边坡、截水沟、护坡道、碎落台以及取土坑、弃土堆、环境保护设施等。城市道路的横断面组成中,还包括机动车道、非机动车道、人行道、绿带、分车带等。城市道路行车道两侧的人行道、绿带、公用设施带等统称为路侧带。路侧带的宽度应根据道路类别、功能、行人流量、绿化、沿街建筑性质及布设公用设施要求等要求来综合确定。

高速公路和一级公路横断面是双幅多车道形式,一般公路横断面是单幅双车道形式,山区地形复杂的四级公路采用单车道。

城市道路依据交通量等级分为:单幅路、双幅路、三幅路、四幅路。

行车道的宽度有:3.75m、3.50m、3.25m、3.00m。

当平曲线半径小于或等于 250m 时,应在平曲线内侧设置加宽,并设置长度不低于 10m 的加宽缓和段;加宽缓和段、超高缓和段应采用与缓和曲线相同的长度。

路肩宽度有:2.25m、2.00m、1.75m、1.50m、1.00m、0.75m,最窄不能小于 0.50m。

公路路基总宽见表 5-10 和表 5-11。

道路横坡既要有利于行车,又要有利于排水。不同路面类型的路拱坡度见表 5-12,路肩横坡稍大于路面,其横坡值宜采用 3%~4%。

道路超高过渡的旋转点,就是纵断面设计高程点,可以是道路中线、未加宽前的内侧车道边缘或外侧车道边缘。一般情况下,道路外侧先绕中线旋转,内侧不动,当内侧、外侧横坡一致时,内侧、外侧再一起旋转。超高渐变率见表 5-14。

路堤、路堑边坡高度太高时,可设置成台阶的形式,增设护坡道或碎落台,以利于边坡稳定。

道路红线就是道路的用地与其他用地的分界线,也是道路用地范围。道路建筑限界又称净空,是为保证车辆、行人的通行安全,对道路和桥面上以及隧道中规定的一定的高度和宽度范围内不允许有任何障碍物侵入的空间界限。它由净高和净宽两部分组成。

道路横断面设计时，要依据地形特征点、线路主点和整数桩选取横断面，每一个横断面图上都要标注设计高程、填挖面积、中桩填挖高度等信息，为土石方计算准备数据。路基设计表是道路平、纵、横设计成果的一个汇总，相关数据都能在此表中反映出来。

路基横断面设计成果主要是"两图两表"，即路基横断面设计图，路基标准横断面图，路基设计表与路基土石方计算表。

## 习题与思考题

5-1 某新建三级公路，设计速度 $V=30\text{km/h}$，路面宽 $B=7\text{m}$，路拱 $i_G=2\%$。路肩 $b_J=0.75\text{m}$，$i_J=3\%$。某平曲线 $\alpha=34°50'08''$，$R=150\text{m}$，$L_h=40\text{m}$，交点桩号为 K7+086.42。试求曲线上 5 个主点及下列桩号的路基路面宽度、横断面上的高程与设计高之高差：①K7+030；②K7+080；③K7+140；④K7+160（圆曲线上的全加宽与超高值按《规范》处理）。

5-2 在设计一条公路时，如何确定其横断面宽度？

5-3 《规范》对平曲线加宽有何规定？

5-4 超高渐变段的长度是否与缓和曲线的长度相等？为什么？

5-5 土石方调配时，下述说法是否正确？为什么？

$$\text{计价土石方}=\text{填方}+\text{弃方}$$

5-6 填满下表所有空格（路肩宽 $a=0.75\text{m}$，路面宽 $b=7\text{m}$，路拱坡度 $i_1=2\%$；路肩坡度 $i_0=3\%$，超高横坡度 $i_b=6\%$）。

| 桩号 | 路基宽度 | | 路基边缘及中桩与设计标高之差 | | |
|---|---|---|---|---|---|
| | 左 | 右 | 左 | 中 | 右 |
| ZHK2+094.680 | 4.250 | 4.250 | -0.023 | 0.070 | -0.023 |
| +100 | | | | | |
| +120 | | | | | |
| HYK2+134.680 | 5.750 | | | | |
| 140 | | | | | |
| 160 | | | | | |
| QZK2+174.320 | | | -0.135 | 0.210 | 0.465 |
| +180 | | | | | |
| +200 | | | | | |
| YHK2+213.960 | | | | | |

(续)

| 桩号 | 路基宽度 | | 路基边缘及中桩与设计标高之差 | | |
|---|---|---|---|---|---|
| | 左 | 右 | 左 | 中 | 右 |
| +220 | | | | | |
| +240 | | | | | |
| HZK2+253.960 | 4.250 | 4.250 | −0.023 | 0.070 | −0.023 |

# 第6章 选　线

### 教学要点

| 知识要点 | 掌握程度 | 相关知识 |
|---|---|---|
| 基本概念 | (1) 准确理解选线的新理念；<br>(2) 掌握道路选线技术标准的运用 | (1) 选线的新理念；<br>(2) 国家规范 |
| 选线的步骤 | (1) 掌握选线的基本方法；<br>(2) 掌握各种地形、地物、地质条件下的选线 | (1) 平原区选线；<br>(2) 山岭区选线；<br>(3) 丘陵区选线 |

### 技能要点

| 技能要点 | 掌握程度 | 应用方向 |
|---|---|---|
| 选线步骤 | 了解公路选线的一般原则和步骤 | 公路选线 |
| 选线 | 熟练掌握各种选线方法 | 各种地形的选线 |
| 展线 | 掌握路线展线的主要形式 | 各种地形的公路展线 |

### 基本概念

选线；实地选线；纸上选线；平原区；山岭区；丘陵区；沿溪线；越岭线；山脊线；低线位；高线位；垭口；过岭标高；展线；自然展线；回头展线；螺旋展线；匀坡线。

### 引例

陕西省西汉公路秦岭盘山路线，由于秦岭高差达580m（由观音堂至岭顶），自然坡度达14.3%，山势陡峻，展线困难。选线人员为摸清山形和展线方案，于绵延数百里的秦岭大山中，反复攀登山岩，几经波折，终于选定了宝汉公路的杰出线形，该线平均纵坡仅5.4%，偌大的翻越秦岭的宝汉公路上回头弯极少，且无一个葫芦形曲线，充分地结合地形用活了准则，是选线的一个杰出成果。

公路勘测设计是公路基本建设的必要步骤，而选线决定道路前进方向，在公路测设的整个过程中具有举足轻重的作用。一条公路的设计好坏、工程造价等与公路选线、定

线有直接关系。但公路选线是一件灵活性很大的工作，影响因素很多，具有较强的经验性。

## 6.1 概　　述

道路选线就是根据路线的基本走向和技术标准，结合当地的地形、地质、地物及其他沿线条件和施工条件等，选定一条技术上可行、经济上合理，又能符合使用要求的道路中心线的工作。选线是道路线形设计的重要环节，选线的质量直接影响到整条道路的使用质量和工程造价。

选线首先需要考虑自然环境条件，影响道路的自然因素主要有地形、气候、水文、水文地质、地质、土壤及植物覆盖等。地形决定了选线条件，并在很大程度上影响道路的技术标准。气候情况直接或间接地影响着地面水的数量、地下水位高度、大气降水量及其强度和形态、路基水温状况、泥泞期、冬季积雪和冰冻延续期，并在一定程度上限制施工期限和条件。水文情况决定排水结构物的数量和大小，水文地质情况决定了含水层的厚度和位置、地基或路基岩层滑塌的可能性。地质构造，决定地基及路基附近岩层的稳定性，确定有无滑塌、碎落和崩坍的可能；同时也决定土石方工程施工难易和筑路材料的质量。土是路基与路面基层的材料，它影响路基形状和尺寸的决定，也影响着路面形式和结构的确定。地面的植物覆盖影响暴雨径流、水土流失程度，并在一定程度上影响路基土壤的水理和热理状况。

其次，路线所经区域的土地属性、人口密度、经济状况、城镇、村落、民风、人文、政治、国防等社会经济条件也是必须考虑的。另外，线形技术指标等也应考虑。选线必须由粗到细，由轮廓到具体，逐步深入，分阶段分步骤地加以分析比较，才能定出最合理的路线来。

### 6.1.1 选线原则

路线选线贯穿整个设计过程，且不同的设计阶段选线工作的重点不同，随着设计工作的继续与深入，选线应不断地重复、优化。选线时，通常应遵循以下原则。

(1) 在路线设计的各个阶段，应运用先进的手段对路线方案进行深入、细致的研究，在多方案论证、比较的基础上，选定最优的路线方案。

(2) 正确处理好近期、远期的关系，使之在公路网中发挥作用。

(3) 路线设计与路线布设应在保证行车安全、舒适、迅速的前提下，使工程数量最小、造价低、营运费用省、效益好，并有利于施工和养护。在工程量增加不大时，应尽量采用较高的技术指标，不宜轻易采用低限指标，也不应片面追求高指标。

(4) 选线应同农田基本建设相配合，做到少占田地，注意尽量不占高产田、经济作物田或经济园林(如橡胶林、茶林、果园)等，并注意与修路造田、农田水利灌溉、土地规划等相结合。

(5) 通过名胜、风景、古迹地区的道路，应与周围的环境、景观相协调，并适当兼顾美观。注意保护原有的自然生态环境和重要的历史文物遗址。

(6) 选线时应对工程地质和水文地质进行深入勘测，查清其对道路工程的影响程度，尽量选择地质稳定、地形条件好的地带。

对于滑坡、崩塌、岩堆、泥石流、岩溶、软土、泥沼等严重不良地质地段和沙漠、多年冻土等特殊地区，应慎重对待。一般情况下，路线应设法绕避；当路线必须穿过时，应选择合适的位置，缩小穿越范围，并采取必要的工程措施。

(7) 选线应重视环境保护，注意由于道路修筑以及汽车运行所产生的影响与污染等问题，具体应注意以下几个方面。

① 路线对自然环境与资源可能产生的影响。

② 占地、拆迁房屋所带来的影响。

③ 路线对城镇布局、行政区划、农耕区、水利排灌体系等现有设施造成分割而产生的影响。

④ 噪声对居民生活的影响。

⑤ 汽车尾气对大气、水源、农田所造成的影响及污染。

⑥ 对自然环境、资源的影响和污染的防治措施及其对策实施的可能性。

⑦ 选线应综合考虑路与桥的关系。在选线中，个别特殊大桥桥位，一般作为路线总方向的控制点；大中桥位原则上应服从路线的总方向，一般作为路线走向的主要控制点；小桥涵位置应服从路线走向。

(8) 选线时综合平纵横三方面的综合设计；尽量减少道路与道路或道路与铁路的交叉次数。

(9) 选定多个有比较价值的方案优化设计。

上述选线原则，对于各级道路都是适用的。但在掌握这些原则时，不同等级的道路，应有不同的侧重。如高等级公路主要为起终点及中间重要控制点间快速直达交通服务的。该功能决定了它的基本方向不应偏离总方向过远，需要与沿线城镇连接时，宜用支线连接。对于等级低的地方道路主要是为地方交通服务，在合理的范围内，多联系一些城镇是无可非议的。

## 6.1.2 选线的步骤

一条路线的起、终点确定以后，它们之间有很多走法。选线的任务就是在这众多的方案中选出一条符合设计要求、经济合理的最优方案。因为影响选线的因素很多，这些因素有的互相矛盾，有的又相互制约，各因素在不同场合的重要程度也不相同，不可能一次就找出理想方案来。最有效的做法是通过分阶段，由粗到细反复比选来求最佳解。选线一般要经过以下 3 个步骤。

1. 全面布局

全面布局是解决路线基本走向的工作。根据公路的技术等级及其在公路网中的作用，结合地形地物条件，在路线的起、终点及中间必须通过的控制点间寻找可能通行的"路线带"，并进而确定一些大的控制点，将其连接起来，即形成路线的基本走向。例如，在道路的起、终点及必须通过的控制点间可能沿某条河、越某座岭；也可能沿几条河、越几座岭；可能走这一岸、也可能走另一岸。这些都属于路线的布局问题。

路线布局，是关系到公路质量的根本性问题。如果总体布局不当，即使局部路线选得再好、技术指标确定得再恰当，仍然是一条质量很差的路线。因此，在选线中首先应着眼于总体布局工作，解决好基本走向问题。全面布局是通过路线视察，经过方案比较来解决的。

2. 逐段安排

这是在路线基本走向已经确定的基础上，进一步加密控制点，解决路线局部方案的工作，即在大控制点间，结合地形、地质、水文、气候等条件，逐段定出小控制点。例如，过垭口时，是从其中间穿越，还是走其中的一侧；翻越垭口后，是沿左侧山坡展线下山，还是沿右侧山坡展线下山；沿河时是仅走一段，还是多次跨河换岸布设线等等都是属于局部方案问题。逐段安排路线是通过踏勘测量或详测前的路线察看来解决的。

3. 具体定线

这是在逐段安排的小控制点间，根据技术标准结合自然条件，综合考虑平、纵、横三方面要素，反复穿线插点，集体定出路线位置(标定公路中线)的工作。这是一步更深入、更细致、更具体的工作。

## 6.1.3 选线的一般方法

选定道路中线位置按其具体做法不同可有实地选线、纸上选线和自动化选线 3 种。

1. 实地选线

实地选线是由选线人员(由勘测人员、行政人员等组成)，根据设计任务书的要求，在现场实地进行勘查测量，经过反复比较，直接选定路线的方法，如图 6-1 所示。

图 6-1 实地选线实例

该方法的特点是工作简便、符合实际；实地容易掌握地质、地形、地物情况，做出的方案切实可靠；定线时一般不需要大比例尺地形图。但是，这种方法野外工作量很大，体力劳动强度高，野外测设工作受气候和季节的影响大。同时，由于视野的局限性，加上地形、地貌、地物的影响，使路线的整体布局存在一定的片面性和局限性。因此，实地选线往往仅用于等级较低、方案比较明确的公路。

2. 纸上选线

纸上选线是在已经测得的地形图上，进行路线方案比选，从而在纸上确定路线，再到实地放线的选线方法，如图6-2所示。

这种方法的特点是野外工作量较小、测设速度快；测设和定线不受自然因素干扰；能在室内纵观全局，结合地形、地物、地质条件，综合考虑平、纵、横三方面的因素，使所选定的路线更为合理。但纸上定线必须要有大比例尺的地形图，地形图的测设需要较大的工作量和较多的设备。纸上选线多用于等级较高和地形、地物及路线方案十分复杂的道路。

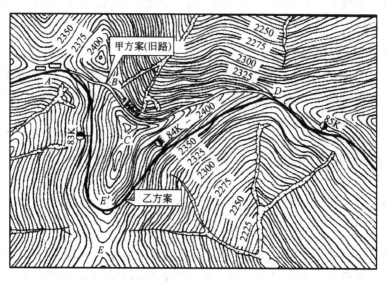

图6-2　纸上选线图例

3. 自动化选线

随着航测技术和电子计算机技术的迅速发展，产生了将航测和电算相结合的自动化选线方法。

自动化选线的基本方法是：先用航测方法测得航测图片，在根据地形信息建立数字地形模型（即数字化的地形资料），把选线设计的要求转化为数学模型，将设计数据输入计算机，由计算机按照一定的程序进行自动选线、分析比较、优化，最后通过自动绘图仪和打印机将全部设计图表输出。

自动化选线用电子计算机和自动绘图仪代替人工去做大量而又繁重的计算、绘图、分析比较工作，这样能使选择的路线方案更加合理，而且节省了人力、物力和时间，成为今后道路选线的发展方向。

## 6.1.4　选线的一般规律

影响道路线位的因素很多，在选线时，应抓住主要的影响因素进行路线布设，根据影响因素的不同可有以下几种布线的基本方式。

1. 按地物布线

该方式主要在平原微丘区及城镇、厂矿地区采用。其布线的基本规律是：以平面地物障碍为控制因素，以路线平面为主导，结合纵面和横断面布设路线。

2. 按地形布线

该方式主要在山岭重丘区采用。在山区，地形是影响线位的主要因素，按地形布线的基本规律是：以地形为控制因素，以纵面线形为主导，综合平面和横断面安排路线。按路线与地形的基本关系将路线分为沿溪线、越岭线和山脊线等基本布线方式。

3. 按地质布线

在不良地质地段和特殊地貌地区，地质条件是影响线位的主要因素，布线时，以避让和防治不良地质病害为主导，综合平、纵、横布设路线。

## 6.2 路线方案比较

方案比较是选线中确定路线总体布局的有效方法，在可能布局的多种方案中，通过方案比较和取舍，选择技术合理、切实可行的最优方案。路线方案的取舍是路线设计中的重要问题，方案是否合理，不仅关系到道路本身的工程投资和运输效率，更重要的是影响到路线在道路网中的作用，直接关系到是否满足国家政治、经济及国防的要求和长远利益。根据方案比较深度上的不同，可分为原则性方案比较和详细的方案比较两种。

### 6.2.1 原则性方案比较

从形式上看，方案比较可分为质的比较和量的比较。对于原则性的方案比较，主要是质的比较，多采用综合评价的方法，这种方法不是通过详细计算经济和技术指标进行的比较，而是综合各方面因素进行评比。

(1) 路线在政治、经济、国防上的意义，国家或地方建设对路线使用任务、性质的要求，以及战备、支农、综合利用等重要方针的贯彻和体现程度。

(2) 路线在铁路、公路、航道等网系中的作用，与沿线工矿、城镇等规划的关系以及与沿线农田水利建设的配合及用地情况。

(3) 沿线地形、地质、水文、现象、地震等自然条件对道路的影响，要求的路线等级与实际可能达到的技术标准及其对路线的使用任务、性质的影响；路线的长度、筑路材料的来源、施工条件以及工程量、三材(钢材、木材、水泥)用量、造价、工期、劳动力等情况及其运营、施工、养护的影响，以及施工期限长短等。

(4) 路线与沿线历史文物、革命史迹、旅行风景区等的联系。

影响路线方案选择的因素是多方面的，而各种因素又多是相互联系、相互影响的。路线在满足使用任务和性质要求的前提下，应综合考虑自然条件、技术标准和技术指标、工程投资、施工期限和施工设备等因素，精心选择、反复比较，才能提出合理的推荐方案。

## 6.2.2 详细的方案比较

详细的方案比较是在原则性方案比较之后进行的量的比较,它包括技术和经济指标的详细计算,一般多用于做局部方案的分析比较。

**1. 技术指标的比选**

(1) 通过县(市)及重要城市个数。
(2) 拆建筑物。
(3) 路线长度及其延长系数。
① 路线总延长系数 $\lambda_0$ 为

$$\lambda_0 = \frac{L}{L_0} \tag{6-1}$$

式中　$L$——路线方案的实际长度(m);
　　　$L_0$——路线起、终点间的直线距离(m)。
② 路线技术延长系数 $\lambda_1$ 为

$$\lambda_1 = \frac{L}{L_1} \tag{6-2}$$

式中　$L_1$——路线方案中各大控制点间的直线距离(m),一般取 1.05~1.2 之间。

(4) 转角数:包括全线的转角数 $n$(单位为个)和每千米的转角数(单位为个/km)。
(5) 转角平均度数。转角是体现路线顺直的一种技术指标,转角平均数按下式计算:

$$\alpha = \frac{\sum_{i=1}^{n} \alpha_i}{n} \tag{6-3}$$

式中　$\alpha$——转角平均度数(°);
　　　$\alpha_i$——任一转角度数(°);
　　　$n$——全线的总转角数。

(6) 最大与最小曲线半径,单位为 m。
(7) 回头曲线数目,单位为个。
(8) 最大与最小纵坡。
(9) 最大与最小竖曲线半径,单位为 m。
(10) 与既有公路及铁路的交叉数目(包括平面交叉和立体交叉)。
(11) 限制车速的路段(指居住区、小半径转弯处、交叉点、陡坡路段等)长度。

**2. 经济指标的比选**

(1) 路基土石方工程数量。
(2) 桥涵工程数量(大桥、中桥、小桥涵的座数、类型及其长度)。
(3) 隧道工程数量。
(4) 防护与加固工程数量。
(5) 征购土地工程数量及费用。
(6) 拆迁建筑物及管线设施的数量。

(7) 主要材料数量。
(8) 主要机械、劳动力数量。
(9) 工程总造价。
(10) 投资成本-效益比。
(11) 投资内部收益率。
(12) 投资回收期。

### 6.2.3 方案比较的步骤和实例

1. 方案比较步骤

较长的路线,可行的方案很多,路线方案是通过许多方案的比较淘汰而确定的。指定的两个据点之间的自然情况越复杂、距离越长,可能的比较方案就越多,需要淘汰的方案也就越多。淘汰的方法,不可能每条路线都通过实地勘察进行,因而要尽可能收集已有资料,先在室内进行筛选,然后对较好的、而且优劣难以辨别的有限个方案进行实地视察和比选。其步骤一般如下。

(1) 收集资料。
(2) 在小比例地形图上布局路线,初拟方案。
(3) 室内初步比选,确定可比方案。
(4) 实地观视察、踏勘测量。
(5) 进一步比选,确定推荐方案。

2. 方案比较实例

恩施大峡谷至利川腾龙洞旅游公路中庙门坡垭口至终点马鞍龙段有两个走廊带方案:方案一为清江雪照河沿岸走廊带 A 线方案,方案二为利用团大公路的 K 线方案,如图 6-3 所示。

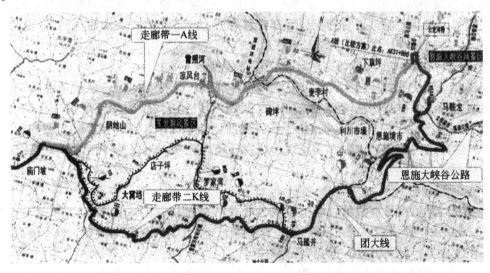

图 6-3 路线方案示意图

将 A 线与 K 线从以下几方面比较。

1) 营运里程及建设里程

为便于分析接点相对关系，以 A 线的起点 AK17+418＝K17+418 算起，终点为大峡谷旅游公路大龙潭至马鞍龙段的马鞍龙交叉口。

A 线方案建设里程长 14.986km，利用里程长 3.322km，营运里程共计 18.308km。

K 线方案建设里程长 11.306km，利用里程长 11.3km，营运里程共计 22.606km。

K 线方案与 A 线方案相比，营运里程长了 4.298km，利用里程长了 7.978km，建设里程短 3.68km。

2) 平纵面线形

A 线方案 AK17+418～AK32+404 段均为新建路段，平纵线形总体较好，但受地形条件限制局部平纵指标不高；AK32+404 至终点马鞍龙为利用路段，由于是景区公路，考虑不破坏自然景观，直接利用，平纵线形较差。K 线方案 K17+418～K28+724 为新建路段，平纵线形较好；K28+724 至终点段已进入恩施大峡谷景区，利用老路团大公路和恩施大峡谷大桥接线公路，平纵指标较低。经上述比较，A 线方案平纵线形整体稍优于 K 线方案。

3) 地形、地质条件

A 线方案除终点段 3.322km 以外全为新线，且大部分沿清江雪照河段南岸布线，其横坡陡峭，地形复杂，穿越河沟、山坳、溶洞、天坑等特殊地质路段多。K 线方案除 K17+718～K28+724 段 11.306km 为新线外，其余路段均为利用老路段，且新线段为台地，相对雪照河南岸较为平坦。显而易见，K 线方案地形、地质条件、施工条件均明显优于 A 线方案。

4) 带动沿线经济发展

A 线方案所经路段大都为清江雪照河南岸，其地质陡峭、山势复杂，沿线居民较少。K 线方案经过路段，沿线居民较多，能更好地方便人们出行和带动沿线地区经济增长。

5) 整合旅游资源程度

A 线方案沿清江雪照河布线里程长，更利于游客观赏清江河谷沿岸风景，而 K 线方案经过恩施大峡谷大桥，更有利于近距离观赏恩施大峡谷风景，增加旅游的多样性。从整合旅游资源方面来看，两个方案各有所长。

6) 环境保护和水土保持等自然环境的破坏程度

A 线方案新线较多，且大都沿清江雪照河岸布线，受特殊地形、地质条件影响，填挖较大，边坡较高，桥隧构造物较多，对清江雪照河段自然景观破坏较严重，且难以恢复。而 K 线方案新线较少，且新线均避绕了清江雪照河陡峭河岸，深切高填、大型构造物都较少，对自然环境破坏相对较少，因此，K 线在环境保护和水土保持等自然环境保护方面明显优于 A 线。

7) 工程量及造价

A 线方案路基土石方数量、防护排水数量较 K 线增加较多，且增加大桥 1080m/4 座，半幅桥 1510m/7 座，隧道 1077m/1 座，工程量十分巨大。A 线工程造价比 K 线高出 1.65 亿元，K 线在工程量及造价方面具有绝对优势。

经上述各方面因素综合比较(表 6-1)，K 线方案具有明显优势，因此该路段推荐 K 线走廊带。

表 6-1　庙门坡至终点马鞍龙段方案比较表

| 序号 | 指标名称 | 单位 | A线方案<br>AK17+418～马鞍龙 | K线方案<br>K17+418～马鞍龙 | 备注 |
|---|---|---|---|---|---|
| 一 | 路线 | | | | |
| 1 | 营运里程 | km | 22.606 | 18.308 | |
| 2 | 建设里程 | km | 14.986 | 11.306 | |
| 3 | 利用长度 | km | 3.322 | 11.3 | |
| 二 | 路基路面 | | | | |
| 1 | 计价土石方 | m³ | 842126 | 386035 | |
| 2 | 防护排水圬工 | m³ | 131308 | 90826 | |
| 3 | 特殊路基处理长度 | km | 0 | 0 | |
| 4 | 路面 | m² | 76310 | 76220 | |
| 三 | 桥涵 | | | | |
| 1 | 特大、大中桥 | m/座 | 1218/5 | 138/1 | |
| 2 | 旱桥 | m/座 | 1510/7 | 0 | |
| 3 | 涵洞 | 座 | 43 | 33 | |
| 四 | 隧道 | | | | |
| 1 | 隧道 | m/座 | 1077/1 | 0/0 | |
| 五 | 路线交叉 | | | | |
| 1 | 平面交叉 | 处 | 2 | 2 | |
| 六 | 征用土地 | 亩 | 494 | 297 | |
| 七 | 估算金额 | 亿元 | 2.4439 | 0.7955 | |
| | 每公里造价 | 万元 | 1630.8 | 703.6 | |
| | 推荐意见 | | | 推荐 | |

## 6.3　平原地区选线

### 6.3.1　自然特征

平原区地形起伏不大，一般自然坡度都在3°以下，主要是指一般平原、山间盆地、高原等地形平坦地区。除泥沼、盐渍土、河谷漫滩、草原、戈壁、沙漠等外，一般多为耕地，不良地质现象较少，在农耕区农田水系渠网纵横交错；居民点多，建筑设施多，交通网系较密。另外，平原区因地面平坦，排水困难，地面易积水，地下水位较高；河流较宽阔，河道平缓，泥沙淤积，河床低浅，洪水泛滥时河面较宽；在天然河网、湖区，还密布有湖泊、水塘和河岔等。

## 6.3.2 路线特征

平原地区地形对路线的约束限制不大，路线的基本线形应是短捷顺直，平、纵、横三方面的几何线形很容易达到较高的技术指标，路线布设时，主要考虑如何绕避地物障碍等。其路线特征是：平面线形顺直，以直线为主体线形，弯道转角较小，平曲线半径较大；在纵断面上，坡度平缓，以矮路堤为主，如图 6-4 所示。

图 6-4　平原地区地形图例

## 6.3.3 布设要点

选线时，首先在路线的起、终点间，把经过的城镇、厂矿、农场及风景文物点作为大的控制点；在控制点间，通过实地视察了解农田优劣及地物分布情况，确定哪些可穿，哪些该绕以及怎样绕避，从而建立起一系列中间控制点。一般较大的建筑群、水电设施、跨河桥位、洪水泛滥线以外及其必须绕越的障碍物均可为中间控制点；在中间控制点之间，如果没有充分的理由，一般不再设置转角点。

在安排平面线形时，既要使路线短捷顺直，又要注意避免过长的直线，可能条件下争取采用转角适当、半径较大的长缓的平曲线线形。

纵面线形应综合考虑桥涵、通道、交叉等建筑物的要求，合理确定路基设计高度。注意避免纵坡起伏较大和过于频繁，但也不应过于平缓。

综合平原区自然和路线特征，布线时应着重考虑以下几点。

**1. 正确处理好路线与农业的关系**

修建道路时占地是难以避免的，解决好路线与农田规划、农业灌溉水利设施的关系，是平原区选线的重要课题。布设路线时，要注意不片面要求路线顺直而占用大面积的良田；也不片面要求不占耕地而降低线形标准，甚至恶化行车条件。再者，应解决好路线与农田水利设施的关系，使路线的布置尽可能地与农业灌溉系统相配合，除较高等级的公路外，一般不要破坏灌溉系统，布线要注意尽量与干渠相平行，减少路线与渠道的相交次数，最好把路线布置在渠道的上方非灌溉区一侧或者是渠道的尾部。如图6-5所示，虚线方案穿经稻田区，路线短、线形好，但占耕地多、建筑路堤取土距离较远；实线方案的长度略有增加，但避开了大片稻田区，沿山坡布线，路基稳定，又可以节约土方数量。当路线标准不是太高时，应采用实线方案。

注意筑路与造田、护田相结合。在可能条件下，布线要有利于造田、护田，以支援农业(图6-6)。路线通过河曲地带，当水文条件许可时，可考虑路线直穿，裁弯取直，改移河道，缩短路线，改善线形(图6-7)。

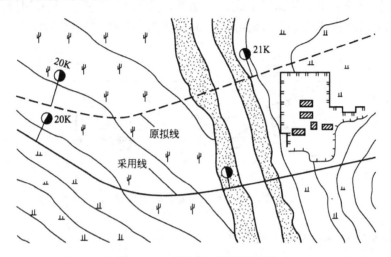

图6-5 路线方案比选示意图

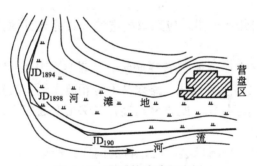

图6-6 围滩筑路造田实例

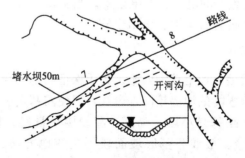

图6-7 改移河道示意图

## 2. 处理好路线和桥位的关系

大、中桥位往往是路线的控制点,应在服从路线总方向并满足桥头接线要求的原则下,综合考虑,选择有利桥位,布设路线,既要防止只考虑路线顺直、不顾桥位条件,增加桥跨的难度;又要防止片面强调桥位,使路线绕线过长,标准过低。一般情况下,桥位中线应尽可能与洪水主流流向正交,桥梁和引道都在直线上。桥位应选在水文地质、跨河条件较好的河段。如图 6-8 所示,有 3 个跨河方案,Ⅱ方案与河沟正交跨越,但线形曲折,不利于行车;Ⅲ方案路线直捷,但桥位处于河曲段,跨河不利,并且桥涵较多;综合比较,Ⅰ方案桥位虽略斜,比Ⅱ方案桥跨略长,但路线顺适,故为可取方案。

小桥涵位置原则上应服从路线走向,但遇到斜交过大(夹角大于 45°时)或河沟过于弯曲时,可考虑采取改沟或改移路线的办法,调整交角,布线时应比较确定。

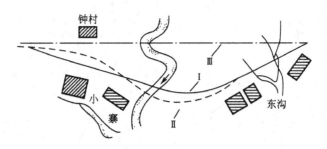

**图 6-8 桥位方案比较示意图**

## 3. 处理好路线与城镇居民点的关系

平原区有较多的城镇、村庄、工业设施等,路线布设应正确处理好路线与它们的关系。

(1) 国防公路与高等级的干道,应采取绕避的方式远离城镇,必要时还应考虑采用支线联系。

(2) 较高等级的道路应尽量避免直穿城镇、工矿区和居民密集区,以减少相互干扰。但考虑到公路对这些地区的服务性能,路线又不宜相离太远,往往从城镇的边缘经过。做到近村而不进村,利民而不扰民,既方便运输,又保证交通安全。这种路线布线时,要注意与城镇等的规划相结合。

(3) 道路等级较低时,应考虑县、区、村的沟通,经地方同意可穿越城镇,但要注意有足够的视距和必要的道路宽度以及必要的交通设施,以保证行人和行车的安全。

(4) 路线应尽量避开重要的电力、电讯设施。当必须靠近或穿越时,应保持足够的距离和净空,尽量不拆或少拆各种电力、电讯设施。

## 4. 注意土壤、水文条件

平原区的水文条件较差,取土较为困难。为了保证路基的稳定性和节约用土,在低洼地区,应尽可能沿接近分水岭的地势较高处布线,以使路基具有较好的水文条件;在排水不良的地带布线时,保证路基最小填土高度;路线要尽量避开较大的湖塘、水库、泥沼等,不得已时应选择最窄、最浅和基底坡面较平缓的地方通过,并采取措施保证路基稳定。

5. 注意利用老路，并与铁路、航道及已有道路运输相配合

在平原区路线布设时，若有老路与新布路线相距较近，而且走向一致时，在条件许可时，应尽量将其改造后加以利用，以减少耕地的占用和提高路基的稳定性。

6. 注意就地取材和利用工业废料

修建道路需要消耗大量的筑路材料，为节省工程造价，应充分利用当地的材料，特别是地方上的工业废料。

## 6.4 山岭区选线

### 6.4.1 自然特征及路线特征

#### 1. 自然特征

山岭区地形包括山岭、突起的山脊、凹陷山谷、陡峻的山坡、悬崖、峭壁等，地形复杂多变，一般地面自然坡度在 6°～25°之间，高山地在 25°以上，如图 6-9 所示。其主要特征表现在以下几个方面。

图 6-9 山岭地区地形图例

1）地形条件

山高谷深，地形复杂，相对高差在 150m 以上。由于山区高差大，加之陡峻的山坡和曲折幽深的河谷，形成了错综复杂的地形，这就决定了道路路线的线形差，工程难度大。

2）地质条件

岩石多，土层薄，地质复杂。由于山区的地质层理和地壳性质在短距离内变化很大，岩层的产状和地质构造复杂，不良地质现象（如岩堆、滑坡、崩塌、碎落、泥石流等）较多。这些均直接影响着路线的位置和路基的稳定。选线时应处理好路线与地质的关系，并在选线设计中采取必要的防护措施，确保路线的质量和路基的稳定性。

3) 水文条件

山区河流曲折迂回，河岸陡峻；雨季暴雨集中，流速快，流量大，冲刷和破坏力很大。这样复杂的水文条件，要求在选线中正确处理好路线和河流的关系。

4) 气候条件

山区气候多变，气温一般较低，冬季多冰雪（海拔较高的地区），一年四季和昼夜温差很大，山高雾大，空气较稀薄，气压较低。这些气象特征对于汽车的行驶安全性有很大影响。

综上分析，由于山区自然条件极其复杂，给山岭区选线带来了很大难度。

2. 路线特征

山岭区山脉水系清晰，给山区公路走向提供了依据，为选定路线的基本走向，确定大的控制点指明了方向。路线的走向不是顺山沿水方向即是横越山岭方向（即越岭线，如图 6-10 所示）。顺山沿水的路线，按其线位的高低，从低到高又可分为沿溪线、山腰线和山脊线，如图 6-11、图 6-12、图 6-13 所示。一条较长的山区道路往往是由走向不同和线位高低不同（图 6-14）的几种路段交互组合而成，而且在路线布设时，一般多以纵面线形为主安排路线，其次才是横断面和平面。

图 6-10 越岭线实例

图 6-11 沿溪线实例

图 6-12 山腰线实例

图 6-13 山脊线实例

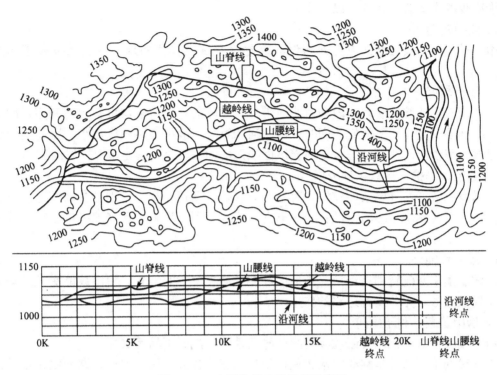

图 6-14 山区选线 4 种路线示意图

## 6.4.2 沿溪(河)线

1. 路线特征

沿溪(河)线是指道路沿河谷方向布设的路线，如图 6-15 所示。

图 6-15 沿溪线实例

沿溪线的主要有利条件有以下几点。

1) 路线走向明确

由于沿溪线路线遵循河流方向布设，因此除个别冗长河曲外，一般无重大路线方案问题。

2) 线形较好

除个别悬崖陡壁的峡谷地段和河曲地带外，一般的开阔河谷均可有台地利用，因而路线线形标准易达到，线形较好。同时，由于河床纵坡一般都较路线纵坡小，因而路线纵坡不受限制，很少有展线的情况，平面受纵面线形的约束较小，容易争取较好的线形。

3) 施工、养护、运营条件较好

沿溪线海拔低，气候条件较好，对施工、养护、运营有利，特别是在高寒地区更为有利。另外，沿溪线傍山临河，砂石材料丰富，用水便利，为施工和养护提供了就地取材的条件。

4) 服务性能好

山区的溪岸两侧特别是河口三角地区，多是居民聚集的地方，沿溪线能更充分地为沿线居民提供服务，充分发挥道路的作用。

5) 傍山隐蔽，利于国防

沿溪线线位低，比山脊线和越岭线的隐蔽性好，战时不易遭破坏。

沿溪线的不利条件是路线临水较近，受洪水威胁较大；峡谷河段，路线线位摆动的余地很小，难以避让不良地质地段；在路线通过陡岩河段时，工程艰巨，工程量集中，工作面窄，给道路测设和施工带来很大困难；沿溪线线位低，往往要跨过较多的支沟，桥涵及防护工程较多；河谷两岸台地往往是较好的耕作地，筑路占地与农田及其水利设施的矛盾较为突出；河谷工程地质情况复杂，河谷的两岸通常都处于路基病害如滑坡、岩堆、坍塌、泥石流的下部，路线通过时容易破坏山体平衡，给道路的设计、施工、养护、运营带来困难。

2. 布线要点

路线布设的首要任务就是充分利用有利条件，避让不利条件。沿溪线布局时，需要解决的主要问题有：路线走向河流的哪一岸？岸线设于哪一高度？路线在何处跨河换岸？这3个问题是相互关联又相互影响的，路线布设中应抓住主要矛盾，根据公路的性质和技术等级，因地制宜地解决问题。

1) 河岸的选择

沿溪线两岸情况不尽相同，往往优缺点并存，选择时应该深入调查，全面权衡，综合比较确定。主要应考虑以下几个方面。

（1）地形地质水文条件。路线应优先选择台地较宽、支沟较少、地质水文较好的一岸。

（2）气候条件。主要是在积雪冰冻地区、阳坡和阴坡、迎风面和背风面的气候条件差异大，在不影响线路总体布局的前提下，一般走阳坡面和迎风面比较有利，可以减少积雪和流水对道路行车的影响。

（3）城镇、工矿和居民的分布。除高等级公路和国防公路以外，一般路线应选在工矿企业较集中，村镇较多，人口较为密集的一岸，以促进山区的经济发展和方便居民出行。

(4) 其他因素。例如为革命史迹、历史文物、风景区等的联系创造便利条件。

具备上述有利条件的一岸即为选线时应走的河岸，但这些有利条件可能不在一岸，而是交替出现在两岸，此时就需要深入调查，进行技术论证和经济比较，最终选择一条合理的方案。如图 6-16 所示，某一沿溪线开始走条件较好的左岸，但前方遇到两处陡崖，甲方案是对山崖地段进行处理，集中开挖一段石方后，仍坚持走左岸；乙方案是为了避让两处陡崖，而选择了跨河走右岸，但是右岸前方不远处，出现了更陡的山崖，还需重新再换到左岸，在约 3km 的路段上，为了跨河，还需要修建两座中桥。对上述两方案进行比较，甲方案技术上可行，经济费用较低，作为最终选择方案。

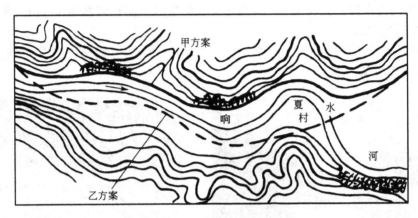

图 6-16　跨河换岸比较线

2) 线位的高度

线位高度是指路线纵面线形布局的问题。路线沿岸走多高，首先考虑洪水的威胁。不管是高线位还是低线位，均应在设计洪水位上的一定安全高度。因此，在选线中应认真做好洪水位调查工作，以确保路线必需的最低线位高度。

(1) 低线位是指高出设计洪水位不多，路基一侧临水很近的布线方案，如图 6-17 所示。

低线位的主要优点是：一般有较高的台地可以利用；地形较好，平面线形较顺适，纵面不需要较大的填挖，容易达到较高的指标；路线低，填方边坡低，边坡较稳定，路线互动的余地较大，跨河时利用有利条件和避开不利条件较容易；养护施工用水、材料运输比较方便。

低线位主要缺点是：线位低，受洪水威胁大，防护工程多；低线位多在沟口附近跨越支沟，桥涵较多；路线与农田矛盾较大，处理弃方较困难。

(2) 高线位指路线高出洪水位较多，完全不受洪水威胁的布线方案。

高线位的主要优点是：不受洪水影响，防护工程较少；弃方易于处理，当采用台口路基时，路基比较稳定。

高线位的主要缺点是：路基挖方往往较大，弃方多；由于线位高，路线势必随着山形走势绕行，平面地形指标低；跨河时线位高，构造物长而大，工程费用高；支撑加固工程较多；施工养护用料取水困难。

综上比较，高线弊多利少，在洪水允许，无特殊困难，一般以低线位为主，当有大量的较高阶地可供利用时，也可结合路线的具体情况，局部路段采用高线位。而且沿溪线布设时,很难在全线保持一种线位,为了利用有利地形避让不利地形,可能需要交替使用高线与低线,此时采用升降坡的展线即可。

3) 桥位的选择

沿溪线跨越河流分为跨主河和跨支沟两种情况,跨支流时的桥位选择,一般属于局部方案问题;而跨越主河道的桥位选择多属路线布局问题。

跨越主河的桥位往往是确定路线走向的控制点,它与河岸的选择是相互依存的,需要充分考虑河床的稳定、河面的宽窄及水文地质条件外,还应注意桥位与路线配合,使河的两岸有良好的布线条件。

(1) 利用河曲段跨河,如图 6-18 所示,此时应注意防止河曲地段水流对桥台的冲刷,采取必要的防护措施。

(2) 利用"S"形河段跨河,如图 6-19 所示,将跨河位置选在"S"形地段的腰部,使桥头线形得以显著改善。

图 6-17 低线位实例

图 6-18 利用河曲跨河

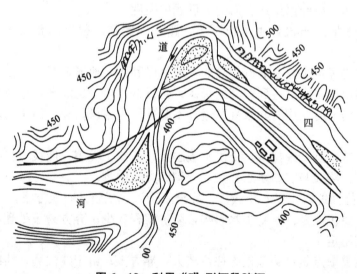

图 6-19 利用"S"形河段跨河

(3) 改善桥头线形。路线跨越河流,若没有河曲或 S 形河段可供利用时,由于沿溪线与河谷走向平行,在跨主河时往往形成"之"字形路线,桥头平曲线半径较小,线形差。对于中小桥可用适当斜交的方法改善桥头线形。

对于大桥不宜斜交时，可对桥头路线适当处理，形成勺形桥头线。如图6-20、图6-21所示，可改善桥头线形，争取较大半径。

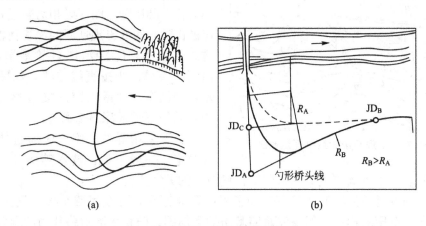

图6-20 桥头线形改善

图6-21 桥头线形实例

3. 河谷断面路线的布设

1) 开阔河谷

开阔河谷岸坡平缓，一般在坡、岸之间有较宽的台地，且布有农田。路线可分3种走法（图6-22）。

(1) 沿河线，如图6-23中的虚线方案，路线坡度均匀平缓，并对保护农田有利，但一般路线较长，路基受洪水威胁较大，防护工程大。

(2) 傍山线，如图6-23中的实线方案，占田少，路基远离河岸，故较稳定且无防护工程，但纵面线略有起伏，土石方工程稍大，是常采用的一种方案。

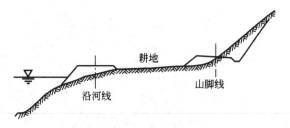

图6-22 沿河与山脚线横断面示意图

(3) 中穿线，线形好，路线短，标准较高，但占田较多，路基稳定性差，施工时需换土，一般不宜采用。

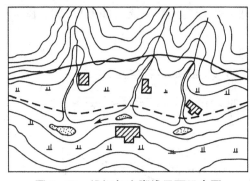

图 6-23　沿河与山脚线平面示意图

2）狭窄河谷

这种河谷断面常称 U 形河谷，河的两岸多不对称，凸岸陡，而凹岸相对较缓，时而有突出的山嘴，间或出现迂回的深切河曲。其布线方式主要有：①沿河岸自然地形，绕山嘴，沿河湾布线；②按直线布线，如图 6-24 所示，遇河弯，则两次跨河或改移河道；遇山咀，采用隧道或深路堑通过。

究竟采用哪种方案，应通过技术经济比较决定。一般来说，技术等级高、交通量大的路线宜取直，等级低的道路则采用工程量较小的方案为宜。

对于个别有宽浅河滩的大河弯，为了提高路线标准，可在河滩布线。只要处理得当，还可起护田、造田的作用，但要注意路基防护和加固，防止水流对路基的冲刷破坏。

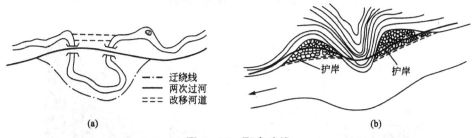

图 6-24　取直路线

对于个别突出的山咀，可用切咀填弯的办法处理，设线时应注意纵向填挖平衡，不要使大量废方弃置河中，堵塞河道。

3）陡崖峭壁河谷

（1）绕避：当岩壁陡峻又很长，路线无法直穿时，只能采取绕避。绕避方案有绕走对岸、绕走岩顶和另找越岭垭口 3 种方案，如图 6-25 所示。Ⅰ方案需要有适当的展线地形，Ⅱ方案需要附近有适当的越岭垭口。这两种方案的特点是：展线使路线增长，纵面线形上而复下，纵坡较大，并且过渡段的土石方工程也较大。Ⅲ方案避免了上述缺点，但增加了两座跨河桥梁。

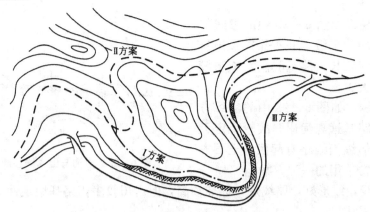

图 6-25　绕避陡崖峭壁的方案

(2) 直穿陡崖峭壁：路线的平、纵面均受到岸边山崖的形状和洪水水位的限制，活动余地不是很大，低线位布线时较多采用。

当河床较窄，水流不深（一般岩前水深不超过 2m），水流不急，洪水位变化幅度不大，河床主流方向偏向对岸时，可考虑压低路线，侵河筑堤。当河床较窄不宜压缩时，路基填石防护所占用的泄水面积应从对岸河槽开挖中补偿，如图 6-26 所示。图 6-27 所示为某公路半山洞路线示意图。

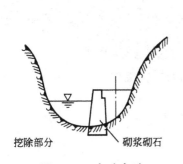

图 6-26　与水争路

图 6-27　半山洞路线实例

当岩陡壁高、河床较窄时，可根据地质条件、施工技术力量，通过技术经济比较，考虑在石壁上开挖出路基形成山洞，或采用隧道、半山桥及悬出路台等措施通过，如图 6-28 所示。

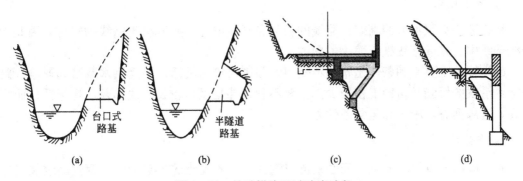

图 6-28　特殊措施通过陡崖地段

4. 急流及跌水河段

河床纵坡陡峻时，河床纵断面在短距离内突然下落几米甚至几十米，形成急流、跌水。这时的河床纵坡远远陡于路线纵坡的允许值，为了尽快降低线位，避开陡峻的山腰线，布线时应利用平缓的山坡地形和支沟展线来降低线位，如图 6-29 所示。选线时，要注意展线，以纵坡为主安排路线。这类河段多出现在山区河流的上游，是沿溪线越岭的过渡段。

5. 不良地质地段的路基布设

沿河两岸的滑坡、崩塌、岩堆、泥石流等是较为常见的地质灾害。路线通过这些地段

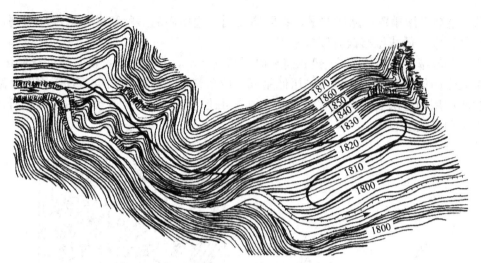

**图 6-29　急流及跌水河段路线示意图**

应遵循避强就弱、加强调查、综合防治的原则。

### 6.4.3　越岭线

越岭线是指公路走向与河谷及分水岭方向横交时所布设的路线。两个控制点位于山脊的两侧，路线需要由一侧山麓升坡至山脊，在适当的地点穿过垭口，然后从山脊的另一侧降坡而下的路线。

1. 路线特点

路线需要克服很大的高差，路线的长度和平面位置主要取决于路线的安排。因此，越岭线选线中，是以路线纵断面为主导的。

越岭线的主要有利条件是布线不受河谷限制，较为灵活；不受洪水威胁和影响，路基稳定，沿线的桥涵及防护工程较少。主要不利条件是里程较长、线形差、指标低；而且线位高，远离河谷，施工和运营条件差。

2. 布线要点

越岭线布设应解决的主要问题是垭口选择、过岭高程的确定和垭口两侧路线展线方案的拟定。这三者是相互联系、相互影响的，布局时应综合考虑。

1) 垭口的选择

垭口是分水岭山脊上的凹形地带（又称做鞍部），由于高程低，常常是越岭线的重要控制点。垭口选择应在符合路线总方向的前提下，综合各方面因素，根据垭口的位置、高程以及垭口两侧地形、地质条件等条件反复比较确定。

(1) 垭口的位置。

垭口位置的选择应在符合路线基本走向的前提下，与两侧路线展线方案一起考虑。首先选择高程较低、而且展线后能很快与山下控制点直接相连的垭口；其次再考虑稍微偏离路线方向，但是接线较顺、增加路线里程不多的垭口。

(2) 垭口的高度。

垭口与其山下控制点的高差,对路线展线长度、工程数量大小和运营条件有直接影响,一般应选择标高较低的垭口。在高寒地区,特别是积雪、结冰地区,海拔高的路线对行车很不利。因此,有时为了走低垭口,即使方向有些偏离,距离有些绕远,也应注意比较。但如果积雪、结冰不是太严重,对于基本符合路线走向、展线条件较好、接线方向较顺、地质条件较好的垭口,即使稍高,也不应轻易放弃。在展线条件相同时,垭口降低的高度 $\Delta h$ 和缩短的里程 $\Delta l$ 有如下的关系:

$$\Delta l = \frac{2\Delta h}{i_p} l$$

式中 $i_p$——展线的平均坡度,一般可取 5%~5.5%。

(3) 垭口展线条件。

山坡线是越岭线的重要组成部分。而山坡坡面的曲折与陡缓、地质的好坏等情况直接关系到路线的标准和工程量的大小,因此垭口选择要与侧坡展线条件结合考虑。选择时,如有地质稳定,地形平缓有利于展线的侧坡,即使垭口位置略偏或垭口较高,也需比较,不要轻易放弃。

(4) 垭口的地质条件。

垭口一般地质构造薄弱,常有不良地质存在,应深入调查研究其地层构造,摸清其性质和对公路的影响。对软弱层型、构造型和松软土侵蚀型的垭口,只要注意到岩层产状及水的影响,路线通过一段问题不大。对断层破碎带型及断层陷落型垭口,一般应尽量避开;必须通过时,应查清破碎带的大小及程度,选择有利部位通过,并采取可靠工程措施(如设置挡土墙、明洞)以保证路基稳定。对地质条件恶劣的垭口,局部移动路线或采取工程措施亦不解决问题时,应予放弃。

2) 过岭高程的确定

过岭高程是越岭线布局的重要控制因素。不同的控制高程,不仅影响工程大小、路线长短、线形标准,而且直接关系到垭口两端的线形布局。如图 6-30 所示,由于选用了不同的挖深出现了 3 个展线方案:甲方案浅挖 9m,需设两个回头弯道;乙方案挖深 13m,只需设一个回头弯道;丙方案挖深 20m,不需设回头弯道,顺山势展线即可。丙方案线形

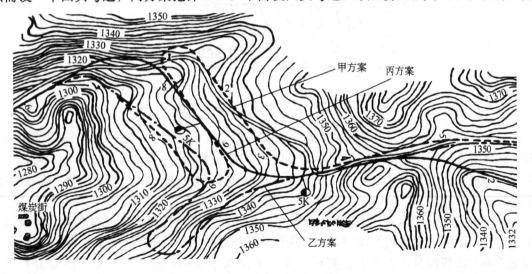

图 6-30 垭口不同挖深时的路线方案

好，路线最短，有利于行车。

过岭的方式主要有以下几种。

(1) 浅挖低填垭口。

当越岭地段的山坡平缓，容易展线，垭口地带的地形宽而厚时，宜采用浅挖或低填的方式通过，此时过岭高程与垭口高程基本一致。

(2) 深挖垭口。

当垭口比较瘦削时，常采用深挖方式通过，虽然深挖处的土石方数量集中，但有效地降低了过岭高程，缩短了展线长度，而且改善了行车条件。深挖的程度应视地形、地质、气候等条件，以及展线对过岭高程的要求而定，一般不要超过20m，此时的过岭高程为深挖后的高程。

(3) 隧道穿越。

当垭口挖深在20～25m以上，采用隧道过岭的方式可作为终选方案。采用隧道穿越山岭具有路线短、线形好、有利于行车、战时隐蔽、受自然因素影响小、路基稳定等特点，特别在高寒地区，隧道穿山，海拔低，不受冰冻、积雪的影响，大大改善了运营条件，但由于隧道造价高，工期长，受地质条件影响较大，因此，低等级公路较少用隧道的方式穿越山岭。

3. 展线布局

1) 越岭展线的形式

展线就是采用延展路线长度的方法，逐渐升坡克服高差的布线方式。展线的基本方式有3种，如图6-31所示。

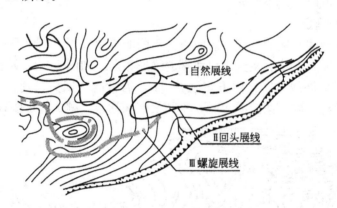

图6-31 越岭线展线形式

(1) 自然展线，即图中Ⅰ方案，是当山坡平缓，地质稳定时，以适当的纵坡绕山嘴沿侧沟来延展路线，克服高差的展线形式。这种方式的特点是：符合路线的基本走向，纵坡均匀，路线短，线形好，技术指标高；缺点是：路线避让艰巨工程和不良地质的自由度不大。

(2) 回头展线，即图中Ⅱ方案，是利用回头曲线延展路线克服高差布线方式。其优点是：能在短距离内克服较大高差，并且用回头曲线布线灵活，利用有用地形避让艰巨工程和地质不良地段的自由度较大。其缺点是：平曲线半径小，同一坡面上下线重叠，对施工、行车和养护都不利。图6-32所示是利用有利地形布局回头展线的实例。

(a)　　　　　　　　　　　　　　　　(b)

图 6-32　回头展线实例

回头位置对于回头曲线的线形和工程大小以及展线布局有很大关系，选择时应多调查、多比较。回头地点在满足展线布局的前提下，宜选地面横坡平缓、地形开阔、上下线路容易布置的地点，利用时要与纵坡安排相结合，既不因回头位置过高利用不上，也不要使其位置过低，而使作纵坡损失过大而增长路线；相邻回头曲线间距应尽量拉长，以减少回头的次数。

一般较肥厚的山包、山脊平台、平缓的山坡、山沟、山坳及岔谷间的缓坡台地均是回头的有利地形。图 6-33 所示的地形均适合于布置回头曲线。

(a) 利用山头回头　　　(b) 利用山脊平台回头　　　(c) 利用山坳回头

(d) 利用山沟回头　　　(e) 利用缓和坡回头

图 6-33　适合布置回头曲线的地形

(3) 螺旋展线。当路线受到地形地质限制，需要在某一处集中提高或降低一定高度才能充分利用前后的有用地形时，可以采用螺旋展线的方式，这种展线的路线转角大于360度。其优点是：路线利用有利的山包或瓶颈形山谷，在很短的平面距离内就能克服较大的高程，它比回头曲线有较好的线形，避免了路线的重叠；缺点是需建桥或隧道，工程造价高。螺旋展线可有上线桥跨（图6-34）和下线隧道（图6-35）两种方式。

以上3种展线方式中，一般应首先考虑采用自然展线，不得已时采用回头展线，当地形十分困难，又有适宜的山谷或山包等条件时，为在短距离内克服较大的高差，可以考虑使用螺旋展线，但需要进行方案比选。

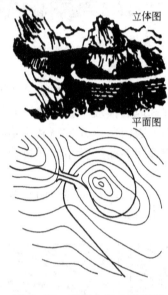

图6-34 利用山包上线桥跨

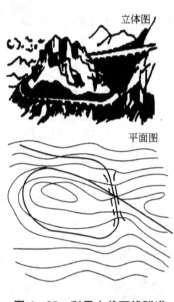

图6-35 利用山谷下线隧道

2) 展线布局的步骤

(1) 拟定路线的大致走向。在视察或勘察阶段确定的控制点间，根据地形和地质情况，以坡度为主导，拟定出路线可能的展线方案和大致走法。

(2) 试坡布线。进一步落实初拟方案的可能性和加密控制点，拟定路线的局部方案。试坡通常利用手水准自垭口开始，自下而上，按照符合现行标准要求的某一设计坡度。试坡布线中在必须避让的地物处、不良地段、拟设回头曲线处，选择合适的点位，若该点与前后控制点连线构成的纵坡度与设计坡度基本一致或略小，则选择的点位可以作为中间控制点；若该点与前后控制点连线构成的纵坡度大于设计坡度，则应调整点位，重新布线。

(3) 分析，落实控制点，决定路线布局。经试坡的控制点，有固定的和活动的之分：一种是位置和高程都不能改变的（如工程特别艰巨的地点、某些受限制很严的回头地点、必须利用的桥梁、必须通过的街道等）；另一种是位置固定，高程可以活动的（垭口、重要桥位等）；第三种是位置和高程都可以活动的（如侧沟跨越地点、宽阔平缓山坡的回头地点等）。

4. 展线示例

(1) 利用山谷展线,如图 6-36 所示。
(2) 利用山脊展线,如图 6-37 所示。
(3) 利用山坡展线,如图 6-38 所示。

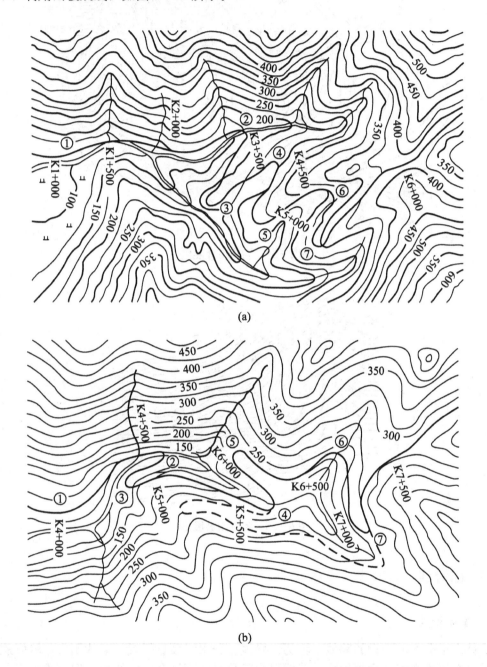

图 6-36 利用山谷展线实例

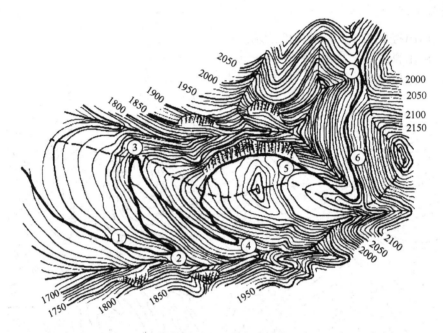

图 6-37 利用山脊展线

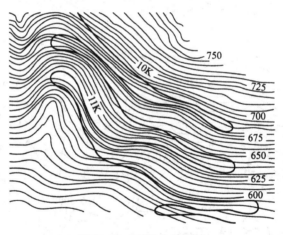

图 6-38 利用山坡展线

## 6.4.4 山脊线

### 1. 路线特点

大体上沿分水岭布设的路线，称为山脊线。分水线顺直平缓，起伏不大，岭脊肥厚的分水岭是布设山脊线的理想地形，路线可大部分或全部设在分水岭上。但高山地区的分水岭常常是峰峦、垭口相间排列，有时相对高差很大，这种地形的山脊线，则为一些较低垭口所控制，路线须沿分水岭的侧坡在垭口之间穿行，线位大部分设在山腰上。山脊线一般线形大多起伏、曲折，其起伏和曲折程度则视分水岭的形状、控制垭口间的高差和具体地形而异。

山脊线一般具有土石方工程小、水文和地质情况好、桥涵构造物较少等优点。但是否采用山脊线方案主要应考虑以下条件决定取舍：①分水岭的方向不能偏离路线总方向过远；②分水岭平面不能过于迂回曲折，纵面上各垭口间的高差不过于悬殊；③控制垭口间山坡的地质情况较好，地形不过于陡峻零乱；④上下山脊的引线要有合适的地形可以利用，这是能否采用山脊线的主要条件之一，往往山脊本身条件很好，但上下引线条件差而不得不放弃。

由于完全具备上述条件的分水岭不多，所以很长的山脊线比较少见，而往往是作为沿河线或山腰线的局部比较线及越岭线的两侧路线的连接段而出现。山脊线线位较高，一般远离居民点，不便于为沿线工农业生产服务；有时筑路材料及水源缺乏，增加施工困难；另外地势较高，空气稀薄，有云雾、积雪、结冰等对行车和养护不利等缺点。这些都应在与其他路线方案作比较时予以充分考虑。

当决定采用山脊线方案以后，剩下要解决的是山脊线的布设问题。由于山脊线基本沿分水岭而行，大的走向已经明确，布线主要解决以下 3 个问题：选定控制垭口；在控制垭口间，决定路线走分水岭的哪一侧；决定路线的具体布设（包括选择中间控制点）。三者是互相依存、互为条件、紧密联系的。

2. 布线要点

由分水线做引导，山脊线基本走向明确。布线主要解决以下 3 个问题。

1) 控制垭口的选择

在山脊上，连绵布置着很多垭口，每一组控制垭口代表着一个方案。因此，选择控制垭口是山脊线布线的关键。一般当分水岭顺直，起伏不大时，几乎每个垭口均可暂作控制点，如地形复杂，山脊起伏较大且较频繁，各垭口高低悬殊时，则低垭口即为路线控制点，而突出的高垭口可以舍去。在有支脉的情况下，相距不远的并排垭口，则选择前后与路线联系较好，路线较短的垭口为控制点。选择垭口时，还应与两侧布线条件结合起来考虑。

2) 侧坡选择

分水岭的侧坡是山脊线的主要布线地带。要选择布线条件较好的那一侧，以取得平、纵线形好、工程量小和路基稳定的效果。坡面整齐、横坡平缓、地质情况好、无支脉横隔的向阳山坡较为理想。除两个侧坡优劣十分明显的情况外，两侧都要作比较以定取舍。同一侧坡也还可能有不同的路线方案，可通过试坡布线决定。多数初选的控制垭口，在侧坡选择过程中即可决定取舍，少数则需在试坡布线中落实。山脊线布局比较示意图如图 6-39 所示。

3) 试坡布线

山脊线有时因两垭口控制点间的高差较大，需要展线；有时为避免迂回要采用起伏纵坡，以缩短路线里程。因此通常需要试坡布线，一般分为下面 3 种情况。

(1) 垭口间平均纵坡不超过规定，一般情况如中间无太大的障碍，应以均匀坡度沿侧坡布线。若中间遇障碍，则可以加设中间控制点，调整坡度，向两端垭口按均匀坡度布线。

(2) 垭口间平均纵坡超过规定时，需进行展线。图 6-39 所示为利用山脊地形展线实例。由图可见，山脊展线的布局是十分灵活的，选线时，应根据地形，地质条件，采用填挖、旱桥、隧道等工程措施来提高低垭口，降低高垭口。也可利用侧坡、山脊有利地形作回头展线或螺旋展线，其具体做法见本节越岭线。

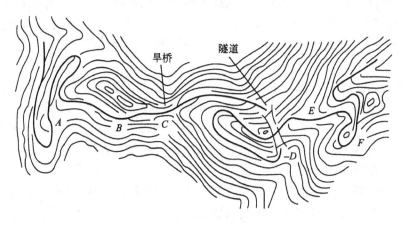

图 6-39 山脊线布局比较示意图

## 6.5 丘陵区选线

### 6.5.1 丘陵区的自然特征

丘陵区是介于平原区和山岭区之间的地形，其地形特征是山丘连绵、岗坳交错、此起彼伏、山形曲折迂回、岭低脊宽、山坡较缓、相对高度不大、横坡不太陡、山脉和水系不如山岭区明显。丘陵区包括缓峻颇为悬殊的微丘和重丘两类地形。

微丘区起伏较小，地面自然坡度在 20°以下，山丘、沟谷分布稀疏，坡形缓和，相对高差在 100m 以内，而且有较宽的平地可以利用。

重丘区起伏频繁，相对高差较大，地面自然坡度在 20°以上，山丘、沟谷分布较密，而且具有较深的沟谷和较高的分水岭，路线平、纵面部分受地形的限制。

随着丘陵区地形的起伏，地物的变化也较大。一般丘陵区农业都比较发达，土地种植面积广，种类繁多，低地为稻田，坡地多为旱地或经济林，小型水利设施也较多。居民点、建筑群、风景、文物点及其他设施在平坦地区时有出现。这些地点都是布线时应考虑的控制点。

### 6.5.2 路线特征

1. 丘陵区选线的特点

丘陵区复杂多变的地面形态，决定了通过丘陵地区的路线的基本特征是平面以平曲线为主体,纵面线形起伏而构成与地形相适应的空间线形。其线形的主要特点如下。

(1) 局部方案多。由于丘陵的山冈、谷地较多,路线走向的灵活性大,可行的布线方案一般比较多,一条路线的最终确定往往需要经过多方案的比较。

(2) 需要路线平、纵、横三方面互相协调,密切配合。由于丘陵区地形的迂回曲折和频繁起伏,平、纵、横三方面互相之间的约束和影响较大,若三方面组合合理,可以提高线形技术标准。

(3) 路基形式以半填半挖为主。由于丘陵区的地形特点决定了路线所经地面常有一定的横坡,但是横坡一般并不太陡,路线与农林用地和水利设施的矛盾较大。为节约耕地,应采用半填半挖为主的路基形式。

丘陵区选线应结合地形合理选用技术指标,使平面适当曲折,纵面略有起伏,横面稳定经济,线形指标的变化幅度较大,既不像平原区一般多用高限指标,也不像山岭区多用接近低限指标。

2. 丘陵区路线布设的方式

丘陵区选线主要是解决平、纵、横三方面与错综复杂的地形之间的矛盾,结合地形合理选用指标,达到平、纵、横三方面与地形协调一致是丘陵区选线的根本任务。

根据地形情况的不同一般按三类地带分段布线,其要点如下。

1) 平坦地带——走直线

两控制点之间的地势平坦,一般按平原区以方向为主导的方式布线。如果没有地物、地质或风景、文物等障碍物,一般应按直线布线;如有障碍等,则应加设中间控制点,设置转折小、半径较大的长缓曲线为主。

2) 斜坡地带——走匀坡线

"匀坡线"是指在两点之间,沿自然地形以均匀坡度确定出地面点的连线。匀坡线是通过多次试坡后才可得到。当两控制点之间无障碍等因素影响时,可直接按匀坡线布设。若有障碍等,则应在障碍处加设中间控制点,分段按匀坡线控制。

3) 起伏地带——走中间

起伏地带地面横坡较缓,所谓"走中间"就是路线在匀坡线和直线之间选择平面顺适、纵面均衡的合理路线。

路线两控制点间要通过起伏地带,意味着路线要穿过交替的丘梁坳谷,其中间可能有一组或多组起伏地带。对于多组起伏,只需在中间梁顶(或谷底)加设中间控制点即可。因此,下面着重研究两已知控制点间包括一组起伏地带的情况。如图 6-40 所示,$A$、$B$ 为两相邻梁顶,中间为一坳谷,构成一组起伏地带。如果路线由 $A$ 至 $B$ 硬拉直线,路线虽然最短,但纵面起伏大,线形差,势必出现高填深挖,增大工程量,如果沿匀坡线走,则纵面坡度平缓、均匀,但路线又增长很多,平面线形又差,也不理想。可见,"硬拉直线"和"弯曲求匀"的做法都是不正确的。

如果路线布设在匀坡和直线之间,如图 6-40 中的 I 方案或 II 方案,比直线的坡度小,比匀坡线的距离短,而使用质量有所提高,工程造价有所降低,是较合理的布线方案。至于路线在直线和匀坡线之间的具体位置要依据公路等级,结合地形作具体分析,从使平、纵、横协调来确定。

对于起伏较小地带,要在坡度和缓的前提下,再考虑平面和横断面的关系,一般是低等级公路为减少工程造价，平面上可迂回一些，即离直线稍远一些；较高等级公路则宁可多做些工程，尽可能缩短距离，路线位置可离直线近一些。

较大的起伏地带，高差大的一侧的坡度常常是布设的决定因素，如图6-41所示。一般以高差大的一侧为主，结合梁顶的挖深或谷底的填高来确定路线的平面位置。

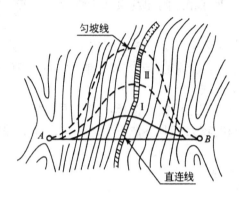

图 6-40　较小起伏地带路线方案

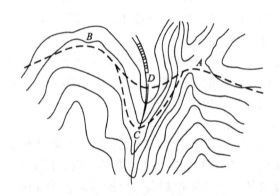

图 6-41　较大起伏地带路线方案

总之，丘陵地区选线时，可行方案较多，地面因素也较复杂，方案之间的差异有时不太明显，这就要求选线人员要加强踏勘调查，用分段布线、逐步渐近的方法，详细分析比较，最后选定一条合理的路线。图6-42所示是某丘陵区路线的一段，$A$、$G$为固定控制点，$A$点前为沿路线，$G$点后为山脊线，都是在总体布局中定下的。现仅讨论$A$、$G$间布线问题。$A$、$G$间的路线有两个基本方案。第一方案（点画线）由$A$继续沿溪至$K$处跨河后，升坡至$G$，该方案平、纵指标都较高，但因占用良好耕地多，且行经地带低湿，如路基太低则水文状况差，如提高路基，不但工程大，而且因借土更要多占耕地。第二方案（实线）提高线位，路线走起伏地带通过。该方案由于采用不同的技术指标，又产生了一些局部比较方案（虚线）。如$AJB$段高度少升高10m，路线仅增长40m，但占用良好耕地较多，故仍采用直线方案。$EG$、$GH$、$CE$段则依"起伏地带走直线与匀坡线间"的原则予以确定，最后全线采用实线方案。图6-43是丘陵区布线的实例。

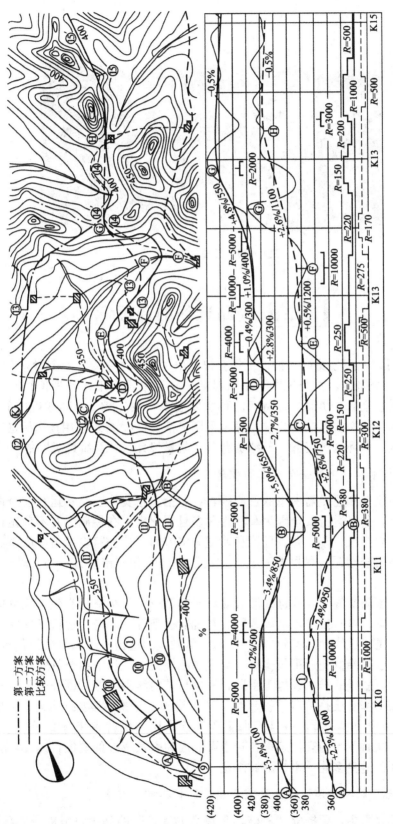

图 6-42 丘陵区路线实例

图 6-43 丘陵区路线实例

## 6.6 公路选线的新理念

2004年9月,全国公路勘察设计工作会议提出了"六个坚持,六个树立"的公路勘察设计新理念。"六个坚持,六个树立"是新时期公路勘察设计工作的理论核心,也是"坚持以人为本,树立全面、协调、可持续的科学发展观"在公路设计和建设中的具体体现。其核心是紧紧围绕科学发展观的要求,通过采用灵活设计("合理选用技术标准")和创作设计,实现"安全"、"环境优美"、"节约资源"、"质量优良"、"系统最优"的目标。

1. 坚持以人为本,树立安全至上的理念

安全是公路设计和建设需考虑的首要因素,包括工程实体安全和运行安全两方面。相对工程实体安全,公路运行安全因为牵涉因素多且变化大,在控制上有不确定性。影响运行安全的因素,包括人、车、路、环境和管理等多方面,从公路设计角度应重点消除公路本身引起的使用安全问题,尽可能采取"主动"的预防和容错措施,必要时辅以"被动"的防护措施。

在"主动"预防措施中,改进线形设计对于提高行车安全最为有效,优良的线形是保证行车安全的根本,可直接消除事故诱因。在现阶段条件下,进行运行车速安全检验和改善长陡纵坡设计是改进线形的有效方法之一,"驾驶人的过错不应以生命为代价",宽容和人性化的路侧净区可降低交通事故概率、减轻事故损失,设计中结合具体条件,通过放缓路基边坡、设置可逾越的排水设施等手段,提供足够的路侧净区,既安全,又经济。以护栏为代表的安保工程实质是一种"被动性"防护措施,是挽救驾乘人员生命的底线(如临崖路段等)。从特定角度来看,一旦安保工程发挥作用,也就意味着交通事故已经发生,损失已经出现,同时不当的安保工程自身也可能成为引发事故的诱因,因此,安保工程的设置应充分论证,避免多此一举、画蛇添足。

2. 坚持人与自然相和谐,树立尊重自然、保护环境的理念

在公路建设过程中,要树立"不破坏是最大的保护"的理念,坚持最大限度地保护、

最低程度地破坏、最强力度地恢复，使工程建设顺应自然、融入自然；要把设计作为改善环境的促进因素；摒弃先破坏、后恢复的陋习，实现环境保护与公路建设并举、公路发展与自然环境相和谐。

公路景观以动态景观为主。车辆在公路上行驶，车辆在移动，包括地形、地物、不同种群地表植被等在内的公路外部环境都在不断变化，也就是说，公路外部环境的形态、质地和色彩都在不断变化。营造公路"动感"行驶氛围，要求公路自身线形的变化，结构物的形态、质地和色彩的变化，绿化方式的选择等都应充分配合这种外部环境的变化，以自然的、渐进的、连续的手法来选择、利用和创造景观，在保护自然环境的同时，展现和发挥自然环境的审美价值。

**3. 坚持可持续发展，树立节约资源的理念**

节约资源在公路建设中首先体现在节约用地上。作为具有可耗竭性质的资源，人们对土地的利用开"源"有限，只能节"流"。因此，在公路建设中应以提高土地使用效率、少占耕地为目的。

（1）从规划阶段做起，通过合理规划路网、统筹利用线位资源、合理确定建设规模和方案，提高土地的集约利用程度。

（2）在设计上，精打细算，以满足功能为前提，精心拟定各断面细部尺寸（排水沟、边沟、截水沟、护坡道、碎落台等），节约每一寸土地，不能为设计简单生搬硬套，一坡到底（顶）。

（3）研究发挥公路用地潜力的方法和手段，从综合利用角度出发，探索和尝试对硬路肩、边坡等进行二次开发利用的可能性。

**4. 坚持质量第一，树立让公众满意的理念**

质量是工程的生命，更是一个行业的生命。外观质量不佳是当前公路建设中的通病。考察造成外观质量不佳的原因，不乏工艺落后、施工方法不规范等因素，也有设计不用心、不精细的原因。"视觉传递美，和谐表达美"。良好的外观质量不仅体现在细部构件的精美上，还体现在公路与外部环境的友好配合、公路各组成部分的和谐衔接方面。在理解环境、和谐环境的前提下，做好公路与环境的总体配合，展现公路景观美、线形美是提高公路外观质量的基础；加强总体设计，和谐工程各细部的衔接，是提高公路外观质量的途径；配合环境主旨，注重细节创作，体现建筑美、艺术美是提高外观质量的手段。

公路建设不可避免征地、拆迁，必然对沿线社会生活环境带来影响。把握服务社会原则，提倡公众参与，增加建设项目前期工作的透明度，主动争取社会各界的积极参与、支持和认可是提高公路社会质量的重要措施。国内外经验表明，在建设项目立项阶段进行系统性的公众参与，充分考虑受影响群体和非政府组织的意见，特别是重视受项目影响最大，也可能是最困难公众群体的意见，对于减少此后可能产生的许多不利于项目建设的问题具有明显作用。

**5. 坚持合理选用技术标准，树立设计创作的理念**

"灵活设计（合理选用技术标准）、创作设计"是达到"安全、环境优美、节约资源、质量优良、系统最优"的手段，也是公路勘察设计新理念的精髓。我国地域辽阔，各地条件迥异，不同地区公路乃至同一公路不同路段具有不同环境特征。为保护个性环境，需要灵活设计，为展现环境个性，需要精心创作。

1) 把握技术标准，灵活设计

灵活设计是指在全面、系统地理解技术标准和设计规范的基础上，根据个性环境，灵活地运用标准规范中的各项指标。为保证公路的畅通和使用效率，国家需要对标准指标有所规定。标准规范中对指标的规定一般是考虑较多影响因素后，采用具有典型性和代表性的通用值。而实际情况千差万别，当规定的背景条件发生变化时，基于原始边界条件变化基础上的适度灵活并不违背标准规范对该指标的本质规定，也就是说，原始边界条件的变化为灵活运用指标提供了可能。标准规范中的指标有主次之分。主要指标，是指对安全、功能有重大影响的指标，如最小圆曲线半径、最大纵坡、视距等；次要指标，是指在满足安全的前提下，主要影响美学或舒适性的指标，如曲线间直线长度等。主要指标在设计中原则应予保证，对于次要指标，当对环境不构成影响时，可采用较高值，当对环境存在影响时，应采用较低值，当对环境和生态影响巨大时，为了保护环境，可突破使用。

2) 赋予公路个性，精心创作

环境个性给予公路个性并决定其品质。设计过程不但是赋予公路功能的过程，也是赋予公路个性的"艺术创作"过程。公路创作设计过程是一个以设计人员对环境个性的理解为基础，以对公路专业、美学、生态学、建筑学、社会学、人类文化学、历史学、心理学、地域学和风俗学等学科的综合能力为条件，对公路所处的自然和社会环境进行的一个再造(新建)或再融合(改扩建)的过程。

(1) 理解环境特征 公路景观是沿线景观和公路自身景观的统一体，公路自身景观的塑造应基于沿线景观。理解环境特征是通过设计展现环境的前提和基础。

(2) 组建设计团队和提高设计人员综合素质 服务景观是多学科的综合反映，提高设计人员对艺术和美的理解能力和表现能力是景观设计成功的根本，组建多学科设计团队是其辅助手段。

(3) 确定设计主题 公路沿线景观始终是公路景观的主题，公路设计以"融入环境、不突兀"和"展现环境、适当强化外部景观特征"为目的，任何"别出心裁"、"喧宾夺主"地突出公路自身景观都不可取，有时甚至适得其反。

(4) 体现细节艺术 细节决定成败，细节最可视，最容易被公众所认同。细节是设计主题的具体化和设计团队意念的最直观反映，也是设计人员充分发挥想象力、创造力，工程结合艺术的具体体现。

3) 增强历史责任感，保证合理设计周期 公路建设投资大，影响深远

合理的周期是保证设计质量的前提，更是保证工程质量、降低成本的必要条件。公路设计过程是一个智力创作过程，是设计团队将具有特定功能的公路工程融入自然环境，并赋予其美学价值的创造性思维过程。这个过程需要特定的测设手段，需要多学科的参与合作，需要集思广益，更需要充分的时间。只有保证合理的周期，设计人员才能反复琢磨，不断优化，才能出精品。要正确处理速度与质量的关系，宁可速度慢一点，也要保证设计的合理周期，提高设计质量，保证工程品质。

**6. 坚持系统论的思想，树立全寿命周期成本的理念**

公路系统是隶属于环境系统(自然环境和社会环境)的一个子系统。要做到系统最

优，就要把公路放到公路—自然—经济—社会的大系统中去考虑，不但要统筹公路内部各专业间的关系，还要统筹建设、运营、养护的关系，更要统筹公路与环境的关系。要树立全寿命周期成本的理念，就是要从项目生命周期的全过程去看待成本，把公路放到环境和社会的大系统中去考察其成本，不但应注重项目初期建设成本，还要注重后期维修和养护成本，不但应看到项目自身成本，还要看到社会成本和环境成本。在可能的条件下，宁肯先期投入大一些，也要减少后期费用，延长使用寿命，宁可项目投入多一些，也要降低对社会和环境的影响，提高综合服务能力。树立全寿命周期成本的理念，就是要坚持科学合理的评价方法，该投入的一定要投入，能节约的一定要节约，在确保安全、满足功能的前提下，通过提高技术含量，灵活设计，用好每一分建设资金，达到最佳的技术经济效益。

# 本 章 小 结

公路选线的基本要求就是根据公路使用任务和性质，综合考虑沿线区域国民经济发展情况与远景规划，深入调查，充分利用自然条件，合理选定路线，使建筑费用、运营费用与使用质量得到合理的统一。

对于平原地区，地形平坦，纵坡限制少，但居民点多、建筑物多、耕地多、湖泊、水塘、河汊多，选线时要综合考虑路线与城镇、路线与农田水利、路线与桥位的关系，注意土壤地质水文条件，根据不同情况，抓住主要矛盾，充分利用自然条件，合理选定路线。

沿溪（河）线是沿着山岭区河溪的两岸布设路线。这种路线在平面随河溪的地形而变动。选线时要综合解决路线选择走河的哪一岸、路线线位放在什么高度、路线选在什么地点跨河等3个问题，而这3个问题互相联系、互相影响、互相制约，选线时要抓住主要矛盾，要根据公路等级并结合具体地形因地制宜地解决。

越岭线是路线走向与山脉方向大致垂直而必须在垭口穿越时常常采用的一种路线。其主要特点是路线需要克服较大的高差，路线的长度和位置主要取决于路线纵坡的安排。因此，在越岭线的选线中，以路线的纵断面设计为主导。越岭线布局主要是解决垭口的位置、过岭标高的选择和垭口两侧路线的展线。垭口是路线布局的重要控制点，它确定了路线的走向；过岭标高，控制着纵坡的大小；展线的方法决定了路线的长度，这三方面互相联系、互相影响，布局时要综合考虑。

丘陵地形介于平原和山岭之间，它具有平缓的外形和连绵不断的丘岗，地面起伏较多。由于丘陵区地形复杂，受地形限制小，路线的可能方案较多。选线时要根据具体地形和公路等级分别对待，做到使用质量和工程经济的正确统一，平、纵、横三方面综合考虑，协调一致，防止不顾工程、硬拉直线和不顾技术标准、随弯就弯和随坡上下的连续起伏。

山坡线是在山坡半腰上布置的路线，它介于越岭线与沿溪（河）线之间。这种路线是随着山坡而行，平面线形可能弯曲较多；纵坡比较平缓；路基多为半填半挖形式，有时需要修建挡土墙。在山岭地区路线从沿溪（河）线过渡到越岭线时经常使用。

道路选线要点汇总见表6-2。

表6-2 道路选线要点汇总

| | 平原区 | 丘陵区 | 山岭区 |
|---|---|---|---|
| 地形特点 | 地面坡<2°，$\Delta H$<20m<br>耕地多、水系发达、居民点多、工业区多 | 地面坡2°～6°，$\Delta H$<150m<br>界线不明确、岗坳交错、山形迂回曲折<br>植被发达、旱地多、梯田多 | 地面坡6°～25°，$\Delta H$>150m<br>高山地：地面坡>25°<br>山脉水系清晰<br>居民少、农田少 |
| 路线特点 | 线形短捷、顺直、高标准<br>远近结合、以平面为主导 | 局部方案多<br>平、纵以曲线为主体 | 沿溪、沿山脊、越岭<br>以纵向线形为主导 |
| 要点 | (1) 与农业关系：不占高产田、路堤结合、堤坝结合、路桥坝结合<br>(2) 与城镇关系：靠城不扰民<br>(3) 与桥位关系：<br>大中桥——控制点；<br>小桥涵——服从路线<br>(4) 水文条件<br>(5) 新旧路关系<br>线形采用高标准 | (1) 平地走直线、较陡横坡地带走匀坡线<br>(2) 起伏地带，走匀坡与直线的中间线<br>(3) 平纵线形与地势相吻合，可不必顾及局部地形<br>(4) 暗弯凸竖、明弯凹竖结合起来<br>(5) 道路等级与地形的关系：等级高、线形好、不过分迁就地形，避免硬拉直线、弯曲求平(坦) | (1) 河岸选择、便利两岸交通、桥要有一定密度<br>(2) 路线高度、高位线形差、低位受洪水威胁，桥位、在S河段换岸<br>(3) 山脚线、直穿、靠岸<br>(4) 选好垭口，以纵断面为主<br>(5) 确定垭口标高、展线、由上而下展线、试坡<br>(6) 隧道的临界标高确定<br>(7) 交通量大时，平顺直，反之可弯曲 |

# 习题与思考题

6-1 什么是道路选线？

6-2 选线的原则和步骤是什么？

6-3 路线方案技术指标比选的内容有哪些？

6-4 平原区路线布设时，应注意哪些影响因素？

6-5 沿溪线应解决的主要内容有哪些？

6-6 越岭线应解决的主要内容有哪些？

6-7 越岭展线的方法有哪些？什么是自然展线？什么是回头展线？各有何优缺点？

6-8 高线和低线各有何特点？

6-9 丘陵区选线的特点有哪些？

# 第7章 定 线

**教学要点**

| 知识要点 | 掌握程度 | 相关知识 |
| --- | --- | --- |
| 基本概念 | (1) 了解坐标计算方法；<br>(2) 了解各种定线方法的特点 | (1) 坐标系统；<br>(2) 导向线、纸上移线 |
| 定线方法 | (1) 掌握纸上定线的方法、步骤；<br>(2) 掌握实地定线的方法、步骤 | (1) 坐标计算；<br>(2) 平曲线的计算 |

**技能要点**

| 技能要点 | 掌握程度 | 应用方向 |
| --- | --- | --- |
| 纸上定线 | 掌握纸上定线方法 | 能根据纸上定线的资料实地放线 |
| 实地定线 | 知道实地定线的要点 | 能根据实际地形在现场进行平纵线形指标的运用 |
| 实地放线 | 知道实地放线的方法 | 平纵横成果的运用 |

## 基本概念

定线；纸上定线；实地定线；均坡线；导向线；穿线交点法；拨角法；自由坡度地段；紧束坡度地段；放坡；切基线法；离、割基线法；回头曲线；断链。

## 引例

我国公路航测选线的研究工作是从利用国家已有的航测资料入手的。我国领土的绝大部分地区，已有不同比例的航空摄影相片，所以比较容易收集。将相片拼接成地貌略图，通过立体观察，可以了解选线地区的山脉水系以及工程地质等情况。对于在特别困难的山岭、森林、沙漠、草原地带选择路线的各种方案，航测资料具有特别重要的实用价值。

利用航测相片选线，或者通过航测成图在图纸上定线，这样可以把大量的野外工作搬到室内来做，选线人员可以在相片和图纸上找出许多比较方案，从而提高选线质量。

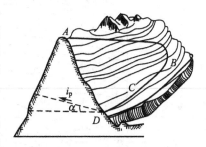

定线是公路设计过程中关键的一步，其任务是：在路线总体布局和逐段安排的基础上，按照已定的技术标准，结合细部地形、地质和其他沿线情况，综合考虑平、纵、横三方面因素，合理安排，定出路线中线的确切位置。其内容包括确定交点和曲线插设两项工作。

常用的定线方法有实地定线和纸上定线两种。技术标准高的，地形、地物复杂的路线必须使用纸上定线，然后把纸上路线敷设在地面上；实地定线则适用于标准较低的路线，是在现场直接定出路线中线的位置。

## 7.1 概 述

### 7.1.1 纸上定线

纸上定线是在大比例地形图（一般比例 1∶1000～1∶2000 为宜）上具体确定道路中线的位置。

对定线来讲，不同的地形有不同的方法。平原、微丘地区，地形起伏不大，路线一般不受高程限制，定线主要是正确绕避平面上的障碍，力争控制点间路线顺直短捷。山岭、重丘地区，地形复杂，横坡陡峻，定线时利用有利地形，避让艰巨工程、不良地质地段或地物，都涉及调整纵坡问题，而山岭区纵坡的限制又是较严的，因此在山岭重丘区安排好纵坡成为首要问题。

1. 定导向线

（1）拟定路线方案。在大比例尺地形图上研究路线布局，如图 7-1 所示，选择有利地形如平缓顺直的山坡、开阔的侧沟、利于回头的地点等，拟定路线可能方案，并详细比较选定合适方案。

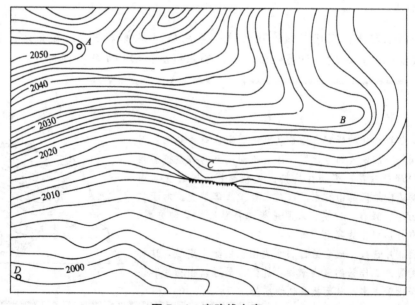

图 7-1 定路线方案

(2) 纸上放坡。如图 7-2 所示,根据等高线间距 $h$ 及选用的平均坡度 $i_p$(5%~5.5%),按 $a=h/i_p$ 计算出等高线间距 $a$,使两脚规的开度等于该间距,从某一固定点开始,沿各拟定走法在等高线上依次截取 $a$、$b$、$c$ 等点,如最后一点的位置和标高均接近另一固定点 $B$ 时,说明这个方案能够成立,否则修改走法或调整 $i_p$,重新试验至方案成立为止。

绘制均坡要从高处固定点 $A$ 往低处 $B$—$C$—$D$ 方向画线,如图 7-3 所示。

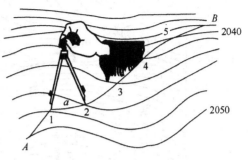

图 7-2 绘制均坡线的基本方法

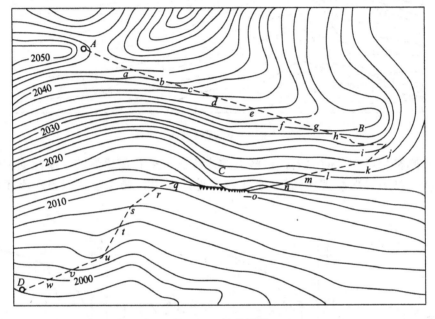

图 7-3 绘均坡线

(3) 作导向线。分析研究坡度线对地形、地物及艰巨工程和不良地质的避让情况。如有不合理之处,应选择出需避让或利用的中间控制点,调整平均坡度,重新试坡。经过调整后得出的折线,称之为"导向线"。如图 7-4 所示,$Aab$ 至 $D$ 折线从 $C$ 处陡崖中间通过,$B$ 处利用回头的地点也未利用上,如调整一下 $B$、$C$ 前后段的坡度,就能避开陡崖和利用上有利的回头地点,因此可以把 $B$ 定为中间控制点,然后再分段仿照上法截取 $a'$、$b'$…诸点,连接 $Aa'b'$ 至 $D$ 的折线,示出了路线将行经的部位,即为"导向线"。

2. 修正导向线,定平面试线

(1) 参照导向线定平面试线,注明平曲线半径,量出地形变化特征点桩号及地面标高,绘制纵断面图,参考地面线设计理想纵坡,量各桩的概略设计标高。

(2) 在平面试线各桩的横断面方向上找出与概略设计标高相应的点,这些点的连线是具有理想纵坡,不填不挖的折线,称为修正导向线(例图中未示出)。

(3) 在修正导向线各点的横断图上,用路基模板逐点找出最经济的或起控制作用的最佳路基中线位置及其可以活动的范围,如图 7-5 中的②和③。根据最佳位置点的性

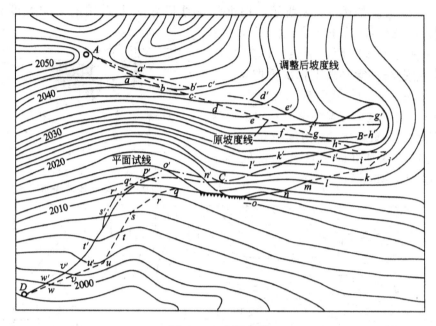

图 7-4 定导向线

质分别用不同符号点在平面图上，这些点的连线是一条有理想纵坡、横断面上位置最佳的平面折线，称为二次修正导向线（小比例尺地形图上，最佳位置点显示不出者，可不做）。

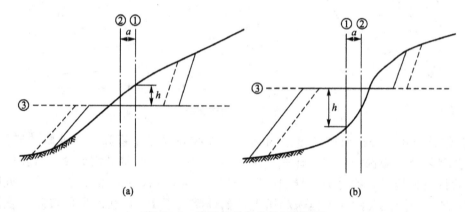

图 7-5 移线的效果比较（横断面）

横断面校核：根据初步纵坡设计，计算出路基填挖高度，绘出工程困难地段（如地面横坡陡或工程地质不良地段等）的路基横断面图，如图 7-6 所示，根据路基横断面图的情况进一步修正平面线形。

3. 定线

纸上定线应该既符合该级路规定的几何标准，又能充分适应当地地形，避开尽可能多的障碍物。为此定线必须在分析研究二次修正导向线上各特征点的性质和可活动范围的基础上，反复试线才能得到满意的结果。

纸上定线的具体操作有两种做法。

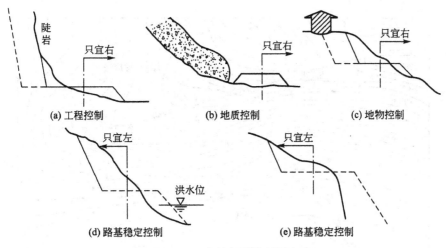

**图 7-6 路基断面控制因素**

(1) 直线型(传统法)：利用导向线各点的可活动性，按照"照顾多数、注重重点"的原则，掌握与该路等级相应的几何标准，先用直尺试穿出与较大地形相适应的一系列直线，然后用适当的曲线把相邻直线连接起来。地形复杂转折较多或转弯处控制较严时，也可先定曲线，后用直线把曲线顺滑地连接起来。示意图如图 7-7 和图 7-8 所示。

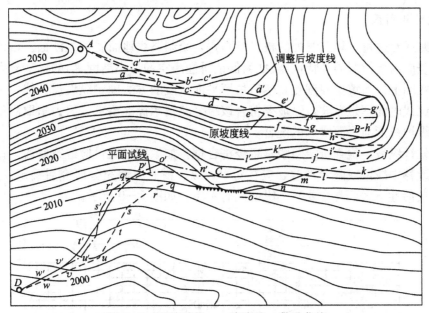

**图 7-7 平面试线——穿直线、敷设曲线**

(2) 曲线型：根据导向线上各点控制性严、宽的程度，参照设计标准的要求，先用一系列圆弧去拟合控制较严的地段或部位，然后把这些圆弧用适当的缓和曲线连接起来。具体操作步骤见下节。

上述两种方法，并无本质上的区别，但手法不同，计算过程及成果表示方式也不相同。由于适用性的差异，有的甚至从线形设计质量上有所反映。一般讲，前者适用于地形简易的平原微丘地区，后者适用于地形、地物复杂的丘陵、山岭地区。

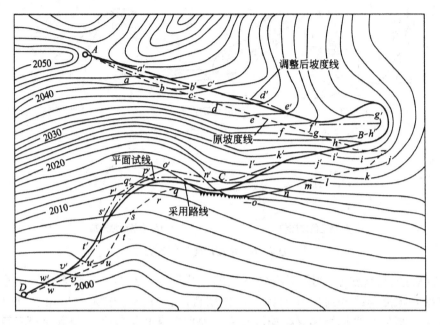

图 7-8 纸上定线示例(平面图)

**4. 设计纵断面**

量出路线穿过每一等高线处的桩号及高程,绘制路线地面线的纵断面。设计者根据地形图,把竖向需要控制的各特征点(如为保证桥涵净空的最小高度等)的标高分别用轻重不同符号注在图上作为填挖控制点,然后仿照平面试线的方法确定纵坡设计线。定纵坡设计线应参考试线时的理想纵坡,纵坡要符合该级公路技术标准要求,努力争取满足各种竖向控制以及纵坡线形与平面线形的配合。

根据设计纵坡,检查所定路线是否经济合理,如填挖过大,应进行修改。修改是调整纵坡还是改移中线,或两者都改,应在对平、纵、横三方面充分研究后确定。越岭线上,一般纵坡灵活性不大,常常要平、纵面同时考虑,如图 7-9 所示。

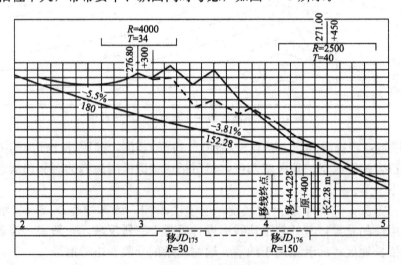

图 7-9 移线纵断面图

纸上定线是一个反复试验的过程，在某限度内，试线越多，最后的成品就越好。直到无论采取什么措施都不能显著节省工程或增进美感时，才可认为纸上定线工作已告完成。

## 7.1.2 纸上移线

**1. 纸上移线的条件**

在公路定线过程中，往往由于定线时考虑不周、地形条件限制或其他原因，难免产生因平面中线位置不当致使工程过大或线形不够理想等缺点。此时可在分析研究已定路线平、纵、横图纸资料的基础上，考虑移动路线，使设计达到经济合理的要求，它对提高设计质量，降低工程费用起着一定的作用。当路线设计出现以下情况时，应考虑纸上移线。

(1) 当平曲线半径选择过小，以致影响纵坡折减或平面线形前后不协调，或平、纵线形配合矛盾突出时，应采取调整交点位置，加大半径或减少弯道的方法进行移线。

(2) 因路线中线位置不当而使工程量过大、边坡过高，或需设置高挡墙和砌石工程时，仅靠调整纵坡无法达到目的，应考虑纸上移线。

纸上移线应在实测横断面的范围内进行。对纸上移线的原因与情况，应在纸上移线平面图上作扼要说明。

**2. 纸上移线的方法和步骤**

(1) 绘制移线路段大比例尺(一般采用 1∶200～1∶500)路线平面图，注出交点编号、曲线起、终点以及各桩位置。

(2) 根据移线目的，在纵断面图上试定纵坡，算出各桩的填挖值。

(3) 根据纵断面图上各桩填挖值，在横断面图上找出各桩最经济或控制性的路基中线位置。量出偏移原中心线的距离(即移距)，分别用不同的符号标记在平面图上。

(4) 在"保证重点、照顾一般"的原则下，参照平面图上标记，经反复试定修改，定出改移后的导线。用正切法算出各交点偏角，并使移线与原线角度闭合。拟定平曲线半径，计算平曲线要素，绘出平曲线。

(5) 根据移线起点与原线桩号里程的对应关系，推算移线后各新桩的桩号里程，算出长短链值，注在移线终点。

(6) 按各桩在平面图上的移距，在相应各横断面图上绘出移线后的中桩位置，并注明新桩号。

(7) 根据横断面图上移线前后中桩处的相对高差，在原纵断面图上点绘移线后地面线(用虚线表示)，重新设计纵坡及竖曲线，如图 7-9 所示。

(8) 设计路基横断面，并计算土石方数量。

## 7.1.3 断链

在丈量过程中或者纸上移线后，出现桩号与实际里程不符的现象，称为断链。断链有"长链"和"短链"之分，当路线桩号长于地面实际里程时叫短链，反之叫长链。其桩号写法举例如下。

长链： G3+110=3+105.35　　长链 4.65m

短链: G3+100=3+105　　　　短链 5m

移线时,若移距较大,断链长度较长,对纵坡度有较大影响,则需计入断链,若移距不大或路线纵坡度较缓,则可不计断链,但需推算与移线平面起终点相应的原线上的桩号,以便计算超高和加宽,移线终点不标注长短链。

值得注意的是纸上移线的资料主要从原线的横断面上取得,由于一般横断面施测范围有限,且离中线愈远误差愈大,移距不能太大,一般以小于3~5m为好。移距很大时,应在定出移改导线后,实地放线重测。

## 7.2 纸上定线操作方法

### 7.2.1 直线型定线计算方法

直线型定线根据选线布局的路线方案和该路等级相应的几何标准,试穿出一系列与地形相适应的直线作为路线基本单元,然后在两直线转折处用曲线予以连接,即传统穿线交点定线法。路线上每一线段的具体方向,平原微丘区应以布局定下的控制点为依据,山岭重丘区应参照定线初期选定的导向线试定,路线的最终方案是要经多方面的分析比较才确定下来的。定线后具体线形要素计算方法如下。

1. 交点坐标采集法(纸上定线)

道路中线确定后,为了标定路线,需要根据选定的圆曲线半径及缓和曲线计算平曲线要素、曲线主点桩里程、逐桩坐标等。这些数据是否正确依赖于交点坐标采集的精度,通常交点坐标采集有两种办法。

(1) 直接采集法:即在绘有网格的地形图上读取各交点坐标,一般只能估读到米。此法适用于交点前后直线方向和位置限制不严的情况。

(2) 定前后直线间接推算交点坐标:当交点前后直线方向及位置受限制较严时,可先固定前后直线(即在直线上读取两个点的坐标),再用相邻直线相交的解析法计算交点坐标。

如已知交点前直线上两点的坐标为$(x_1, y_1)$和$(x_2, y_2)$,后直线上两点坐标为$(x_3, y_3)$和$(x_4, y_4)$,则交点坐标$(x, y)$由式(7-1)计算:

$$\left.\begin{aligned} k_1 &= \frac{y_2 - y_1}{x_2 - x_1} \\ k_2 &= \frac{y_4 - y_3}{x_4 - x_3} \\ x &= \frac{k_1 x_1 - k_2 x_3 - y_1 + y_3}{k_1 - k_2} \\ y &= y_1 + k_1(x - x_1) \end{aligned}\right\} \quad (7-1)$$

2. 交点间距、偏角交角计算

设起点坐标为$JD_0(X_0, Y_0)$,第$i$个交点坐标为$(X_i, Y_i)$,$I=1, 2, \cdots, n$,则

坐标增量：$DX = X_i - X_{i-1}$，$DY = Y_i - Y_{i-1}$

交点间距($JD_{i-1} \sim JD_i$)：$S = \sqrt{DX^2 + DY^2}$ (7-2)

$JD_{i-1}$计算方位角：$\alpha = \arctan\left(\dfrac{DY}{DX}\right)$ (7-3)

如果 $DX < 0$，$\alpha = \alpha + 180$，则公路偏角 $\alpha_i = \alpha_i + \alpha_{i-1}$ (7-4)

如果 $\theta_i > 0$，路线为右偏；如果 $\theta_i < 0$，路线为左偏。

3. 平曲线设计

计算出交点间距及偏角之后，即可拟定圆曲线半径及缓和曲线长度，进行详细的平曲线计算。方法同第三章（从略）。

## 7.2.2 直线型定线法坐标计算

以交点坐标计算路线上任意点的坐标

道路导线从起点开始，由一串相邻的交点构成，如图 7-10 所示。设交点里程桩号为 $KJD_i$，其坐标为$(X_i, Y_i)$。

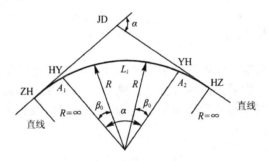

**图 7-10 道路基本型线形**

（1）直线段上任一点 $M$（里程号为 $K$，且 $M$ 位于 $JD_i$ 的后导线边上，$K < KJD_i$）的坐标计算方法。

$$\left. \begin{array}{l} x = X_i + D\cos\alpha_{i-1} \\ y = Y_i + D\sin\alpha_{i-1} \end{array} \right\}$$ (7-5)

式中 $D$——$JD_i$ 点后直线段上任一点 $M$ 到 $JD_i$ 的距离，$D = K - KJD_i$（注意：$D_m < 0$）；

$\alpha_{i-1}$——$JD_i$ 点后直线段上任一点 $M$ 的计算方位角。

ZH 点坐标为：

$$\left. \begin{array}{l} x_{ZH} = X_i + T\cos\alpha_{i-1} \\ y_{ZH} = Y_i + T\sin\alpha_{i-1} \end{array} \right\}$$ (7-6)

如果道路基本型中没有设置缓和曲线，则依上式计算 ZY 点的坐标。

当 $M$ 位于 $JD_i$ 的前导线边上，$K_m > KJD_i$ 时，$M$ 点与 $JD_i$ 的距离为 $D = K - KJD_i + J$［$J$ 为超距，按式(3-37)计算］，则 $M$ 点坐标为：

$$\left. \begin{array}{l} x = X_i + D\cos\alpha_i \\ y = Y_i + D\sin\alpha_i \end{array} \right\}$$ (7-7)

式中 $\alpha_i$——$JD_i$ 点前直线段上任一点 $M$ 的计算方位角。

HZ（或 YZ）点坐标为：

$$x_{HZ}=X_i+T\cos\alpha_i$$
$$y_{HZ}=Y_i+T\sin\alpha_i \quad (7-8)$$

(2) 缓和曲线上任意桩号 $K$ 点坐标计算。
$$x=x_0+Fu\cos\alpha_0-Ev\sin\alpha_0$$
$$y=y_0+Fu\sin\alpha_0+Ev\cos\alpha_0 \quad (7-9)$$

式中，当为 ZH~HY 第一缓和曲线时，$x_0=x_{ZH}$，$y_0=y_{ZH}$，$\alpha_0=\alpha_{i-1}$，$F=1$。

当为 YH~HZ 第二缓和曲线时，$x_0=x_{HZ}$，$y_0=y_{HZ}$，$\alpha_0=\alpha_i$，$F=-1$。

左拐弯时 $E=-1$，右拐弯时 $E=1$；$u$、$v$ 分别按式(3-70)、式(3-71)计算。

(3) 圆曲线上任意桩号 $K$ 点坐标计算。
$$x=x_{HY}+ER(\sin\alpha-\sin\alpha_{HY})$$
$$y=y_{HY}-ER(\cos\alpha-\cos\alpha_{HY}) \quad (7-10)$$
$$\alpha_{HY}=\alpha_{i-1}+E\beta$$
$$\alpha=\alpha_{HY}+\frac{E(K-K_{HY})}{R}$$

式中　$\alpha_{HY}$、$\alpha$——分别为 HY 点和桩号点的切线方位角；
　　　$\beta$——缓和曲线的转角。

### 7.2.3　曲线型定线法

与传统的先定直线后定曲线的直线型定线法相反，曲线型定线法首先根据地形、地物条件设置合适的圆曲线，然后把这些圆曲线用适当的缓和曲线连接起来。当相邻圆曲线间相距较远时，也可以根据需要插设适当的直线段，形成以曲线为主的连续线形。曲线型定线法只适用于纸上定线。

1. 定线步骤

(1) 在地形图上根据路线布局所确定的定线走廊和限制较严的控制点，徒手画出线形顺适、平缓并与地形相适应的路线概略位置。

(2) 选用直尺和不同半径的圆曲线弯尺拟合徒手画线，把该画线分解成规则的数学单元——圆弧和直线，形成一个由圆弧和直线组成的具有错位(即设缓和曲线后圆曲线的内移值)的间断线形。选取最逼近徒手画线并符合该级道路线形设计要求的圆曲线半径作为设计半径。

(3) 在每一被分解后的圆弧或直线上各采集两个点的坐标，从而将直线和圆弧固定下来。通过试定或试算，用合适的缓和曲线将固定的线形单元顺滑地连接(通过计算缓和曲线参数 $A$ 值)，形成一条以曲线为主的连续平面线形，并计算出平面线形的逐桩坐标，以便实地放线。

2. 确定回旋线参数

回旋线参数 $A$ 的确定是曲线型定线法重要的一环，常用方法有回旋曲线尺法、回旋曲线表法、公式试算法以及解析法等。

1) 回旋曲线尺法

回旋曲线尺是根据回旋线相似性特点制成的，通常为米制，比例尺为 1∶1000，外形为刻有主切线的 S 形曲线，在各个位置上刻出整数半径的法线方向及相关数值，代表某位置的曲率半径。一个参数值 $A$ 对应一把曲线尺，$A$ 值刻在曲线板上。

回旋曲线尺使用方法与铁道弯尺一样，选用不同参数的曲线尺去逼近相邻线形单元，从而定出 $A$ 值。回旋曲线尺除用于直线与圆的连接、S形、卵形曲线外，还可以把回旋曲线尺组合，用于其他复杂的组合线形。

2）回旋曲线表法

（1）单位回旋曲线表是参数 $A=1$ 时的回旋曲线要素表，计算其他不同参数 $A$ 的回旋曲线要素时，对单位回旋表中有长度量度的要素值乘以 $A$ 即可。无长度量度的要素（如 $\tau$、$\sigma$ 等）可直接采用。

（2）整参数 $A$ 回旋曲线表：此类的要素值都是按整参数 $A$，以不同的整数半径 $R$ 为自变量计算出来的，这种回旋线表实际上是回旋曲线尺的数字化表示，用途是相同的。

3）近似计算法

对于 S 形、卵形曲线，回旋线参数 $A$ 可用下式计算：$A=\sqrt[4]{24DR^3}$ （7-11）

式中 $D$——圆弧之间距离；

$R$——换算半径，S 形曲线 $R=\dfrac{R_1R_2}{R_1+R_2}$，卵形曲线 $R=\dfrac{R_1R_2}{R_1-R_2}$，其中 $R_1$ 为大圆半径，$R_2$ 为小圆半径，如图 7-11、图 7-12 所示。

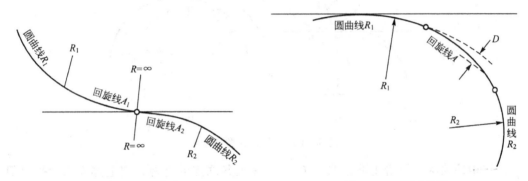

图 7-11　S 形曲线　　　　　图 7-12　卵形曲线

$A$ 值算出后，先要简单检查是否满足 $R/3 \leqslant A \leqslant R$ 要求，不满足时，可调整圆弧位置，使 $D$ 变化后重新计算 $A$ 值，直到满意为止。

对于 S 形曲线，因为它是由两条回旋线构成，为了计算简单方便，一般情况下均采用相同的参数 $A$ 值。回旋曲线尺、回旋曲线表均是按这种形式制作的。对于两个不同参数的 S 形，计算比较复杂，一般很少使用，不赘述。

4）解析计算法

解析法是根据几何关系，建立含有参数 $A$ 的方程式，通过计算精确求解 $A$ 值的过程。下面分 3 种连接情况介绍。

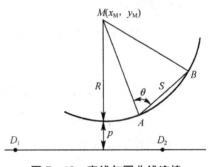

图 7-13　直线与圆曲线连接

（1）直线与圆曲线连接，如图 7-13 所示。

已知直线上两点坐标为 $D_1(X_1,Y_1)$ 和 $D_2(X_2,Y_2)$，圆曲线上两点 $A(x_1,y_1)$ 和 $B(x_2,y_2)$，以及圆曲线半径 $R$，圆心坐标 $M(x_M,y_M)$，要求计算连接圆曲线并与直线 $D_1D_2$ 相切的缓和曲线参数值 $A$。计算过程如下：

$AB$ 两点之间距离为 $AB = \sqrt{(x_1-x_2)^2+(y_1-y_2)^2}$，$\theta = \arccos\dfrac{|AB|}{2R}$；

$AB$ 两点连线的方位角为 $\alpha_{AB} = \arctan\dfrac{y_1-y_2}{x_1-x_2}$；

$AM$ 方位角为 $\alpha_M = \alpha_{AB} \pm \theta$（曲线右偏取"$+$"，左偏取"$-$"）。

圆心 $M$ 坐标为
$$\left.\begin{array}{l} x_M = x_1 + R\cos\alpha_M \\ y_M = y_1 + R\sin\alpha_M \end{array}\right\} \quad (7-12)$$

直线 $D_1D_2$ 的斜率为 $k = \dfrac{Y_1-Y_2}{X_1-X_2}$

圆心到直线的距离为 $L = \dfrac{|k(x_M-X_1)-(y_M-Y_1)|}{\sqrt{1+k^2}}$ （7-13）

则圆曲线与直线之间的距离 $p = L - R$。圆曲线与直线之间的距离即为圆曲线内移值。

(2) 两反向曲线连接（S形），如图 7-14 所示。

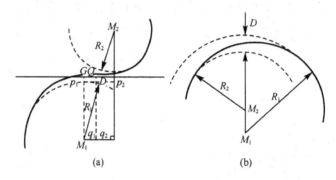

图 7-14　S形、卵型布置图

已知相邻的两个圆曲线半径 $R_1$、$R_2$，及其上各两点的坐标，用上述方法分别计算出两圆的圆心坐标 $M_1(x_{M1}, y_{M2})$ 和 $M_2(x_{M1}, y_{M2})$ 后，即可计算连接这两个反向曲线的缓和曲线的参数（图 7-14）。

两曲线圆心距离为 $\overline{M_1M_2} = R_1 + R_2 + D = \sqrt{(X_{M2}-X_{M1})^2+(Y_{M2}-Y_{M1})^2}$ （7-14）

两曲线间距为
$$D = (|\overline{M_1M_2} - R_1 - R_2| = \sqrt{(x_{M1}-x_{M2})^2+(y_{M1}-y_{M2})^2} - R_1 - R_2$$
$$\overline{M_1M_2} = \sqrt{(R_1+R_2+p_1+p_2)^2 + (q_1+q_2)^2} \quad (7-15)$$

由式(7-14)和式(7-15)可得到方程：
$$(p_1+p_2)^2 + 2(R_1+R_2)(p_1+p_2-D) + (q_1+q_2)^2 - D^2 = 0 \quad (7-16)$$

按近似计算公式得
$$\left.\begin{array}{l} p_1 = \dfrac{A_1^4}{24R_1^3}, \quad p_2 = \dfrac{A_2^4}{24R_2^3} \\ q_1 = \dfrac{A_1^2}{2R_1} - \dfrac{A_1^6}{240R_1^5}, \quad q_2 = \dfrac{A_2^2}{2R_2} - \dfrac{A_2^6}{240R_2^5} \end{array}\right\} \quad (7-17)$$

式(7-16)中，$R_1$、$R_2$、$D$ 是确定的，$p_1$、$p_2$、$q_1$、$q_2$ 是需要结合地形和规范对线形

的要求而设计的。表面上看 $p_1$、$p_2$、$q_1$、$q_2$ 是 4 个未知数，实际上由于 $p_1$、$p_2$、$q_1$、$q_2$ 都与 $A_1$ 和 $A_2$ 相关，因此，式(7-16)只有 2 个未知数 $A_1$ 和 $A_2$。当设计 $A_1$ 之后，$A_2$ 也就可以计算出来了，反之亦然。

再依次计算公切点 $GQ$ 方位角和坐标。然后，按式(7-9)向前、后两个方向计算逐桩坐标。

例：如图 7-15 已知某公路有两个交点 $JD_1$ 和 $JD_2$，$JD_1$ 右偏角为 $\alpha_1$，$JD_2$ 左偏角为 $\alpha_2$。已知半径 $R_1$、$A_1$；要求：按 S 形曲线计算确定 $A_2$、$R_2$。

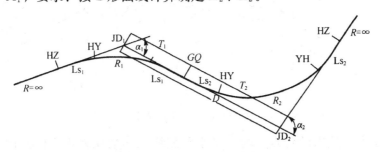

图 7-15 S 形曲线要素

计算步骤：① 先根据 $\alpha_1$、$R_1$、$A_1$，计算 $T_1$。
② $T_2 = D - T_1$。根据 S 形的组合要求，假定 $A_2$。
③ 用 $T_2$、$A_2$、$\alpha_2$ 计算 $R_2$。
④ 检查 $R_2$ 是否符合 S 形的组合要求，如不能，则重新调整计算。

(3) 两同向曲线连接(卵形)，如图 7-14 所示。

间距为
$$D = |R_1 - R_2 - \overline{M_1 M_2}|$$
$$\overline{M_1 M_2} = \sqrt{(R_1 - R_2 + p_1 - p_2)^2 + (q_1 + q_2)^2}$$

参照反向曲线的计算方法可建立方程，即

$$(R_1 - R_2 + p_1 - p_2)^2 + (q_1 - q_2)^2 = (R_1 - R_2 + D)^2 \tag{7-18}$$

## 7.3 实地放线

实地放线是将纸上定好的路线敷设到路面上，供详细测量和施工之用。常用的放线方法有穿线交点法、拨角法、直接定交点法、坐标法等，选用时应根据路线的复杂程度和精度要求、测设仪具设备、地形难易等具体条件确定适合的方法。

### 7.3.1 穿线交点法

穿线交点法是根据平面图上路线与施测地形时敷设的控制导线的关系，把纸上路线的每条边逐一而独立地放到实地上去，延伸这些直线支出交点，构成路线导线。由于放线的方法不同，又可分为支距法和解析法两种。

1. 支距法

通常所指穿线交点定线，多用此法，此法简单易行，适用于地形不太复杂，路线离开导线不远的地段。其工作方法如下。

(1) 量支距。在图上量得纸上路线与导线的支距,如图 7-16 中导 1-A,导 2-B 等。注意纸上每条导线边至少应取 3 个点,并尽可能使这些点在实地能够互相通视。

(2) 放支距。在现场找出各相应的导线点,根据量得的支距用皮尺和方向架定出各点,如图 7-16 中 A、B、D 等点,插上旗子。

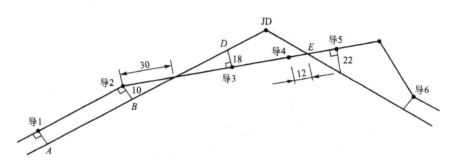

图 7-16 支距示意图

(3) 穿线交点。放出的各点,由于量距和放线工作的误差,不可能恰好在一条直线上,必须穿直,穿直线多用花杆进行,穿出直线后要根据实际地形审查路线是否合理,否则现场修改,改善线路位置。两相邻直线的交点即为转角点,如交点距路线很远或交在不能架设仪器的地方,可插成虚交形式,所有交点和转点都应钉桩以标定路线。

2. 解析法

解析法是用坐标计算纸上路线和导线的关系,此法较为准确。在地形复杂和直线较长,路线位置需要准确控制时用此法,其工作步骤如下。

(1) 计算夹角。以图 7-17 所示为例,从平面图上量得纸上路线的交点 $JD_A$、$JD_B$ 的坐标 $(Y_A,X_A)$,$(Y_B,X_B)$,则 $JD_A \sim JD_B$ 的象限角为

$$\tan\alpha = \frac{Y_A - Y_B}{X_A - X_B} = \frac{\Delta Y}{\Delta X}$$

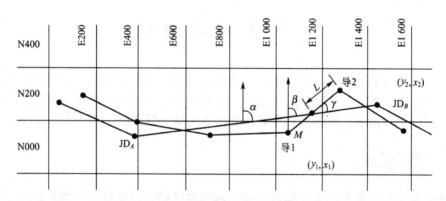

图 7-17 解析法放线示例图

导 1~导 2 的象限角 $\beta$ 为已知,$JD_A \sim JD_B$ 与导 1~导 2 的夹角 $\gamma = \alpha - \beta$,为了判明象限角的名称,需注意坐标的正负号,即横坐标东正西负;纵坐标北正南负。

(2) 计算距离。$JD_A \sim JD_B$ 与导 1~导 2 的交点 $M$ 的坐标 $(Y_m,X_m)$ 可解下列联立方程式求得。

$$\frac{Y_2-Y_m}{X_2-X_m}=\frac{Y_2-Y_1}{X_2-X_1}$$

$$\frac{Y_B-Y_m}{X_B-X_m}=\frac{Y_B-Y_A}{X_B-X_A}$$

式中　$Y_1$，$X_1$，$Y_2$，$X_2$——导1、导2的坐标，为已知；

　　　$Y_A$，$X_A$，$Y_B$，$X_B$——$JD_A$，$JD_B$的坐标，可从平面图上量得。

导2至M的距离为　$L=\sqrt{(X_m-X_2)^2+(Y_m-Y_2)^2}$

此法计算比较麻烦，但精度较高，实际工作中亦可用比例尺从平面图上直接量取距离。

## 7.3.2　拨角法

拨角放线也是根据纸上路线在平面图上的位置与导线的关系，用坐标计算每一条线的距离、方向、转向角和各控制桩的里程，放线时就按照这些资料直接拨角量距，不必穿线交点。外业工作较为迅速，但此法所根据的资料要可靠准确。

### 1. 计算原理

当需要在现场施放某点A时，该点坐标可通过计算得到或直接从平面图上量得。在A点附近找到两个导线点（坐标为已知），通过坐标解析法计算出A点到导线点的距离及A点与其两导线点构成的导线边的夹角，即可用拨角法放A点。

### 2. 外业放线

根据内业计算资料的夹角和距离，先从第一条导线（简称导1）上放出路线起点A和第一边AB，以后各边按转向角及距离直接定出。拨角定线的精度主要决定于定线所依据的原始资料是否可靠准确和放线误差积累的大小。因此现场放线时，必须十分注意路线实际位置是否合宜，高度是否恰当，必要时要现场变动改善。为了削除拨角量距误差积累增大的影响，放线时应视现场具体情况，每隔一定距离，与导线联系闭合一次，并进行调整。

## 7.3.3　直接定交点法

在地形平坦，视线开阔，路线受限不很严，路线位置能根据地面目标明显决定的地区，可依据纸上路线和地貌地物的关系，现场直接将交点定出。如图7-18所示，从图上得知交点JD离河岸约200m，位于已有公路曲线内侧，一端切线距公路桥头50m，另一端切线距房屋25m，根据这些关系，便可直接于现场定出JD。

在有些情况下，并没有上例这样明显的条件，路线的平面和高程位置，需要视地形、地质情况根据现场选线的原则，定出交点，做法参见现场直接定线。

综上所述，穿线交点定线费时较多，拨角定线存在误差积累，为了弥补这些工作方法的缺点，取长补短，可以两者结合应用，即拨角定线到一定距离后，再用穿线交点法放线相交，既能提高工作进度，又能截断拨角定线的误差积累。

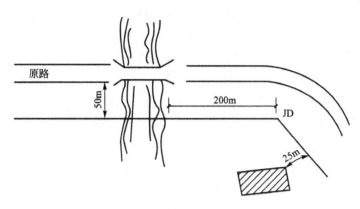

图 7-18 直接定交点示意图

上述 3 种方法中，穿线交点和直接定交点法，放线资料大都来自图解，准确度不高，适用于活动余地较大的路线。拨角法放线资料虽较准确，但放线误差累积，也影响定线的精度。3 种方法都只用于路线导线的标定，路线的曲线部分还须用传统的曲线敷设方法标定。放线只适用于直线型定线方法。

### 7.3.4 坐标法

先建立一个全线统一的坐标系，有条件时一般采用国家坐标系统。根据路线地理位置和几何关系计算出道路中线上各桩点的统一坐标，并编制逐桩坐标表，然后按逐桩坐标表根据实地的控制导线就可将路线敷设到地面上，进行实地放线。坐标法放线精度高，但必须有可参照的实地导线点。此法既可用于直线型定线方法，也可用于曲线型定线方法。

一般采用全站仪进行放样，至少需要有两个导线点才能进行坐标放样，可采用极坐标放线法和坐标放线法。

**1. 极坐标放线法**

极坐标放线的基本原理是以控制导线为依据，以角度和距离定点。如图 7-19 所示，在导线点 $T_i$ 置仪，后视 $T_{i-1}$，待放点为 $P$。图(a)为采用夹角 $J$ 来放 $P$ 点，图(b)为采用方位角 $A$ 放 $P$ 点。只要计算出 $J$ 或 $A$ 和置仪点 $T_i$ 到待放点 $P$ 的距离 $D$，就可在实地放出 $P$ 点。

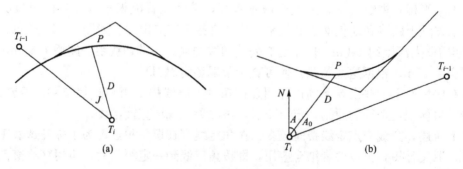

图 7-19 极坐标放线示意图

设置仪点的坐标为 $T_i(x_0, y_0)$，后视点的坐标为 $J_{i-1}(x_h, y_h)$，待放点的坐标为 $P(x, y)$。放线数据 $D$、$A$、$J$ 可由曲线型定线法计算出，据此拨角测距即可放出待定点 $P$。

2. 坐标放线

此法的基本原理与极坐标相同，它是利用现代自动测量仪的坐标计算功能，只需输入有关点的坐标值即可，现场不需做任何手工计算，而是由仪器内电脑自动完成有关数据的计算。

## 7.4 直接定线

直接放线也称为实地放线，是由设计人员直接在现场定线的过程。定线的指导原则与纸上定线相同。按地形条件难易与复杂程度不同，路线大体可分为自由坡度地段和紧束坡度地段两种类型定线。

所谓自由坡度地段，是指地形比较平坦、无集中高程障碍的平原和微丘地区，地面最大的自然纵坡缓于最大设计纵坡的平缓地形。在这类地形条件下的公路定线，主要以平面线形为主导，在相邻控制点间，一般多按短直方向定线。只有中间存在不易穿越的障碍时，才选择适当地点设置转角予以绕避，但应尽量采用较小的偏角，提前拨角绕避，避免路线接近障碍时开始转向绕行。

所谓紧束坡度地段，是指丘谷显著、地形陡峻、起伏大、地质条件复杂、地面自然纵坡陡的山岭重丘地区。在这类地形条件下定线受地形制约较严，必须综合考虑平、纵、横三者的协调关系来合理选定路线。对于一条具体的路线，平、纵、横究竟哪一方面是主要矛盾，要根据公路等级，结合地形条件来判断，明确主次关系，抓住主要矛盾。一般来说，山区公路定线以高差和纵坡为主要矛盾，但这也不是绝对的，如山区沿河(溪)线由于高度和纵坡一般较容易，主要应根据平、横两方面进行安排。由此可见，对于平、纵、横要针对具体条件做具体分析，抓住主要矛盾，辩证地去布设路线，一定要防止片面盲目性。合理的路线选定要求是平面线形顺适，纵坡配合适当，横面稳定，填挖经济。

### 7.4.1 一般情况下(自由坡度地段)的定线

当路线不受纵坡限制时，定线以平面和横断面为主安排路线，其要点是以点定线，以线交点。以点定线，就是在全面布局和逐段安排确定的控制点间，结合各方面因素进一步确定影响公路中线位置的小控制点，然后根据这些小控制点，大致穿出路线直线的方法。以线交点，就是在大致穿出的直线的基础上结合路线标准和前后路线条件，穿出直线，并延长交出交点。

(1) 控制点的加密。两大控制点之间，由于受到地形、地物、地质等条件的限制，一般不可能连成直线，常常需要设置交点，设置平曲线，从而避开障碍物，利用有利地形，以达到技术经济的目的。加密控制点，就是在实地寻找控制和影响路中线位置的具体点位。一般小控制点有经济性、控制性两种控制点。

经济性控制点，主要在路线穿过斜坡地带，考虑横向填挖平衡或横向施工经济因素而确定的小控制点。如图7-20中Ⅱ-Ⅱ中线位置，使填方面积和挖方面积大致相等，这时的线位即为经济性控制点。这类控制点由于仅从横向施工经济出发考虑，所以只能作为穿线定点的参考位置。

控制性的点，是受艰巨工程、不良地质、地物障碍、路基边坡稳定等因素限制所确定的路中线位置，如图7-6所示，定线时应综合考虑这些因素，合理确定控制点的位置。

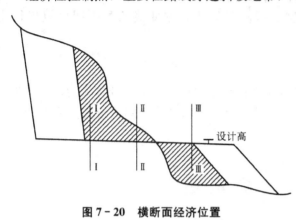

图7-20　横断面经济位置

(2) 穿线定点。考虑平面线形受各种因素限制，导致平面位置控制点比较多，而且这些点在平面上的分布又没有一定的规律，另一方面路线受技术标准和平面线形组合的限制，不可能照顾到每一个控制点。因此穿线定点，就是根据技术标准和线形组合的要求，满足控制点和照顾多数经济点，前后考虑，用穿线的办法延长直线，交出转角点。

### 7.4.2　地面坡度较陡的路段定线

**1. 拟定路线的大致走法**

在选线布局定下的控制点间，沿拟定的方向，考虑纵坡要求粗略定出沿线应穿越、避让的中间控制点，定出路线的轮廓方案。

**2. 放坡、定导向线**

按照要求的设计纵坡(或平均坡度)，在实地找出地面坡度线的工作叫放坡(工作管理与纸上定线相当)。放坡是要解决控制点间纵坡合理安排问题，实质上就是现场设计纵坡。纵坡安排和选择坡值应考虑如下几点。

(1) 纵坡要符合《标准》要求(如坡长限制、设置缓坡、合成坡度等)，并力求两控制点间坡度均匀(缓变、少变)，避免设反坡。

(2) 要结合地形选用坡度，尽可能不用极限坡，但也不应太缓，一般以接近控制点间平均坡度为宜，地形整齐地段可稍大，曲折多处宜稍缓。

放坡由受限较严的控制点开始，一人用带角手水准，对好与选用坡度相当的角度，立于控制标高处指挥另一持花杆的人在山咀、山坳等地形变化处，设计变坡处及顺直山坡上每隔一定距离定点，插上坡度旗，旗上最好注明选用的坡值。如果一边放坡一边插线，必须先放完一定长度(一般不应少于4条导线边长)的坡度点之后，定线人员再利用返程进行下一步工作。

照上述方法定出的这些坡度点的连线，如图7-21中所示的$A_0$、$A_1$、$A_2$…相当于纸上定线的均坡线，也起指引路线方向的作用，称为导向线。

放坡时要估计平曲线的大概位置和半径，以便考虑坡度折减。对计划要跨的山沟和要穿的山咀或山脊，放坡时应"跳"过去，计划绕行时，坡度要放缓，距离要折扣。

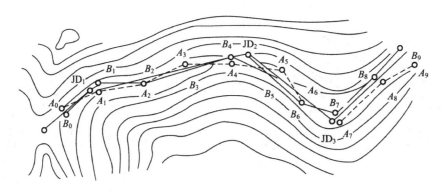

图 7-21 放坡定线示意图

3. 修正导向线

坡度点就是概略的路基设计高程,由于各点的坡度陡缓不一,线位放上放下对路基稳定和填挖工程量影响很大,故应根据路基设计的要求,在各坡度点的横断方向上选定最适合的中线位置,插上标志,如图 7-21 中的 $B_1$、$B_2$、$B_3$…这些点的连线即为修正导向线(相当于纸上定线的二次修正导向线)。

有定线经验的人,常常把第 2、3 两步工作并为一步来做,即一次完成修正导向线,这样在树丛地段定线能省下大量清除障碍的工作。

4. 穿线交点

修正导向线是具有合理纵坡、横断面上位置最佳的一条折线,穿线要从平面线形要求着眼,尽可能多地靠近或穿过导向线上的特征点,特别要注意控制性严的点宜裁弯取直,使平、纵、横三面恰当组合,穿出与地形相适应的若干直线,延伸这些直线定出交点,即为路线导线,如图 7-21 中 $JD_1 - JD_2 - JD_3$。这步工作很重要,定线人员必须反复试插、修改,才能定出合理的路线。

### 7.4.3 曲线插设方法

经过穿线交点确定了路线的折线位置,选线人员还需要根据《标准》结合地形,地物及其他因素选择适宜的平曲线半径。这里介绍的现场圆曲线半径 $R$ 的确定方法同时适用于纸上定线。

1. 单交点法

单交点法是实地定线最常用的方法之一。它是用一个交点来确定一段平曲线的插设曲线的方法,方法简便,适用于转角不大、实地能直接定交点的情况。

半径 $R$ 的大小,直接影响曲线线位,如图 7-22 所示,当转角较大,不同半径可能使曲线线位相差几米甚至几十米。线位的移动将直接影响线形、工程数量及工程稳定。确定半径一般结合地形和其他因素按以下控制条件来选择。

(1) 外距控制(即曲线中点控制)适用于横断面方向受约束的情况。如图 7-23 所示,根据弯道内侧的固定建筑物,确定曲线 A 点是不与其发生干扰的控制点,即可用皮尺量出控制的外距值 $E$,并用经纬仪(或简易测角圆盘)测出转角 $\theta$,即可反算确定半径。

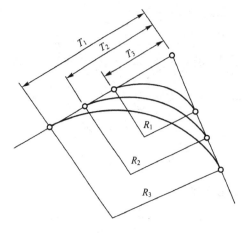
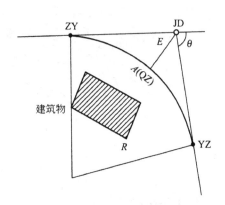

图 7-22 半径对线位的影响　　　图 7-23 外距控制曲线半径

(2) 切线长控制(即曲线起终点控制)适用于交点间距或直线长度受约束的情况。在某些路段，由于设计的需要，要求曲线的切线长为一定值，比如相邻的同向曲线间要求一定的直线长度，或者要求桥头或隧道洞口在直线上等等，这时曲线半径就由控制的切线长来选定。

(3) 曲线长控制适用于小偏角情况。当路线转角 $\alpha$ 较小时，为使曲线长度满足最短曲线长度 $L_{min}$，则曲线半径最小值可由曲线长度反算确定。

(4) 曲线上任意点控制：如图 7-24 所示，有时路线由于桥涵人工构造物位置或原路改建的要求，控制曲线必须从某点 $A$ 通过时，可用试算法选择半径。其办法是：先实地量出 JD 至 $B$ 点的距离和要求的支距(即 $BA$)，初选半径 $R$，用试算法确定。

(5) 按纵坡控制：当路线纵坡紧迫时，为使弯道上合成坡度不因曲线半径大小而超过规定，这时应根据已定的纵坡和合成纵坡标准值来反算出超高横坡，再按控制的超高横坡反算得最小控制半径。

2. 双交点法(即虚交点法)

当路线偏角很大及交点受地形或地物障碍限制，无法订设交点时，可在前后直线上选两个辅助交点 $JD_A$，$JD_B$，来代替交点 JD，敷设曲线半径。$JD_{AB}$ 直线叫基线。具体做法有两种。

(1) 切基线法。当选择基线可以控制曲线位置，能使所选的曲线与基线相切时，称为切基线法。如图 7-25 所示，$GQ$ 为公切点，量出转角 $\alpha_A$，$\alpha_B$ 和基线长度 $AB$ 后可按下式反算半径。

$$R_{均} = \frac{AB}{\tan\frac{\alpha_A}{2} + \tan\frac{\alpha_B}{2}}$$

选择半径后还要检查是否合乎标准的要求。切基线法，方法简便，容易控制线位，计算容易，是生产中较常用的方法。

(2) 离、割基线(非切基线)法。当选择基线不能控制曲线线位或切基线计算的半径不能满足标准的要求时，则所设曲线不能与基线相切，只能按非切基线的方法来选择半径。如图 7-26 所示，其方法是：先根据标准要求初选半径 $R$，测量 $\alpha_A$、$\alpha_B$，基线 $AB$，计算出 $T_A$、$T_B$，由计算出的 $T_A$、$T_B$，即可根据 $JD_A$、$JD_B$ 量距定出曲线的起、终点 ZH、

HZ，并用切线支距 $x$、$y$，检查曲线上任一点线位。如与实际情况相符，则所定半径适合，反之则应再调整、计算。

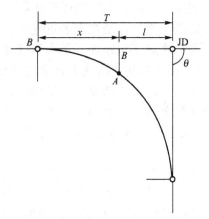

图 7-24　曲线上任意点控制

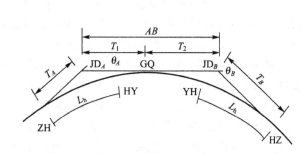

图 7-25　切基线的双交点法

3. 回头曲线定线法

一般来讲，有回头曲线的地方，路线受地形约束较大，主曲线和辅助曲线的平纵控制较严，定线时稍有不慎，对线形和工程量影响很大，插设时必须反复试线，才能得到满意的结果。回头曲线定线的方法很多，一般采用切基线的双交点法。按照放坡的导向线，先确定辅助曲线交点 $JD_1$、$JD_2$ 和上下线位置，如图 7-27 所示，然后反复移动基线 $JD_A$—$JD_B$ 控制确定主曲线，直到满意为止。

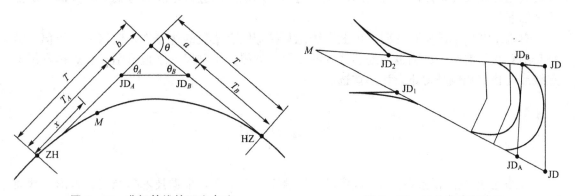

图 7-26　非切基线的双交点法　　　　　　图 7-27　回头曲线定线法

## 7.4.4　直接定线与纸上定线的比较

直接定线，面对实际地形、地物、地质及水文等，只要定线人员有一定的选线经验，不怕辛苦，不怕麻烦，肯多跑、多看，掌握充分资料，反复试插，多次改进，也能把路线定在比较合适的位置上。路线纵坡设计也采用试验改进的办法，做到不仅符合标准、工程经济，并使平、纵面线形能较好的配合，才可以认为定线工作已告完成。

经过多次试验修改后的路线，应该说已具有较好质量。但是直接定线有两个根本弱点。

(1) 研究利用地形的不彻底性：直接定线时，定线人员对地形、地质、水文等情况的了解，全靠自己去跑、去调查。而现场的工作条件不允许对每一处的自然状况都深入研究，再由于视野受到限制，定线时难免顾此失彼，虽经过多次试验，但毕竟还是有限的。

(2) 平、纵面线形配合问题难以彻底解决：直接定线的平面设计是在现场进行的，而纵断面的精细设计则在室内，尽管设计路线平面时，已充分考虑了纵断面，但那毕竟是粗略的。从分析纵坡中常可以发现，如果平面上略加调整，就有可能使路线更加适应地形，或者平、纵面配合得更好。但是因为修改平面要重新钉桩，纵断面也要重做。定线者往往不愿承担"返工"的压力而勉强接受原方案。所以直线定线就其性质来讲，基本上是要求"一次成功"的定线，它与选线者的实际工作经验有直接关系，这显然是不能确保质量的。我国采用局部纸上移线的办法，对此会有所补救。

纸上定线是指在定线过程中采用的一种重要的中间步骤，代替直接在实地定线。定线者或定线组先要取得"定线走廊"范围内的大比例尺地形图。从图上可以俯视较大范围内的地形——不像直接定线那样视野受到限制，可以较容易地找出所有控制地形的特征点，从而定出平面试线和试线的纵坡设计线，经过平、纵面反复试验修改，直至自己认为再修改已得不到显著效果时为止。由于纸上定线不受野外因素的限制，定线者在室内想做多少就做多少修改工作，能使节省工程和平、纵面线形的配合做得尽善尽美。纸上定线有利于发挥定线组的集体作用，其他专业人员的有益观点都能反映到方案中来；不像直接定线，大量的工作都依靠个别定线者现场的简单判断与技术能力。特别是道路CAD技术的发展，纸上定线也不再是传统意义上的"纸上定线"，而是在电脑屏幕上定线，过去一向被认为烦琐而缓慢的工作如土石方计算、绘透视图等已轻而易举了，而且道路三维动画技术可高度逼真地再现设计道路的三维空间形态。这为利用地形图进行定线和方案优选开辟了更加美好的前景。

总之，多年来的实践证明，纸上定线比直接定线有明显的优越性，应该大力提倡。特别是随着我国航空摄影测量与遥感技术的发展，取得大比例尺三维地形图并非难事，纸上定线或电脑定线应是道路设计的首选。

# 本 章 小 结

公路定线是指在选线布局中确定的"路线带"范围内，根据技术标准结合地形、地质等条件，综合考虑平、纵、横三方面的合理安排，最终确定公路中线的确切位置。

公路定线是公路测设中的关键，它不仅要解决工程技术、经济方面的问题，还要解决公路与周围环境的协调，以及工程技术标准、国家政策等因素的影响。因此，定线人员要在把握定线技巧的基础上，充分了解公路的使用任务、功能和要求，吃透路线所经地区的地形、地质等情况，通过几个设计方案的比选、反复试线才能在众多相互制约的因素中，定出一条最佳的路线设计方案。

公路定线根据公路等级、要求和条件，通常采用纸上定线、实地定线两种方法。对技术等级高的、地形、地物复杂的路线，必须先纸上定线，然后把纸上所定的路线敷设到实地上；实地定线就是省略了纸上定线的这一步，直接在现场实地定线，一般适用于公路等级较低和地形等条件简单的路线。

纸上移线是指在公路实地定线过程中，由于考虑不周或受其他条件限制的原因，导致工程量过大、标准或线形不够理想时采取的一种补救措施，它对提高设计质量、降低工程费用起着一定的作用。纸上移线是在实测横断面的范围内进行的，同时应对移线的原因与情况移线平面图上作扼要说明。

在选用圆曲线半径及长度时，一是要考虑《标准》中最小半径和长度的要求，二是要考虑与弯道本身所在位置的地形、地物条件相适应，三是要考虑与弯道前后的线形标准相协调，四是要考虑工程量尽可能小，最后并尽可能地选用较大的圆曲线半径。

圆曲线半径及长度的现场选定，一般有根据外距控制半径、用切线长控制半径和用曲线长控制半径等3种。但在具体运用时，影响因素很多。有时一个因素起主要作用，有时需要两个以上的因素同时考虑，并且相互制约，此时就需要通过分析比较后满足主要因素的要求，选定适宜的圆曲线半径。

## 习题与思考题

7-1 何谓定线？公路定线的方法有哪几种？试分别简述其含义。

7-2 什么是放坡？

7-3 曲线定线的方法有哪些？

7-4 纸上定线与实地定线分别有什么优点？

7-5 某公路平曲线转角为 $\alpha=6°15'32''$，为了使曲线长度超过 200m，平曲线的半径最小为多少？

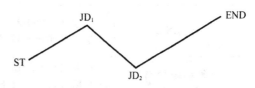

图 7-27 线路导线示意图

7-6 已知某弯道为虚交点，$JD_A$ 桩号为 K15+420.63，$\alpha_A$=右 $35°12'36''$，$\alpha_B$=右 $29°41'50''$，基线长度 $AB$=158.61m，设缓和曲线长度 $L_s$=80m，试按切基线法计算该曲线的半径。

7-7 如图 7-27 所示为线路导线示意图，各 JD 的主要坐标见表 7-1。试设计 S 形曲线，并用 EXCEL 计算逐桩坐标。

表 7-1 线路导线各 JD 的主要坐标

| 序号 | 点号 | X | Y |
|---|---|---|---|
| 1 | ST | 4258.125 | 3006.513 |
| 2 | JD$_1$ | 4497.125 | 3726.728 |
| 3 | JD$_2$ | 4117.125 | 4325.728 |
| 4 | END | 4625.128 | 5267.746 |

7-8 如图 7-14 所示，$R_1$=300、$R_2$=500，圆心坐标 $M_1$(1000，1000)和 $M_2$(1800，1300)，试设计 S 形曲线，计算 $JD_1$ 和 $JD_2$ 交桩点坐标，公切点 $GQ$ 的坐标，切线长 $T_1$ 和 $T_2$，并用 EXCEL 计算 S 形曲线逐桩坐标。

# 第8章 道路 CAD

| 知识要点 | 掌握程度 | 相关知识 |
| --- | --- | --- |
| 基本概念 | （1）准确理解道路 CAD 的基本概念；<br>（2）道路 CAD 功能和特点 | （1）道路 CAD 技术的发展；<br>（2）CAD 技术在工程上的应用 |
| 掌握道路 CAD 系统的组成 | （1）了解道路 CAD 系统总体结构；<br>（2）了解数据采集；<br>（3）了解路线优化设计 | （1）平、纵、横断面道路 CAD 系统的人机分工；<br>（2）计算机辅助设计、绘图和制表 |

| 技能要点 | 掌握程度 | 应用方向 |
| --- | --- | --- |
| 数字地面模型 | （1）掌握数字地面模型的类型；<br>（2）了解数字地面模型的应用 | （1）输出纵横地面线、平面图；<br>（2）3D face、3D 辅助生成；<br>（3）渲染、动画 |
| 计算机辅助路线平纵横设计 | （1）平面设计与绘图；<br>（2）纵断面设计与绘图；<br>（3）横断面设计与绘图 | （1）动态、交互式设计；<br>（2）优化方法 |

## 基本概念

CAD；CAE；道路 CAD 技术；数字地面模型（Digital Terrain Model，DTM）；动态规划法。

## 引例

随着计算机和网络技术的飞速发展，手绘图纸已经越来越不能满足工程建设高质高效的要求，道路 CAD 技术就是在这种背景下发展壮大起来，并取得了巨大的经济效益和社会效益。道路 CAD 技术是现代数字采集技术、空间信息管理技术（GIS）、多目标优化技术及计算机图形技术等的集成。

采用了数字地面模型（DTM）之后，设计人员便能轻松地、高质高效地完成各个阶段的设计工作，再配合计算机绘图设备，就可绘出包括平、纵、横三方面的设计图纸，甚至道路透视图，极大地方便了设计和施工。

CAD(Computer Aided Design)是计算机辅助设计的简称。CAE(Computer Aided Engineering)是计算机辅助工程的简称。道路 CAD 技术是现代数字采集技术、空间信息管理技术(GIS)、多目标优化技术及计算机图形技术等的集成。

数字地面模型(Digital Terrain Model,DTM)是数字形式按一定的结构组织在一起,表示实际地形特征的空间分布模型,也是地形的数字描述。

动态规划法是把整个路线划分成许多分段,再设法计算出每个分段目标函数值后,利用一种递推关系式逐一地推出最优决策,以达到使整个路线最优的结果。

目前,我国道路工程中常用的道路设计软件有 CARD/1、纬地 HintCAD、EICAD、DICAD 2000、3DRoad 2000、海地、鸿业、路线大师等等,这些道路设计软件都非常优秀,为我国道路工程建设做出了成绩。但它们各有特色,有优势也有缺点,选用时要注意区分。

# 8.1 概　　述

## 8.1.1 CAD 技术简介

1. 基本概念

CAD(Computer Aided Design)是计算机辅助设计的简称。

CAD 技术的应用,可以将计算机迅速、准确地处理信息能力与人类创造性思维与推理判断能力相结合,从而大大地提高了生产效率。

CAE(Computer Aided Engineering)是计算机辅助工程的简称。它是将计算机应用于工程规划、设计、管理等各个领域的统称。

道路 CAD 技术:将 CAD 技术的基本原理与道路设计的基本理论、方法和操作程序相结合进行计算机辅助道路设计的技术。它包括路线 CAD、立交 CAD、挡墙 CAD、桥涵 CAD、路基路面 CAD 技术等各个方面。

2. 道路 CAD 技术主要研究内容

(1) 计算机图形和几何造型技术:计算机图形技术是运用解析数据描述工程实体的点、线和面在空间的位置,然后运用几何造型技术构造工程实体的解析模型(例如对道路三维模型的建模或者地形的建模)。

(2) 工程数据库技术:主要目的在于通过对工程数据的有效存储,便于数据的检索、增减和修改,达到数据共享,避免数据重复存储、配置。

(3) 数字采集与管理技术:数字采集技术研究如何利用现代化数据采集方法建立数字地面模型,例如全站仪地面速测、数字航空摄影测量、GPS 等;GIS 是对属性数据与空间数据进行存储、管理、分析的技术。

(4) 设计方案优化技术:利用当今先进的优化技术为道路优化设计服务,例如动态规划法、层次分析法、遗传算法、神经网络法等。

(5) 集成化技术:集成的关键在于利用工程数据库实现各模块数据共享,形成从数据采集到平、纵、横设计以及结构物设计的一体化道路 CAD 系统；同时在此基础上的网络化和分布式 CAD 系统也是今后的研究方向。

(6) 智能化技术：通过分析人类的思维过程，力图由计算机实现类似的功能。

3. 道路 CAD 技术的发展

20 世纪 60 年代初，国外开始将计算机运用于公路工程建设，我国于 20 世纪 70 年代开始公路 CAE 的研究，道路 CAD 技术经历了如下 3 个发展阶段。

(1) 单纯的数值计算阶段：初级阶段，20 世纪 70 年代，计算机仅用于代替过去用手工进行的常规计算，如公路平曲线要素计算、纵断面设计高程计算、挡土墙土压力计算等。这时的计算机的特点是机型庞大、算法语言功能差、操作烦琐、使用不方便、外围设备差、程序功能单一、应用范围较狭窄。

(2) 计算、制表、绘图一体化阶段：中级阶段，20 世纪 80 年代，计算机发展到代替设计人员绘制工程设计图、编制和打印表格，如公路工程的结构分析计算、线形优化和工程概预算编制等。其特点是：个人计算机问世，算法语言功能增强，汉字操作系统不断完善，外设不断改进，从公路野外勘测获取地形数据到内业平、纵、横设计形成了全套成果。

20 世纪 80 年代，我国高等院校和生产单位在计算机辅助道路路线方面开展研究，开发和引进了一些辅助设计系统。这些系统软件由数字地面模型子系统，路线平、纵优化子系统，路线设计子系统，立体交叉口设计子系统，道路中、小桥涵设计子系统，道路工程造价分析子系统六大专业设计子系统组成。覆盖了地形数据采集—建立数据地面模型—人机交互地进行路线平、纵、横设计，线形优化设计和人工构造物的设计—图和表屏幕编辑，并最终完成图纸的绘制以及工程造价分析等成套 CAD 技术。这些技术一经推出，得到了推广，并取得了显著的工程效益。

(3) 计算机辅助设计阶段：高级阶段，20 世纪 90 年代以后，计算机辅助设计技术得到推广应用，公路工程设计方面的 CAD 研究、开发和应用出现。计算机可以帮助设计人员进行分析、判断和决策，人机交互技术使设计者的工作更加轻松自如，不断优化，反复修改成果，逐步求精，并可以自动形成预定的设计文件，计算机也从以前的被动执行命令变为主动提示、警告等。简而言之，计算机已渗透到公路工程科研、设计、施工的各个领域，在公路规划、路线外业勘测和内业设计、公路人工构造物、工程概预算等方面发挥了巨大作用。

随着科学技术的不断进步，道路 CAD 技术也不断向前发展。道路 CAD 技术的发展方向如下。

(1) 集成化 CAD 系统：包括纵向集成、横向集成和技术集成。

① 纵向集成：即将数字地图测设与管理、路线方案优化、道路设计、设计方案评价等各功能进行集成。

② 横向集成：将道路设计的各个功能集成，即集成路线设计、路基路面设计、桥涵设计、交叉设计等各个设计环节。

③ 技术集成：集成 GPS、GIS、RS、CAD 技术、计算机仿真技术、智能决策技术等各种技术。

(2) 网络化 CAD 系统：现代道路勘测设计的基本特征是群体的、协同的、国际化的，工程设计领域对多媒体协同环境具有强烈需求。

(3) 智能化 CAD 系统：智能化 CAD 系统是一种引进人工智能、知识工程，使计算机智能地辅助解决整个设计过程(决策、优化、分析、绘图)各方面的复杂问题，达到自动化程度更高的系统，也有成为基于知识的 CAD 系统。

4. 我国道路 CAD 技术与国外先进水平的差距

(1) 原始采集方式单一，没有充分利用 GPS、航空摄影测量、全站仪等高效的数据采集手段。

(2) 数字地面模型应用还不够普及，CAD 系统缺乏强大的数模支持。

(3) 在道路 CAD 系统开发方面，缺乏更深一层理论支持。

(4) 数据组织大多采用数据文件的管理思想，缺乏各种数据库系统的支持，缺乏统一的设计思想，集成化、系统化难以实现。

5. CAD 系统的组成

CAD 系统包含硬件系统和软件系统。CAD 硬件系统由计算机、显示器、打印机及绘图机 4 大部分组成。CAD 软件系统由数据库、图形系统、科学计算 3 部分组成。

(1) 数据库：是一个通用性的、综合性的以及减少数据重复存储的"数据集合"。它按照信息的自然联系来构成数据，即把数据本身和实体之间的描述都存入数据库，用各种方法来对数据进行各种组合，以满足各种需要，使设计所需的数据便于提取，新的数据便于补充。它的内容包括设计原始资料、设计标准与规范数据、中间结果、最终结果等。

(2) 图形系统：包括几何构型、绘制工程设计图、绘制各种函数曲线、绘制各种数据表格、在图形显示装置上进行图形变换以及分析和模拟等。图形系统是 CAD 技术的基础。

(3) 科学计算：包括通用的数学函数和计算程序，以及在设计中所包括的常规设计和优化设计等，即 CAD 的应用软件包。它是实现工程设计、计算、分析、绘图等具体专用功能的程序，是 CAD 技术应用于工程实践的保证。

计算机进行数据的处理，其处理的结果由显示器进行显示，供设计者判断、修改，最后由绘图机输出所需的图形，由打印机输出数据处理的结果。

6. 道路路线 CAD 功能模块组成

道路路线 CAD 软件系统一般包含 6 个模块。

(1) 野外线路平面测量和高程测量数据的录入、编辑和存储模块。
(2) 平面设计、纵断面设计及横断面设计数据的录入、编辑和存储模块。
(3) 根据路线平面设计，绘制路线平面图。
(4) 根据路线纵断面设计，绘制路线纵断面图。
(5) 根据路线横断面设计，绘制路线横断面图。
(6) 路基构件的绘制。

## 8.1.2 道路路线 CAD 组成系统

1. 道路 CAD 系统总体结构

道路 CAD 系统总体结构如图 8-1 所示。

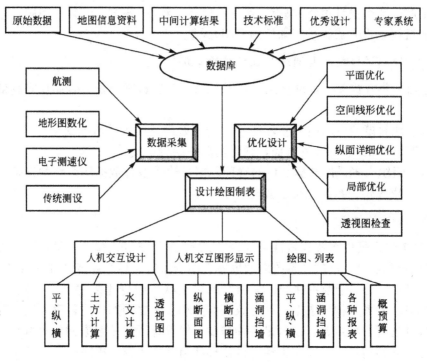

**图 8-1　道路路线 CAD 模块化程序系统**

### 2. 数据采集

道路路线设计必须依靠大量的地面信息和地形数据。数据的采集方法有航空摄影测量、用全站仪测量、GPS 测量和传统的经纬仪测量等方法，如图 8-2 所示。

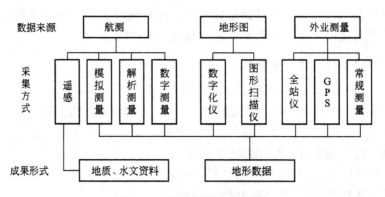

**图 8-2　数据采集方法分类**

（1）航空摄影测量和遥感建立数字地面模型，该方法快速、自动化水平高，适合长路线的重点工程项目，较大的交通勘测设计部门普遍采用这种方法。

（2）用全站仪进行地面实测的方法，直接建立三维的数字地面模型。该方法适合于较小规模的道路工程，较小的交通勘测设计部门一般采用这种方法。

（3）用传统的经纬仪、水准仪和小平板实测。简单的道路工程还在采用这类方法。传统的经纬仪和小平板仪基本上不再用于道路工程建设中。

除了直接从地面采集数据外，还可以利用现有地图进行数字化，以获取适合于 CAD 的电子信息。

3. 路线优化设计

要使道路计算机辅助设计系统具备经济效益和获得质量较高的设计方案，必须包含有优化技术。在进行优化设计时，在各设计阶段，应各有侧重点，采用逐步从粗到细逐级优化的思路，还应注意到多种复杂因素的干扰。在优化设计过程中，可不断发挥人机交互作用，以获得切合实际的最优方案，见表 8-1。

表 8-1 道路 CAD 系统的人机分工

| 子系统 | 人 | 机 |
| --- | --- | --- |
| 平面 | (1) 导线位置的确定<br>(2) 平曲线设计参数<br>(3) 平面设计中各细部修改<br>(4) 规范检查 | (1) 平曲线计算或验算<br>(2) 桩号自动生成及逐桩坐标计算<br>(3) 规范数据查询<br>(4) 平面图显示与绘图 |
| 纵断面 | (1) "拉坡"及竖曲线半径确定<br>(2) 控制标高检查<br>(3) 修改纵断面图 | (1) 竖曲线要素计算及逐桩设计标高计算<br>(2) 工程量估算<br>(3) 控制高程验算<br>(4) 规范数据查询<br>(5) 纵断面图显示与绘图 |
| 横断面 | (1) 横断面形式及各部分参数确定<br>(2) 检查设计横断面<br>(3) 特殊断面设计<br>(4) 旧路结构利用设计 | (1) 横断面自动设计<br>(2) 土石方数量计算<br>(3) 防护结构标准图检索<br>(4) 规范数据查询<br>(5) 旧路结构利用数量计算<br>(6) 横断面图显示与绘图 |

路线最优化设计的方法可分为两类：①对于平面或纵断面各种比较方案，快速准确地完成路线设计，并计算出各方案的总费用和各项比较指标，由设计者根据自己的经验选出最佳方案；②根据路线的初始方案，利用最优化理论的数字方案，利用最优化理论的数字方法，由计算机寻找最优设计方案，即输入一个可行方案，通过数字迭代方法来完成最优方案的求解。

(1) 在可行性分析阶段，适宜于采用在宽带范围内路线走向方案的优化。利用研制的计算机程序系统，设计人员可就对路线可行区域的各种因素做出定量评价。这些定量评价值可以按点、按线或按面列成费用值表，然后建立地面费用模型。计算机将可行区分成联结的网络结点，自动生成所有的路线走向方案，计算出通过各联结结点方案的费用总和，采用动态规划法优选出路线方案。

(2) 在初步设计阶段宜采用在平面或空间一定范围内移线以改善设计方案的优化技术。在可行性分析阶段以经优选出合理的最佳路线带(走廊)，并通过工程师的经验选定合适的转折点和曲线要素(也可在计算机上以人机对话的方式进行)，然后在窄带范围内实现小距离移线(在小范围内移动转折点或改变曲线半径等)以获取最优方案，在优化平面方案时，也必须平纵优化交叉多次进行。在计算机容量和速度容许时，除采用造价或工程量作为目标函数外，也可选择另一个如运营费用作为第二个目标函数。

（3）在技术设计阶段宜采用多个目标函数的道路纵断面优化程序系统。在技术设计阶段，应集中注意力把纵断面最佳方案优选出来。一个好的路线方案，除土石方和造价较小外，还必须考虑运输经济、行程时间、线形质量（包括行驶安全和舒适）等指标，研究沿线随线形变化的行车速度和燃料消耗等，建立具备若干个目标函数的优化程序。此外，还可建立对局部路段、个别平曲线或竖曲线（包括半径改变和缓和曲线段改变）优化技术程序，以便在技术设计与施工图编制时视需要随时采用。

（4）对已完成的道路路线技术设计运用连续绘制的透视图（或动态透视图）进行评价，如发现有不符合安全行驶和景观环境要求的路段，进行切实改进，提高设计质量。

在道路路线辅助设计的软件系统中如能按各个不同设计阶段纳入优化技术内容，可以使设计方案的土石方、小桥涵、挡土墙、道路用地等工程费用降低10%左右，并可提高道路线形质量，明显降低营运费用，实现路线的安全、舒适和良好景观。

4．计算机辅助设计、绘图和制表

现代计算机辅助设计一般具备在荧光屏上显示并通过人机对话对设计方案进行修改；通过不断地人机交互作用，以获得切合实际的最优方案，在设计完成时可以利用绘图机输出各设计阶段所需的相应的图纸，并由打印机输出工程量和概预算等设计资料。

道路路线CAD模块化程序系统，包括数据采集、优化设计、绘制图表系统和数据库4个部分。系统采用模块技术，各系统及子系统内的各个程序都成为单独的模块。在系统使用时，运用菜单技术，通过数据库，采用数据通信的方式，有机地将各模块联系起来，数据库起桥梁联结作用。这种模块化了的程序系统，不仅节省了有限的计算机内存空间，而且还增添了系统的灵活性，即可以不断地把新模块增添到系统内，加强系统功能。

## 8.2 数字地面模型

### 8.2.1 概述

数字地面模型（Digital Terrain Model，DTM）最初由美国麻省理工学院 Miller 教授为了高速道路的自动设计于1956年提出。此后，它被广泛用于各种线路（铁路、道路、输电线）的设计及各种工程的面积、体积、坡度的计算，任意两点间的可视性判断及绘制任意断面图。

（1）定义：数模是以数字形式按一定的结构组织在一起，表示实际地形特征的空间分布模型，也是地形形状大小和起伏的数字描述。

（2）组成：数据的获取、转换、预处理、构网建模、存储和管理；数模的应用。

（3）性能：精度、计算速度、处理的数据量、数据采集工作量、用户界面等。

### 8.2.2 DTM 类型

DTM按数据结构形式分为：①面状（格网、三角网、空间多边形）；②线状（等高线、断裂线）；③点状（散点）。

DTM 按几何形状分为：①规则数模（方格、矩形、正三角形网）；②半规则数模（等高线、地形断面）；③不规则数模（散点、三角网 TIN）。

1. 方格网

路中线两侧一定范围内划分成大小相等的方格或长方格，按次读取格网交（节）点的高程，如图 8-3 所示。

(1) 双曲抛物面插值算法如下。
$Z = A_0 + A_1 x + A_2 y + A_3 xy$
$A_0 = Z_1$，$A_1 = (Z_2 - Z_1)/\mathrm{d}x$，$A_2 = (Z_3 - Z_1)/\mathrm{d}y$，
$A_3 = (Z_1 - Z_2 - Z_3 + Z_4)/(\mathrm{d}x \cdot \mathrm{d}y)$

(2) 特点如下。
① 优点：计算简单，数据组织与管理简单。
② 缺点：不能真实地反映地形。

2. 带状格网三角网

鱼骨式：沿路中线及法线方向选取地形点，桩号支距+高程，如图 8-4 所示。鱼骨式的优点是构网简单，插值算法简单，数据量少；鱼骨式的缺点是不能很好地反映地形。

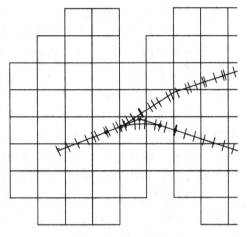

图 8-3 方格网数模

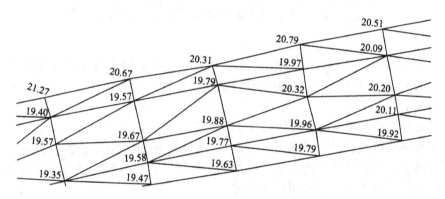

图 8-4 鱼骨式三角网数模

随意鱼骨式：沿路中线法线方向选取地形点，相邻鱼骨线联成三角网，如图 8-5 所示。随意鱼骨式的优点是构网简单，插值算法简单，数据量少，比鱼骨式能更好地反映地形，其缺点是仍不能很好地反映地形。

3. 区域三角网

区域三角网（Triangulation Irregular Networks，TIN）可包含路线走廊的较大区域的三角网，其形状如图 8-5 所示。区域三角网的优点是能较好地反映地形，插值算法简单，支持路线多方案比选；其缺点是构网较复杂，数据处理量大，耗时较长。

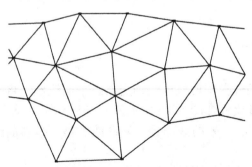

图 8-5 随意鱼骨式三角网数模

### 8.2.3 数字地面模型及在道路设计中的应用

利用计算机进行道路设计，就要让计算机识别地形图和处理地形资料，为此必须用数字的方式来表示地形。数字地面模型(DTM)就是将地形按照某种数字模型对已知平面坐标的地形点进行高程计算，是一个表示地形特征的、空间分布的、有许许多多有规则或无规则的数字阵列，也就是将地形表面用密集的三维地形点坐标($X, Y, Z$)组成。

对于呈带状的道路来说，需要道路两侧一定范围内的地形资料，它所对应的数字地面模型，则为带状数字模型。有了数字地面模型，就可以采用一种数学内插方法，把这种地形信息拟合成一个表面，以便在道路设计时根据已知点的坐标计算出它的高程来，利用航测相片形成的不同比例的数字地面模型可分别进行道路的方案比选、初步设计和技术设计。

数字地面模型不同于地形图、地形立体模型等直观地表示地形的方法，而是以抽象的数字阵列表示地貌起伏、地表形态。虽然数字地面模型是一种不直观的、抽象的地表形态表示，人眼不能观察，但这种形态对计算机的处理很有利，计算机可以从中直接、快捷、准确地识别，进行数据处理，提供出方便的地形数据，以实现各项作业的自动化。

DTM 主要应用在 3 个方面：①输出纵横地面线、平面图；②3Dface、3D 辅助生成；③渲染、动画(真三维模型、AutoCAD、3DMax)。

## 8.3 计算机辅助路线平纵横设计

计算机辅助路线平纵横设计一般有两种方法：一种是利用数字地面模型进行路线设计，另一种是先手工设计路线，再输入设计数据，由计算机完成计算与成图。现在主要采用第一种方法。

(1) 利用数字地面模型进行路线设计。

在数字地面模型支持下，借助数学方法，由计算机初定路线平面位置，进行优化设计，根据计算机选择的最优方案和数模提供的地形资料，完成整个路线的设计工作，这一过程的全部工作基本上是由计算机自动完成。

(2) 手工设计路线，输入设计数据，计算机完成计算与成图。

首先由设计人员确定路线平面位置，将平面设计资料输入计算机，由计算机完成路线平面设计，输入平面设计方案所对应的纵、横断面资料，由计算机完成整个路线设计(如内业计算和有关图表的绘制等)。

### 8.3.1 平面设计与绘图

路线方案确定以后，设计者根据实际地形条件在实地或纸上确定路线平面线形，将平面设计资料输入计算机进行处理。路线平面设计流程如图 8-6 所示。

(1) 输入数据：交点坐标(或交点桩号及转角)、平曲线半径、平曲线类型、缓和曲线长度。

(2) 计算内容：路线里程、平曲线要素、曲线上各特征点的桩号、逐桩坐标。

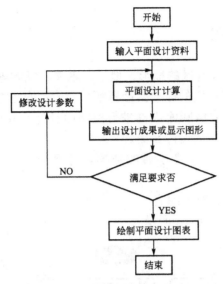

图 8-6 路线平面设计流程

## 8.3.2 纵断面设计与绘图

(1) 纵断面地面高程的获取方法有：实地进行路中线水准测量；纸上定线时在地形图上人工读取中桩高程；利用建立的带状数模，利用计算机进行数模内插，得到道路中线上任一点的高程值，从而获得纵断面地面线。

(2) 纵断面设计线的确定：计算机自动产生道路的最优纵断面；设计者进行手工拉坡。路线纵断面设计流程如图 8-7 所示。

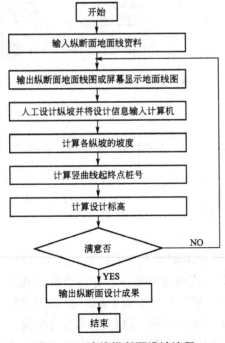

图 8-7 路线纵断面设计流程

### 8.3.3 横断面设计与绘图

(1) 设计者根据路线所经地区的地形、地质、水文、气候等条件,归纳可能出现的横断面形式和处理方式,确定各段的标准设计横断面形式及构造物布置形式。

(2) 计算机自动套用标准横断面逐桩进行横断面设计,并可根据需要显示在屏幕上。设计者可在屏幕上修改不合理的设计断面。

(3) 计算机自动提取已存入修改后的数据,计算土石方工程数量,并进行土石方调配。

(4) 输出横断面设计图和有关图表。

路线横断面设计流程如图 8-8 所示。

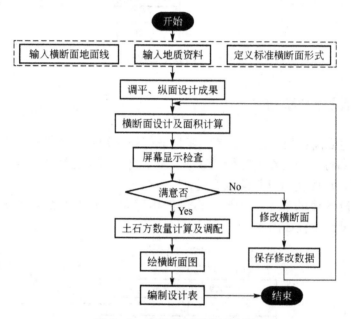

图 8-8 路线横断面设计流程

## 8.4 常用道路设计软件简介

### 8.4.1 CARD/1 软件简介

CARD/1 诞生于 1995 年,由德国人开发,是世界上最早的线路勘测设计一体化软件。除操作系统之外,CARD/1 不依赖任何软件,有自己独立的勘测设计及绘图平台。

CARD/1 涉足道路设计、铁路设计(含高速铁路、磁悬浮、地铁、轻轨)、测绘和市政管网设计,亦可用于垃圾处理场、机场、港口、码头的路线设计。

CARD/1 中文版是目前国外同类软件中在中国基础交通建设中使用时间最长软件,其操作界面如图 8-9~图 8-12 所示。

CARD/1 特点是高度集成、全面开放、与其他相关软件无缝联结、设计与绘图分开、智能化、个性自由定制、功能强大等。

图 8-9 CARD/1 操作界面——曲线型定线

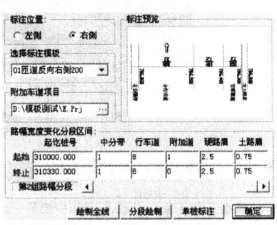

图 8-10 CARD/1 操作界面——纵断面设计

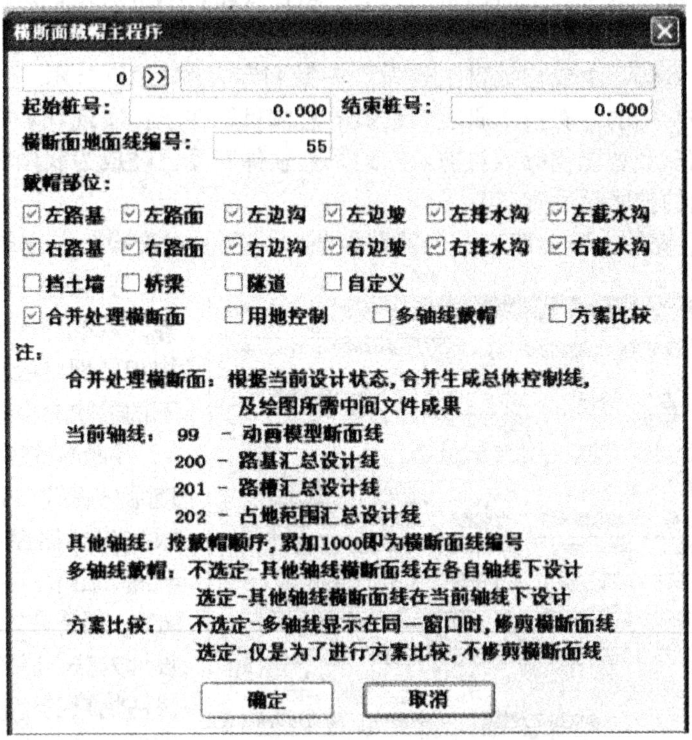

图 8-11 CARD/1 操作界面——横断面设计

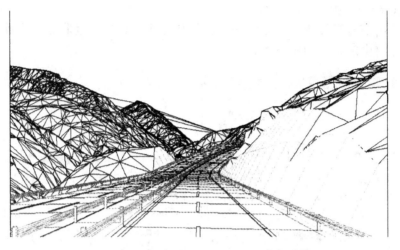

图 8-12 CARD/1 操作界面——三维行驶模拟

## 8.4.2 纬地 HintCAD 软件简介

纬地三维道路 CAD 系统是由中交第一公路勘察设计研究院立德公司自主研发的软件。其图形平台基于 AutoCAD，表格输出平台则基于 Microsoft Office，才有 Visual C++和 Object ARX 开发。

纬地软件经过十余年的不断创新和发展，结合公路、城市道路、铁路等勘察设计的专业需求以及对专业的深刻理解，应用高端软件技术、CAD 再开发技术、数学理论和模型、三维图形图像技术等，集成化地自主开发了一系列专有的 CAD 技术，且总体上处于国际领先水平。这些实用的专有技术研发和创新的总体目标在于：实现计算机辅助设计过程的可视化、三维化以及智能化等。目前，纬地系列软件产品已经成为我国公路交通勘察设计工作中广泛应用的技术手段和工具。

HintCAD 系统的主要功能有：公路路线设计、互通立交设计、三维数字地面模型应用、公路全三维建模（3DRoad）等。系统分标准版、专业版、数模板和网络版软件，用户可根据不同需求自由选择。

纬地系统利用实时拖动技术，使用户直接在计算机上动态交互式完成公路路线的平纵横设计、绘图、出表；在互通式立交设计方面，系统更以独特的立交曲线设计方法、起终点智能化接线和灵活批量的连接部处理等功能而著称。其操作界面如图 8-13、图 8-14、图 8-15 所示。

图 8-13 HintCAD 平面线形设计

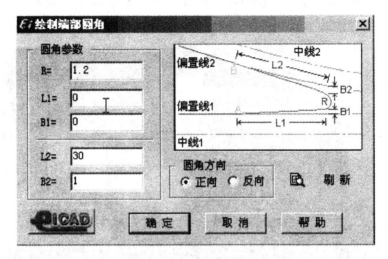

图 8-14　HintCAD 端部设计

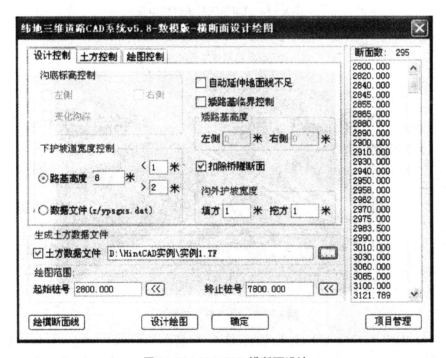

图 8-15　HintCAD 横断面设计

## 8.4.3　EICAD 软件简介

EICAD 是"集成交互式道路与立交设计图形 CAD 系统"的简称。本系统主要用于公路、城市道路的各阶段设计。EICAD 中有路线版、综合版两个版本,可适应用户的不同需求。本系统主要包括:平面设计、纵断面设计、横断面设计、平交口设计和三维设计 5 个部分。输出数据可以直接供

"道路、桥梁三维建模程序——3DRoad"使用，建立三维模型，如图8-16、图8-17所示。

图8-16　EICAD系统模块组成

图8-17　EICAD三维模型

EICAD的优势在于先进的路线设计理论—"新的导线法"和立交匝道线形设计理论——复合曲线模式法，随着EICAD软件的推广，这些设计理论和思想已经被道路勘测设计行业广泛接受，并成为当今主流的路线与立交线形设计方法。EICAD具备丰富的动态拖动、功能集成的特点，使得设计者能极为方便、准确和高效地设计出任何复杂、完美的道路与互通式立交平、纵面线形。利用EICAD软件进行单卵型、双卵型、复曲线、虚交及全曲线等平面线形设计，比国内外同类软件更加快捷、方便。面向边坡模板的EICAD横断面设计方法，能够解决任意复杂的边坡设计，例如：圆弧形边坡、分离式路基、多竖曲线的路基等。其线形设计操作界面如图8-18所示。

EICAD系统在结合相关技术规范的基础上，紧密联系设计实际需求，体现路线设计的新思想、新方法，实现了一套全新的设计交互与文档数据管理的过程。EICAD的项目

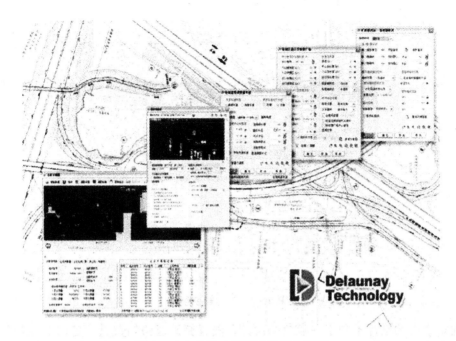

图 8-18　EICAD 线形设计操作界面

数据环境为设计用户提供了丰富的数据编辑、图形显示的功能,能够实现数据编辑提示、纵横断面动态预览、边坡模板可视化定义、拖动式土石方调配、数据格式转换等。

EICAD 基于 AutoCAD 平台,充分发挥了图形平台完备的系统开放性和丰富的个性化能力,使用 Object ARX 进行开发,能够真正快速地访问 AutoCAD 图形数据库,大大提高设计效率。建立图形数据的双向关联机制,实现全程尺寸和参数驱动机制。

## 8.4.4　DICAD 软件简介

DICAD 是"道路与互通式立交(动态交互式)图形 CAD 系统"的简称,其主要特点是人机的动态交互。该软件在我国也得到了广泛的应用,成功地设计了各种等级道路上万公里,互通式立交上千座。DICAD 生成的道路模型和桥梁模型及三维透视图及操作界面如图 8-19~图 8-21 所示。

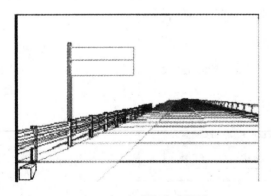

图 8-19　生成的道路模型

图 8-20　桥梁模型

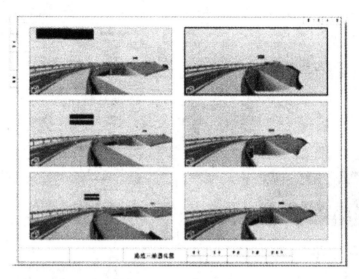

图 8-21　三维透视图

互通式立交的设计不同于一般道路设计，随着交叉道路的数量、各向交通量的大小、地形限制情况以及设计风格的差异，其立交形式千变万化。主线、被交线及各条匝道间平纵横设计关系错综复杂，边界约束多而严，协调众多因素，互通式立交的设计绝不是一个简单的问题。立交匝道的线形不可能再像主线那样采用许多直线段，而往往全由曲线组成，这时，常用的路线设计导线法就一筹莫展了。DICAD 设计界面如图 8-22、图 8-23 所示。

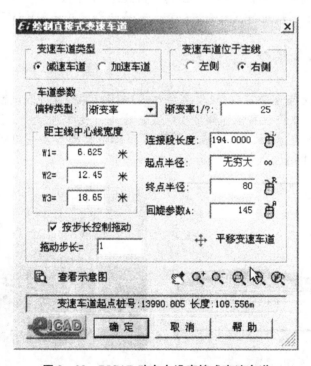

图 8-22　DICAD 动态布设直接式变速车道

道路与互通式立交（动态交互式）图形 CAD 系统专业加强版还具有强大的数据管理功能，强化了智能更新功能，平纵横断面图及端部高程图数据自动刷新，使变更设计很轻松完成。

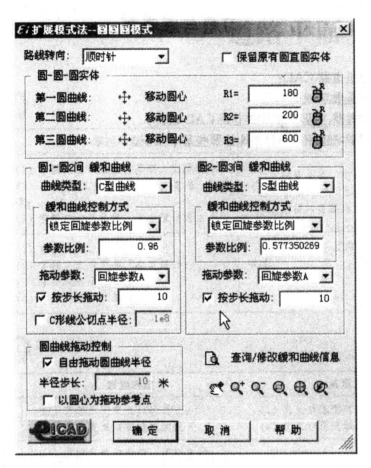

图 8-23　DICAD 线形设计

以上几种道路设计软件，功能相似，各有千秋，同学们在学习其中一种道路设计软件时，首先要了解其功能、适应环境，以及对 CAD 版本的要求，然后了解其安装方法及相关要求，最后才是软件设计的具体方法。

## 本章小结

道路 CAD 技术是计算机辅助道路设计，将 CAD 技术的基本原理与道路设计的基本理论、方法和操作程序相结合，是现代数字采集技术、空间信息管理技术（GIS）、多目标优化技术及计算机图形技术等的集成。其基本构成：数据采集系统、线路优化设计系统、图表绘制系统。

数字地面模型是将地形按照某种数字模型对已知平面坐标的地形点进行高程计算，将地形表面用密集的三维地形点坐标描述出来，为道路设计服务。

常用的道路 CAD 软件有：CARD 软件、纬地 HintCAD 软件、EICAD 软件、DICAD 软件等。

## 习题与思考题

8-1 什么是道路 CAD？
8-2 什么是数字地面模型？
8-3 列举道路工程中常用的道路 CAD 软件。
8-4 叙述学习道路 CAD 要具备哪些基本知识。

# 第9章 道路平面交叉设计

### 教学要点

| 知识要点 | 掌握程度 | 相关知识 |
|---|---|---|
| 基本概念 | (1) 掌握交叉口组成、类型、交通组织；<br>(2) 掌握交叉口平面线形、视距、拓宽车道；<br>(3) 掌握中心岛半径、立面设计方法 | (1) 拓宽车道、交通岛、人行横道等；<br>(2) 车辆、行人及非机动车交通组织；<br>(3) 方格网等高线法、路脊线 |
| 平面交叉设计 | (1) 掌握交叉口交通组织设计；<br>(2) 掌握交叉口平面、拓宽设计；<br>(3) 掌握环形交叉口设计；<br>(4) 掌握交叉口立面设计 | (1) 交叉口车道布设、交通岛和人行横道；<br>(2) 平纵线形、拓宽车道和视距设计；<br>(3) 环形交叉口、立面设计 |

### 技能要点

| 技能要点 | 掌握程度 | 应用方向 |
|---|---|---|
| 交叉口选择与交通组织 | (1) 掌握不同交叉口的特点；<br>(2) 掌握交叉口交通组织设计 | (1) 交叉口选型研究；<br>(2) 交叉口交通组织设计 |
| 交叉口平纵横设计 | (1) 掌握交叉口平面、视距设计；<br>(2) 掌握交叉口拓宽设计；<br>(3) 掌握环形交叉口设计；<br>(4) 掌握交叉口立面设计 | (1) 交叉口选型及可行性研究；<br>(2) 交叉口施工图设计与应用 |

### 基本概念

平面交叉设计；交叉道路、拓宽车道、交通岛、人行横道、标志标线；分流、合流、交织；交通岛、人行横道；视距三角形、缘石半径；左转、右转车道；中心岛半径、环道宽度、交织角；方格网法、圆心法、等分法、平行线法、路脊线、立面设计。

### 引例

平面交叉口是公路和城市道路网络的节点，因车辆、行人和非机动车在此汇集、通过和转向，从而造成交叉口车辆行人相互干扰，造成行车速度降低，也易发生交通事故。交叉口设计有助于解决交叉口交通组织和提高通行能力，确定相交道路间及交叉

口和周围建筑物间共同面的形状。虽然平面交叉设计与实践取得了大量成果，但仍存在交叉口立面设计和交叉口的交通仿真技术研究不足的问题，因此为提高交叉口通行能力和交通安全，必须加强平面交叉设计理论的研究。

## 9.1 交叉口设计概述

道路与道路(或铁路)在同一平面上相交的地方称为平面交叉口(或称道口)。各种不同道路纵横交错，构成复杂的道路网络，道路网络节点就是交叉口，交叉口是道路网的重要组成部分，是道路交通的咽喉。相交道路的各种车辆、行人都要在交叉口汇集、通过或转向，由于它们之间相互干扰，造成行车速度降低，阻滞交通，耽误通过时间，也容易发生交通事故。据国内外交通事故统计资料表明，约有35%~59%的交通事故发生在交叉口。此外车辆在通过交叉口时，车辆在交叉口延误的时间占全程行车时间31%，其中因信号而引起的延误时间约占全部交叉口延误时间的60%。因此正确设计交叉口，合理组织交通，对于提高交叉口的车速和通行能力，避免交通阻塞，减少交通事故，都具有重要意义。

交叉口设计的基本要求：一是保证车辆与行人在交叉口能以最短的时间顺利通过，使交叉口的通行能力能适应各条道路的行车要求；二是正确设计交叉口立面，保证转弯车辆的行车稳定，同时符合排水要求。

### 9.1.1 交叉口组成

平面交叉口通常由交叉道路、拓宽车道、交通岛、人行横道、标志标线等部分组成，如图9-1所示。

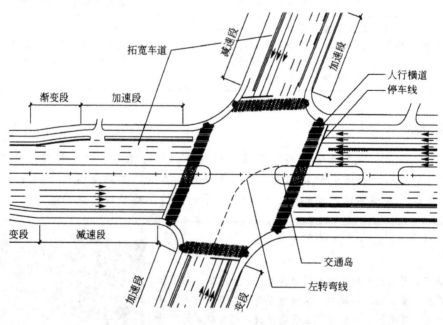

**图9-1 平面交叉口的组成**

1. 交叉道路

交叉道路是与交叉口联结的道路在交叉口附近的路段。

2. 拓宽车道

拓宽车道是为左、右转弯车设置的专用转弯和变速的车道，也称附加车道。右转弯车道是为右转弯车设置的转弯专用车道，左转弯车道是为左转弯车辆减速、等待左转弯的机会、停留而设置的转弯专用车道。变速车道是加速车道与减速车道的总称。为使合流车辆加速到能安全合流的车速，给出必要的合流距离而设置的车道称为加速车道；为使由高速的主交通流中减速分流出来的车流保持距离而设置的车道，在不妨碍主流交通情况下达到安全减速的目的而设置的车道称减速车道。

3. 交通岛

为控制车辆行驶位置或为保护行人，在车道之间设置的岛状区域称为交通岛。按其作用不同可分为导流岛、分隔岛、中心岛、安全岛等。导流岛又称方向岛，是在交叉口为将交通流引导到规定路线，防止其无秩序地行驶为目的而设置的岛；分隔岛是把两股交通流分开为目的而设置的岛；安全岛是为人行横道安全而设置的岛；中心岛是设在交叉口中央，用来组织左转弯车辆和分隔对向车流的岛。

4. 人行横道

人行横道是供行人横穿道口而设置的，以避免行人与车辆间相互干扰。

5. 标志标线

交通标志用图形、符号和文字传达交通特定信息，实行交通管理，指导行人和车辆行进。交通标线用路面画线和箭头、文字、立面标记、突起路标以及路边线轮廓标进行管制交通和引导车辆行人行进。

6. 交叉口范围

交叉口范围是指十字路口、T字路口以及两条以上道路（人行道与车行道分开时指车行道）交叉时的交叉部分。一般是指把相交道路直线段的缘石线延长线或连线所包括的范围；若无缘石时，把车行道边线的延长线或连线所包括的范围。但从交通工程角度看，把在人行横道线及转角缘石所围的范围看成为交叉口范围比较恰当。

## 9.1.2 交叉口的交通分析

进出交叉口的车辆，由于行驶方向的不同，车辆与车辆之间的交错方式也不相同，可能产生的交错点的性质也不一样。同一行驶方向的车辆向不同方向分离行驶的地点称为分流点（或称分叉点）；来自不同行驶方向的车辆以较小的角度向同一方向汇合行驶的地点称为合流点（或称汇合点）；来自不同行驶方向的车辆以较大角度相互交叉的地点称为冲突点（或称交叉点）。此3类交错点都存在相互尾撞、挤撞或碰撞的可能性，是影响交叉口行车速度、通行能力和发生交通事故的主要原因。其中以直行与直行、左转与左转以及直行与左转车辆之间所产生的冲突点，对交通的干扰和行车的安全影响最大，其次是合流点，再次是分流点。因此在交叉口设计时，应尽量采取措施减少冲突点和合流点，尤其要减少或消灭冲突点。

无信号控制时，三路、四路和五路相交平面交叉口交错点分布情况如图9-2所示，其数量见表9-1。有信号控制下的平面交叉口交错点分布情况如图9-3所示，其数量见表9-1。

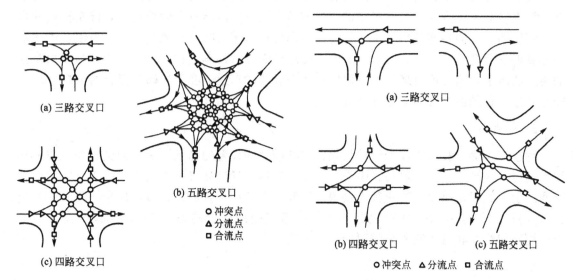

图9-2 平面交叉口交错点　　　　　　　图9-3 信号控制下交叉口的交错点

表9-1 平面交叉口交错点数量表

| 交错点类型 | 无信号控制 | | | 有信号控制 | | |
| --- | --- | --- | --- | --- | --- | --- |
| | 相交道路的条数 | | | 相交道路的条数 | | |
| | 3条 | 4条 | 5条 | 3条 | 4条 | 5条 |
| 分流点 | 3 | 8 | 15 | 2或1 | 4 | 4 |
| 合流点 | 3 | 8 | 15 | 2或1 | 4 | 6 |
| 左转车流冲突点 | 3 | 12 | 45 | 1或0 | 2 | 4 |
| 直行车流冲突点 | 0 | 4 | 5 | 0 | 0 | 0 |
| 总　数 | 9 | 32 | 80 | 5或2 | 10 | 14 |

由上述图表可得出以下两点结论。

(1) 在无信号控制的交叉口，都存在各种交错点。其数量是随相交道路条数的增加而显著增加，其中增加最快的是冲突点。当相交道路均为双车道时，各交错点的数量按下式计算：

$$\left.\begin{array}{l}分流点=合流点=n(n-2)\\ 冲突点=\dfrac{n^2(n-1)(n-2)}{6}\end{array}\right\} \quad (9-1)$$

式中　$n$——交叉口相交道路的条数。

(2) 产生冲突点最多的是左转弯车辆。如图9-2所示，四路交叉口若没有左转车流，则冲突点可由 16 个减至 4 个,而五路交叉口则从 50 个减到 5 个。因此在交叉口设计中如何正确地处理和组织在转弯车辆,是保证交叉口交通通畅和安全的关键所在。

常采用减少或消灭冲突点的方法如下。

(1) 实行有信号控制的方法。在交叉口设置交通信号灯或由交警指挥,使发生冲突的车流从通行时间上错开。如四路交叉口实行有信号控制后,冲突点由 16 个减至 2 个,分、合流点均由 8 个减至 4 个。若禁止车流左转可完全消灭冲突点。

(2) 采用渠化交通的方法。在交叉口内合理布置交通岛、交通标志和标线,或增设车道等,引导各方向车流沿一定路径行驶,减少车辆之间的相互干扰。如环形平面交叉可消灭冲突点问题。

(3) 修建立体交叉的方法。将相互冲突的车流从通行空间上分开,使其互不干扰,从而最终彻底解决交通冲突的问题。

## 9.1.3 交叉口设计原则和主要内容

交叉口的行车安全和通行能力,在很大程度上决定于交叉口的形式和交通组织,因此在设计交叉口时,必须首先考虑交叉口形式的选择和交通组织问题。设计时应遵循下列原则。

(1) 道路交叉口的位置受道路网规划控制,两条道路相交以正交为宜;当必须斜交时,交叉角应不小于 70°(受地形条件或其他特殊情况限制时,应不小于 60°),并避免错位交叉、多路交叉和畸形交叉。

(2) 交叉口的形状、类型应根据相交路的功能、性质、等级、计算速度、设计小时交通量、转向车流的分布和当地地形地物条件等因素进行设计。

(3) 在交叉路口的设计中应做好交通组织设计,正确组织不同流向车流、人流,布设必要的转弯车道、交通岛、交通标志与标线等。

(4) 交叉路口如位于行人较多的城市地区,宜将交叉路口转角处的人行道适当加宽。人流量大的快速路或主干路相交的重要路口宜修建人行天桥或地道。

(5) 交叉路口的竖向布置应符合行车舒适、排水迅速和美观的要求。

(6) 为保证行车通畅和提高路口通行能力,可采取压缩进口车道、分隔带和路侧带宽度,增加车道条数等措施。

(7) 路口计算行车速度:两相交公路的等级或交通量相近时,平面交叉范围内的设计速度可适当降低,但不得低于路段设计速度的 70%。

平面交叉口右转弯车道的设计速度不宜大于 30km/h;左转弯车道的设计速度不宜大于 15km/h;环形交叉口设计速度不宜大于 20km/h。对于城市道路信号控制的平交路口的计算车速,一般按各级道路计算车速的 0.5～0.7 倍进行计算,通常直行车车速可取高限,左、右转车速宜取低限。

道路平面交叉口设计的主要内容如下。

(1) 正确选择交叉口的位置和形式,确定各组成部分的几何尺寸(包括车行道宽度、缘石转弯半径、绿化带、交通岛等)。

(2) 合理布置各种交通设施(包括交通信号标志、标线、人行横道线、照明和停车线等)。

(3) 验算交叉口行车视距，保证安全通视条件。

(4) 做好交叉口的立面设计，布置雨水口和排水管道。

(5) 验算交叉口的通行能力，保证交叉口设计满足实际需要。

在设计平面交叉口时，需要收集和了解以下有关资料：相交道路的条数和等级、车辆和行人的估算交通量、交叉口行车设计速度、相交道路的设计纵坡及横断面、交叉口的地形、交叉口周围的房屋建筑和排水管道等。

### 9.1.4 交叉口类型及选择

**1. 交叉口类型和适应范围**

平面交叉口的形式取决于道路网的规划和周围建筑的情况，以及交通量、交通性质和交通组织。常见的形式有十字形、T字形、X形、Y形、错位交叉、多路交叉等。在具体设计中，常根据交通量、交通性质以及不同的交通组织方式进行设计，通常可归纳为加铺转角式、分道转弯式、扩宽路口式和环形交叉4类。

(1) 加铺转角式交叉口：交叉口用适当半径的圆曲线平顺连接相交道路的路基和路面，如图9-4所示。此类交叉口形式简单，占地少，造价低，设计方便，但行车速度低，通行能力小，适用于交通量小，车速低，转弯车辆少的三级、四级公路或地方道路，若斜交不大时，也可用于转弯交通量较小的主要道路与次要道路交叉。设计时主要解决合适的转角曲线半径和足够的视距问题。

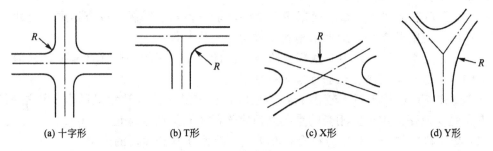

(a) 十字形　　(b) T形　　(c) X形　　(d) Y形

**图9-4　加铺转角式交叉口**

(2) 分道转弯式交叉口：通过设置导流岛、划分车道等措施，使单向右转或双向左、右转车流以较大半径分道行驶的平面交叉，如图9-5所示。此类交叉口转弯车辆，尤其是右转弯车辆行驶速度和通行能力都较高，适用于车速较高、转弯车辆较多的一般道路。设计时主要解决分道转弯半径、保证足够的视距和满足导流岛端部半径的要求。

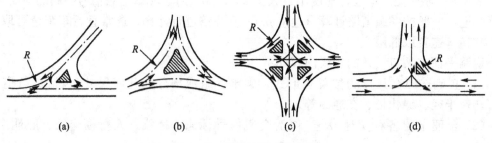

(a)　　(b)　　(c)　　(d)

**图9-5　分道转弯式交叉口**

(3) 扩宽路口式交叉口：为使转弯车辆不影响其他车辆的正常行驶，在交叉口连接处增设变速车道和转弯车道的平面交叉。这种交叉可以单独增设右转或左转车道，也可以同时增设左、右转弯车道，如图9-6所示。此类交叉口可减少转弯交通对直行交通的干扰，车速较高，事故率低，通行能力大，但占地多，投资较大，适用于交通量较大、转弯车辆较多的二级公路和城市主干路。设计时主要解决扩宽车道数，同时也要满足视距和转角曲线半径的要求。

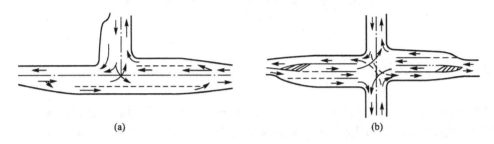

图9-6 扩宽路口式交叉口

(4) 环形交叉口：在交叉口中央设置中心岛，用环道组织渠化交通，使进入环道的所有车辆一律按逆时针方向绕岛单向行驶，直至所要去的路口离岛驶出的平面交叉，俗称转盘，如图9-7所示。

环形交叉口的优点：驶入交叉口的各种车辆可连续不断地单向运行，没有停滞，减少了车辆在交叉口的延误时间；环道上行车只有分流和合流，消灭了冲突点，提高了行车的安全性；交通组织简便，不需信号管制；对多路交叉和畸形交叉，用环道组织渠化交通更为有效；中心岛绿化可美化环境。缺点：占地面积大，城区改建困难；增加了车辆绕行距离，特别是左转弯车辆；一般造价高于其他平面交叉。

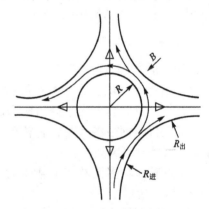

图9-7 环形交叉口

当多条道路相交，通过交叉口的交通量总数为500～3000辆/小时，左右转弯车辆较多，且地形较平坦时可考虑采用。在快速道路和交通量大的干线道路上、有大量非机动车和行人交通、位于斜坡较大地形以及桥头引道上均不宜采用。按规划需修建立体交叉处，近期可采用环形平面交叉作为过渡形式，并预留远期改建为立交的可能性。设计时主要解决中心岛的形状和半径、环道的布置和宽度、交织段长度、交织角、进出口曲线半径和视距要求等问题。

2. 交叉口形式的选择

交叉口形式选择，涉及因素较多，如交叉口现状、交通量及交通组成、地形地物和道路用地，应根据具体情况进行分析，然后做出不同交叉口设计方案，有利于减少或消除冲突点以及提高交叉口通行能力。

一般情况，交叉口形式选择可按以下要求进行。

(1) 相交道路条数宜少，形式尽量简单。

(2) 尽量使相邻交叉口间的道路直通。
(3) 交叉道路应避免锐角相交，尽量以近于 90°相交。
(4) 主要道路线形尽量顺直。
(5) 应尽量避免近距离错位交叉。

## 9.2 交叉口交通组织设计

### 9.2.1 车辆交通组织

车辆交通组织的目的就是保证交叉口上车辆和行人的交通安全、通畅，提高交叉口的通行能力。常用的交通组织方法有限定车流行驶方向、设置专用车道、渠化交叉口、实行信号管制等方法。前述交通分析可知，影响交叉口通行能力和行车安全的主要因素是冲突点，而冲突点的产生源自左转及直行车辆，其中又以左转车辆所产生的冲突点最多。因此交叉口车辆交通组织设计的关键在于解决左转车辆和直行车辆的交通组织。

交叉口车辆交通组织的方法如下。

**1. 设置专用车道**

组织不同行驶方向的车辆在各自的车道上分道行驶，互不干扰。根据行车道宽度和左、直、右行车辆的交通量大小可做出多种组合的车道划分，如图 9-8 所示。

(1) 左、直、右方向车辆组成均匀，各设一专用车道，如图 9-8(a)所示。
(2) 直行车辆很多且左、右转车也有一定数量时，设两条直行车道和左、右转各一条车道，如图 9-8(b)所示。
(3) 左转车辆多而右转车辆少时，设一条左转车道，直行和右转车辆共用一条车道，如图 9-8(c)所示。
(4) 左转车辆少而右转车辆多时，设一条右转车道，直行和左转车辆共用一条车道，如图 9-8(d)所示。
(5) 左、右转车辆都较少时，分别与直行合用车道，如图 9-8(e)所示。
(6) 行车道宽度较窄，不设专用车道，只画快、慢车分道线，如图 9-8(f)所示。
(7) 行车道宽度很窄时，快、慢车也不划分，如图 9-8(g)所示。

**2. 左转弯车辆的交通组织**

如前所述，左转弯车辆是引起交叉口车流冲突的主要原因，而且也影响直行车辆的通行，合理地组织左转弯车辆的交通，是保证交通安全、提高交叉口通行能力的有效方法。左转弯车辆交通组织方法可采用下列设计方法。

1) 设置专用左转车道

如图 9-8 所示，在行车道宽度内紧靠中线划出一条车道供左转车辆专用，以免阻碍直行交通［图 9-8(c)］；若原有行车道宽度不够时，可向中线左侧适当扩宽设置专用左转车道［图 9-8(a)、(b)］。设置专用左转车道后左转车辆须在左转车道上等待开放或寻机通过，而不影响直行交通。

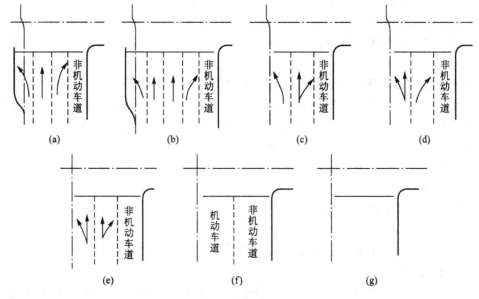

图 9-8 交叉口车道划分

2) 实行交通管制

通过信号灯控制或交警手势指挥，在规定时间内不准左转。

3) 变左转为右转

(1) 环形交通：利用环道组织逆时针单向交通，变左转为右转，使冲突车流变为分流与合流，如图 9-9(a)所示。

(2) 街坊绕行：使左转车辆环绕邻近街坊道路右转行驶实现左转，如图 9-9(b)所示。这种方法绕街坊行程增加很多，通常仅用于左转车辆所占比例不大，旧城道路扩宽困难，或在桥头引道坡度大的十字形交叉口，为防止车辆高速下坡时直角转弯发生事故而采用。

(3) 远引绕行：利用中间带开口绕行左转，如图 9-9(c)所示。

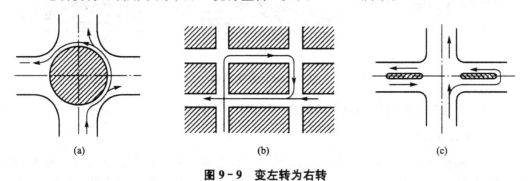

图 9-9 变左转为右转

3. 组织渠化交通

渠化交通是在车道上画线，或用绿带和交通岛来分隔车流，使各种不同类型和不同速度的车辆能像渠道内的水那样，沿规定的方向互不干扰地行驶。渠化交通在一定条件可以有效地提高道路的通行能力，减少交通事故。它对解决畸形交叉口的交通问题尤为有效。

渠化交通设计原则如下：

(1) 交叉口供分流行驶用的车道数,应根据路口流量、流向确定。

(2) 交叉口交通岛的位置应按车流顺畅的流线设置。

(3) 进、出口道分隔带或交通标线应根据渠化要求布置,并应与路段上的分隔设施衔接协调。

渠化交通的主要作用是保证行车安全,具体表现在以下几点。

(1) 利用线或分隔带、交通岛等,把不同方向和速度的车辆划分车道行驶,使行人和司机很容易看清互相行驶的方向,避免车辆相互侵占车道和干扰行车路线,因而可减少车辆相互碰撞的机会,增加行车安全,如图9-10(a)所示。

(2) 利用交通岛的布置,限制车辆行驶方向,使斜交对冲的车流为直角交叉或锐角交叉,如图9-10(b)、(c)所示。

(3) 利用交通岛的布置,限制车道宽度,控制车速,防止超车,如图9-10(d)、(e)所示。

(4) 可利用渠化交通设置的交通岛或分隔带,设置各种交通标志,并可作为行人过街时避让车辆的安全岛。

在交通量较大,车速较高的交叉口利用交通岛组织渠化交通时,还需考虑设置变速车道和候驶车道,如图9-10(f)所示,以满足左转弯车辆转向行驶和变速行驶的需要。

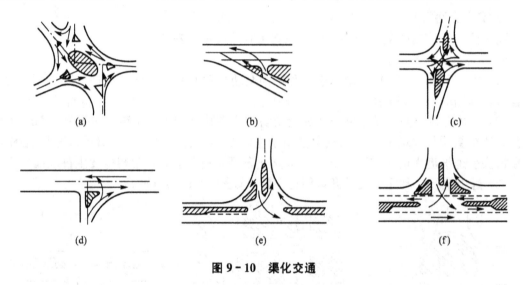

图 9-10 渠化交通

在渠化交通中,最常用的是高出路面的交通岛,其设计见9.3.5节。

4. 调整交通组织

当旧城道路改建困难时,可对城市道路网综合考虑,采取改变交通路线,限制车辆行驶,控制行驶方向,组织单向交通,以及适当封闭一些主要干道上的支路等措施,简化交叉口交通,提高整个道路网的通行能力。

5. 采用自动控制的交通信号指挥系统,提高行车速度和通行能力

当前开发了各类自动控制的交通信号指挥系统,有红黄绿信号灯式、数字式、箭头数字式或混合式信号系统,其主要目的是为了在时间上分离不同方向的车辆,提高行车速度和通行能力。

## 9.2.2 行人及非机动车交通组织

公路设计中往往不考虑行人和非机动车交通。但对城市道路因大量行人和非机动车存在，合理组织行人和非机动车交通，是消除交叉口交通阻塞、保障交通安全是最有效的方法。

1. 行人交通组织

行人交通组织的主要任务是组织行人在人行道上行走，在人行横道线内安全过街，使人、车分离，各行其道，互不干扰。

交叉口是人流和车流汇集的地方，当通过交叉口的人流量很高时，经常会在交叉口转角的人行道上挤住，不能走动，以致行人不得不从车行道上通行，容易产生交通阻塞现象。

人行道通常对称布置在车行道两侧。交叉口内相邻道路的人行道互相连通，并将转角处人行道加宽，以适应人流集中转向需要。为使行人安全、有序地横穿车行道，应在交叉路口设置人行横道。交叉范围的人行道和人行横道相互连接，共同组成可达任意方向的步行道网，尽量不将吸引大量人流的公共建筑的出入口设在交叉口上。

人行横道一般可布置在交叉口人行道的延续方向后退4～5m的地方，如图9-11(a)所示。当转角半径较大时可将人行横道设在圆弧段内，如图9-11(b)所示。原则上人行横道应垂直于道路设置，可使行人过街距离最短；但如道路斜交时，为避免行人不拐直角弯及扩大交叉口交通面积，人行横道可与相交道路平行，如图9-11(c)所示。T形和Y形交叉口人行横道可按图9-11(d)、(e)设置。

人行横道的宽度主要取决于过街人流量的大小，一般应比路段人行道宽些。其最小宽度为4m，当过街人流量较大时，可适当加宽，但不宜超过8m。

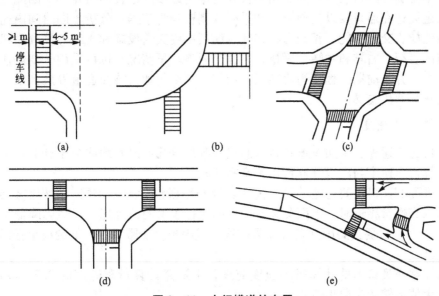

图9-11 人行横道的布置

在设置信号灯控制或设置停车标志的交叉口，应在路面上标绘停车线，指明停车位置。对无人行横道的交叉口，在不影响相交道路交通的条件下，停车线应尽量靠近交叉口,以减少交叉口的范围,提高通行能力。当有人行横道时,停车线应布置在人行横道线后至少 1m 处,并应与人行横道平行,如图 9-11 所示。

2. 非机动车交通组织

在交叉路口,非机动车道通常布置在机动车道和人行道之间。

在交叉口内,一般车流量下非机动车随机动车按交通规则在右侧行驶,不设分离设施。而车流量较大时,可采用分隔带(或墩)将机动车与非机动车分离行驶,减少相互干扰。上述两种情况与机动车交通组织共同考虑。

当车流量很大,机、非之间干扰严重时,可考虑采用立体非机动车交通组织,并与人行天桥或地道一起考虑。上下人行天桥或地道可用梯道、坡道或混合式。一般行人宜用梯道型升降方式;非机动车应采用坡道型;非机动车较多,又因地形或其他理由不能设坡道时,可用梯道带坡道的混合型升降方式。

## 9.3 交叉口平面与视距设计

### 9.3.1 交叉口设计依据

1. 计算设计交通量

设计交通量是以相交道路的设计交通量及其流向分析为依据。相交道路的设计交通量往往不尽相同,而且车辆在交叉口的流向也不相同,因此交叉口的设计交通量比路段设计交通量的确定难度大。对城市道路交叉口还要考虑机动车和非机动车有不同的高峰时间、一天当中早晚高峰还可能有不同流向和行人对车辆过多的干扰的特点等。因此设计平面交叉时,确定设计交通量要以交通调查和平时观测资料为依据,分析不同时间内通过交叉口的交通流性质、交通功能、相交道路特征、周围主要交通设施和土地开发利用状况,明确各进口道的直行、右转和左转交通量。根据交通量增长情况,也可采用分期修建原则先设计平面交叉,并使前期工程能为后期工程利用,预留用地,待交通量发展到某一阶段后再扩建和改建为立体交叉。

2. 计算行车速度

交叉口的交通岛、附加车道和转角曲线等各部分几何尺寸均取决于计算行车速度。交叉口的计算行车速度与路段计算行车速度密切相关。

公路平面交叉口主要公路的设计速度,宜与路段设计速度相同。两相交公路的功能、等级相同或交通量相近时,平面交叉范围内的直行车道的设计速度可适当降低,但不应低于路段的 70%。次要公路因交角等原因改线,或因条件受限采用较低的线形指标时,可适当降低设计速度。

城市道路交叉口内的计算行车速度应按各级道路计算行车速度的 0.5~0.7 倍计算,直行车取大值,转弯车取小值。

3. 设计车辆

道路设计采用小客车、载重汽车、鞍式列车(或铰接车)作为设计车辆,平面交叉口的设计采用这 3 种车辆作为设计依据。平面交叉转弯曲线的线形和路幅宽度应以设计车辆转弯时的行迹作为设计控制，其转弯的行迹与行驶速度有关。

各级公路的平面交叉口应以 16m 总长的鞍式列车进行控制设计。左转弯曲线采用 5~15km/h 行驶速度的鞍式列车控制设计。大型车比例很小的公路，可采用 5km/h 行驶速度的鞍式列车控制设计，条件受限制时，可采用载重汽车低速行驶的行迹控制。公路等级低，交通量不大的情况下，右转弯不设专门的行车道，鞍式列车控制设计的速度可与左转弯的相同或略高一些。右转弯行车道设置分隔的情况下，转弯速度不宜大于 40km/h。当主要公路设计速度较低时，右转弯速度不宜低于主要公路设计速度的 50%。

城市道路的平面交叉口应根据道路与交通的性质、交通组成等情况，选择合适的设计车辆的转弯行迹作为设计控制，采用小轿车、小型客(货)车、大型客(货)车、铰接客车作为设计车辆。

4. 通行能力

平面交叉口设计，必须使其设计服务水平下的通行能力满足交叉口的规划交通量的要求，而且不同的交通管制方式下，交叉口的通行能力不一样，计算方法也不相同。

## 9.3.2 公路平纵线形设计

1. 平面线形

（1）平面交叉范围内两相交公路应正交或接近正交，且平面线形宜为直线或大半径曲线，不宜采用需设超高的曲线半径。

（2）新建公路与等级较低的现有公路斜交时，应对次要公路在交叉前后一定范围内做局部改线，使交叉的交角不小于 70°。

（3）当既有公路提高等级、扩建改建或路面大修时，为扭正交叉的改线应采用较高的线形指标和较长路段的改移。

2. 纵面线形

（1）平面交叉范围内，两相交公路的纵面宜平缓。纵面线形应满足停车视距的要求。

（2）主要公路在交叉范围内的纵坡应在 0.15%~3% 的范围内；次要公路紧接交叉的引道部分应以 0.5%~2.0% 的上坡通往交叉。

（3）主要公路在交叉口范围内的圆曲线设置超高时，次要公路的纵坡应服从主要公路的横坡。

3. 交叉口间距

为便于交通组织，平面交叉口的间距应尽量加大。在确定两交叉口靠近程度时，应考虑：交叉口间车辆变换车道发生交织需要的长度；一个交叉口的暂停车辆不致堵塞另一个交叉口所需的间隔长度；高速过境交通不因两个路口过近而分散驾驶员注意力所需要的安全距离。日本据此所研究的交叉口最小间隔建议值见表 9-2。

表 9-2 中的值为最小间隔，不是划分街区或交叉口密度的规定。城市中平面交叉口间距是由规划部门制定城市道路网确定的，方格形道路网的平行主干路间距一般为 800~

1000m,则主干路间交叉口间距为 800~1000m。为提高信号系统控制效果,信号交叉口间的间距以 12V 左右最好(V 为平均行驶车速,km/h),而以 6V 效果最低。对于间隔小于最小间距且密度较大的交叉,可适当修建辅道合并交叉或设分离式立交处理。

表 9-2 平面交叉的最小间距

| 公路等级 | 一级公路 | | | 二级公路 | |
|---|---|---|---|---|---|
| 公路功能 | 干线公路 | | 集散公路 | 干线公路 | 集散公路 |
| | 一般值 | 最小值 | | | |
| 间距/m | 2000 | 1000 | 500 | 500 | 300 |

### 9.3.3 交叉口的视距设计

1. 视距三角形

对无交通控制的平交口,为了保证交叉口上行车安全,驾驶员在进入交叉口前的一段距离内,应能看到相交道路上的行车情况,以便能及时采取措施顺利驶过或安全停车。这段距离应该大于或等于停车视距 $S_T$。由相交道停车视距所组成的三角形称为视距三角形,在其范围内不能有任何阻挡驾驶员视线的障碍物,如图 9-12 所示。

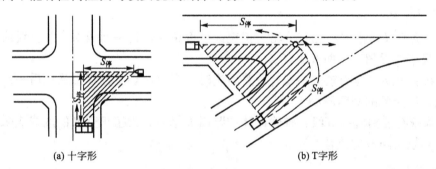

(a) 十字形　　　　　　　　　　(b) T字形

图 9-12 视距三角形

视距三角形应以最不利的情况来绘制,绘制的方法和步骤如下。

(1) 确定停车视距 $S_T$:可用前述停车视距计算公式或根据相交道路的计算行车速度按表 9-3 确定。当受地形、地物条件及其他特殊情况限制时,停车视距可采用表中低限值,但必须采取设置限速标志等技术措施。

表 9-3 安全交叉停车视距

| 设计速度/(km/h) | 100 | 80 | 60 | 40 | 30 | 20 |
|---|---|---|---|---|---|---|
| 停车视距/m | 160 | 110 | 75 | 40 | 30 | 20 |
| 安全交叉停车视距/m | 250 | 175 | 115 | 70 | 55 | 35 |

(2) 根据交叉口具体情况,确定行车最危险冲突点:不同形式交叉口的最危险冲突点的寻找方法不尽相同。对常见十字形和 T 形(或 Y 形)交叉口的最危险冲突点可按上述方法寻找。

对十字形交叉口如图 9-12(a)所示,最靠右侧第一条直行机动车道的轴线与相交道路最靠中心线的第一条直行车道的轴线所构成的交叉点最危险的冲突点。

对 T 形(或 Y 形)交叉口如图 9-12(b)所示,直行道路最靠右侧第一条直行车道的轴线与相交道路最靠中心线的一条左转车道的轴线所构成的交叉点为最危险的冲突点。

(3) 从最危险的冲突点向后沿行车轨迹各量取停车视距 $S_T$。

(4) 连接末端构成视距三角形。在 3 条线所构成的视距范围内,不准有阻碍视线的障碍物存在。

2. 识别距离

为保证车辆安全顺利通过交叉口,应使驾驶员在交叉口前的一定距离能识别交叉口的存在及交通信号和交通标志等,这段距离称为识别距离。识别距离随交通管制条件不同而不同。

1) 无信号控制的交叉口

对无任何信号控制的交叉口,通常都是等级低、交通量小及车速不高的次要交叉口,识别距离应满足安全要求,可采用各相交道路的停车视距(表 9-3)。

2) 有信号控制的交叉口

对有信号控制的交叉口,在车辆正常行驶条件下,识别距离为使驾驶员能看清交通信号和显示内容,能有足够时间制动减速直至停车,但这种制动停车并非急刹车。因此有信号控制交叉口的识别距离可用式(9-2)计算。

$$S_S = \frac{V}{3.6}t + \frac{V^2}{26a} \tag{9-2}$$

式中 $S_S$——交叉口的识别距离(m);
　　　$V$——路段计算行车速度(km/h);
　　　$a$——减速度(m/s²),取 $a = 2\text{m/s}^2$;
　　　$t$——识别时间(s)。

识别时间 $t$ 包括驾驶员的反应时间和制动生效时间。在公路上识别时间可取 10s;在城市道路上因交叉口较多,驾驶员对其存在已有思想准备,识别时间可取 6s。

3) 停车标志控制的交叉口

对停车标志控制的交叉口,一般为主要道路与次要道路交叉,主次关系明确,而且对标志的识别要比对信号容易,因此可采用式(9-2)及识别时间为 2s 计算。

信号控制及停车标志控制交叉口的识别距离见表 9-4,在此范围内不能有任何障碍物。

表 9-4 交叉口的识别距离(m)

| 计算行车速度/(km/h) | 信号控制交叉口 | | | | 停车标志控制交叉口 | | 计算行车速度/(km/h) | 信号控制交叉口 | | | | 停车标志控制交叉口 | |
|---|---|---|---|---|---|---|---|---|---|---|---|---|---|
| | 公路 | | 城市道路 | | | | | 公路 | | 城市道路 | | | |
| | 计算值 | 采用值 | 计算值 | 采用值 | 计算值 | 采用值 | | 计算值 | 采用值 | 计算值 | 采用值 | 计算值 | 采用值 |
| 80 | 348 | 350 | — | — | — | — | 30 | 102 | 100 | 68 | 70 | 35 | 35 |
| 60 | 237 | 240 | 171 | 170 | 104 | 105 | 20 | 64 | 60 | 42 | 40 | 19 | 20 |
| 40 | 143 | 140 | 99 | 100 | 54 | 55 | | | | | | | |

### 9.3.4 交叉口缘石半径设计

为了保证各种车辆能以一定速度顺利转弯，交叉口转角处的缘石或行车道路面边缘应做成圆曲线或复曲线，圆曲线的半径 $R_1$ 称为转角半径，如图 9-13、图 9-14 所示。

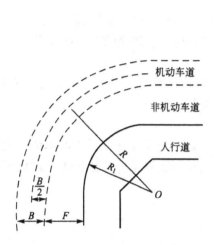

图 9-13 转角半径计算图式

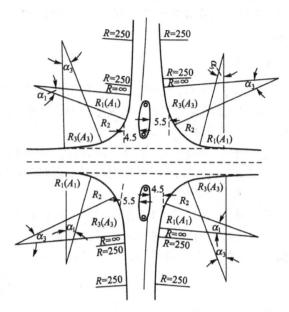

图 9-14 多圆心复曲线缘石半径

在未考虑机动车道加宽的情况下，转角半径 $R_1$ 为

$$R_1 = R - \left(\frac{B}{2} + F\right) \quad (9-3)$$

$$R = \frac{V_1^2}{127(\mu \pm i_h)} \quad (9-4)$$

式中　$B$——机动车道宽度(m)，一般采用 3.5m；
　　　$F$——转弯处的非机动车道宽度(m)，没有非机动车道时，$F=0$；
　　　$R$——右转车道中心线半径(m)；
　　　$V_1$——右转弯设计速度(km/h)，可取路段设计速度的 0.5~0.7 倍，计算时可用 0.6 倍；
　　　$\mu$——横向力系数，在 0.15~0.20 之间取值；
　　　$i_h$——交叉口路面横坡度，一般采用 2%。

城市道路单、双幅路交叉口的缘石转角最小半径见表 9-5，城市道路三幅、四幅路交叉口的缘石转角最小半径应满足非机动车行车要求。我国非机动车(多以自行车为主)转角最小半径宜大于 3m，一般最小半径为 5m，在条件允许时应尽量采用大转角半径，以有利于行车和以后交通发展的需要。

各级公路平面交叉口的转弯设计以 16m 总长的鞍式列车进行控制设计。鞍式列车在各种转弯速度情况下，转角曲线路面内缘的最小半径见表 9-6。

表 9-5　交叉口缘石转角最小半径

| 右转弯设计速度/(km/h) | 30 | 25 | 20 | 15 |
|---|---|---|---|---|
| 交叉口缘石转角半径/m | 33～38 | 20～25 | 10～15 | 5～10 |

表 9-6　转角曲线路面内缘的最小半径

| 转弯速度/(km/h) | ≤15 | 20 | 25 | 30 | 40 | 50 | 60 | 70 |
|---|---|---|---|---|---|---|---|---|
| 最小半径/m | 15 | 20(15) | 25(20) | 30 | 45 | 60 | 75 | 90 |
| 最小超高/% | 2 | 2 | 2 | 2 | 3 | 4 | 5 | 6 |
| 最大超高/% | 一般值：6，极限值：8 | | | | | | | |

注：条件受限制时可采用括号内的值。

公路交叉口转角曲线路面内缘的线形应符合车辆转弯时的行迹。非渠化平面交叉以载重汽车为主，转弯路面边缘可采用半径 15m 的圆曲线。当按鞍式列车设计时，路面边缘可采用符合转弯行迹的复曲线。渠化平面交叉的右转弯车道，其内侧路面边缘应采用三心圆复曲线，左转弯内侧路面边缘以一单圆曲线来控制分隔岛端的边缘线。以鞍式列车控制设计时，相交路面的边缘应采用如图 9-15 所示的复曲线，相应半径 $R_1$、$R_2$ 的取值见表 9-7。渠化的右转弯车道，其转角曲线路面边缘的线形是复曲线，详细设计见下节。

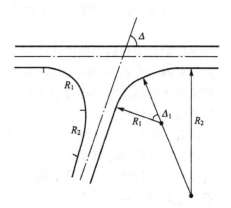

图 9-15　以鞍式列车控制设计时简单交叉口的转弯设计

表 9-7　$R_1$、$R_2$ 的取值

| $\Delta/(°)$ | $R_1$/m | $R_2$/m | $\Delta_1$ |
|---|---|---|---|
| 70～74 | 18 | 80 | 53°30′～58°50′ |
| 75～84 | 17 | 80 | 58°55′～68°00′ |
| 85～91 | 16 | 80 | 69°00′～75°00′ |
| 92～99 | 15 | 80 | 76°00′～83°00′ |
| 100～110 | 14 | 90 | 84°00′～95°00′ |

## 9.3.5　交通岛设计

交通岛一般可分为以下几类。

(1) 导流岛——用于控制和引导车流行驶；用以指引行车方向，它在渠化交通中起着很大作用，许多复杂的交叉口，往往只需用几个简单的导流岛，就能组织好交通，减少或

消灭冲突点。

（2）分隔岛——用于分隔反向和同向车流；用来分隔机动车和非机动车、快速车和慢速车，以及对向行驶的车流，保证行车速度和交通安全的长条形交通岛，有时也可在路面上画线来代替分隔岛。

（3）安全岛——用于行人横过路口时暂时避让的地点；供行人过街时避让车辆之用。在宽阔的交通繁忙的街道上，宜在人行横道线中央设置安全岛，以保证行人过街安全。

（4）中心岛——设在交叉口中央，用来组织左转弯车辆和分隔对向车流的交通岛。

交通岛设置条件如下。

(1) 需分隔右转弯曲线车道与直行车道时，应设置导流岛。

(2) 信号交叉中，左转弯为两条车道时，在左转弯与直行车道间应设导流岛。

(3) 左转车道与对向直行车道间应设置分隔岛。

(4) T形交叉中，次要道路岔口的两左转弯行迹间应设置分隔岛。

(5) 对向行车道间需提供行人越路的避险场所，或需树立标志、信号柱时，应设置分隔岛。

交通岛形状为直线与圆曲线的组合图形。交通岛边缘的线形取决于相邻车道的路缘线形，直行车道边缘的岛缘线应根据缘石构造做不同值的偏移，岛端迎车流边应偏移且圆滑化。转角导流岛的形状和岛端后退量如图9-16、表9-8、表9-9所示。导流岛端部内移距在主要道路一侧按1/10~1/20过渡，次要道路一侧为1/5~1/10。表9-9中，栏式路缘石为具有一定形状和高度，能够阻碍车辆驶离路面的界石；半可越式路缘石为在紧急情况下车辆可以驶过或在特殊情况下对车辆无损害的一种路缘石；可越式路缘石为车辆可以驶过且对车辆无损害的一种路缘石。

中心岛的设计见9.5节。

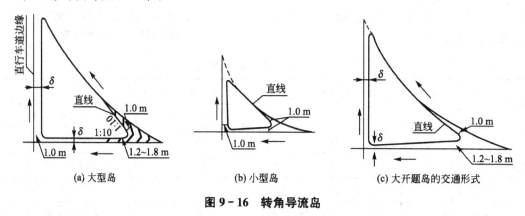

图9-16 转角导流岛

表9-8 岛端圆弧半径

| 岛端形状及车流方向 | ⬅↙↖ | ⬅↙↖ | ⬅↙↖ | ↑→ |
|---|---|---|---|---|
| 半径/m | 0.3(0.5) | 0.6(0.75) | 0.6(0.75) | 1.0(1.5) |

注：括号中的值用于边长大于30m的大型岛。

表 9-9　缘石后退量

| 缘石类型 | $\delta/m$ |
|---|---|
| 栏式 | 0.6 |
| 半可越式 | 0.3 |
| 可越式 | 0 |

安全岛是供行人过街时避让车辆之用。如车行道很宽，宜在人行横道的中央设置安全岛，以保证行人过街的安全，为保证岛上滞留行人的安全，应在岛边的适当位置设置防冲护栏。

## 9.4 交叉口拓宽设计

当相交道路的交通量较大、转弯车辆较多而车速又高时，若交叉口进口道仍然采用路段上车道数，会导致转弯车辆和直行车辆受阻，分流与合流困难，且易发生交通事故。此时可向进口道的一侧或两侧拓宽车道，增辟左、右转专用车道，以改善交叉口的通行条件，提高交叉口的通行能力。

拓宽的车道数主要取决于进口道的各向交通量、交通组织方式和车道的通行能力等，一般应比路段单向车道数多增加一至两条车道。

进口道车道的宽度，应尽量与路段保持一致。故因占地等限制，需要变窄车道宽度时，最窄不得小于 3m，一般在 3～3.5m 之间。

交叉口拓宽设计主要解决拓宽车道的设置条件、设置方法以及长度计算 3 个问题。

拓宽车道包括右转车道和左转车道两种。

### 9.4.1 设置条件

1. 右转车道的设置条件

1）公路平面交叉口

两条一级公路相交或一级公路与交通量大的二级公路相交时，其右转弯运行应设置经渠化分隔的右转弯车道。

一级公路、二级公路的平面交叉中，符合下列情况之一者应设置右转弯车道：①斜交角接近于 70°的锐角象限；②交通量较大，右转弯交通会引起不合理的交通延误时；③右转弯车流中重车比例较大时；④右转弯行驶速度大于 30km/h 时；⑤互通式立体交叉连接线中的平面交叉右转弯交通量较大时。

2）城市道路平面交叉口

高峰小时一个信号周期进入交叉口的右转车多于 4 辆时，应增设右转专用车道。

2. 左转车道设置条件

1）公路平面交叉口

平面交叉除下列条件下应设左转车道。

(1) 四车道公路除左转交通量很小者外，均应在平面交叉范围内设置左转弯车道。

(2) 二级公路符合下列情况之一者，应设置左转弯车道：①与高速公路或一级公路互通式立体交叉连接线相交的平面交叉；②非机动车较多且未设置慢车道的平面交叉；③左转弯交通会引起交通拥阻或交通事故时。

2) 城市道路交叉口

高峰小时一个信号周期进入交叉口的左转车辆多于 3 辆或 4 辆（小交叉口为 3 辆，大交叉口为 4 辆）时，应增设左转专用车道。

### 9.4.2 设置方法

1. 右转车道设置方法

右转车道设置方法比较简便，而且方法固定，就是在进口道的右侧或同时在出口道的右侧拓宽右转车道，如图 9-17 所示。

2. 左转车道设置方法

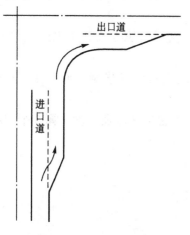

图 9-17 拓宽右转车道

左转车道是向进口道左侧拓宽的，依据相交道路是否设置中间带和中间带的宽窄可按以下方法实现左转车道，如图 9-18 所示。

(1) 宽型中间带：当设有较宽中间带（一般不小于 4.5m）时，将道口一定长度的中间带压缩宽度，由此增辟出左转车道，如图 9-18(a) 所示。

(2) 窄型中间带：当设有较窄中间带（宽度小于 4.5m）时，利用中间带后宽度不够，可将道口单向或双向车道线向外侧偏移，增加不足部分宽度。向外侧偏移车道线后，在路幅总宽度不变的情况下，视具体条件可压缩人行道、两侧带或进口道车道宽度，如图 9-18(b) 所示。

(3) 无中间带：当相交道路不设中间带时，可通过两种途径增辟左转车道。一是向进口道的一侧或两侧扩宽，增加进口道路幅总宽度，在进口道中心线附近辟出左转车道，如图 9-18(c) 所示；二是不扩宽进口道，占用靠近中心线的对向车道作为左转车道。

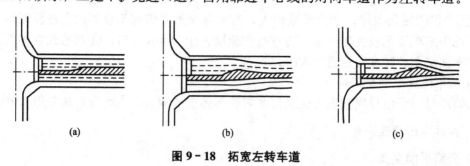

图 9-18 拓宽左转车道

## 9.4.3 拓宽车道长度

**1. 右转车道的长度**

交叉口的进口道设置了右转车道后,为了不影响横向相交道路上的直行车流,在横向相交道路的出口道应设加速车道,如图 9-19 所示。进口道处右转车道的长度应能满足右转车辆减速所需长度,也应保证右转车不受相邻等候车队长度的影响;出口道的加速车道应保证加速所需长度。

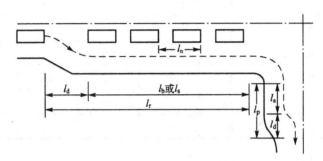

图 9-19 交叉口拓宽计算图式

1) 渐变段长度 $l_d$

渐变段的长度 $l_d$ 可按转弯车辆经路段平均行驶速度 $V_A$ 行驶时,按每秒横移 1.0m 计算,即

$$l_d = \frac{V_A}{3.6J} B \tag{9-5}$$

式中 $V_A$——路段平均行驶速度(km/h);
 $B$——右转车道宽度(m);
 $J$——车辆行驶时变换车道的侧移率(m/s),一般取 $J=1.0$m/s。

最小渐变段长度可按表 9-10 选用。

表 9-10 最小渐变段长度

| 设计速度/(km/h) | 100 | 80 | 60 | 40 |
|---|---|---|---|---|
| 渐变段长度/m | 60 | 50 | 40 | 30 |

2) 减速所需长度 $l_b$ 和加速所需长度 $l_a$

进口道减速所需长度 $l_b$ 和出口道加速所需长度 $l_a$ 可用下式计算:

$$l_b(\text{或}\ l_a) = \frac{V_A^2 - V_R^2}{26a} \tag{9-6}$$

式中 $V_A$——减速时进口道或加速时出口道处路段平均行驶速度(km/h);
 $V_R$——减速后的末速度或加速前的初速度(km/h);
 $a$——减速度或加速度(m/s²)。

$l_b$ 和出口道的 $l_a$ 采用表 9-11 所列数值。

表 9-11 变速车道长度

| 公路类别 | 设计速度 /(km/h) | 减速车道长度/m $a=-2.5 \text{m/s}^2$ 末速/(km/h) | | | 加速车道长度/m $a=1.0 \text{m/s}^2$ 始速/(km/h) | | |
|---|---|---|---|---|---|---|---|
| | | 0 | 20 | 40 | 0 | 20 | 40 |
| 主要公路 | 100 | 100 | 95 | 70 | 250 | 230 | 190 |
| | 80 | 60 | 50 | 32 | 140 | 120 | 80 |
| | 60 | 40 | 30 | 20 | 100 | 80 | 40 |
| | 40 | 20 | 10 | — | 40 | 20 | — |
| 次要公路 | 80 | 45 | 40 | 25 | 90 | 80 | 50 |
| | 60 | 30 | 20 | 10 | 65 | 55 | 25 |
| | 40 | 15 | 10 | — | 25 | 15 | — |
| | 30 | 10 | — | — | 10 | — | — |

3) 等候车队长度 $l_s$。

右转车道长度应能使右转车辆从直行道最长的等候车队的尾车后驶入拓宽的车道,其长度为

$$l_s = n l_n \tag{9-7}$$

式中 $l_n$——直行车等候车辆所占长度(m),一般取 6~12m,小型车取低值,大型车取高值;

$n$——一次红灯受阻的直行车辆数,$n = \dfrac{每条直行车道通行能力 \times (1-右转车比例)}{每小时周期数/该向红灯占周期长的比例}$。

所以,右转车道长度 $l_r$ 为

$$l_r = l_d + \max(l_b, l_s) \tag{9-8}$$

式中 $l_r$——右转车道长度(m);

$l_d$——渐变段长度(m);

$\max(l_b, l_s)$——减速所需长度 $l_b$ 和等候车队长度 $l_s$ 中取大值。

4) 出口道加速车道长度 $l_p$ 为

$$l_p = l_d + l_s \tag{9-9}$$

式中 $l_p$——出口道加速车道长度(m);

$l_s$——加速所需长度(m);

$l_d$——渐变段长度(m)。

2. 左转车道的长度

左转车道长度是由渐变段长度 $l_d$、减速所需长度 $l_b$ 或等候车队长度 $l_s$ 组成,即采用式 9-8 计算。

但是,式(9-7)中的 $n$ 应为左转等候车辆数。对有信号控制的交叉口,可用下式计算

$$n = \dfrac{一条车条车道的通行 \times 车道数 \times 左转转车比}{每小时的周期数}$$

对于无信号控制的交叉口，考虑到车辆到达的随机性，可按平均每分钟左转弯车辆数的两倍取用，即

$$l_s = 2nl_n$$

其余计算公式及符号意义同前。

### 9.4.4 拓宽车道的宽度

当右转弯车道为等宽车道时，其宽度应尽量与路段车道宽度保持一致。如因占地等限制，需要变窄车道宽度时，最窄不得小于 3m，一般在 3~3.5m 间。当右转弯车道为变宽车道时，应按非等宽渐变式时，其长度应不小于按减速时 1.0m/s 或加速时 0.6m/s 的侧移率变换车道的计算值。

左转弯车道的宽度规定见表 9-12。

表 9-12 左转弯车道宽度(m)

| 剩余分隔带类型 | 车道分画线 | 宽度大于0.5m的标线带 | 实体岛 | |
|---|---|---|---|---|
| 左转弯车道宽度 | 3.5 | 3.25 | 3.0 | 3.25 |
| 左路缘带宽度 | 0 | 0 | 0.5 | 0.3 |

## 9.5 环形交叉口设计

### 9.5.1 环形交叉口类型

按中心岛直径大小分为 3 类：常规环形交叉口、小型环形交叉口和微型环形交叉口。常规环形交叉口中心岛直径大于 25m，交织段比较长，进口引道不拓宽成喇叭。小型环形交叉口中心岛直径小于 25m，引道进口加宽，做成喇叭形。微型环形交叉口中心岛直径一般小于 4m。

### 9.5.2 常规环形交叉口

1. 中心岛的形状和半径

环形交叉口是在交叉口中央设置一个中心岛，用环岛组织渠化交通，驶入交叉口的车辆，一律绕岛作逆时针单向行驶，至所需要去的路口离岛驶出。环形交叉口的组成如图 9-20 所示。

1) 中心岛的形状

中心岛的形状应根据交通流特性、相交道路的等级和地形地物等条件确定。原则上应保证车辆能以一定速度顺利完成交织运行，有利于主要道路方向车辆行驶方便，应满足交

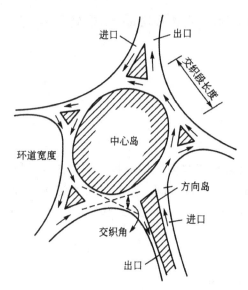

图 9-20 环形交叉口组成示意图

叉所在地的地形、地物和用地条件的限制。

中心岛的形状一般多用圆形、椭圆形、卵形、方形圆角等；交角不等的畸形交叉可采用复合曲线形。中心岛的形状主要取决于相交道路的等级、角度和交通量大小。

2）中心岛的半径

中心岛的半径首先应满足计算行车速度的要求，然后按相交道路的条数和宽度，验算相邻道口之间的距离是否符合车辆交织行驶的要求。下面以圆形中心岛为例，介绍中心岛半径的计算方法。

(1) 按计算行车速度要求。

按计算行车速度要求的中心岛半径 $R$ 仍然用平曲线半径公式计算，但因为绕岛车辆是在紧靠中心岛，宽度为 $b$ 的车道中间行驶，距中心岛边缘 $b/2$，故实际上采用中心岛半径应按下式计算：

$$R=\frac{V^2}{127(\mu\pm i_h)}-\frac{b}{2} \qquad (9-10)$$

式中　$R$——中心岛半径(m)；

　　　$b$——紧靠中心岛的车道宽度(m)；

　　　$\mu$——横向力系数，建议大客车 $\mu=0.10\sim0.15$，小客车 $\mu=0.15\sim0.20$；

　　　$i_h$——环道横坡度(%)，一般采用 1.5%；

　　　$V$——环道计算行车速度(km/h)，国外一般采用路段计算行车速度的 0.7 倍；我国实测资料：公共汽车为 0.5 倍，载重车 0.6 倍，小客车 0.65 倍，供参考。

(2) 按交织段长度的要求。

交织就是两条车流汇合交换位置后又分离的过程。进环和出环的两辆车，在环道行驶时互相交织，交换一次车道位置所行驶的距离，称为交织长度。交织长度的大小主要取决于车辆在环道上行驶的速度。当相邻路口之间有足够的距离，使进环和出环的车辆在环道上均可在合适的机会相互交织连续行驶，该段距离称为交织段长度。通常可有两种方法确定：一是按进交叉口道路的机动车道边线的延长线和环道中心线相交的两个交点之间的车道中心线来标定，此法有利于计算，并适用于无导流岛的环形交叉口，如图 9-21 所示；二是按导流岛端部的延长线与环道中心线交点之间的距离来标定，此法适用于机、非混行的环行交叉口。

环道上不同车速所需要的最小交织段长度见表 9-13。

表 9-13　环形交叉最小交织长度和中心岛最小半径

| 环道计算行车速度 $V$/(km/h) | 35 | 30 | 25 | 20 |
|---|---|---|---|---|
| 横向力系数 $\mu$ | 0.18 | 0.18 | 0.16 | 0.14 |
| 最小交织长度 $l$/m | 40~45 | 35~40 | 30 | 25 |
| 中心岛最小半径 $R_d$/m | 50 | 35 | 25 | 20 |

注：中心岛半径按 $i=1.5\%$ 计算。

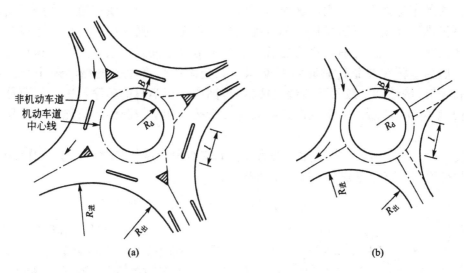

**图 9-21 交织段长度**

按交织长度所要求的中心岛半径 $R_d$，近似地按交织段长度所围成的圆周大小来推导，计算公式为

$$R_d = \frac{n(l+B_p)}{2\pi} - \frac{B}{2} \tag{9-11}$$

式中　$n$——相交道路的条数；

　　　$l$——相邻路口之间的交织段长度(m)；

　　　$B$——环道宽度(m)；

　　　$B_p$——相交道路的平均宽度(m)，中心岛为圆形，交汇道路为十字正交时，$B_p = (B_1 + B_2)/2$，其中 $B_1$ 和 $B_2$ 分别为相邻路口车行道宽度。

由式(9-11)可知，交叉口相交道路的条数越多，为保证最小交织段长度的要求，则中心岛的半径就越大，将会大大增加交叉口用地面积和车辆在环道上的绕行距离，这样既不经济也不合理。因此环形交叉口的相交道路以不多于6条为宜。

对四路相交的环形交叉口，一般用式(9-10)和式(9-11)分别计算中心岛半径，然后选取较大者。对中心线夹角差别较大或多路交叉口，也可以先按式(9-10)确定中心岛的半径 $R$，然后按下式验算其交织段长度 $l$ 是否符合要求：

$$\left. \begin{array}{l} l = \dfrac{2\pi}{n}\left(R+\dfrac{B}{2}\right) - B_p \\ \text{或} \ l = \dfrac{\pi\alpha}{180}\left(R+\dfrac{B}{2}\right) - B_p \end{array} \right\} \tag{9-12}$$

式中　$\alpha$——相交道路中心线的夹角(°)，当夹角不等时，用最小夹角验算。

当用式(9-12)计算的 $l$ 大于最小交织段长度时，符合要求；否则，增大 $R$ 重新验算，直至符合为止。根据实践经验，中心岛最小半径见表9-13，可供参考。根据观测试验结果，在城市道路上选用环形交叉口，其中心岛直径采用40~80m为宜。

**2. 环道的宽度**

环道即环绕中心岛的单向行车带，其宽度取决于相交道路的交通量和交通组织。一般靠近中心岛的一条车道作绕行之用，最靠外侧的一条车道供右转弯之用，中间的一条至两条车道为交织之用，这样，环道上一般设计3到4条车道。实践证明，车道过多，不仅难于利用，反而易使行车混乱，导致不安全。据观测，当环道车道数从两条增加到3条时，通行能力提高最为显著；而当车道数增加到4条以上时，通行能力增加得很少。因为车辆在绕岛行驶时需要交织，在交织段长度小于两倍的最小交织段长度（考虑占地和经济性，一般不可能超过两倍）范围内，车辆只能顺序行驶，不可能同时出现大于两辆车交织。所以，不论车道数设计多少条，在交织断面上只能起到一条车道的作用。

因此，环道的车道数一般采用3条为宜；如交织段长度较长时，环道车道数可布置4条；若相交道路的车行道较窄，也可设两条车道。

### 3. 交织角

交织角是进环车辆轨迹与出环车辆轨迹的平均相交角度。交织角是检验车辆在环道上交织行驶时的安全情况。它以距右转机动车的外缘1.5m和中心岛边缘1.5m的两条切线交角来表示，如图9-22所示。

交织角的大小取决于环道的宽度和交织段长度。环道宽度越窄，交织段长度越大，则交织角越小，行车就

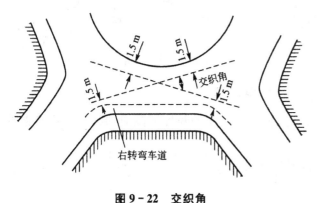

图9-22 交织角

越安全。但交织段要长，中心岛半径就要增大，占地也要增加。根据经验，交织角以控制在20°～30°之间为宜。通常在交织段长度已有保证的条件下，交织角多能满足要求。

### 4. 环道外缘线形及进出口曲线半径

实践证明，环道外缘平面线形宜采用直线圆角形状或三心复曲线形状。一般环道进口曲线半径采用接近或小于中心岛的半径，而且各相交道路的进口曲线半径不要相差太大。环道出口的曲线半径可较进口曲线半径大一些，以便车辆加速驶出环道，保持交叉口畅通。

### 5. 环道的横断面

环道的横断面形状对行车的平稳和路面的排水有很大关系，而横断面的形状又取决于路脊线的选择。通常环道横断面的路脊线设在交织车道的中间，若机动车与非机动车之间设有分隔带时，其路脊线也可设在分隔带上。环道路脊线通过设于进、出口之间的三角形方向岛或直接与交汇道路的路脊线相连，如图9-23所示，图中虚线为路脊线，箭头指向为排水方向。显然，应在中心岛的周围设置雨水口，以保证环道内不产生积水。另外，进、出环道处的横坡度宜缓一些。

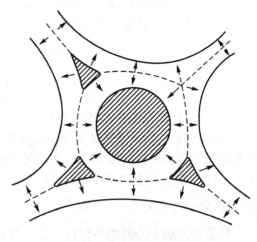

图9-23 环道的路脊线

# 9.6 交叉口立面设计

交叉口立面设计(也称竖向设计)的目的是通过调整交叉口范围的行车道、非机动车道、人行道及附近地面等有关各点的设计标高,合理确定各相交道路间及交叉口和周围建筑物间共同面的形状,以符合行车舒适、排水迅速和建筑艺术三方面的要求。

## 9.6.1 交叉口立面设计的要求和原则

立面设计主要取决于相交道路的等级、交通量、横断面形状、纵坡的大小和方向以及周围地形等。交叉口立面设计的基本要求是首先应满足主要道路的行车方便,在不影响主要道路行车平顺的前提下,适当变动主要道路的纵坡和横坡,以照顾次要道路的行车需要。交叉口立面设计的原则如下。

(1) 相同等级道路相交时,通常维持各自的纵坡不变,而改变它们的横坡度。

(2) 主要道路与次要道路相交时,主要道路的纵横坡度均维持不变,而将次要道路纵横坡度适当改变。

(3) 为保证交叉口排水,设计时至少应有一条道路的纵坡方向背离交叉口。如遇特殊地形,所有道路纵坡方向都向着交叉口时,必须在交叉口内设置雨水口和排水管道,以保证排水要求。

(4) 合理布置雨水井和变坡点,以确保雨水不流过交叉口人行横道或另一条道路。雨水井应设在交叉口人行横道的前面以截住来水的地方和竖向设计的低洼处。

(5) 交叉口范围内横坡要平缓些。纵坡度宜不大于2%,困难情况下应不大于3%。

(6) 交叉口立面设计标高应与周围建筑物的地坪标高协调。

## 9.6.2 交叉口立面设计的基本类型

交叉口立面设计的形式,主要取决于交叉范围相交道路的纵坡、横坡及地形。以十字形交叉口为例,按其所处地形及相交道路纵坡方向不同,可划分为6种基本类型,如图9-24所示。

(1) 位于凸形地形上,相交道路的纵坡全由交叉口中心向外倾斜,如图9-24(a)所示。

设计时使交叉口的纵坡与相交道路的纵坡一致,适当调整一下接近交叉口的路段横坡,让雨水流向交叉口4个转角的街沟或路基外排除,交叉口内不需设置雨水口。

(2) 位于凹形地形上,相交道路的纵坡全向交叉口中心倾斜,如图9-24(b)所示。

这种形式地面水都向交叉口集中,排水比较困难,应尽量避免。若因地形限制,必要时应设置地下排水管道排水。为防止雨水汇集到交叉口中心,应适当改变相交道路的纵坡,以抬高交叉口中心标高,并在转角设置雨水口。最好在相交道路纵坡设计时,应将一条主要道路的变坡点设在远离交叉口的地方,保证有一条道路的纵坡方向能背离交叉口。

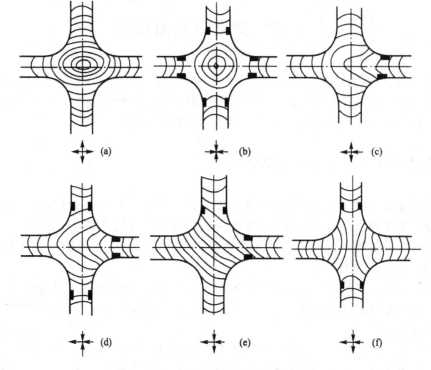

图 9-24 交叉口立面设计的基本图式

(3) 位于分水线地形上，3 条道路纵坡由交叉口向外倾斜，而另一条道路的纵坡向交叉口倾斜，如图 9-24(c)所示。

设计时应将纵坡指向交叉口的道路路脊线在交叉口处分为 3 个方向，相交道路的横断面不变，并在纵坡指向交叉口道路的人行横道线外设雨水口，防止雨水流入交叉口内。

(4) 位于谷线地形上，有 3 条道路纵坡向交叉口倾斜，而另一道路的纵坡由交叉口向外倾斜，如图 9-24(d)所示。

设计时，与谷线相交的道路进入交叉口之前，在纵断面上产生转折而形成过街横沟，不利于行车，应尽量使纵坡转折点离交叉口远一些，并在该处插入竖曲线。纵坡指向交叉口的人行横道线外应设置雨水口。

(5) 位于斜坡地形上，相邻两条道路的纵坡向交叉口倾斜，而另外两条道路的纵坡由交叉口向外倾斜，如图 9-24(e)所示。

设计时，相交道路的纵坡均不变，而将两条道路的横坡在进入交叉口前逐渐向相交道路的纵坡变化，使交叉口上形成一个单向倾斜面，并在纵坡指向交叉口道路的人行横道线外设雨水口。

(6) 位于马鞍形地形上，相对两条道路纵坡向交叉口倾斜，而另外两条道路的纵坡由交叉口向外倾斜，如图 9-24(f)所示。

设计时，相交道路纵、横坡都可按自然地形在交叉口内适当调整，并在纵坡指向交叉口的道路两侧设置雨水口。

以上为几个典型十字形交叉口立面设计形式，对于其他不同形式的交叉口，立面设计的要求和原则是一样的。

## 9.6.3 交叉口立面设计的方法与步骤

交叉口立面设计的方法有方格网法、设计等高线法以及方格网等高线法3种。

方格网法是在交叉口范围内以相交道路中心线为坐标基线打方格网，测出方格点上的地面标高，求出其设计标高，并标出相应的施工高度。设计等高线法是在交叉口范围内选定路脊线和标高计算线网，并计算其上各点的设计标高，勾绘交叉口设计等高线，最后标出各点施工高度。比较上述两种方法，其中设计等高线法比方格网法更能清晰地反映出交叉口的立面设计形状，但等高线法上的标高点在施工放样时不如方格网法方便。为此通常把以上两种方法结合使用，称之为方格网设计等高线法，可以取长补短，既能直观地看出交叉口的立面形状，又能满足施工放样方便的要求。对于普通交叉口，多采用方格网法或设计等高线法，其中混凝土路面宜采用方格网法，而沥青路面宜采用设计等高线法；对于大型、复杂的交叉口和广场的立面设计，通常采用方格网设计等高线法。

现以方格网设计等高线法为例来介绍交叉口立面设计的方法和步骤(若采用方格网法，则不需勾绘设计等高线，而采用设计等高线法时，可不打方格，只加注一些特征点的设计标高即可)。

1. 收集资料

(1) 测量资料：交叉口的控制标高和控制坐标；收集或实测1∶500或1∶200地形图，详细标注附近地坪及建筑物标高。

(2) 道路资料：相交道路的等级、平纵横设计指标、交叉口控制标高和四周建筑物标高。

(3) 交通资料：交通量及交通流向资料。

(4) 排水资料：区域排水方式，已建或拟建地下、地上排水管渠的位置和尺寸。

2. 绘制交叉口平面图

按比例绘出道路中心线、车行道、人行道及分隔带的宽度，转角曲线和交通岛等。以相交道路中心线为坐标基线打方格网，斜交道路的方格网线应选在便于施工放样测量的方向，方格的大小一般采用5m×5m～10m×10m，并量测方格点的地面标高。

3. 确定交叉口的设计范围

交叉口的设计范围一般为转角圆曲线的切点以外5～10m(相当于一个方格的距离)，主要用于过渡处理，如横坡的过渡、标高的过渡等。

4. 确定立面设计图式和等高距

根据相交道路的等级、纵坡方向、地形情况以及排水要求等，确定所采用的立面设计图式(即图9-24所示的各种图式)。根据纵坡度的大小和精度要求选定等高线间距$h$，一般$h=0.02～0.10$m，为便于计算取偶数为宜。

5. 绘制设计等高线

1) 路段设计等高线的计算和画法

当道路的纵坡、横断面形式及路拱横坡度确定以后，可按照所需要的等高距$h$计算路段上设计等高线的水平距离。

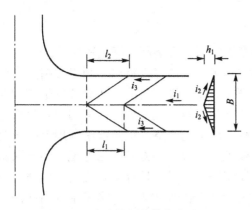

图 9-25 路段设计等高线绘制

如图 9-25 所示,图中 $i_1$ 和 $i_3$ 分别为行车道中心线和边线的设计纵坡(通常情况下 $i_1 = i_3$)(%);$i_2$ 为车行道的路拱横坡度(%);$B$ 为车行道的宽度(m);$h_1$ 为车行道的路拱高度(m)。

中心线上相邻等高线的水平距离 $l_1$ 为

$$l_1 = \frac{h}{i_1} \quad \text{(m)} \quad (9-13)$$

设置路拱以后,等高线在车行道边线上的位置沿纵向上坡方向偏移的水平距离 $l_2$ 为

$$l_2 = h_1 \cdot \frac{1}{i_3} = \frac{B}{2} \cdot \frac{i_2}{i_3} \quad \text{(m)} \quad (9-14)$$

计算出 $l_1$ 和 $l_2$ 位置后,由 $l_1$ 定出中心线上其余等高线的位置,最后连接相应高点,即得用设计等高线表示的路段设计等高线图。实际上路拱形式为抛物线时,等高线应经曲线勾绘,只有直线型路拱可用折线连成等高线,为简化起见如图 9-25 所示用折线表示。

2) 交叉口上设计等高线的计算和画法

(1) 选定路脊线和控制标高。

选定路脊线时,既要考虑行车平顺,又要考虑整个交叉口的均衡美观。路脊线通常是对向行车轨迹的分界线,即车行道的中心线。在交叉口上,路脊线的交点就是控制标高的位置。

对于斜交过大的 T 形交叉口,其路线中心线不宜作为路脊线,应加以调整。如图 9-26 所示,调整路脊线的起点 $A$ 一般为转角曲线切点断面处,而 $B'$ 的位置原则上应选在双向车流的中间位置为原则。

当主要道路与次要道路相交而主要道路在交叉口的横坡不变时,应将路脊线的交点 $A$ 移到次要道路路脊线与主要道路行车道边线的交点 $A'$ 处,如图 9-27 所示。无论采用哪一种标高计算线网,都必须以位移后的交点 $A'$ 为准。

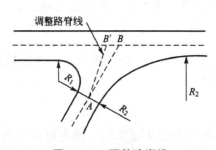

图 9-26 调整路脊线

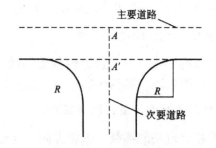

图 9-27 路脊线交点位移

交叉口的控制标高应以整个道路系统的立面规划标高为依据,并综合考虑相交道路的纵坡、交叉口周围的地形、路面厚度和建筑物的布置等来确定。在定位控制标高时,不宜使相交道路的纵坡相差太大,一般要求差值不大于 0.5%,可能时尽量使用纵坡大致相等,以利于立面设计处理。

(2) 确定标高计算线网。

只有路脊线上的设计标高还不足以反映交叉口的立面形状,依靠它来绘制交叉口的等高线比较困难,必须增加一些辅助线,即标高计算线网。实践证明,交叉口立面设计的关键是正确选择路脊线和标高计算线网,如果妥善解这两个问题,则各点的标高计算也就迎刃而解了。标高计算线网主要有方格网法、圆心法、等分法和平行线法 4 种。下面以方格网法为主,以配合本例立面。

设计方法,其他 3 种标高计算线网仅作简要介绍。

① 方格网法。如图 9-28 所示,方格网法标高计算线网就是前述已打了方格的交叉口平面图,该法适用于道路正交的交叉口。

根据路脊线交叉点 $A$ 的控制标高 $h_A$,可逐一推算出某些特征点的设计标高。转角曲线切点横断面上的三点标高为

$$h_G = h_A - AG \cdot i_1 \quad (9-15)$$

$$h_{E_3}(\text{或 } h_{E_2}) = h_G - \frac{B}{2} \cdot i_2 \quad (9-16)$$

同理,可求得其余 3 个切点横断面上的三点标高。

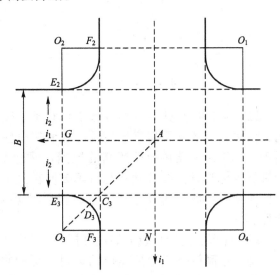

图 9-28 方格网法

由 $E_3$ 或 $F_3$ 的标高可推算出行车道边线延长线交叉点 $C_3$ 的标高,如不相等取平均值,即

$$h_{C_3} = \frac{(h_{E_3} + R \cdot i_1) + (h_{F_3} + R \cdot i_1)}{2} \quad (9-17)$$

过 $C_3$ 的 $A$、$O_3$ 连线与转角曲线相交于 $D_3$,则 $D_3$ 点的标高为

$$h_{D_3} = h_A - \frac{h_A - h_{C_3}}{AC_3} \cdot AD_3 \quad (9-18)$$

转角曲线 $E_3 F_3$ 和路脊线 $AG$、$AN$ 上所需其他各点标高,可根据已算出的特征点标高,用补插法求得。

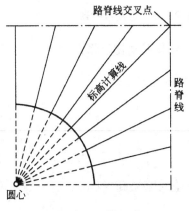

图 9-29 圆心法

同理,可推算出其余转角所需各点的设计标高。

② 圆心法。如图 9-29 所示,在路脊线上按施工要求每隔一定距离或等分定出若干点,并与缘石转弯半径的圆心连成直线(只连到缘石曲线上),即得圆心法标高计算线网。

③ 等分法。如图 9-30 所示,将路脊线等分为若干份,相应地把缘石曲线也等分为相同份数,连接对应点,即得等分法标高计算线网。

④ 平行线法。如图 9-31 所示,先把路脊线的交点与各缘石曲线的圆心连成直线,然后按施工要求在路脊线上分若干点,过这些点作该直线的平行线交于行车

道边线，即得平行线法标高计算线网。

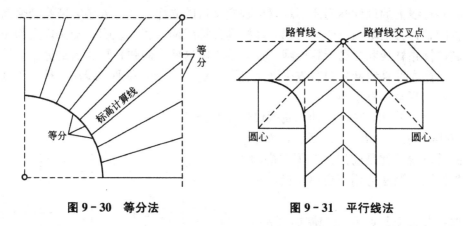

图 9-30 等分法　　　　　图 9-31 平行线法

以上 4 种标高计算线网方法中，对于正交的十字形或 T 形交叉口，各种方法都可采用；而对斜交的交叉口宜采用圆心法和等分法。应该指出，标高计算线所在的位置就是用于计算该断面路拱设计标高的依据，而标准的路拱横断面是与车辆行驶方向垂直的。如果所定标高计算线位置不与行车方向垂直，那么按路拱方程计算出的标高将不能准确地反映路拱形状，所以应尽量使标高计算线与路拱横断面的方向一致，同时也要便于计算。

(3) 计算标高计算线上的设计标高。

每条标高计算线上标高点的数目，可根据路面宽度、施工需要以及等高距来确定。对路宽、坡陡、施工精度要求高的，标高点可以多些；反之，则少些（图 9-32、图 9-33）。

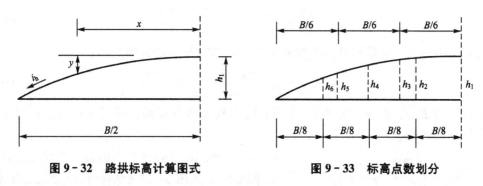

图 9-32 路拱标高计算图式　　　　图 9-33 标高点数划分

标高计算线上标高点的方程与选用的路拱形式有关，当采用抛物线形路拱时，可用下列公式计算：

$$y = \frac{h_1}{B}x + \frac{2h_1}{B}x^2 \quad (\text{m}) \tag{9-19}$$

$$y = \frac{h_1}{B}x + \frac{4h_1}{B^3}x^3 \quad (\text{m}) \tag{9-20}$$

式中　$h_1$——标高计算线两端（其中一端在路脊线上）的高差或路拱高度(m)，$h_1 = \frac{B}{2} \cdot i_h$；

　　　$B$——车行道宽度(m)；

$i_h$——路拱横坡(%)。

式(9-19)和式(9-20)可根据路面类型来选用,一般宽14m以下的次高级路面和中级路面可用式(9-19)计算;宽度14m以上的高级路面采用式(9-20)计算。

3)绘制和调整等高线

根据所选立面设计图式和等高距$h$,把各等高点连接起来,就得初步的设计等高线图。

该设计等高线图应满足行车平顺和路面排水通畅的要求。通过调整等高线的疏密(一般中间部分疏一些,而边沟处密一些),使纵、横坡度变化均匀,调整个别不合适的标高,并合理布置雨水口。

检查方法是采用三角板或直尺,沿行车方向、横断面方向和任意方向检查设计等高线的分布是否合理,以判别纵坡、横坡及合成坡度是否满足行车和排水要求。最后检查侧沟纵坡能否顺利排水,以及雨水口布置是否合理。

6. 计算施工高度

根据设计等高线图,用内插法求出方格点上的设计标高,则施工高度等于设计标高减去地面标高。

【例9-1】 已知某正交的十字形交叉口位于斜坡地形上。相交道路车行道的中心线及边线的纵坡$i_1$、$i_3$均为3%,路拱横坡$i_2$为2%,车行道宽度$B$为15m,转角曲线半径$R$为10m。交叉口控制标高为2.05m,若等高距$h$采用0.10m,试绘制交叉口的立面设计图。

本例题立面设计方法是采用方格网设计等高线法,立面设计图式为图9-24(e)。主要步骤如下(图9-34)。

(1) 路段上设计等高线的绘制。

$$l_1 = \frac{h}{i_1} = \frac{0.1}{0.03} = 3.33 \text{m}$$

$$l_2 = \frac{B}{2} \cdot \frac{i_2}{i_3} = \frac{15}{2} \times \frac{0.02}{0.03} = 5.00 \text{m}$$

由$l_1$和$l_2$即可绘制路段上的设计等高线。

(2) 交叉口上设计等高线的绘制。

① 根据交叉口控制标高推算$F_3$、$N$、$F_4$三点标高:

$$h_N = h_A - AN \cdot i_1 = 2.05 - 17.5 \times 0.03 = 1.52 \text{m}$$

$$h_{F_3} = h_{F_4} = h_N - \frac{B}{2} \cdot i_2 = 1.52 - \frac{15}{2} \times 0.02 = 1.37 \text{m}$$

同理,可求得其余道口切点横断面的三点标高分别为:

$$h_M = 2.58 \text{m} \quad h_{E_4} = h_{E_1} = 2.43 \text{m}$$

$$h_K = 2.58 \text{m} \quad h_{F_1} = h_{F_2} = 2.43 \text{m}$$

$$h_G = 1.52 \text{m} \quad h_{E_2} = h_{E_3} = 1.37 \text{m}$$

② 根据$A$、$F_4$、$E_4$点标高,求$C_4$、$D_4$等点的设计标高:

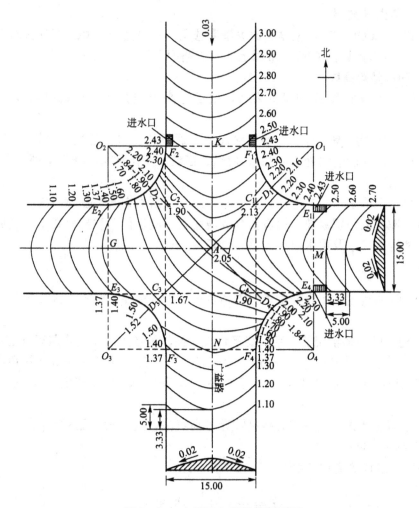

图 9-34 交叉口立面计算图示例

$$h_{C_4} = \frac{(h_{F_4} + R \cdot i_1) + (h_{E_4} - R \cdot i_1)}{2}$$

$$= \frac{(1.37 + 10 \times 0.03) + (2.43 - 10 \times 0.03)}{2}$$

$$= 1.90 \text{m}$$

$$h_{D_4} = h_A - \frac{h_A - h_{C_4}}{AC_4} \cdot AD_4$$

$$= 2.05 - \frac{2.05 - 1.90}{\sqrt{7.5^2 + 7.5^2}} \times (\sqrt{(7.5+10)^2 + (7.5+10)^2} - 10)$$

$$= 1.84 \text{m}$$

同理，可得

$h_{C_1} = 2.13\text{m}$   $h_{C_2} = 1.90\text{m}$   $h_{C_3} = 1.67\text{m}$

$h_{D_1} = 2.16\text{m}$   $h_{D_2} = 1.84\text{m}$   $h_{D_3} = 1.52\text{m}$

③ 根据 $F_4$、$D_4$、$E_4$ 点标高，求转角曲线上各等高点的标高。

本例采用平均分配法确定。

$F_4D_4$ 及 $D_4E_4$ 的弧长为

$$L=\frac{1}{8}\times 2\pi R=\frac{1}{8}\times 2\times\pi\times 10=7.85\text{m}$$

$F_4D_4$ 间应有设计等高线为 $\frac{1.84-1.37}{0.10}\approx 5$ 根

等高线的平均间距为 $\frac{7.85}{5}=1.57\text{m}$

$D_4E_4$ 间应有设计等高线为 $\frac{2.43-1.84}{0.10}\approx 6$ 根

等高线的平均间距为 $\frac{7.85}{6}=1.31\text{m}$

$F_3D_3$ 及 $D_3E_3$ 间应有设计等高线为 $\frac{1.52-1.37}{0.10}\approx 2$ 根

等高线的平均间距为 $\frac{7.85}{2}=3.93\text{m}$

$F_2D_2$ 及 $D_2E_2$ 分别 $D_4E_4$ 及 $F_4D_4$ 相同。

$E_1D_1$ 及 $D_1F_1$ 间应有设计等高线为 $\frac{2.43-2.16}{0.10}\approx 3$ 根

等高线的平均间距为 $\frac{7.85}{3}=2.62\text{m}$

④ 根据 $A$、$M$、$K$、$G$、$N$ 各点标高，可分别求出路脊线 $AM$、$AK$、$AG$、$AN$ 上的等高点。对路脊线上的标高点位置，也可以根据待定等高线标高、$A$ 点标高以及纵坡 $i_1$ 来确定。比如南端标高为 1.70m 的等高点距 $A$ 点在路脊线上的距离为 $(2.05-1.70)/0.03=11.67(\text{m})$。

⑤ 按所选的立面设计图式，将对应等高点连接起来，即得初步立面设计图。

⑥ 根据交叉口等高线中间应疏一些、边缘应密一些，且疏与密过渡应均匀的原则，对初定立面设计图进行调整，即得如图 9-34 所示的交叉口立面设计图。

## 本 章 小 结

平面交叉口就是道路与道路在同一平面上相交的地方。平面交叉口通常由交叉道路、拓宽车道、交通岛、人行横道、标志标线等部分组成。

交叉口设计的基本要求：一是保证车辆与行人在交叉口能以最短的时间顺利通过，使交叉口的通行能力能适应各条道路的行车要求；二是正确设计交叉口立面，保证转弯车辆的行车稳定，同时符合排水要求。在交叉口设计时，应尽量采取措施减少冲突点和合流点，尤其要减少或消灭冲突点。产生冲突点最多的是左转弯车辆，因此在交叉口设计中如何正确地处理和组织在转弯车辆，是保证交叉口交通通畅和安全的关键所在。常采用减少或消灭冲突点的方法有：信号控制法、渠化交通法、立体交叉法。

道路平面交叉口设计的主要内容：交叉口形式、各种交通设施、交叉口缘石转角最小半径、行车视距、立面设计、通行能力验算等。

平面交叉口的形式取决于道路网的规划和周围建筑的情况，以及交通量、交通性质和交通组织。常见的形式有十字形、T 字形、X 形、Y 形、错位交叉、多路交叉等。

常用的交叉口交通组织方法有：限定车流行驶方向，设置专用车道，渠化交叉口，实行信号管制等方法。

当相交道路的交通量较大、转弯车辆较多而车速又高时，可向进口道的一侧或两侧拓宽车道，增辟左、右专用车道，以改善交叉口的通行条件，提高交叉口的通行能力。

环形交叉口按中心岛直径大小可分为：常规环形交叉口、小型环形交叉口和微型环形交叉口。

交叉口立面设计主要取决于相交道路的等级、交通量、横断面形状、纵坡的大小和方向以及周围地形等。交叉口立面设计的基本要求是首先应满足主要道路的行车方便，在不影响主要道路行车平顺的前提下，适当变动主要道路的纵坡和横坡，以照顾次要道路的行车需要。交叉口上设计等高线的计算和绘制是立面设计的重要内容，一般是先确定路脊线控制标高，再确定计算线网，计算网格高程，以网格高程为依据绘制等高线并做适当调整，最后绘制交叉口立面设计图。

## 习题与思考题

9-1 道路交叉口交通流有何特征？有何措施可以减少冲突点？

9-2 试述平面交叉口的类型和适应范围。

9-3 试述交通岛的类型及作用。

9-4 图 9-35 为某四路相交的交叉口，在 A、B、C 路段均设有中间带（其中 A、B 方向宽为 4.5m，C 方向宽为 2.0m），A 方向为双向六车道，B、C 方向为双向四车道，D 为双向双车道，每条车道宽 3.5m，人行道宽 4.0m。拟渠化解决的问题是：改善 C 往 B 的右转行驶条件；压缩交叉口面积；明确各向通过交叉口的路径；解决行人过街问题。试拟定渠化方案。

9-5 图 9-36 为正交的十字形交叉口，相交道路计算行车速度为 60km/h，双向六车道，每条车道宽 4.0m，人行道宽 4.0m，进口道右侧车道供直右方向行驶，转角曲线半径为 15.0m。从视距的要求考虑，试问位于转角人行道外缘的建筑物 A 是否应该拆除？

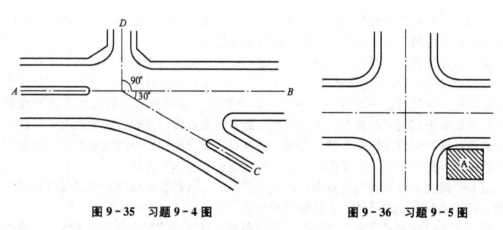

图 9-35  习题 9-4 图　　　　图 9-36  习题 9-5 图

9-6 试述右转车道和左转车道的设置方法。

9-7 简述环形交叉口的设计方法。

9-8 简述平交口立面设计中圆心法和等分法的区别。

9-9 参照图9-27，当主要道路与次要道路相交时，主要道路在交叉口的横坡保持不变，应将路脊线的交叉点由 $A$ 点移到 $A'$ 点。若主要道路与次要道路正交，次要道路车行道宽为 20m，转角曲线半径为 10m，试绘制位移后的 4 种标高计算线网。

# 第10章 道路立体交叉设计

### 教学要点

| 知识要点 | 掌握程度 | 相关知识 |
| --- | --- | --- |
| 基本概念 | (1) 掌握立体交叉的基本组成与特征;<br>(2) 掌握主线与匝道的技术规范与标准 | (1) 主线、跨线构造物、匝道等;<br>(2) 相关规范的要求 |
| 立体交叉设计 | (1) 掌握立交规划与选型设计;<br>(2) 掌握立交匝道平面线形设计和纵断面设计方法;<br>(3) 掌握立交端部设计方法;<br>(4) 了解分离式立交与其他道路交叉设计 | (1) 喇叭形立交、苜蓿叶型立交、子叶形立交、Y形立交、环形立交和定向型立交;<br>(2) 主线及匝道平纵横设计的要求;<br>(3) 匝道端部设计及分流和合流设计 |

### 技能要点

| 技能要点 | 掌握程度 | 应用方向 |
| --- | --- | --- |
| 立交选型与评价 | (1) 掌握各种立交特点;<br>(2) 了解各种立交规划与选型 | (1) 工程可行性研究;<br>(2) 工程可行性评价及区域路网规划 |
| 立交主线、匝道及端部设计 | (1) 掌握匝道平面线形设计和纵断面设计;<br>(2) 掌握匝道加减速车道的计算与布设;<br>(3) 匝道端部设计、分流和合流设计 | (1) 立体交叉工程可行性研究;<br>(2) 立体交叉施工图设计 |

### 基本概念

立体交叉设计;主线、跨线构造物、匝道、出入口、变速车道、匝道端部、集散道路;分离式立交、互通式立交;喇叭形立交、子叶形立交、Y形立交、苜蓿叶形立交、环形立交和定向型立交;主线、匝道平纵横设计、直接式、平行式变速车道;右、左转弯匝道;匝道端部设计、车道平衡设计、端部分流和合流设计;道路与其他道路交叉设计。

**引例**

北京四元桥立交，1993年建立，是当时我国最大的立体交叉。它位于首都机场路、京顺路与四环路的交汇点，是首都国门第一路与北京城区交通网的连接枢纽，是由两座主桥、6座通道桥、8座跨河桥、10座匝道桥共计26座结构类型不同的桥梁组成的定向加苜蓿叶形4层大型立交桥群，桥梁总面积40572m²，总长度2800m，立交占地62公顷。该桥北通奥运村，南达京津塘高速公路，四环路在此同时跨越机场高速和京顺路。

# 10.1 立交基本组成及特征

立体交叉（简称立交）是利用跨线构造物使道路与道路（或铁路）在不同标高的平面上相互交叉的连接方式。立交是高速道路（高速公路、一级公路和城市快速路的统称）必不可少的组成部分，在道路交通中起着非常重要的作用。采用立交可使各方向车流在不同标高的平面上行驶，消除或减少了冲突点；车流可连续稳定行驶，提高了道路的通行能力；节约运行时间和燃料消耗；控制了相交道路车辆的出入，车辆各行其道，互不干扰，为车辆的快速、安全、经济、舒适行驶提供保证。但立体交叉往往占用土地较多，构造物多、施工复杂、投资较大，不易改建，对周围环境有较大影响。因此，应根据路网规划经技术经济及环境评价后确定。

## 10.1.1 立交的基本组成

立体交叉通常由跨线构造物、主线（或称正线）、匝道、出入口以及变速车道等部分组成，如图10-1所示。

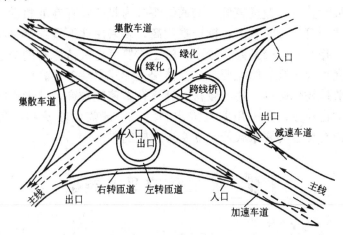

**图10-1 立体交叉的组成**

（1）跨线构造物。它是相交道路的车流实现空间分离的主体构造物，指设于地面以上的跨线桥（上跨式）或设于地面以下的地道或隧道（下穿式）。

(2) 主线。主线也称正线，它是组成立体交叉的主体，指相交道路(含被交道路)的直行车行道，主要包括连接线跨线构造物两端到地坪标高的引道和立体交叉范围内引道以外的直行路段。

(3) 匝道。它是立体交叉的重要组成部分，是指供上、下相交道路的转弯车辆行驶的连接道路，有时也包括匝道与主线或匝道与匝道之间的跨线桥(或地道)。匝道使空间分离的两主线连接，形成互通式结构。按其作用可分为右转匝道和左转匝道两类。

(4) 出口和入口。出、入口是主线与匝道的结合部位。由主线驶出进入匝道的道口为出口，由匝道驶入主线的道口为入口。

(5) 变速车道。为适应车辆变速行驶的需要，而在主线右侧的出入口附近增设的附加车道。可分为减速车道和加速车道两种，出口端为减速车道，入口端为加速车道。

(6) 辅助车道：在高速道路立体交叉的分、合流附近，为使匝道与高速道路车道数平衡和保持主线的基本车道数而在主线外侧设置的附加车道。

(7) 匝道的端部：是指匝道两端分别与主线相连接的道口，它包括出入口、变速车道和辅助车道等。

(8) 绿化地带。在立体交叉范围内，由匝道与主线或匝道与匝道之间所围成的封闭区域，一般用以美化环境的绿化地带，也可布设排水管渠、照明杆柱等设施。

(9) 集散道路：在城市附近，为了减少车流进出高速道路的交织和出入口数量，可在高速道路的一侧或两侧设置与平行且分离的专用道路。

立体交叉的范围，一般是指各相交道路端部变速车道渐变段顶点以内所包含的主线、跨线构造物、匝道和绿化地带等的全部区域。除此以外，还包括立体交叉范围内的排水系统、照明设备以及交通工程设施等。对城市道路立体交叉还应包括人行道、非机动车道和各种管线设施等。对于收费立体交叉也包含收费站、收费广场和服务设施等。

### 10.1.2　公路和城市立交的特征

城市立交一般计算行车速度较低，交通组织较为复杂，存在非机动车、行人交通；受用地、建筑物和地下管线影响较大，拆迁费用高，多采用地下管线排水与城市排水系统连接；一般不收费，相邻立体交叉间距较小；施工时要考虑维持原有的交通和快速施工，城市立交比公路立交重视美观和绿化要求，立体交叉形式复杂多样。

公路立交一般地物障碍少，用地较松，计算行车速度较高，线形指标也较高，交通组成较为简单，占地也较多，多采用明沟排水系统。一般需设收费站，两立体交叉间距较大，施工时维持原有交通的要求较低，立交形式较简单。

## 10.2　立体交叉的类型

### 10.2.1　按结构物形式分类

立体交叉按相交道路结构物形式划分为上跨式和下穿式两类。

(1) 上跨式立交：用跨线桥从相交道路上方跨过的交叉方式。这种立交施工方便，造价较低，排水易处理，但占地大，引道较长，跨线桥影响视线和周围景观，不利于非机动车辆的行驶，宜用于乡村及城郊用地比较充裕、地面建筑物干扰较小的地区。

(2) 下穿式立交：用地道(或隧道)从相交道路下方穿过的交叉方式。这种立交占地较少，立面易处理，下穿构造物对视线和周围景观影响小，但施工期较长且对地下管线干扰大，造价较高，排水困难，养护和管理费用大，多用于城市市区。

## 10.2.2 按交通功能分类

按交通功能划分为分离式立交和互通式立交两类。

### 1. 分离式立交

分离式立交是仅设跨线构造物一座，使相交道路空间分离，上、下道路无匝道连接的交叉方式，如图10-2所示。这种类型立交结构简单，占地少，造价低，但相交道路的车辆不能转弯行驶，适用于高速公路与铁路或次要道路之间的交叉。

### 2. 互通式立交

互通式立交是不仅设跨线构造物使相交道路空间上分离，而且上下道路间用匝道连接，以供转弯车辆行驶的交叉方式。这种立交车辆可转弯行驶，全部或部分消灭了冲

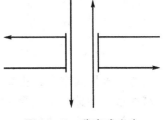

图 10-2 分离式立交

突点，各方向行车干扰较小，但立交结构复杂，构造物多，占地多，造价较高，但交通功能强大。

根据交叉处车流轨迹线的交叉方式和几何形状的不同，可分为部分互通式、完全互通式和环形立交3种类型。

1) 部分互通式立交

部分互通式立交是相交道路的车流轨迹线之间至少有一平面冲突点的交叉。当个别方向的交通量很小或分期修建时，高速道路与次要道路相交或用地和地形等限制时可采用这种类型立交。部分互通式的代表形式有菱形立交和部分苜蓿叶(苜蓿叶是一种有四片叶子的草)式立交等。

(1) 菱形立交：如图10-3所示，图中(a)为三路立交，(b)为四路立交。

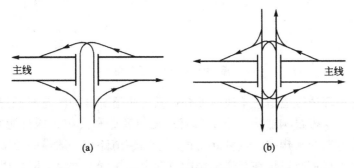

图 10-3 菱形立交

这种立交能保证主线直行车辆快速通畅；转弯车辆绕行距离较短；主线上具有高标准的单一进出口，交通标志简单；主线下穿时匝道坡度便于驶出车辆减速和驶入车辆加速；左转车辆绕行距离较短；形式简单，仅需一座桥，用地和工程费用小；但次线与匝道连接处为平面交叉，影响立交通行能力和行车安全。这种立交是适用于出入交通量较少、匝道上无收费站的一般互通式立交。

(2) 部分苜蓿叶式立交，如图10-4所示，可根据转弯交通量的大小或场地的限制，采用图示任一种形式或其他变形形式。

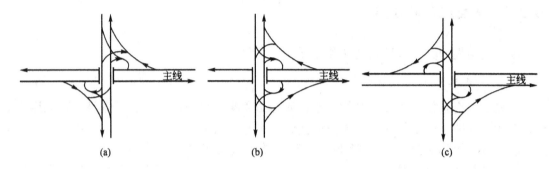

图 10-4　部分苜蓿叶式立交

这3种形式立交的主线直行车快速通畅；单一驶出方式简化了主线上的标志；仅需一座跨线桥，用地和工程费用较小；远期可扩建为全苜蓿叶式立交，但次线上存在平面交叉，有停车等待和错路运行的可能，适用于出入交通量较小的一般互通式立交。

2) 完全互通式立交

完全互通式立交是相交道路的车流轨迹线全部在空间分离的交叉。它是一种比较完善的高级形式，匝道数与转弯方向数相等，各转向都有专用匝道，适用于高速道路间相交。其代表形式有喇叭形、苜蓿叶形、Y形和X形等。

(1) 喇叭形立交：如图10-5所示，是三路立交的代表形式，可分A式和B式，经小环道(转向约为270°)左转匝道和一个半定向型匝道来实现左转所构成的立交形式。由小环道驶入主线为A式，驶出时为B式。

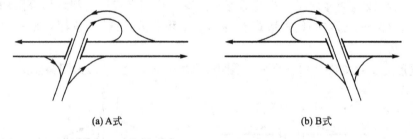

图 10-5　喇叭形立交

这种立交除小环道匝道适应车速较低外，其他匝道都能为转弯车辆提供较高速度的半定向运行；只需一座跨线构造物，投资较省；无冲突点和交织，通行能力大，行车安全；造型美观，行车方向容易辨别。这种立交适用于高速道路与一般道路相交的T形交叉。

布设时应将小环道匝道设在交通量小的方向上，主线交通量大时采用A式。次线上跨对转弯交通视野有利，下穿时宜斜交或弯穿。

(2) 苜蓿叶式立交：如图 10-6 所示，图(a)为标准形，图(b)为带集散车道形。

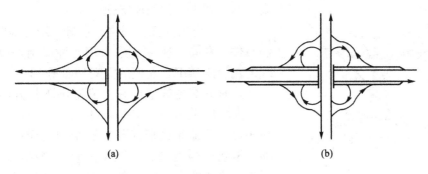

图 10-6 苜蓿叶式立交

由 4 个对称的小环道左转匝道来实现各方向左转弯车辆的运行。立交各匝道相互独立，交通运行连续而自然，无冲突点，可分期修建，仅需一座构造物，但这种立交占地面积大，左转小环道转向角270°，转弯半径小，绕行距离较长，小环道匝道适应车速较低，且桥上、下存在交织，限制立交的通行能力。这种立交适用于两条高速公路或一级公路相交，左转交通量不大的郊区及乡村立交。

(3) 子叶式立交：如图 10-7 所示，由两个小环道来实现车辆左转。只需一座构造物，造价较低，造型美观，但交通运行条件不如喇叭式好，主线上存在交织，多用于苜蓿叶式立交的前期工程。布设时以使主线下穿为宜。

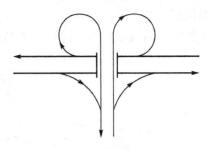

图 10-7 子叶式立交

(4) Y 形立交：如图 10-8 所示，图(a)为定向 Y 形，(b)为半定向 Y 形。

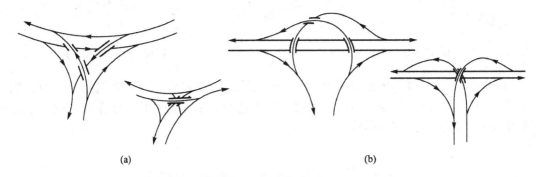

图 10-8 Y 形立交

该立交能为转弯车辆提供高速的定向或半定向运行；无交织，无冲突点，行车安全；方向明确，路径短捷，通行能力大；主线外侧占地宽度较小，但需要构造物多，造价较高，一般适用于各方向交通量很大的三路枢纽互通式立交。

(5) X 形立交：又称半定向式立交，如图 10-9 所示，图为对角左转匝道拉开布置。

该立交各方向运行都有专用匝道，自由流畅，转向明确；无冲突点，无交织，通行能力大；适应车速高，但占地面积大，层多桥多，造价高，在城区很难实现。这种立交一般

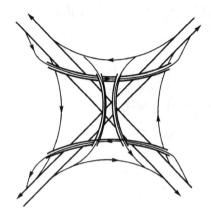

用于高速道路之间、各左转弯交通量均大、车速要求高、通行能力大的枢纽互通式立交。

(6) 组合式立交：根据交通量并结合地形、地物限制条件，在同一座立交中采用两种或两种以上不同形式的左转匝道组合而成的立交，如图10-10所示。

这种立交主线双向在立交范围不拉开距离的情况下，左转匝道多为小环道和半定向匝道，立体形式多种多样；匝道布设形式与交通量相适应；充分利用地形、地物，因地制宜，造型别致、美观。这种立交适用于一个或两个左转弯交通量较小的枢纽互通式立交。

3) 环形立交

图10-9　X形立交

环形立交是相交道路的车流轨迹线因匝道数不足而共同使用，且有交织路段的交叉，如图10-11所示。

这种立交适用于主要道路与一般道路交叉，以用于5条以上道路相交为宜。这种立交能保证主线直行，交通组织方便，无冲突点，占地较少；但次要道路的通行能力受到环道交织能力的限制，车速受到中心岛直径的影响，构造物较多，左转车辆绕行距离长。

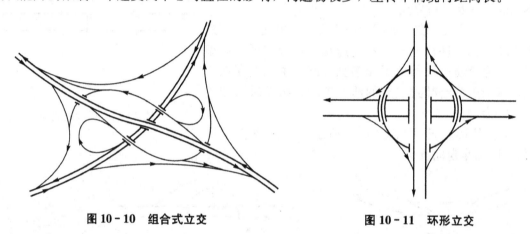

图10-10　组合式立交　　　　　　　　图10-11　环形立交

当采用环形立交时，必须根据相交道路的性质进行比较研究，看环道的最大通行能力和所采用的中心岛尺寸是否满足远期交通量和车速的要求。布设时应让主线直通，中心岛可采用圆形、椭圆形或其他形状。

## 10.3　立交规划、选型与设计

### 10.3.1　立交的布置规划

**1. 立交位置的选定**

互通式立交位置的选定，应以现有道路网或已批准的规划为依据，考虑区域交通因素、社会因素和自然因素等条件确定，为交通流发生源提供便捷出入口。同时考虑立交对地区交通的分散和吸引作用、立交的设置条件、技术上的合理性、经济上的可行性等，一般应选择在地势平坦开阔、地质条件良好、拆迁较少及相关道路具有较高的平纵线形指标处。

通常应根据下列条件选定立交的位置。

(1) 相交道路的性质：高速道路间及其与其他各级道路相交时，一级公路与交通繁忙的一般公路相交时，均应设置互通式立交。

(2) 相交道路的位置：高速道路与通往大城市，重要政治、经济中心，重要港口、机场、车站和游览胜地的道路相交处应设置互通式立交。

(3) 相交道路的交通量：一级公路为干线公路且被交叉公路为四车道，按各种车辆折合小客车的年平均昼夜交通量达到 10000 辆以上；城市道路规定进入交叉口的交通时达 4000~6000 辆/小时(小客车)，相交道路为四车道以上，且对平面交叉口采取改善措施和调整交通组织均难以奏效时可采用立交。

(4) 地形条件：当交叉所在地形条件适宜修建立交时可采用，如高填方路段与其他道路交叉处，较高的桥头引道与滨河路交叉等。

(5) 经济条件：经对投资成本、营运费用和安全性分析，设置互通式立交的效益大于设置平面交叉时，可修建互通式立交。

2. 立交的间距

确定互通式立交间距时，主要应考虑以下影响因素。

(1) 满足交通密度的要求：相邻立交之间保持合适的间距，应与其担负的交通量均衡。间距过大会使交通联系不便；间距过小则又会影响高速道路功能的发挥，且使建设投资增加。

(2) 能满足交织路段长度的要求：相邻立交之间应保证足够的交织路段，以便在相邻立交出入口之间设置足够的加减速车道。交织路段是指前一个立交匝道的合流点到后一个立交匝道的分流点之间的距离。

(3) 满足标志和信号布置需要：相邻立交之间应保证足够的距离，在此路段内设置一系列标志和信号，以便连续不断地告诉驾驶员下一立交出口的到来。

(4) 驾驶员操作顺适的要求：相邻立交之间的距离如果过近，特别是在城市道路上，因互通式立交的平面连续变化，纵断面起伏频繁，会对车辆运行、驾驶操作以及景观均不利。

(5) 经济的要求：立交间距过小，布置过多，则造价高，不经济，反而不如连续的高架路经济合理。

对互通式立交的标准间距，公路上规定在大城市、重要工业区周围为 5~10km；一般地区为 15~25km；最大间距以不超过 30km 为宜；最小间距不应小于 4km，城市道路规定两座互通式立交的最小间距按主线计算行车速度为 80km/h、60km/h、50km/h 和 40km/h，分别采用 1km、0.9km、0.8km 和 0.7km。

## 10.3.2 立交选型与设计

立交形式选择的目的是为提供行车效率高、安全舒适、适应设计交通量和计算行车速度、满足车辆转弯需要、并与环境相协调的立交形式，选型是否合理，不仅影响立交本身的功能，如通行能力、行车安全和工程经济等，而且对区域规划、地方交通的发挥及城市景观环境等都有密切关系。

1. 影响立交形式选择的因素

影响因素概括为道路、交通、环境及自然条件，具体内容如图10-12所示。

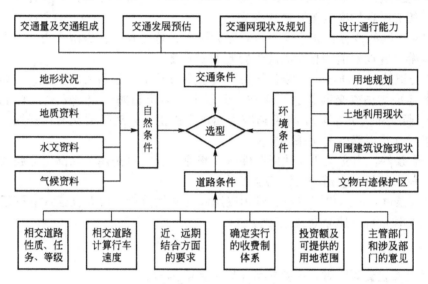

图 10-12 影响立交形式的基本因素

2. 立交形式选择的基本原则

互通式立交形式选择，应遵循下列基本原则。

(1) 立交的形式首先取决于相交道路的性质、任务和远景交通量等，确保行车安全畅通和车流的连续。相交道路等级高时应采用完全互通式立交；交通量大、计算行车速度高的行车方向要求线形标准高、路线短捷、纵坡平缓；车辆组成复杂时要考虑个别交通特性的需要。在城市道路上，若使机、非交通量都很大的车流分离行驶，可采用3层或4层式立交。

(2) 选定的立交形式应与所在地的自然环境条件相适应，要充分考虑区域规划、地形地质条件、可能提供的用地范围、周围建筑物及设施分布现状等。在满足交通要求前提下综合分析研究，力求合理利用地形，工程营运经济，与环境相协调，造型美观，结构新颖合理。

(3) 选型应全面考虑远近期结合，既要考虑近期交通要求，减少投资费用，又要考虑远期交通发展需要改建提高的可能。

(4) 选型应从实际出发，有利施工、养护和排水，尽量采用新技术、新工艺、新结构，以提高质量、缩短工期和降低成本。

(5) 选型和总体布置要全面安排，分清主次，考虑平面线形指标和竖向标高的要求。如铁路与道路相交，常以铁路上跨为宜，可减小净空高度；高速道路与其他道路相交，原则上高速道路不变或少变，其他道路抬高或降低；城市立交原则上非机动车道不变或少变，有利于行人及自行车通行。

(6) 选型应与定位相结合。立交的形式随所在位置的地形地物及环境条件而异，通常先定位后选型，并使选型与定位结合考虑。

3. 立交形式选择的步骤和要点

1) 初定立交的基本形式

首先选择立交的总体布局，如上跨式或下穿式、完全互通式、交织式或部分互通式、二层式、三层式或四层式，机、非分行或混行，是否考虑行人交通，是否收费等，在此基础上进一步选择立交的基本形式，如菱形、Y形等。

根据影响立交形式选择的主要因素，表10-1为常用立交形式的选择条件，可供参考。

表10-1 互通式立交形式的选择

| 立交形式 | 计算行车速度/(km/h) | | | 交叉口总通行能力/(辆/小时) | 占地面积/(公顷) | 相交道路等级及交叉口情况 |
|---|---|---|---|---|---|---|
| | 直行 | 左转 | 右转 | | | |
| 定向形立交 | 80~100 | 70~80 | 70~80 | 13000~15000 | 8.5~12.5 | (1) 高速公路相互交叉<br>(2) 高速公路与市郊快速路相交 |
| 苜蓿叶式立交 | 60~80 | 30~40 | 30~40 | 9000~13000 | 7.0~9.0 | (1) 高速公路相互交叉<br>(2) 高速公路与快速路，主干路相交<br>(3) 用地允许的市区主要交叉口 |
| 部分苜蓿叶式立交 | 30~80 | 25~35 | 25~40 | 6000~8000 | 3.5~5.0 | (1) 高速公路与快速路、主干路相交<br>(2) 苜蓿叶式立交的前期工程 |
| 菱形立交 | 30~80 | 25~35 | 25~35 | 5000~7000 | 2.5~3.5 | (1) 高速公路与次要公路相交<br>(2) 快速路与主干路相交 |
| 三、四层式环形立交 | 60~80 | 25~35 | 25~35 | 7000~10000 | 4.0~4.5 | (1) 快速路相互交叉<br>(2) 市区交叉口<br>(3) 高等级公路与次要道路相交 |
| 喇叭形立交 | 60~80 | 30~40 | 30~40 | 6000~8000 | 3.5~4.5 | (1) 高速公路与快速路相交<br>(2) 高等级公路相互交叉<br>(3) 用地允许的市区交叉口 |
| 三路环形立交 | 60~80 | 25~35 | 25~35 | 5000~7000 | 2.5~3.0 | (1) 高等级公路相互交叉<br>(2) 市区T形、Y形交叉口 |
| 三路子叶式立交 | 60~80 | 25~35 | 25~35 | 5000~7000 | 3.0~4.0 | (1) 高等级公路相互交叉<br>(2) 苜蓿叶式立交的前期工程 |
| 三路定向形立交 | 80~100 | 70~80 | 70~80 | 8000~11000 | 6.0~7.0 | (1) 高速公路相互交叉<br>(2) 地形适宜的双向分离式道路相交 |

注：相交道路按6车道计，交通量为当量小汽车。

对公路立交在确定基本形式时，应根据各方向的交通量，结合地形、地物、当地交通条件综合考虑而定，并注意以下几点。

（1）直行车和转弯交通量均大，相交公路的计算行车速度较高并要求用较高的速度集散时，可采用定向式或半定向式立交。

（2）相交公路等级相差较大，且转弯交通量不大时，可用菱形、部分苜蓿叶形或喇叭形。

（3）不设收费站的高速公路、一级公路相交时，可用苜蓿叶式。但其规模和用地较大，在无专用集散车道的情况下易出现交通阻塞和事故，应慎重选用。

（4）部分苜蓿叶式有两处相隔较近的平面交叉，对次线直行交通不利。当各向转弯交通量相差悬殊时，应在适当象限内布置匝道，将冲突减至最低程度。

（5）汽车专用公路与一般公路相交，不设收费站时，应优先采用菱形；若设收费站而主线转弯交通量较小时，允许匝道上存在平交。

（6）苜蓿叶式的小环道匝道以单车道为宜。若交通量接近或大于单车道通行能力时，则应采用半定向或定向匝道。

2）立交几何形状及结构的选择

立交的几何形状及结构对行车速度、运行时间、行车视距、视野范围、服务水平及通行能力等影响较大。在基本形式的基础上，通过仔细研究，对立交的总体结构进行安排和匝道布置，如跨线构造物的布置，出入口的位置，匝道布置象限，内外匝道采用整体式或分离式，匝道的平、纵、横几何形状及尺寸等。

4．立交设计资料、流程及成果

1）设计资料

（1）自然资料：测绘立体交叉范围的 1∶500～1∶2000 地形图，详细标注建筑物的建筑线、种类、层高、地上及地下的各种杆线、管线等地物；调查并收集用地发展规划、水文、地质、土壤、气象资料；收集附近的国家控制点和水准点等。

（2）交通资料：收集相交道路转弯及直行交通量、交通组成；推算远景规划交通量；绘制交通量流量流向图；调查非机动车和行人流量。

（3）道路资料：调查相交道路的等级、平纵线形、横断面形式和尺寸；相交道路的交角、控制坐标和标高；路面类型及厚度；确定净空高度、设计荷载、设计速度及平纵横指标。

（4）排水资料：收集立交所在区域的排水系统、现状和规划；各管渠位置、埋深和尺寸。

（5）文件资料：收集设计任务书，上级主管部门的具体批复、要求、意见及有关文件。

（6）其他资料：调查取土、弃土和材料来源；施工单位材料；季节、工期和交通组织与安全。

2）设计流程

立交设计，是经过规划、可行性研究、方案设计到技术设计的全过程。其方案设计和技术设计的一般流程如下。

（1）初拟方案：根据设计要求和地形条件，在地形图上绘出可能的立交方案。

(2) 确定比较方案：对初拟方案进行分析，应考虑线形是否顺适、转弯半径能否满足要求，各层间可否跨越，拆迁是否合理，一般选 2~4 个比较方案。

(3) 确定推荐方案：在地形图上按比例绘出各比较方案，完成初步的平纵设计、桥跨方案和概略工程量计算，做出各方案比较表，比较后一般确定 1~2 个推荐方案。比较时应考虑交通是否流畅安全，各匝道的平、纵、横及其相互配合是否合适，立交桥的结构、布置是否合理，设计和施工难易程度，整体工程的估价，养护营运条件以及立交的造型和绿化。

(4) 确定采用方案：对推荐方案视需要模型或透视图，征询各方面的意见，最后定出采用方案。应权衡造价与方案、近期与远期、局部与全局的关系，也可采用分期修建的立交方案。

(5) 详细测量：对采用方案实施实地放线并详细测量，进一步收集技术设计所需的所有资料。

(6) 技术设计：完成全部施工图设计和工程预算。

以上(1)~(4)步为初步设计阶段，(5)~(6)步为施工图设计阶段。

3) 设计成果

(1) 初步设计阶段。

① 互通式立体交叉成果包括互通式立体交叉设置一览表、工程数量表、方案比较表、交通量分布图、立交平面图，主线、被交道路和匝道的纵断面图、横断面图、路基、路面设计图表、桥型布置图、涵洞、通道典型设计图、其他工程一般设计图。

② 分离式立体交叉成果包括分离式立体交叉设置一览表、工程数量表、立交平面图、道路和匝道纵断面图、横断面图、桥型布置图、其他工程一般设计图。

③ 通道与人行天桥成果包括通道与人行天桥设置一览表、工程数量表、通道一般布置图、天桥一般布置图。

(2) 施工图设计阶段

① 互通式立体交叉成果包括互通式立体交叉工和数量表、平面设计图、线位图，直线、曲线及转角表、逐桩坐标表，主线、被交线道路和匝道纵断面图、匝道及被交线道路标准横断面图和路面结构图，匝道与主线连接部设计图和路面高程数据图、路基设计表、路基土石方数量表、路基、路面设计图表、排水系统布置图、排水沟加固及高路堤地段边坡、急流槽结构图，跨线桥桥型布置图，跨线桥全桥工程数量表，通道设计图表、涵洞设计图表、管线交叉设计图表、附属设施设计图。

② 分离式立体交叉成果包括分离式立体交叉一览表、工程数量表、立交平面图、纵断面图、被交叉公路横断面图和路基、路面设计图、桥型布置图和结构设计图、其他构造物设计图。

③ 通道与人行天桥成果包括通道、天桥工程数量表、通道设计图、天桥设计图。

## 10.4 立交主线设计

互通式立交范围内有较多的出入口，主线应有足够的视距，以保证驾驶员做出准确的反应和判断，确保行车安全，为此立交范围内主线的平曲线半径、竖曲线半径、最大纵坡较主线标准段有更高的要求。

## 10.4.1 主线设计要求

（1）主线设计应满足立交的易识性，保证足够的行车视距，使主线上行驶的车辆从较远处看清立交，有充裕的时间注意立交出入车辆及出入口位置。

（2）确保立交主线上车辆行驶的要求，以及进出口车辆行驶安全、便利，在主线设计的同时，还应综合考虑其他交通设施，如变速车道、集散道路、导流岛等设施。

（3）线形设计中，原则上匝道线形应服从主线线形的要求，在保证主线线形的前提下，主线和匝道综合考虑，为匝道设计创造较好的条件，便于进出口连接。

（4）主线线形应满足标准要求，在可能的条件下采用较高指标。相交主线力求正交，并在直线或大半径的曲线段相交。

（5）力求主线纵坡平缓，注意排水问题。

（6）保证两相交主线具有足够的跨越高度，以满足行车视距条件、桥下净空要求。

## 10.4.2 平面线形设计

考虑立交主线的交通特征，主线平面设计应注意以下几点。

（1）尽量采用直线或大半径的曲线，避免使用小半径的曲线，以便进、出口连接和匝道、集散道路的设置。

（2）立交桥跨主线宜采用直线，避免设置曲线桥，以便于桥梁设计和施工。不得已采用曲线桥时，应尽可能使相交路线走向沿曲线桥的圆心方向。

（3）在考虑交叉角、交点位置及确定线形要素时，应选满足主要道路的线形要求，尽可能为主线创造较好的行车和车辆出入的条件。

根据公路路线设计规范规定，互通式立交范围内主线线形的主要技术指标见表10-2。

表10-2 互通式立交交叉范围内主线形指标

| 设计速度/(km/h) | | 120 | 100 | 80 | 60 |
|---|---|---|---|---|---|
| 最小圆曲线半径/m | 一般值 | 2000 | 1500 | 1100 | 500 |
| | 极限值 | 1500 | 1000 | 700 | 350 |
| 最小竖曲线半径/m | 凸形 一般值 | 45000 | 25000 | 12000 | 6000 |
| | 凸形 极限值 | 23000 | 15000 | 6000 | 3000 |
| | 凹形 一般值 | 16000 | 12000 | 8000 | 4000 |
| | 凹形 极限值 | 12000 | 8000 | 4000 | 2000 |
| 最大纵坡/% | 一般值 | 2 | 2 | 3 | 4.5(4) |
| | 极限值 | 2 | 2 | 4(3.5) | 5.5(4.5) |

注：当主要公路以较大的下坡进入互通式立体交叉且所接的减速车道为下坡，同时后随的匝道线形较低时，主要公路的纵坡不得大于括号内的值。

## 10.4.3 纵断面线形设计

当主线为半径较大的凹形竖曲线时，驾驶员视线开阔，容易看清立交的全貌；反之，若互通式立体交叉的主线处于半径较小的凸形竖曲线范围内或紧接其后时，立交的全部或部分可能被遮挡，尤其是出口不易识别，从而影响行车。

立交主线纵面线形设计方法与一般道路纵面线形设计方法相同，除满足一般纵面设计的要求外，还应注意以下几点。

(1) 注意满足控制高程的要求。立交交叉点的控制高程包括上线、下线的高程，是立交纵面设计的基本依据，是在立交规划中已经确定的，设计时应作为纵面设计的"控制点"控制。

(2) 当需调整立交上线或下线的高程时，应注意保证相交路线有足够的跨越高度 $H$。

(3) 主线进出口处的高程应与匝道设计整体考虑，一般是先定主线高程，再控制匝道。

(4) 跨线桥下凹形竖曲线上方的净空高度应满足鞍式列车有效净空的要求，应使其有效净空高度大于规定的净空高度。

## 10.4.4 最大纵坡

交通事故与主线的纵坡有很大关系，立交范围内主线纵坡过大，会严重影响行车安全；互通式立交下坡坡度较大时，对驶出互通式的汽车减速不利，其结果将由于车速过大，车辆在驶出主线时易失去控制和稳定性；上坡坡度较大时，驶入主线的汽车不易加速，这不仅要延长加速车道的长度，而且即使加速车道长度得到保证，当大型车速未增加到规定速度就与主线汇流，也会造成交通事故，因此主线的最大纵坡应规定在适当的范围内。

## 10.4.5 主线横断面

互通式立交范围内主线横断面应和主线标准段一致，无特殊情况技术标准可按主线横断面技术标准采用，枢纽型立交范围主线横断面应和主线一致，保持车道数和硬路肩连线。

## 10.4.6 主线视距保证

1. 平面视距的保证

平面视距的保证措施和方法与一般道路相同，参见 3.6 节部分内容。

2. 纵面视距保证

纵面视距保证的措施和方法也与一般道路相同，一般主要考虑跨线桥下视距的要求。跨线桥下位于凹形竖形曲线处，驾驶员视线受上部桥跨结构物的阻挡。这时应根据视距长度和桥上净高来选择适当的竖曲线半径和长度。

# 10.5 立交匝道设计

匝道是互通式立交必不可少的组成部分，其作用就是专供跨线构造物上、下相交道路的转弯车辆行驶。匝道设计得合理与否，直接关系到立交枢纽的功能、营运及安全等，因此匝道的合理设置及使用合适的线形都非常重要。

## 10.5.1 匝道设计依据

1. 设计速度

互通式立交匝道的设计速度主要是根据立交的等级、转弯交通量的大小以及用地和投资费用等条件确定。如果匝道的设计速度能和主线一样，即使是采用不同设计速度的相交道路中较低者，车辆运行也是顺畅的。然而由于地形、用地和投资费用等的限制，匝道的计算行车速度通常都较主线低，但降低不得过大，以免车辆在离开或进入主线时急剧减速或加速，导致行车危险和不顺畅。匝道计算行车速度期望值以接近主线平均行驶速度为宜，当受用地或其他条件限制时，可适当降低，一般为主线设计速度的50%~70%。

公路立交和城市道路立交匝道设计速度的规定分别见表10-3和表10-4。

表10-3 公路立交匝道设计速度(km/h)

| 匝道类型 | | 直连式 | 半直连式 | 环形匝道 |
|---|---|---|---|---|
| 匝道设计速度 | 枢纽互通式立交 | 80、70、60、50 | 80、70、60、50、40 | 40 |
| | 一般互通式立交 | 60、50、40 | 60、50、40 | 40、35、30 |

注：(1) 右转弯匝道宜采用上限或中间值。
　　(2) 直连式或半直连式左转弯匝道宜采用上限或中间值。

表10-4 城市道路立交匝道设计速度(km/h)

| 相交道路计算行车速度 | 主线计算行车速度 | | | | |
|---|---|---|---|---|---|
| | 120 | 80 | 60 | 50 | 40 |
| 80 | 60~40 | 50~40 | — | — | — |
| 60 | 50~40 | 45~35 | 40~30 | — | — |
| 50 | — | 40~30 | 35~25 | 30~20 | — |
| 40 | — | — | 30~20 | 30~20 | 25~20 |

2. 设计交通量

匝道设计交通量是确定匝道类型、计算行车速度、车道数、几何形状、平交或立交及是否分期修建等的基本依据。设计交通量主要根据相交道路的交通量，结合交通调查资料进行直、左、右行方向交通量分配得到。设计交通量计算公式与相交道路相同。

3. 通行能力

匝道的通行能力取决于匝道本身的通行能力和出、入口处的通行能力，相关计算参见交通工程学知识。

### 10.5.2 匝道的分类与布置

立体交叉中主线与被交线处于不同高程上，需用道路将其互通联系，便于各方向车流通达。这些起联系作用的道路通常称为匝道。

1. 匝道基本布置形式

就整个立交而言，由于地形、地物的限制，交通功能要求不同，线形布置繁杂多变。然而，其基本要求并不复杂，即每条进入交叉的主线或交叉线除已具有直行交通功能之外，还应增加向左、向右转弯的交通功能，也就是增加右转匝道和左转匝道。

1) 右转匝道

右转匝道的基本形式如图 10-13 所示。车辆从交叉线右侧分流，通过匝道，从主线右侧进入主线。此种匝道特点是：右进右出，出入直接，方向明确，线形顺适，曲线半径较大，车速较高，车辆行程最短，采用较为广泛。

2) 左转匝道

左转匝道是供车辆实现左转弯行驶的匝道，车辆须转 90°~270°穿越对向车道及相交道路。左转匝道与直行车道之间以及与相邻的左转匝道之间干扰大，布置复杂，因而左转匝道的布置形式直接影响立交的功能及造型。左转匝道应根据相交道路的性质、交通量大小及其分布、地形条件，灵活合理布设，如图 10-14 所示。

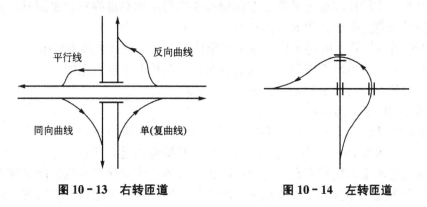

图 10-13　右转匝道　　　　图 10-14　左转匝道

3) 左右共行的匝道

左右共行的匝道是供车辆同时实现左转和右转行驶的匝道，如菱形立交、环形立交、双喇叭形立交等，左右转车辆共有一条匝道，如图 10-15 所示。

2. 左转匝道的分类

匝道的分类，主要针对左转匝道而言，根据其几何布置可分为以下类型。

1) 直接型(定向型)

直接型匝道从主线左侧驶出，左转弯行驶后，直接从另一主线左侧驶入，如图10-16所示，也称左出左进式。直接型匝道主要特点如下。

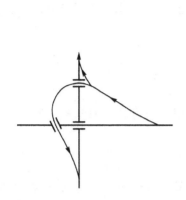

图10-15 左右共行的匝道

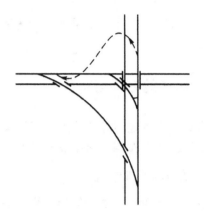

图10-16 直接型匝道

(1) 左出左进，转向约90°，行驶路线短捷，立交营运费用低，能承担较大的左转交通量。

(2) 左转车辆自主线左侧驶出，没有反向运行，平面线形较好。

(3) 行车方向明确，行车顺适，出入口明显、易识别，一般不会在立交处发生错路运行。

(4) 行车路线交叉多，使跨线构造物增加，立交工程费用增大。

(5) 一般要求主线的双向行车道之间必须有足够的距离才能满足匝道上跨或下穿主线立面布置的要求。

(6) 当主线单向有两个以上的车道时，主线快车道上的车辆自主线左侧驶出时，减速段的要求严格；主线慢车道上的重型车辆横移变换到左侧车道高速驶出困难，到相交道路后车辆从高速车道左侧汇入困难且不安全。

(7) 匝道需连续两次跨越主线，纵面线形较差，并使桥跨结构物较多。

这类匝道适用于左转交通量特别大的情况，一般情况下较少选用。

直接型匝道布置可有3种形式，如图10-16所示。

2) 半直接型(半定向型)

根据进出口匝道与主线连接关系的不同，这一类型的匝道有如下3种形式。

(1) A型，如图10-17所示。这种匝道的主要特点是：①左出右进，匝道有绕行；②直接型匝道左出缺点仍然存在；③连接匝道出口的主线双向行车道之间必须有相当大的间距，以便匝道竖向布置，因此主线设计时应与匝道设计一并考虑；④转弯车流从主线右侧驶入，对主线车流干扰较小。

半直接型匝道有布置形式有图10-17所示的两跨两大层、一跨三层和一跨两层等。

(2) B型，如图10-18所示。这种匝道的主要特点是：①转弯车辆右出左进，匝道绕行略长；②直接型匝道左进的缺点仍然存在，若当驶入的道路是双车道次要道路时，左进右出关系不大，此时采用这种匝道是可行的；③由于匝道左进，驶入主线双向车道之间必须有足够的距离，因此主线设计应与匝道设计一并考虑；④转弯车流从主线右侧驶出，对主线车流干扰较小。

(3) C型，如图 10‑19 所示。这种匝道具有如下特点：①右出右进，匝道绕行距离较长，匝道需连续两次跨越主线，故桥跨较多；②右出右进，避免了左出左进在运行上的困难和缺陷，车辆出入对主线干扰小，行车安全；③驶出或驶入主线双向车道不必分开；④匝道的纵面线形较好；⑤这种匝道一般较适用于两条四车道以上的高等级公路相交且匝道连接象限左转交通量较大的情况。

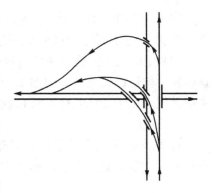

图 10‑17 半直接 A 型左转匝道

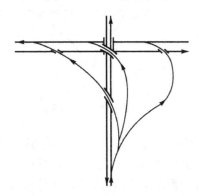

图 10‑18 半直接 B 型左转匝道

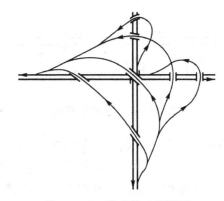

图 10‑19 半直接 C 型匝道

直接型和半直接型匝道是以直接左转的方式行车，两者主要区别在于绕行路线长以及进出方式不同而已。

3) 间接式匝道

(1) 小环道，如图 10‑20 所示有 4 种形式，这种匝道的主要特点如下。

① 车辆过交叉点后，从主线右侧驶出，变左转为右转，转向 270°，形成一个环道。

② 匝道从右侧驶出、右侧驶入，不需设置任何构造物就达到独立左转的目的，经济安全。

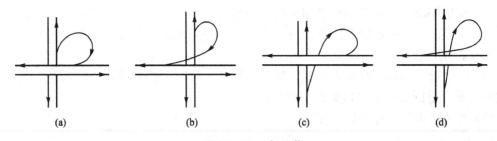

图 10‑20 小环道

③ 小环道绕行路线长，一般平曲线半径较小，适应车速较低，通行能力较小。出口设置在主线跨线桥（或地道）后面，行车不易识别，因而要求跨线桥下（或地道）具有良好的视距条件。

④ 小环道半径较大时，占地较多，采用小环道匝道构成的苜蓿叶形立交中两小环道间存在交织段，直接影响主线行车和立交匝道的通行能力，可采取增设集散道的措施加以改善。

（2）迂回式匝道是一种先右转行驶一定距离后，再回头转180°的左转匝道，由于绕行路线长，称迂回式匝道，如图10-21所示。迂回式匝道布置为长条形，当用地受限时可考虑采用。由于迂回绕行，常布置为公用匝道，可减少匝道数，节省用地。

4) 环道

环道是一种左转车辆在公用车道上交织行驶的匝道。这种匝道变左转为右转、绕中心岛行驶，实现立交全互通，如图10-22所示。

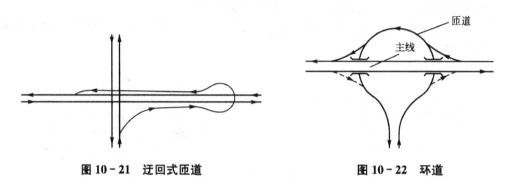

图 10-21　迂回式匝道　　　　　图 10-22　环道

这种匝道的主要特点是：①左转车辆与直行车辆、左转车辆与左转车辆共用一条匝道，产生交织运行；②环道半径较大，左转车行车方向明确，行车条件较好；③由环道构成的环形立交结构紧凑，占地较少；④环道上有交织路段，对通行能力及行车速度影响较大；⑤转弯车辆绕行较长；⑥环道构成的环形立交需要建两座构造物，造价较高。

### 10.5.3　匝道平面线形设计

#### 1. 平面线形设计的一般要求

匝道平面线形设计应与匝道的设计车速及类型相适应，同时考虑地形、地物、占地等条件，从而保证匝道上行驶的车辆连续、稳定、安全，要求如下。

（1）匝道平面线形要与汽车行驶速度相适应。

（2）匝道平面线形要考虑匝道相应的交通量大小。

（3）匝道的起、终点以及匝道的分、合流点，交通复杂，易发生事故，设计时应保证良好的视距条件。

（4）匝道起、终点、收费站等处，横断面组成、尺寸、横坡及线形等应满足行车要求并做到线形顺适圆滑，做好过渡段的设计。

（5）匝道线形组合更加灵活多样。

#### 2. 匝道平面线形指标

匝道的平面线形应根据匝道设计速度、交叉类型、交通量、地形、用地条件、造价等因素确定，并保证车辆能连续安全地运行，力求达到工程及运营经济。

（1）匝道的圆曲线半径的大小直接影响到立交的形式、用地、规模、造价以及行车的安全性和舒适性。最小半径的大小取决于匝道圆曲线最小半径，通常应选用大于一般值的半径，当受地形条件或其他特殊情况限制时，方可采用极限值。

公路立交匝道圆曲线最小半径规定见表 10-5。

表 10-5　公路立交匝道圆曲线最小半径

| 匝道设计速度/(km/h) | | 80 | 60 | 50 | 40 | 35 | 30 |
|---|---|---|---|---|---|---|---|
| 圆曲线最小半径/m | 一般值 | 280 | 150 | 100 | 60 | 40 | 30 |
| | 极限值 | 230 | 120 | 80 | 45 | 35 | 25 |

城市立交圆曲线最小半径的规定见表 10-6，选用时宜采用大于或等于表列超高 $i_h=2\%$ 的最小半径，有条件的地方可采用不设超高的最小半径。

表 10-6　城市立交匝道曲线半径及平曲线最小长度

| 匝道设计速度/(km/h) | 60 | 50 | 45 | 40 | 35 | 30 | 25 | 20 |
|---|---|---|---|---|---|---|---|---|
| 横向力系数 $\mu$ | 0.18 | | | | | | 0.16 | 0.14 |
| 超高 $i_h=6\%$ 的最小半径/m | 120 | 80 | 65 | 50 | 40 | 30 | 20 | 15 |
| 超高 $i_h=4\%$ 的最小半径/m | 130 | 90 | 75 | 60 | 45 | 35 | 25 | 20 |
| 超高 $i_h=2\%$ 的最小半径/m | 145 | 100 | 80 | 65 | 5 | 40 | 30 | 20 |
| 不设超高的最小半径/m | 180 | 125 | 100 | 80 | 60 | 45 | 35 | 30 |
| 平曲线最小长度/m | 100 | 85 | 75 | 65 | 60 | 50 | 40 | 35 |

（2）匝道及其端部设置回旋线时，其参数及长度宜不小于表 10-7 的规定，回旋线长度不应小于超高过渡所需的长度。

表 10-7　公路匝道回旋线参数及长度

| 匝道设计速度/(km/h) | 80 | 70 | 60 | 50 | 40 | 35 | 30 |
|---|---|---|---|---|---|---|---|
| 回旋线参数 $A$/m | 140 | 100 | 70 | 50 | 35 | 30 | 20 |
| 回旋线长度/m | 70 | 60 | 50 | 40 | 35 | 30 | 25 |

（3）在分流鼻端处，匝道平曲线的最小曲线半径规定见表 10-8。

表 10-8　公路立交分流鼻端处匝道平曲线的最小曲线半径

| 主线设计速度/(km/h) | | 120 | 100 | ≤80 |
|---|---|---|---|---|
| 最小曲线半径/m | 一般值 | 350 | 300 | 250 |
| | 极限值 | 300 | 250 | 200 |

（4）匝道中径相连接的复曲线，其大小半径之比不应大于 1.5，否则应设回旋线。

## 10.5.4　匝道纵断面线形设计

1. 纵断面设计一般要求

匝道纵面设计应满足下列要求。

(1) 匝道纵面线形应尽可能连续、顺适、均衡，并避免生硬而急剧变化的线形，纵坡应平缓，避免不必要的反坡。

(2) 尽可能用较大的竖曲线半径，特别是在匝道端部。

(3) 驶入主线附近的匝道纵面线形，必须有一段同主线的纵面线形一致的平行路段，充分保证主线通视条件，便于汇入车辆的驾驶员识别。

(4) 应尽量避免同向竖曲线间插入短直线。如有这种情况，可以采用大竖曲线包络两个竖曲线，予以改善。

(5) 匝道应尽量采用较缓的纵坡以保证行驶的舒适与安全，尤其是加速上坡匝道和减速下坡匝道，更应采取较缓的纵坡，严禁采用纵坡值等于或接近最大纵坡值的纵坡。

(6) 匝道的纵面线形设计应与平面线形设计相结合，构成良好的平纵组合线形。

(7) 收费站附近的纵坡应尽量小，竖曲线半径应尽量大，同时做成圆滑曲线，纵坡及竖曲线最小半径应满足规范规定。

(8) 出口匝道宜为上坡匝道，以利于车辆减速。

2. 匝道的纵面线形指标

(1) 匝道的最大纵坡规定见表10-9。

(2) 匝道竖曲线的最小半径及最小长度、城市立交匝道最大纵坡规定见表10-10、表10-11。

表10-9 公路匝道最大纵坡

| 匝道设计速度/(km/h) | | | 80、70 | 60、50 | 40、35、30 |
|---|---|---|---|---|---|
| 最大纵坡/% | 出口匝道 | 上坡 | 3 | 4 | 5 |
| | | 下坡 | 3 | 3 | 4 |
| | 入口匝道 | 上坡 | 3 | 3 | 4 |
| | | 下坡 | 3 | 4 | 5 |

注：因地形困难或用地紧张时右增大1%，非冰冻积雪地区在特殊困难情况下可增加2%。

表10-10 公路匝道竖曲线的最小半径及长度

| 匝道设计速度/(km/h) | | | 80 | 70 | 60 | 50 | 40 | 35 | 30 |
|---|---|---|---|---|---|---|---|---|---|
| 竖曲线最小半径/m | 凸形 | 一般值 | 4500 | 3500 | 2000 | 1600 | 900 | 700 | 500 |
| | | 极限值 | 3000 | 2000 | 1400 | 800 | 450 | 350 | 250 |
| | 凹形 | 一般值 | 3000 | 2000 | 1500 | 1400 | 900 | 700 | 400 |
| | | 极限值 | 2000 | 1500 | 1000 | 700 | 450 | 350 | 300 |
| 竖曲线最小长度/m | | 一般值 | 100 | 90 | 70 | 60 | 40 | 35 | 30 |
| | | 极限值 | 75 | 60 | 50 | 40 | 35 | 30 | 25 |

表 10-11　城市立交匝道最大纵坡

| 匝道计算行车速度/(km/h) | | 80 | ≤60 |
|---|---|---|---|
| 最大纵坡/% | 冰冻地区 | 4 | 4 |
| | 非冰冻地区 | 4 | 5 |

**3. 出、入口处匝道纵坡衔接**

匝道的起、终点即匝道与主线或交叉线纵坡连接点。此点的设计高程属于匝道纵坡设计的起始或终止高程，必须与主线或交叉线设计高程协调一致。

一般情况下，出口处匝道纵坡第一个变坡点设在匝道与主线分岔之后，相当于一个竖曲线切线长的距离之外。也就是说，在匝道与主线平面分岔之前匝道纵坡度应与主线纵坡度完全一致，这样才不致两线因纵坡度不同而出现高程差，造成横断面上路面横坡度不协调。入口处纵坡衔接也是如此。

**4. 匝道纵断面与平面线形及桥跨布置协调配合**

匝道在立交整体线形布置中，其纵断面也受许多因素控制，诸如主线、交叉线与匝道连接（包括交织交叉）；交叉线相互跨越（如定向式立交）；匝道跨越非机动车道及人行道；有时匝道与匝道相互跨越。这些连接、交织、跨越点，各自设置不同结构物或路基都有一定要求，其设计高程都控制着匝道纵坡设计。设计中要相互协调配合，合理安排平面位置，合理抬高或压低纵断面高程适应结构物设置，但不能过于恶化纵断面线形。必要时可适当修改平面线形，使平、纵、横三面和各种结构总体配合协调，求得合理的整体布置。这些问题在立交形式设计、方案选择时就要考虑并大体确定，后阶段的纵断面设计中，只是更细致具体加以落实而已。

## 10.5.5　匝道横断面设计

**1. 匝道横断面组成**

匝道横断面组成，根据交通需要有单向单车道、单向或对向双车道、对向分离双车道 3 种形式。

1) 单向单车道横断面

其组成内容如图 10-23 所示。它有一个单向行车道，两侧分别设有左路肩和右路肩；左、右路肩中都包括路缘带、硬路肩和土路肩，硬路肩中包含路缘带。右侧硬路肩一般都考虑能临时停车。匝道常采用这类断面形式。

2) 单向或对向双车道横断面

其组成内容大体与单向单车道横断面相同，只是行车道为同向双车道。由于它具有双车道，便于偶尔停车而不致堵塞交

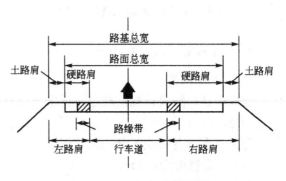

图 10-23　单向单车道断面

通，两侧硬路肩都较窄，如图 10-24 所示。

3）对向分离双车道横断面

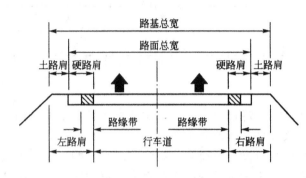

图 10-24　单向或对向双车道断面

其组成内容不同的是，两侧各设无左路肩的单向单车道，中间设分隔带以保证对向行驶车辆安全，如图 10-25 所示。这是对向行车道的一般断面形式。特殊条件下，如场地条件十分紧迫，车速较低，也可取消中间分隔带而设置简易设施或画双黄线，但其安全度会随之降低。场地条件宽松时，对向行车匝道还可互相分离一定距离，各自设计成单车道道横断面。

4）匝道与主线连接处横断面

匝道与主线连接处横断面是匝道与主线或交叉线衔接处，一般即为匝道起点或终点。该点横断面一般按匝道标准设计，但又可能属于变速车道范围之内。一般情况下，平行式变速车道出入口处，匝道左侧紧靠主线左侧路缘带；直接式变速车道出入口处，匝道并不靠近主线，离开主线的间距应按匝道平面布置计算决定。

平行式变速车道出入口处匝道的起点横断面如图 10-26 所示。

从图 10-26 可知，此处匝道横断面仅有行车道和右路肩，与变速车道横断面一致，便于衔接，左侧紧靠主线或三角区，无须设置左路肩，一直到匝道分岔尖端之后，才能成为匝道的完整横断面。

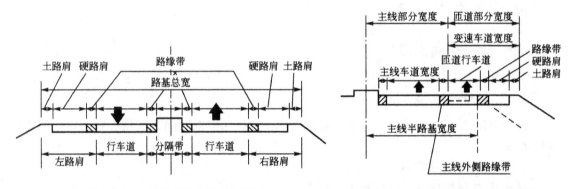

图 10-25　对向分离双车道断面　　　图 10-26　匝道主线连接处断面

2. 匝道横断面类型及尺寸

1）横断面类型

我国公路路线设计规范规定匝道横断面有 4 种基本类型，如图 10-27 所示。

2）各部尺寸

匝道横断面各组成部分的尺寸规定如下。

（1）车道宽度为 3.5m。

（2）路缘带宽度为 0.5m。

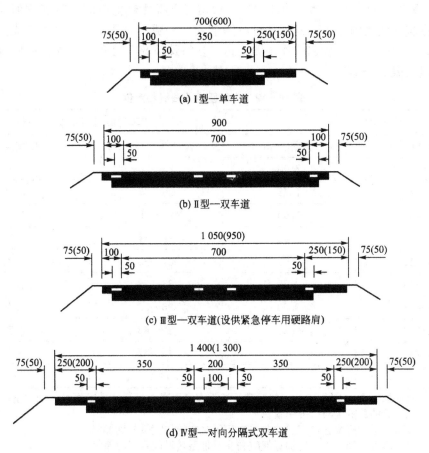

图 10-27　匝道横断面基本类型(单位：cm)
注：不包括曲线上的加宽值。

(3) 左侧硬路肩(含路缘带)宽度为 1.0m。

(4) 右侧硬路肩(含路缘带)宽度：设供紧急停车用硬路肩时为 2.50m，条件受限制时可采用 1.50m，但为对向分隔式双车道时宜采用 2.00m；不设供紧急停车用硬路肩时为 1.00m。

(5) 土路肩的宽度为 0.75m；条件受限制时，不设路侧护栏者可采用 0.5m。

(6) 中央分隔带的宽度应不小于 1.00m。

3. 路拱横坡、超高过渡及加宽设计

(1) 路拱。单车道匝道一般都采用单向横坡，双车道匝道采用双向横坡。在横断面上，路缘带的横坡与行车道相同，硬路肩的横坡一般情况下都和行车道相同，当采用双车道匝道时，建议参照《公路路线设计规范》(JTG D20—2006)的规定执行。正常路段和超高段外侧土路肩坡度采用向外 3%～4%。当超高值大于土路肩值时，内侧土路肩采用同行车道一致的横坡。

(2) 超高值。匝道超高值是根据互通式立体交叉级别、匝道平面线形而选取的。规范规定值是在保证车辆安全及旅客(或驾驶员)乘坐舒适的前提下采用，匝道超高值应根据具体情况，从匝道的整体情况出发选择超高值。

(3) 加宽值。匝道弯道部分的加宽在一般情况下都用规范中的 1 类加宽值。加宽过渡应尽可能在缓和曲线内完成,其加宽过渡的渐变率一般不大于 1/5,加宽方式推荐采用抛物线加宽,加宽的位置一般在曲线内侧进行,在特殊情况下可布设在外侧或内外侧均等分配。加宽值见表 10-12。

表 10-12 公路匝道圆曲线加宽值

| 单车道匝道(Ⅰ型) | | 单向双车道或对向双车道匝道(Ⅱ型) | |
|---|---|---|---|
| 圆曲线半径/m | 加宽值/m | 圆曲线半径/m | 加宽值/m |
| 25～27 | 2.00 | 25～26 | 2.25 |
| 27～29 | 1.75 | 26～27 | 2.00 |
| 29～32 | 1.50 | 27～29 | 1.75 |
| 32～36 | 1.25 | 29～31 | 1.50 |
| 36～42 | 1.00 | 31～33 | 1.25 |
| 42～48 | 0.75 | 33～36 | 1.00 |
| 48～58 | 0.50 | 36～39 | 0.75 |
| 58～72 | 0.25 | 39～43 | 0.50 |
| ≥72 | 0 | 43～47 | 0.25 |
| | | ≥47 | 0 |

注:(1) 表中加宽值是对图 10-27 的标准行车道宽度而言。当遇特殊断面时,加宽值应予调整,使加宽后的总宽度与标准一致。
(2) Ⅳ型匝道,应按各自车道的曲线半径所对应的加宽值分别加宽。
(3) Ⅲ型匝道的加宽为Ⅱ型加宽值减去Ⅱ、Ⅲ型两者硬路肩的差值。

(4) 超高渐变率。匝道的超高渐变率是根据规范采用的。现行设计方法中多以匝道中心线(或行车道中心线)为超高旋转轴。在计算超高渐变率时,路面宽度取至路缘带的外侧。

对超高渐变率的选择,匝道上没有主线上那么严格,有时所设缓和曲线的长度不能满足超高渐变的要求,这时要保证渐变率,就必须将其渐变段的起点插入圆曲线或相邻线形。但如能保证设足够的缓和曲线,则应尽可能利用缓和曲线完成超高过渡。超高渐变率值见表 10-13、表 10-14。

表 10-13 公路匝道超高渐变率

| 断面类型及旋转轴位置<br>匝道设计速度/(km/h) | 单向单车道 | | 单向双车道及非分隔式对向双车道 | |
|---|---|---|---|---|
| | 左路缘带外边线 | 行车道中心线 | 左路缘带外边线 | 行车道中心线 |
| 80 | 1/200 | 1/250 | 1/150 | 1/200 |
| 70 | 1/175 | 1/235 | 1/135 | 1/185 |
| 60 | 1/150 | 1/225 | 1/125 | 1/175 |
| 50 | 1/125 | 1/200 | 1/100 | 1/150 |
| ≤40 | 1/100 | 1/150 | 1/100 | 1/150 |

横坡处于水平状态附近时，其超高渐变率不应小于表 10-14 的规定。

表 10-14　公路匝道最小超高渐变率

| 断面类型 | | 单向单车道 | 单向双车道、非分隔式对向双车道 |
|---|---|---|---|
| 旋转轴位置 | 行车道中心线 | 1/800 | 1/500 |
| | 路缘带外边线 | 1/500 | 1/500 |

**4. 匝道的视距**

主线分流鼻之前应保证判断出口所需的识别视距。识别视距应大于表 10-15 的规定，条件受限制时，识别视距应大于 1.25 倍的主线停车视距。

在匝道全长范围内应具有不小于表 10-16 规定的视距。

表 10-15　识别视距

| 设计速度/(km/h) | 120 | 100 | 80 | 60 |
|---|---|---|---|---|
| 识别视距/m | 350～460 | 290～380 | 230～300 | 170～240 |

注：当驾驶者需接受的信息较多时，宜采用较大（接近高限）值。

表 10-16　匝道停车视距

| 设计速度/(km/h) | 80 | 70 | 60 | 50 | 40 | 35 | 30 |
|---|---|---|---|---|---|---|---|
| 停车视距/m | 110(135) | 95(120) | 75(100) | 65(70) | 40(45) | 35 | 30 |

注：在积雪冰冻地区，应不小于括号内的数值。

## 10.6 匝道端部设计

匝道端部是指匝道两端与主线相连接的道口，它包括出入口、变速车道及辅助车道等。因其结构复杂，行车速度变化较大，平、竖线形要求较高，成为立交设计的重点和难点。端部设计的一般原则是：出入顺适、安全，线形与主线协调一致；出入口应视认方便；主线与匝道间应能相互通视。

### 10.6.1　车道平衡设计

在高速公路、一级公路和城市快速路的全长或较长路段内，必须保持一定基本车道数，同时在主线与匝道的分、合流处必须保持车道数目的平衡，二者之间是通过辅助车道来协调的。

（1）基本车道数：是指一条道路或其某一区段内，根据交通量和通行能力的要求所必需的一定数量的车道数。基本车道数在相当长的路段内不应变动，不因通过互通式立交而改变基本车道数，目的是防止因修建立交而可能形成瓶颈或导致不必要的浪费。

（2）车道平衡原则：主线的车流时必然会因分、合流的存在而发生变化，分流减少，合流增大。为适应这种车流量的变化，保证车流畅通和工程经济，在分、合流处的车道数应保持平衡。

车道平衡的原则为：①两条车流合流以后主线上的车道数应不小于合流前的交汇道路上所有车道数总和减1；②主线上车道数应不小于分流以后分叉道路的所有车道数总和减1；③主线上的车道数每次减少不应多于一条。

分、合流处应按车道数平衡式(10-1)进行计算，以检验车道数是否平衡，如图10-28所示。

$$N_C \geqslant N_F + N_E - 1 \tag{10-1}$$

式中　$N_C$——分流前或合流后的主线车道数；
　　　$N_F$——分流后或合流前的主线车道数；
　　　$N_E$——匝道车道数。

(3) 辅助车道：在分、合流处，既要保持车道数平衡，又要保持基本车道数，如果二者发生矛盾时，可通过在分流点前与合流点后的主线上增设辅助车道的办法来解决，如图10-29所示。

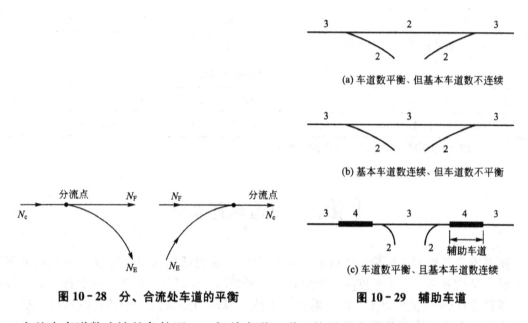

图10-28　分、合流处车道的平衡　　　图10-29　辅助车道

在基本车道数连续的条件下，一般单车道匝道也能满足车道数平衡的要求；而设置双车道匝道时车道数不平衡，应增设辅助车道。一般规定辅助车道长度在分流端为1000m，最小为600m；在合流端为600m。另外，当前一个立交加速车道的末端至下一个立交减速车道起点之间的距离小于500m时，必须设辅助车道将两者连接起来。

## 10.6.2　变速车道设计

在匝道与主线的连接路段，为适应车辆变速行驶的需要，而不致影响主线交通所设置的附加车道称为变速车道。在主线进口附近右侧增设的、为车辆加速进入主线而设的附加车道，称为加速车道。在主线出口附近右侧增设的、为车辆减速进入匝道而设的附加车道，称为减速车道。加速车道和减速车道总称为变速车道。

1. 变速车道的形式

变速车道一般分为平行式变速车道和直接式变速车道两种，如图10-30所示。

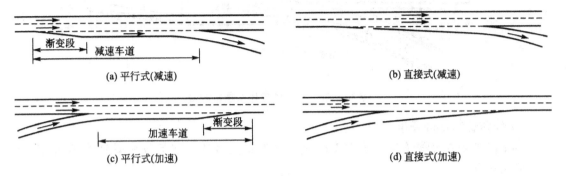

图10-30 变速车道的形式

1) 平行式

具有一定宽度的车道与主线车道平行，在其端部做成斜锥形（渐变段）与主线相连接。其特点是：车道划分明确，行车容易辨认，但车辆出入须按S形行驶，即行驶在反向曲线上，对行车不利，尤其在短的变速车道上，出入车辆因来不及转动方向盘，易偏离行车道。

2) 直接式

直接式变速车道不设平行于主线的路段，由出入口处主线渐变加宽，逐渐变成一个附加的车道与匝道相连接，数个变速车道全段均为斜锥形状。其特点是：与平行式变速车道相比较，线形顺适圆滑，与进出匝道转弯车辆的行驶轨迹较吻合，车速能充分利用，行车有利；但变速车道起点位置不易识别，易使行车方向混淆。

变速车道为单车道时，减速车道宜采用直接式，加速车道宜采用平行式。变速车道为双车道时，加、减速车道均应采用直接式。

《城规》要求城市道路立体交叉直行方向的交通量较大时，变速车道可采用平行式；直行方向的交通量较少时，变速车道可采用直接式。

3) 变速车道的组成

直接式和平行式变速车道的组成及平面布置如图10-31、图10-32所示。

2. 变速车道几何设计

变速车道长度为加速或减速车道长度与渐变段长度之和，如图10-31、图10-32所示。

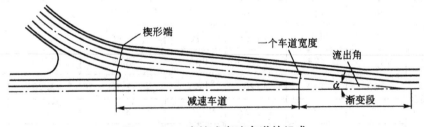

图10-31 直接式变速车道的组成

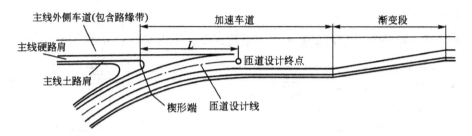

**图 10-32 平行式变速车道的组成**

1) 加减速车道的长度

加减速车道是指渐变段车道宽度达到一个车道宽度的位置与分流或合流端间的距离。其计算公式为

$$L = \frac{V_1^2 - V_2^2}{26\alpha} \tag{10-2}$$

式中 $V_1$——与主线合流必须达到的速度(km/h)，取值见表 10-17；

$V_2$——初速度，即匝道的设计速度(km/h)；

$\alpha$——汽车由匝道汇入主线的平均速度(m/s²)，一般取 $\alpha = 0.8 \sim 1.2$ m/s²。

表 10-17 车辆汇入速度 $V_1$

| 主线设计速度/(km/h) | 120 | 100 | 80 | 60 | 50 | 40 |
|---|---|---|---|---|---|---|
| $V_1$/(km/h) | 70 | 65 | 63 | 60 | 50 | 40 |

2) 渐变段长度

(1) 公路。

我国《公路路线设计规范》(JTG D20—2006)规定变速车道长度及有关参数见表 10-18。下坡路段的减速车道和上坡路段的加速车道，其长度应按表 10-19 中的修正系数予以修正。

表 10-18 变速车道长度及有关参数

| 变速车道类别 | | 主线设计速度/(km/h) | 变速车道长度/m | 渐变率/(1/m) | 渐变段长度/m | 主线硬路肩或其加宽后的宽度 $C_1$/m | 分、汇流鼻端半径[②]$r$/m | 分流鼻处匝道左侧硬路肩加宽 $C_2$/m |
|---|---|---|---|---|---|---|---|---|
| 出口 | 单车道 | 120 | 145 | 1/25 | 100 | 3.5 | 0.60 | 0.60 |
| | | 100 | 125 | 1/22.5 | 90 | 3.0 | 0.60 | 0.80 |
| | | 80 | 110 | 1/20 | 80 | 3.0 | 0.60 | 0.80 |
| | | 60 | 95 | 1/17.5 | 70 | 3.0 | 0.60 | 0.70 |
| | 双车道 | 120 | 225 | 1/22.5 | 90 | 3.5 | 0.70 | 0.70 |
| | | 100 | 190 | 1/20 | 80 | 3.0 | 0.70 | 0.70 |
| | | 80 | 170 | 1/17.5 | 70 | 3.0 | 0.70 | 0.90 |
| | | 60 | 140 | 1/15 | 60 | 3.0 | 0.60 | 0.60 |

(续)

| 变速车道类别 | | 主线设计速度/(km/h) | 变速车道长度/m | 渐变率/(1/m) | 渐变段长度/m | 主线硬路肩或其加宽后的宽度$C_1$/m | 分、汇流鼻端半径[②]$r$/m | 分流鼻处匝道左侧硬路肩加宽$C_2$/m |
|---|---|---|---|---|---|---|---|---|
| 入口 | 单车道[①] | 120 | 230 | —(1/45) | 90(180) | 3.5 | 0.6(0.55) | — |
| | | 100 | 200 | —(1/40) | 80(160) | 3.0 | 0.6(0.75) | — |
| | | 80 | 180 | —(1/40) | 70(160) | 2.5 | 0.6(0.75) | — |
| | | 60 | 155 | —(1/35) | 60(140) | 2.5 | 0.6(0.70) | — |
| | 双车道 | 120 | 400 | —(1/45) | 180 | 3.5 | 0.63 | — |
| | | 100 | 350 | —(1/40) | 160 | 3.0 | 0.63 | — |
| | | 80 | 310 | —(1/37.5) | 150 | 2.5 | 0.67 | — |
| | | 60 | 270 | —(1/35) | 140 | 2.5 | 0.50 | — |

① 表中单车道入口为平行式的,若为直接式时,采用括号内的数值。入口为单车道的双车道匝道,其加速车道的长度应增加10m或20m。

② 表中分、汇流鼻端半径$r$值在设计中可取至小数点后一位,甚至均采用0.6m。此时渐变段长度仍为表列之值。

表10-19 公路坡道上变速车道长度的修正系数

| 主线平均坡度/% | $i \leqslant 2$ | $2 < i \leqslant 3$ | $3 < i \leqslant 4$ | $i > 4$ |
|---|---|---|---|---|
| 下坡减速车道修正系数 | 1.00 | 1.10 | 1.20 | 1.30 |
| 上坡加速车道修正系数 | 1.00 | 1.20 | 1.30 | 1.40 |

(2)城市道路。

我国《城市道路设计规范》(JTG 37—1990)规定减速车道长度见表10-20,加速车道长度见表10-21,坡度长度修正系数见表10-22。

表10-20 城市道路减速车道长度(m)

| 干道计算行车速度/(km/h) \ 匝道计算行车速度/(km/h) | 60 | 50 | 45 | 40 | 35 | 30 | 25 | 20 |
|---|---|---|---|---|---|---|---|---|
| 120 | 110 | 130 | 140 | 145 | — | — | — | — |
| 80 | — | 70 | 80 | 85 | 90 | 95 | — | — |
| 60 | — | — | 50 | 60 | 65 | 70 | 75 | 80 |
| 50 | — | — | — | — | — | 45 | 50 | 55 | 60 |
| 40 | — | — | — | — | — | — | 35 | 40 |

表 10-21 城市道路加速车道长度(m)

| 干道计算行车速度/(km/h) \ 匝道计算行车速度/(km/h) | 60 | 50 | 45 | 40 | 35 | 30 | 25 | 20 |
|---|---|---|---|---|---|---|---|---|
| 120 | 270 | 300 | 330 | — | — | — | — | — |
| 80 | 180 | 200 | 210 | 220 | 230 | — | — | — |
| 60 | — | — | 150 | 180 | 190 | 200 | 210 | 220 |
| 50 | — | — | — | — | 80 | 100 | 110 | 120 |
| 40 | — | — | — | — | — | — | 50 | 60 |

表 10-22 城市道路变速车道长度修正系数

| 干道平均纵坡度/% | $0<j\leq2$ | $2<j\leq3$ | $3<j\leq4$ | $4<j\leq6$ |
|---|---|---|---|---|
| 减速车道下坡长度修正系数 | 1 | 1.1 | 1.2 | 1.3 |
| 加速车道上坡长度修正系数 | 1 | 1.2 | 1.3 | 1.4 |

3)直接式变速车道流入、流出角的确定

变速车道采用直接式时,流出角一般取 1/20~1/15,流入角一般取为 1/40~1/20。

3. 变速车道横断面设计

变速车道横断面由行车道、右路肩(包括路缘带)和左路缘带组成。各部分宽度如图 10-33 所示。

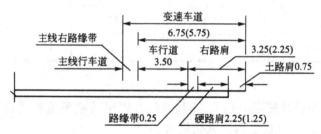

图 10-33 变速车道的宽度(单位:m)

## 10.6.3 匝道出入口端部设计

### 1. 出入口设计

匝道出入口端部指匝道与主线分、合的端部,又叫鼻端,鼻端处车辆要分流或合流,行车复杂,且易发生碰撞(出口鼻端),因此是匝道端部设计的重要内容。设计时应注意满足以下要求。

1)入口端部设计

(1)入口楔形端的流入角度应尽量小一些,与主线有一定长度的能够相互通视的平行部分。为此应该使主线的纵坡与匝道纵坡在距楔形端较远之前取得一致。

(2)入口端部应设在主线的下坡坡路段,以利用重型车辆加速,并在匝道汇入主线之前保持主线 100m 和匝道 60m 的三角区域内通视无阻(图 10-34)。

(3) 整个三角区都应当铺砌。为了诱导驾驶员严格按车道行驶,除标出匝道两边的车道线外,三角区的构造与颜色应与行车道路面有所不同。

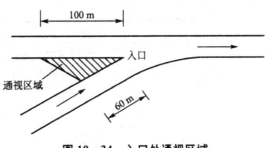

图 10-34 入口处通视区域

(4) 入口端部行车方向明确,一般驾驶员不会弄错行驶方向,因而流入楔形端一般不需设置缩进间距。

2) 出口端部设计

(1) 出口端部应易于识别,一般设在跨线桥构造物之前。当设置在跨线桥后时,匝道出口至跨线桥的距离不应小于 150m。

(2) 出口最好位于上坡路段。

(3) 主线路肩较窄时,分流楔形端部,为给弄错方向、误入匝道的直行车辆提供返回空间,必须设置缩进间距,并考虑减速车道的形状及形式。

(4) 出口鼻端是易发生车辆碰撞护栏的地点,因此端部应缩进、后退,并设置防碰的安全设施(如防撞桶等),出口端应有足够的视距,并容易识别,避免产生不良的视线诱导,造成车辆误行。

2. 端部设计

互通式立体交叉的出入口除高速匝道外,应设置在主线行车道的右侧。在分流鼻两侧,应在行车道边缘设置偏置加宽,如图 10-35 所示。

偏置加宽值和分流鼻端圆弧半径规定见表 10-23,分流鼻处的加宽路面收敛到正常路面的过渡长度 $Z_1$ 和 $Z_2$,应不小于依据表 10-24 渐变率计算的值。

分流鼻位于桥梁等构造物上时,自分流鼻端处之后应预留安装防撞垫等缓冲设施的位置,即分流鼻端处后方(行驶的前进方向)6~10m 的区域应铺设桥面系统,并安装护栏。

表 10-23 分流鼻偏置值及鼻端半径

| 分流方式 | 主线偏置值 $C_1$/m | 匝道偏置值 $C_2$/m | 鼻端半径 $r$/m |
|---|---|---|---|
| 驶离主线[①] | 2.5~3.5 | 0.6~1.0 | 0.6~1.0 |
| 主线分岔 | ≥ | | 0.6~1.0 |

① 设计时可取用表之值。

表 10-24 分流鼻偏置值加宽渐变率

| 设计速度/(km/h) | 渐变率/(1/m) | 设计速度/(km/h) | 渐变率/(1/m) |
|---|---|---|---|
| 120 | 1/12 | 60 | 1/8 |
| 100 | ≥1/11 | ≤40 | 1/7 |
| 80 | 1/10 | | |

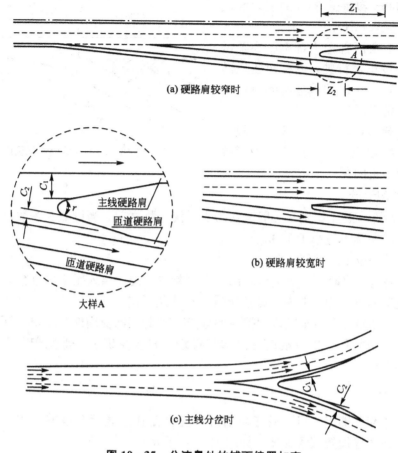

图 10-35 分流鼻处的铺面偏置加宽

## 10.6.4 主线的分岔、合流和匝道的分流、合流

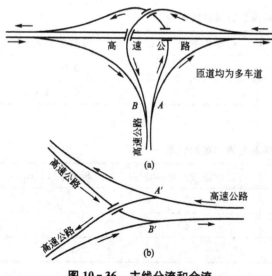

图 10-36 主线分流和合流

1. 概述

在枢纽式互通中,往往会遇到一条高速分岔成两条连接线转到另一条高速公路上,或者两条高速公路的连接线合流为一条高速公路的情况,如图 10-36 所示。对于这种高速公路分岔与合流的端部的设计应作为特殊设计,此时分、合流两条均为多车道匝道,且无主次之分。

2. 设计及要求

1) 主线的分岔与合流端部

主线的分岔与合流端部的设计应符合车道数平衡的规定。

2) 主线的分岔和合流中的渐变段

(1) 自分岔前或合流后的路幅(包括为维持车道数平衡而增加的辅助车道)至增加或减少一条车道(两幅行车道出现公共路缘带的断面)的渐变段内,路幅宽度应线性变化。

(2) 分岔和合流渐变段的渐变率分别为 1∶40 和 1∶80。

(3) 渐变段的边线及其邻接的双幅路段的边线,其线形应连续。

3) 匝道间的分流和汇流中的渐变段

(1) 匝道间分流、汇流前后车道数不同,应设分流、汇流渐变段。分流、汇流渐变段的最小长度规定见表 10-25。

表 10-25 匝道间分流、汇流渐变段的最小长度

| 分、汇流速度/(km/h) | 渐变段最小长度/m | |
|---|---|---|
| | 分流 | 汇流 |
| 40 | 40 | 60 |
| 60 | 60 | 90 |
| 80 | 80 | 120 |

注:渐变段长度为行车道增加或减少一个车道间路缘带宽度的线性过渡长度。

(2) 在渐变段范围内行车道两边的线形应一致并与双幅路段边线的线形相连接。汇流鼻后或分流鼻前,两行车道的公共铺面路段的纵面线形应一致。

(3) 汇流前的匝道仅为超车之需而采用双车道时,宜在汇流前先并流为单车道,如图 10-37 所示。在并流前应设置预告标志,且在并流渐变段内的路面上划有并流标志。

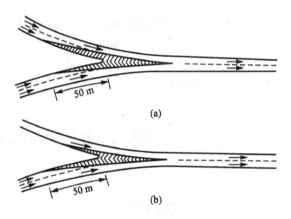

图 10-37 汇流前先并流

4) 相邻出、入口的间距

(1) 高速公路上如图 10-38 所示的各相邻出口或入口之间、匝道上相邻出口或入口之间、主线上的出口至前方相邻入口之间的距离应不小于表 10-26 所列之值。

(2) 当不能保证主线出入口间的应有距离或遇转弯车流的紧迫交织干扰主线车流量,应采用与主线相分隔的集散道将出入口串联起来。

(3) 集散道由行车道、硬路肩组成。集散道与主线间设分隔带。

| 主线上的相邻出口或入口 | 匝道上的相邻出口或入口 | 主线上的出口至前方相邻入口 |
|---|---|---|
| ←$L_1$→ | ←$L_2$→ | ←$L_3$→ |
| ←$L_1$→ | ←$L_2$→ | |

图 10-38 各种相邻出、入口之间和距离

表 10-26　高速公路相邻出、入口最小间距

| 主线设计速度/(km/h) | | | | 120 | 100 | 80 |
|---|---|---|---|---|---|---|
| 间距/m | $L_1$ | 一般值 | | 350 | 300 | 250 |
| | | 最小值 | 干　线 | 300 | 250 | 200 |
| | | | 支　线 | 240 | 220 | 200 |
| | $L_2$ | 一般值 | | 300 | 250 | 200 |
| | | 最小值 | 枢纽互通式立体交叉 | 240 | 200 | 200 |
| | | | 一般互通式立体交叉 | 180 | 160 | 160 |
| | $L_3$ | 一般值 | | 200 | 150 | 150 |
| | | 最小值 | 干　线 | 150 | 150 | 120 |
| | | | 支　线 | 120 | 120 | 100 |

（4）集散道一般为双车道；交通量较小时，非交织段可为单车道。右侧硬路肩的宽度一般为 2.50m；当双车道的交通量大于或略大于单车道的通行能力时，硬路肩的宽度可减至 0.1m。

（5）集散道与主线的连接应按出入口对待，并符合车道数平衡的原则。单车道出入口能满足交通量的需要时，可采用单车道出入口的双车道匝道的布置形式。

集散道上相继入口或出口的间距，应满足匝道出入口间距的规定；入口和后继出口的间距应满足交织的需要。

## 10.7 道路与其他道路及管线交叉

### 10.7.1　道路与铁路交叉

道路与铁路交叉不存在设置连接匝道问题，形式简单。道路与铁路交叉分为平面交叉（又称道口）和立体交叉两种。

1. 设置条件与位置选择

1）设置条件

一般根据道路和铁路的等级、交通量、安全、经济等因素综合确定是采用平面交叉还是立体交叉。原则上应优先考虑设置立体交叉。

高速公路、一级公路和快速路与铁路交叉时，必须设置立体交叉。其他各级道路与铁路交叉，符合下列情况之一者，应设置立体交叉：①Ⅰ级铁路与公路交叉时；②铁路路段旅客列车设计行车速度大于或等于120km/h的地段与公路交叉时；③铁路与二级公路交叉时；④由于铁路调车作业对公路上行驶的车辆会造成较严重延误时；⑤地形条件适宜修建立体交叉而工程规模相对较小时；⑥受地形等条件限制，采用平面交叉会危及公路行车安全时。

2) 位置选择

(1) 公路与铁路立体交叉宜选在双方线形均为直线的地段，或平、纵线形技术指标高且通视良好的地段。

(2) 公路与铁路立体相交，以垂直交叉为宜。必须斜交时，其交叉的锐角应不小于70°；受地形条件或其他特殊情况限制时，应不小于60°。

(3) 高速公路、一级公路与铁路交叉，在考虑铁路对立交桥设置要求的同时，其立交位置应符合该路段公路平、纵线形设计总体布局，使线形连续、均衡、顺适，不得在该局部地段降低技术指标。

(4) 公路与铁路立体交叉的改建工程，应根据公路网规划确定公路等级、交叉位置等。由于改善交叉角或移位而改线时，其路线的平、纵技术指标不得低于相衔接路段的一般值，更不得采用相应公路等级的最小值。

(5) 公路与铁路立体交叉的公路引道范围内，不得设置公路平面交叉。

(6) 公路与铁路立体交叉范围内的公路视距要求为：高速公路、一级公路应满足停车视距；二级、三级、四级公路应满足会车视距。

2. 道路与铁路立体交叉设计要点

道路与铁路立体交叉形式有道路上跨或下穿两种，应根据总体规划，并考虑瞭望条件、地下设施、地形、地质、水文、环境、施工等因素综合比较确定。

1) 平面要求

立体交叉范围平面线形及与桥头下线距离应分别符合道路与铁路路线设计的要求，并以直线为宜；高速公路、一级公路应满足停车视距要求，二级、三级、四级公路应满足会车视距；道路引道范围内不得另有平面交叉。

2) 纵面要求

道路上跨时，其桥上和引道纵坡应符合道路有关规定。道路下穿时，纵坡不宜大于4%；当非机动车多时不宜大于3%；当机、非分离行驶时，二者可在不同标高上。

3) 横断面要求

无论道路上跨或下穿，行车道宽度都不应缩减；人行道宽度可视人流量而定，但每侧不应小于1.5m。各组成部分宽度发生变更时应在引道上设置过渡段。

4) 净空要求

道路上跨时，跨线桥的孔径应根据地形、地质情况和桥下净空要求等确定。桥下净空高度应符合铁路1435mm标准轨距建筑界限有关规定。

当道路下穿时，铁路跨线桥桥下净空的宽度应包括该道路横断面的所有组成部分。净高应符合道路建筑限界的规定。三级、四级公路行车道部分的净高不应小于5.0m。

5) 路基路面要求

道路的路面应铺筑次高级以上路面。下穿的道路应考虑地面水、地下水、毛细水和冰冻作用对路基强度和稳定性的影响，并采取相应措施。

6) 排水要求

立体交叉范围内的排水设计，应满足铁路和公路的排水要求。

7) 安全防护要求

公路跨越铁路路段旅客列车设计行车速度为140km/h的路段时，跨线桥应设防撞护栏和防落网；铁路上跨高速公路、一级公路时，其跨线桥应设防落网。

### 10.7.2　道路与乡村道路交叉

乡村道路泛指位于村镇之间供机动车、非机动车及行人通行的非等级道路。乡村道路分为机动车通行道路和非机动车与行人通行道路两类。

1. 设置条件

(1) 高速公路、一级公路与乡村道路交叉时必须设置立体交叉。

(2) 二级、三级、四级公路与乡村道路交叉可设平面交叉，地形条件有利或道路交通量大时，可设立体交叉。

(3) 城镇或人口稠密的村落或学校附近宜设置供行人通行的人行道或人行天桥。

2. 设计要点

公路与乡村道路相交，符合下列情况者应对乡村道路进行改线。改线段平、纵技术指标不应低于四级公路的最小值。

(1) 交叉的锐角小于60°时。

(2) 按规划或交叉总体设计对交叉予以合并或调整交叉位置。

(3) 交叉处的地形、地质、视距或原乡村道路平面线形不适宜设置交叉。

(4) 改造原平面交叉其工程量增加较大时。

通道的间隔以400m左右为宜。农业机械化程度高的地区间隔宜适当加大。通道的交叉角以垂直为宜。必须斜交时，其交叉的锐角应不小于70°；受地形条件或其他特殊情况限制时，应不小于60°。通道处的乡村道路平面线形宜为直线，其两侧的直线长度应不小于20m。

(5) 通道的净空：

净高：通行拖拉机、畜力车时，≥2.70m；通行农用汽车时，≥3.20m；净宽：按交通量和通行农业机械类型选用，≥4.00m；通道过长或敷设排水渠时，视情况增宽。

天桥：主要公路为路堑地段或地形条件有利时可设置天桥，并以垂直交叉为宜，其主要技术指标可参照四级公路相关标准执行，桥面净宽应不小于4.50m。天桥的车道荷载等级应采用公路Ⅱ级。为防止超载车辆通行，应设置标志等设施。跨越高速公路、一级公路的天桥，应设防落网。天桥的桥面雨水不得直接排至公路路面。

人行天桥：净宽大于等于3.0m，其坡度不应陡于1∶7，有条件时其坡度不应陡于1∶4。

### 10.7.3　道路与管线交叉

与道路相交的管线主要有给水管、污水管、雨水管、燃气管、暖气管、输油管、电力线、电信线等。根据管线的布设方式，可有地下埋设和空中架设两种。敷设在地面以下的称为地下管线，架设在地面的称为地上杆线。一般要求如下。

(1) 道路与架空送电线路交叉。

公路与架空送电线路相交，以垂直交叉为宜。必须斜交时，其交叉的锐角应不小于70°；受地形条件或其他特殊情况限制时，应不小于60°。公路从架空送电线路下穿过时，应从导线最大弧垂与杆塔间通过，并使送电线路导线与公路交叉处的距路面的垂直距离不小于表 10-27 规定值。

表 10-27 架空送电线路导线距路面的最小垂直距离

| 架空送电线路标称电压/kV | 35～110 | 154～220 | 330 | 500 |
|---|---|---|---|---|
| 距路面最小垂直距离/m | 7.0 | 8.0 | 9.0 | 14.0 |

(2) 道路与地下管线交叉。

公路与原油、天然气输送管道相交，以垂直交叉为宜。必须斜交时，其交叉的锐角宜不小于 60°；受地形条件或其他特殊情况限制时应不小于 45°。

公路与原油、天然气输送管道接近时，油、气管道防护带外缘距公路用地范围外侧边缘线之间必须留规定的安全距离。

(3) 严禁天然气输送管道利用公路桥梁跨越河流。原油、天然气输送管道穿(跨)越河流时，管道距大桥的距离，不应小于 100m；距中桥不应小于 50m。严禁原油、天然气输送管道通过公路隧道。

(4) 各种管线跨越公路的设施，不得侵入公路建筑限界，不得妨碍公路交通安全、损害公路设施，也不得对公路及其设施形成潜在威胁。

# 本 章 小 结

立体交叉是利用跨线构造物使道路与道路在不同标高的平面上相互交叉的连接方式。立体交叉是高速道路必不可少的组成部分，在道路交通中起着非常重要的作用。采用立交可使各方向车流在不同标高的平面上行驶，消除或减少了冲突点；车流可连续稳定行驶，提高了道路的通行能力；控制了相交道路车辆的出入，使车辆各行其道，互不干扰，为车辆的快速、安全、经济、舒适行驶提供保证。

立体交叉由跨线构造物、主线、匝道、出入口以及变速车道等部分组成，立体交叉按相交道路结构物形式划分为上跨式和下穿式两类，按交通功能划分为分离式立交和互通式立交两类。立体交叉基本形状有：喇叭形、苜蓿叶形、Y 形和 X 形等。

立交主线设计基本要求与一般道路设计一样，但还要求在交叉口处增设易识设施、进出变速车道等交通设施。线形尽量采用高标准的指标，如直线或大半径的曲线、纵坡小、大净空。

匝道是互通式立交的组成部分，供跨线构造物上、下相交道路的转弯车辆行驶，匝道的设计速度一般为主线设计速度的 50%～70%，其设计速度最好是变化的，靠近主线部分，设计速度要高一些，反之要低一些。匝道平面线形应与匝道的设计车速及类型相适应，同时考虑地形、地物、占地等条件，从而保证匝道上行驶的车辆连续、稳定、安全。匝道纵断面线形也应采用高标准，尽可能连续、顺适、均衡、缓坡、安全、舒适。出口匝道宜为上坡匝道，以利于车辆减速，反之进口匝道宜为下坡，以利于车辆加速。

匝道端部就是匝道两端与主线相连接的道口，包括出入口、变速车道及辅助车道等。端部设计的一般原则是：出入顺适、安全，线形与主线协调一致；出入口应视认方便；主线与匝道间应能相互通视，避免出现反超高。

道路与铁路交叉不存在设置连接匝道问题，形式简单。由于现代铁路的速度都越来越快，因此，道路与铁路尽量采用立体交叉，并要注意净空、排水、安全防护等要求。

高速公路、一级公路与乡村道路交叉时必须设置立体交叉。

二、三、四级公路与乡村道路交叉可设平面交叉，地形条件有利或道路交通量大时，可设立体交叉。

城镇或人口稠密的村落或学校附近宜设置供行人通行的人行道或人行天桥。

道路与给水管、污水管、雨水管、燃气管、暖气管、输油管、电力线、电信线等相交时，尽量正交，互不干扰，不得妨碍公共安全。

# 习题与思考题

10-1 综述立体交叉的主要组成和基本特征。

10-2 简述苜蓿叶形互通式立交的特点和适用条件。

10-3 简述喇叭形互通式立交的特点和适用条件。

10-4 简述互通式立交方案评价方法和主要评价内容。

10-5 叙述匝道纵面线形设计的特点。

10-6 简述出入口端部设计的特点。

10-7 试画出符合下列条件的所有适合的立交方案(用地均不受限制)。

(1) 两条转向流量均衡的快速路相交。

(2) 两条高速公路相交，一、三象限左转流量较小，二、四象限左转流量较大。

(3) 高速公路与二级公路相交，进、出高速公路需收费。

10-8 图10-39所示为一T形路口，相交道路均为各向三车道，而匝道采用二车道。若$AC$为主左转交通方向，且用地不受限制。需要规划一座喇叭形立体交叉。试分析说明分、合流处的车道数。

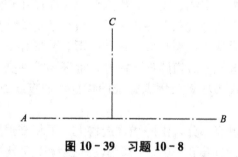

图 10-39 习题 10-8

# 第 11 章 道路沿线设施

**教学要点**

| 知识要点 | 掌握程度 | 相关知识 |
|---|---|---|
| 基本概念 | (1) 掌握沿线设施的特点和布局；<br>(2) 掌握沿线设施的相关技术规范与标准 | (1) 公交站点、停车场、道路照明、高速公路服务设施<br>(2) 相关规范的要求 |

**技能要点**

| 技能要点 | 掌握程度 | 应用方向 |
|---|---|---|
| 道路沿线设施的设计 | (1) 道路沿线设施设计原则；<br>(2) 道路沿线设施设计成果的表达 | (1) 掌握公交站点的设计；<br>(2) 掌握停车场的设计；<br>(3) 掌握道路照明设计；<br>(4) 掌握高速公路服务设施设计 |

## 基本概念

首末站、枢纽站、停靠站、公交站的间距、公交站的布置；停车场、停车场规模、停放方式；照明标准、平均亮度、平均照度、均匀度、照明系统的布置；高速公路停靠站的布设、停车区的布设、服务区的布设。

## 引例

为保证公路安全、迅速、经济、舒适地营运和正常使用，各级公路应按规定设置必要的沿线设施。一条完善的道路系统离不开道路沿线配套设施的辅助，在道路等级不断提高、运行质量不断提升的今天，人们对完善的道路交通设施提出了更多的要求，安全、舒适、快捷的运行理念也促使人们不断地加快完善道路沿线设施的建设。

## 11.1 公共交通站点的布置

按道路的使用任务和功能，为满足道路使用者的各种需要，在道路上应按规定设置必要的沿线设施。道路沿线设施是保证行车安全、方便服务、便于运营管理的重要措施，也是现代道路必不可少的配套设施，在道路设计中应予以足够重视。

道路沿线设施包括交通安全设施、服务设施和管理设施。沿线设施的建设规模与标准应根据道路网规划、道路的功能、等级、交通量等确定，按保障安全、提供服务、利于管理的原则进行设计。

### 11.1.1 公共交通站点的种类和布置

我国道路尤其是城市道路承担着大量的客运交通量，城市道路的客运交通应优先发展公共交通。在规划设计公共交通路线的同时，应重视公共交通站点的合理布置。

城市公共交通站点（简称公交站）分为首末站、枢纽站和中间停靠站。合理规划布置站点需要对客流的流向、流量进行调查分析，必要时可通过试用予以调整。因不同公交站点通性质、交通量和用地等要求各不相同，一般优先考虑首末站和枢纽站的布置。

1. 首末站

公共交通车辆需在首末站进行调头，部分车辆需暂时停歇、加水、清洁、保养及小修，首末站供公交车辆夜间存放，要占用较大的场地，每处用地面积 1000~1400 $m^2$ 是运营的最低要求。首末站一般布置在城市道路外的用地上或大型停车场内。

2. 枢纽站

在城市居民大量集散地，常有几条公交线路经过，上下车和换车的乘客多，各条线站点比较集中，这种站点称为枢纽站。枢纽站的布置应注意乘客、行人和车辆的安全，尽量使换车乘客不穿越行车道且步行距离最短。

3. 停靠站

停靠站是指公交车辆在公交线路上中途停靠的位置，以供乘客安全上下车而设的一种道路设施。停靠站主要布置在客流集散的地点，如干道交叉口、火车站、大型商场、重要机关单位、大型工矿企业或大专院校等地点。

### 11.1.2 公交站的间距

根据对公交乘客的乘车心理分析可知，在公交车上的乘客总是希望车辆尽快到达目的地，中途最好不停或少停车；而对于路线中途要上、下车的乘客则希望车站离出发点或目的地很近，以使步行时间最短，即要求站距短一点（多设站）好。可见车上和车下的出行者对站点布设的距离要求是不一样的，但他们的目的都一样，即希望出行的途中所用时间最少。

公交站的设置间距，应以方便乘客、节省乘客出行时间及提高站间行车速度为原则。站距小，设站过多，增加乘客的乘车时间，车辆速度较低，且频繁启动、制动，轮胎与燃料消耗大；如站距过大，虽然车辆运行速度提高，乘客的乘车时间减少，但增加了乘客的步行时间，乘车不便。

实际上，在道路上布设公交车站时，其站距还要受到道路系统结构、交叉口间距、沿线用地性质等的影响，因此在整条线路上，站距是不相等的。市中心区客流密集，线路两侧客流集散点较多，乘客上下车频繁，站距宜小些；城市边远地区，站距可大些；而郊区可更大些。通常公交站比较合理的间距，市区一般以 500~600m 为宜，郊区为 1000m 左右。在交叉口附近设站时，为不影响交叉口的交通组织和通行能力，宜安排在交叉口出口道一侧或便于客流集散的一侧，距交叉口 50~100m 为宜。交通量较小的道路，站位距交叉口不小于 30m。

### 11.1.3 公交站台的布置方式

公交站台的布置方式与道路横断面布设形式有关，主要有沿人行道边设置和沿行车道分隔带设置两种。

1. 沿人行道边设置

这种布置方式一般只需在人行道上辟出一段用地作为站台，以供乘客候车和上下车，如图 11-1 所示。站台高度以 30cm 为宜，并避免有杆柱阻碍，以方便乘客上下车。其特点是构造简单，对乘客上下车最安全，但停靠的车辆占用非机动车道，对非机动车交通影响较大，多适用于非机动车交通量较小、车道较宽的单幅路或双幅路。

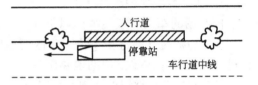

图 11-1 沿人行道边设置的停靠站

2. 沿行车道分隔带设置

这种布置方式，站台须全部或部分占用行车道分隔带，以供乘客候车和上下车，如图 11-2 所示。其特点是停靠的公交车辆对非机动车影响小，但上下车乘客需横穿非机动车道，影响非机动车道的交通，适用于非机动车交通量较大的三幅路或四幅路。

当分隔带较窄时，可采用图 11-2(a) 的方式，为使乘客上下车和候车方便、安全，布置站台的分隔带宽度应不小于 2m，站台长度视停靠的车辆数而定。

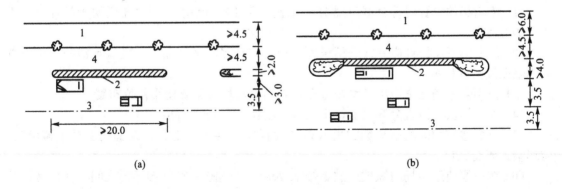

图 11-2 沿行车道分隔带设置的停靠站（单位：m）
1—人行道；2—停靠站；3—路中线；4—非机动车道

当分隔带较宽时（超过4m），可采用如图11-2(b)的方式，利用减窄一段分隔带宽度改为路面，做成港湾式停靠站，以减少停靠车辆所占的车道宽度，保证正线上的交通畅通。港湾的宽度和长度根据停靠车辆类型而定，一般至少有两个停车位。该法对机动车道较窄的路段较适用。

## 11.2 停车场设计

在规划和设计城市道路时，应考虑车辆的停放场地，设计独立的城市公共停车场。城市公共停车场是指在道路外的独立地段为机动车和自行车设置的露天或室内公共停车场地，包括汽车停车场和自行车停车场。

### 11.2.1 汽车停车场设计

1. 停车场的布局与规模

停车场的布局一般应考虑以下几个方面。

(1) 为减轻外地进城车辆对市区交通的压力，应在城市外围地带设置专用停车场，如在进、出城几个主要方向的道路附近。

(2) 对外交通枢纽所在地及市中心地区应设置停车场，如车站、码头、机场、广场等。

(3) 在车流大量集中的大型公共建筑物附近，如大型体育场、影剧院、大型超市、商场、重要机关单位等。

整个城市的停车场面积可按下式计算：

$$F = Ana \tag{11-1}$$

式中　$F$——停车场总面积($m^2$)；

　　　$A$——城市内汽车总数；

　　　$n$——使用停车场汽车的百分比；

　　　$a$——每一辆汽车占用的面积($m^2$)，与车辆类型和停车方式有关。

2. 停车场的设计原则

(1) 停车场的设置应符合城市规划与道路交通组织的要求，同时还应便于各种不同性质车辆的使用。

(2) 停车场平面设计应有效利用场地，合理安排停车区及通道，应满足消防要求，并留出辅助设置的位置。

(3) 公用停车场在全市尽量均衡分布，专用停车场应紧靠使用单位布置。

(4) 停车场出入口宜分开设置，出入口宽度在7~10m之间。

(5) 重要建筑物前的停车场的出入口应设置在次要干道上，若设置在主要干道旁时，应尽量远离交叉口。

(6) 在平原地区，场内纵坡应满足排水要求，一般在0.3%~0.5%之间；在山区或丘陵区，要满足停放汽车不产生滑移的要求，并与自然地形相结合。

(7) 停车场内交通路线必须明确，宜采用单向行驶路线，避免互相交叉，并应与交叉口行驶方向一致。

3. 设计步骤

1) 选定设计车辆

设计车辆划分为3种类型。

(1) 小型车，包括小轿车、小吉普车、小型客车、2t以下货车。

(2) 大型车，包括普通载重汽车、大客车。

(3) 特殊大型车，包括拖挂车、铰接公共汽车、平板车。

其外形尺寸见表11-1。停车场设计时应以高峰时所占比重大的车型作为设计车型。

表11-1　停车场设计车辆的外形尺寸

| 设计车辆 | 车身长度/m | 车身宽度/m |
| --- | --- | --- |
| 小型车 | 6.0 | 1.8 |
| 大型车 | 12.0 | 2.5 |
| 特殊大型车 | 18.0 | 2.5 |

2) 选定车辆停放方式

停车场内车辆的停放方式，对于车位组合、单位停车面积以及停车场总面积的计算等有关。

车辆的停放方式，按汽车纵轴线与通行道的夹角关系分为平行式、垂直式和斜放式3种类型。

(1) 平行式：车辆平行于通行道方向头尾相接停放，如图11-3所示。这种方式所需停车带较窄，一般在3m以下，驶出车辆方便、迅速，但为使后面车辆驶出停车道或待停车辆驶入停车道，前后两车要求的净距较大，占地较长。

(2) 垂直式：车辆垂直于通行道方向停放，如图11-4所示。这种方式单位长度内停放的车辆数较多，用地紧凑，但停车带占地较宽，进出停车时需倒车一次，要求通行道至少有两个车道宽。

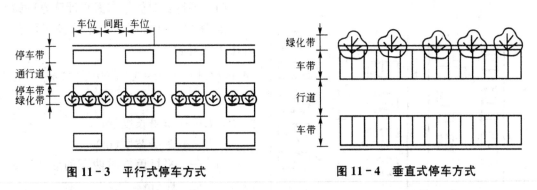

图11-3　平行式停车方式　　　　图11-4　垂直式停车方式

(3) 斜放式：车辆与通道成角度停放，一般按30°、45°、60°三种角度停放，如图11-5所示。因停放不易排列整齐，且占地面积不经济，故较少采用。

车辆停放方式一般采用平行式或垂直式，具体采用哪一种方式，还应根据停车场常用的车辆疏散情况及场地限制条件而定。对车辆随来随走的停车场宜采用垂直式的停车方

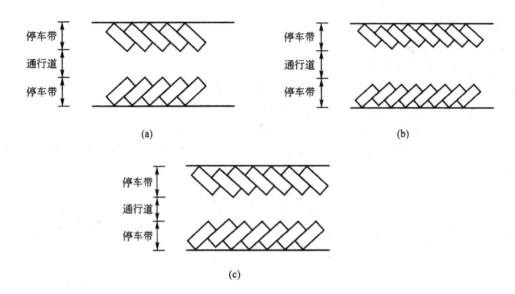

图 11-5 斜放式停车方式

式;车辆零来整走则宜采用平行式停车方式。

3) 确定停车带和通行道宽度

停车带和通行道是停车场的主要组成部分,其宽度确定主要应考虑以下因素。

(1) 设计车辆,如车长、车宽和车门宽等。

(2) 车辆的最小转弯半径。

(3) 停车方式和车辆之间的安全净距。

(4) 驾驶员的驾驶熟练程度等。

(5) 停车带和通行道宽度应按《城规》机动车停车场设计参数的有关规定执行。

4) 确定单位停车面积

单位停车面积即停放一辆汽车所需的用地面积,它与车辆尺寸和停放方式、通行道的条数和宽度、车辆集散要求以及绿化面积等因素有关。

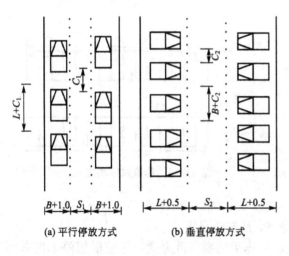

图 11-6 单位停车面积计算图(单位:m)

(1) 平行式单位停车面积计算方法如下。

如图 11-6(a)所示,单位停车面积 $A_1$ 可按下式计算:

$$A_1 = (L+C_1)(B+0.5) + (L+C_1)\frac{S_1}{2} \quad (m^2)$$

(11-2)

式中 $L$——车身长度(m);
$B$——车身宽度(m);
$C_1$——平行停放时两车前后之间的净距(m);
$S_1$——平行式停车通道宽度(m)。

(2) 垂直式单位停车面积计算方法如下。

如图 11-6(b)所示,单位停车面积 $A_2$ 可按下式计算:

$$A_2 = (L+0.5)(B+C_2) + (B+C_2)\frac{S_2}{2} \quad (m^2) \qquad (11-3)$$

式中 $L$——车身长度(m)；

$B$——车身宽度(m)；

$C_2$——垂直停放时两车前后之间的净距(m)；

$S_2$——垂直式停车通道宽度(m)。

公共停车场的面积，宜按当量小汽车停车位数计算。地面停车场用地面积，每个停车位宜为 25～30m²；停车楼和地下停车库的建筑面积，每个停车位宜为 30～35m²。

此外，停车场的设计还应综合考虑停车场内的路面结构、绿化、照明、排水，以及根据不同性质的停车场设置相应的附属设施。

### 11.2.2 自行车停车场设计

在自行车大量聚集的地点，如超市、商场、体育场、电影院、公园、风景点等处均应设置多处自行车停车场。在闹市区，应充分利用行人较少的街巷或附近空地设置自行车停车场，并尽量避免占用人行道。

由于自行车体积小，使用灵活，对停车场地的形状和大小要求比较自由，布设也较简单，设计时可按每辆占地(包括通行道)1.4～1.8m² 计算。停放方式多为垂直停放和成一定角度斜放，按场地条件可单排和双排两种排列，其中垂直设支架固定的形式为常见的停放方式。如图 11-7 所示，图(a)是将前轮搁在固定的架子上，车辆相对排列，相互错开；图(b)是竖向错开车把；图(c)是将自行车斜放成 60°；图(d)是前轮和车身成 30°，使车把相互咬合；图(e)是垂直走道平行排列。

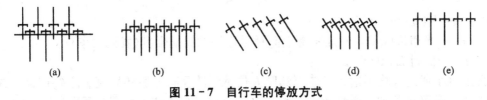

图 11-7 自行车的停放方式

自行车停车场出入口不宜少于两个。出入口的宽度，一般至少有 2.5～3.5m，以保证每个口能满足一对相向车辆进出时的需要。场内停车区应分组安排，每组场地长度以 15～20m 为宜。

对公路，为方便旅客和保障行车安全，应于适当地点设置停车场。在车站、渡口、食宿站、服务区、游览区、城镇附近等处，自行设置各自的停车设施，不得占用行车道作为停车场。

## 11.3 道路照明设计

### 11.3.1 照明标准

道路照明是道路交通附属设施的一个重要组成部分，它的基本要求是保证车辆和行人在夜间能获得足够、舒适的可见程度(视度)，既有比较均匀、充分的亮度，而又不产生耀眼的眩光。此外，道路照明的效果对美化街景和增加节日气氛也具有相当重要的影响。

1. 道路照明的作用与要求

(1)夜间照明可为道路(车行道和人行道)提供必要的照度，使用路者在夜间交通中能迅速准确地识别判断道路交通状况并及时采取相应措施以保证交通安全，同时可使夜间行人增加安全感。

(2)道路照明对行车视线诱导有一定作用。一是与道路线形变化一致的灯光的诱导作用；二是照明为道路提供了必要的照度以看清道路轮廓与边缘，使驾驶员从容驾驶，并预知前方路线线形。

(3)道路照明也为道路附近环境提供一定的照度，使照明设施与周围一定空间共处于特定的夜间道路景观环境之中。

(4)考虑道路照明满足交通功能和景观功能的要求，照明设施的规划设计应做到美观、合理、安全可靠、技术先进。

2. 道路照明标准

为保证道路照明质量，达到辨认可靠和视觉舒适的基本要求，道路照明以满足平均路面亮度(照度)、路面亮度(照度)均匀度和眩光限制3项技术指标为标准。

1)平均路面亮度(照度)

我国现行规范中所用的亮度单位是"坎德拉/平方米"($cd/m^2$)，即为每平方米表面上沿法线方面产生1坎德拉(国际新烛光)的光强度，或用"勒克司"(lx)表示照度，即每平方米照射面上分布1"流明"(lm)的光通量。照度可按下式计算：

$$E=\frac{F}{S} \tag{11-4}$$

式中　$E$——照度(lx)；

　　　$F$——光通量(lm)，它表示能引起视觉作用的光能强度(发光功率)；

　　　$S$——照射面积($m^2$)。

照度过小或过大均不适宜，应以驾驶人员感到路面有舒适的照度为主要依据，并根据城市性质、道路等级和交通量大小等因素综合考虑车行道和人行道的适当亮度(照度)。

2)路面亮度(照度)均匀度

路面亮度(照度)均匀度是路面最低局部亮度与路面平均亮度之比，是表示受光物体表面照度的均匀性系数。

3)眩光限制

眩光是因照明设施产生的强烈光线造成妨碍驾驶员视觉或产生不舒适感觉的现象，通常通过合理选择照明装置和安装方式、控制灯具高度等措施来限制眩光的产生。照明设施的布置以及道路防眩措施对高等级道路来说是必须予以考虑的。

照明标准的选定与道路等级、交通量大小、路面的反光性质、路灯的悬吊方式和高度有关。

## 11.3.2　照明系统的布置

道路照明应根据规定选择光源和灯具，按道路横断面的形式和宽度采用不同的照明布局。尽量发挥照明器的配光特性，使配光合理，效率高，以取得较高的路面亮度和满意的均匀度，并应尽量限制产生眩光，以提高行车的可见度和视觉的舒适感。

1. 平面布置

1) 照明器在道路上的布置

（1）沿道路两侧对称布置，如图 11-8(a)所示，适用于宽度超过 20 m、行人和车辆多的道路上，一般可获得良好的路面亮度。

（2）沿道路两侧交错布置，如图 11-8(b)所示，适用于宽度超过 20 m 的主要道路上。这种布置在照度和均匀性方面，都比较理想。

（3）沿道路中心线布置，如图 11-8(c)所示。这种布置经济简单，照度比较均匀，但易产生眩光，维修麻烦。

（4）沿道路单侧布置，如图 11-8(d)所示，一般适用于宽度在 15 m 以下的道路上。其特点是经济简单，但照度不均匀。

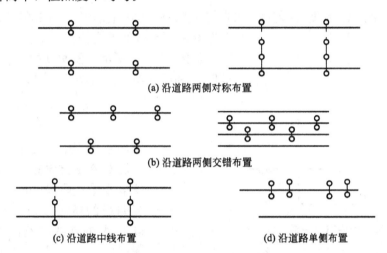

图 11-8 道路照明一般布置方式

（5）弯道上布置照明器，一般在曲线外侧或两侧对称布置。在曲线半径小的弯道上应缩短灯距。

（6）坡道上照明器的布置要适当缩小间距。

2) 照明器在交叉口的布置

T形交叉口，照明器多设在道路尽头的对面，能有效照亮交叉口，也利于驾驶员识别道路，如图 11-9 所示；十字形交叉口设在交叉口前进方向右侧，如图 11-10 所示；环形交叉口宜将灯具设在环道外侧；铁路道口，照明器安装在前进方向右侧。

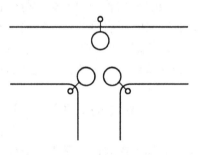

图 11-9 T形交叉口照明器的布置

2. 横向布置

照明器一般布置在人行道绿化带或分隔带边上，灯杆竖在距路缘石 0.5～1.0m 处。照明器通过支架悬臂挑出在道路的上空，悬挑长度不宜超过灯具安装高度的 1/4，一般为 2～4m，如图 11-11 所示。

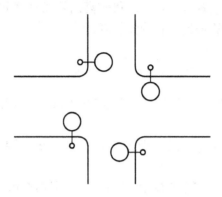
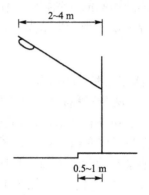

图 11-10　十字形交叉口照明器的布置　　　　图 11-11　照明器横向布置

3. 照明器的安装高度和纵向间距

为保证路面亮度(照度)均匀度,并将眩光限制在容许范围内,灯具的安装高度、纵向间距和路面有效宽度应符合规定。

如图 11-12 所示,照明器的安装高度 $h$、纵向间距 $L$ 和配光特性三者间的关系为

$$E_A = \frac{I_a \cos\alpha}{r^2} = \frac{I_a \cos^3\alpha}{h^2} \qquad (11-5)$$

式中　$E_A$——路面上任意点 $A$ 的水平照度(lx);
　　　$I_a$——光源 $O$ 在 $\alpha$ 方向的发光强度;
　　　$r$——$O$ 至 $A$ 点的距离(m);
　　　$h$——光源 $O$ 的高度(m);
　　　$\alpha$——$O$ 至 $A$ 的连线与路面垂直方向的夹角(°)。

图 11-12　照明布置关系

照明器纵向间距一般为 30～50 m,高度为 6～8 m。

照明影响着行驶安全、行驶速度与舒适。在行人比较集中和车辆较多的市区和郊区,安装固定的照明设备是必需的。对于乡区公路也可能需要,但其需要程度较城市街道和靠近市区的道路要小得多。一般认为乡区公路很少需要照明,在运输特别繁忙的重要路段,可配置路灯;在有条件的交叉道口、人行横道等处可采用局部照明。

### 11.3.3　立体交叉照明设计

为保证夜间通行条件,立体交叉范围应有完善而良好的照明设施。要求照度均匀,视野清晰,能引导视线,照度标准应高于路段,满足眩光限制要求。各层道路上所产生的光斑应能衔接协调,使该处的照明均匀度不低于规定值。采用常规照明方式时,立体交叉应分别按照《城规》的平面交叉、曲线路段、坡道等规定的相应照明办法,使各部分照明互相协调。

当立体交叉的相交道路不设连续照明时,在立体交叉的平面交叉、出入口、弯道、坡道等地段都应设置照明,且照明应延伸到立体交叉范围以外,并逐渐降低亮度水平形成过渡照

明，以适应驾驶员的视觉要求。对环形立体交叉、环形匝道及大型立体交叉等，可采用高杆灯照明，不仅经济合理，而且照明效果良好。高杆灯照明是指灯具安装高度大于或等于20m的照明。其位置应能满足布光要求，避免或减弱眩光，防止发生撞杆事故，保证行车安全。

## 11.4 道路交通标志与标线

### 11.4.1 道路交通标志

道路交通标志属于静态交通控制，它是利用图案、符号和文字传递特定信息，对道路交通进行指示、引导、警告、控制或限定的一种道路交通管理设施，一般设在路旁或悬挂在道路上方，给交通参与者以明确的道路交通情报。

交通标志是随着交通的发展而出现的。早在1949年，联合国交通运输委员会就提议交通标志的国际化，1986年联合国召开道路交通会议，通过了"关于道路交通标志和交通信号的条约"，使交通标志逐步走向国际化。

1. 交通标志的分类

交通标志分为主标志和辅标志两大类。
主标志包括以下4种。
(1) 警告标志：警告车辆、行人注意危险地点的标志。
(2) 禁令标志：禁止或限制车辆、行人交通行为的标志。
(3) 指示标志：指示车辆、行人行进的标志。
(4) 指路标志：传递道路前进方向、地点和距离信息的标志。

2. 交通标志三要素

交通标志必须使驾驶员在一定距离内能迅速而准确地辨认，这就要求交通标志有良好的视认性。决定其视认性好坏的主要因素有3个：标志的颜色、形状和符号，称作交通标志三要素。

(1) 颜色：在选择交通标志的颜色时，考虑了人的心理效果，如红色有危险感，因此在交通上表示停止、约束之意，适用于禁令标志；黄色无红色那么强烈，只产生警惕的心理活动，故用于表示警告、注意等含义；绿色有和平、安全感，在交通上表示安全、通行，一般用于导向标志；蓝色有沉静、安静之意，一般用于导向、指示标志。

(2) 形状：交通标志选用形状的原则也是要求视认性要强，一般选用最简单的形状，如三角形、圆形、长方形和正方形。不同功能的交通标志，其几何形状有明显的区别。我国交通标志规定见表11-2。

表11-2 交通标志的种类及其含义

| 图 形 | 含 义 | 图 形 | 含 义 |
| --- | --- | --- | --- |
| 三角形 △ | 警告 | 圆形 ○ | 指令 |
| 圆加斜线 ⊘ | 禁止 | 方形和矩形 口 | 提示 |

（3）符号：符号是表示标志的具体意义的，其含义要求简单明了，并符合国际标准和惯例。标志牌的大小应保证在距标志一定距离内能清楚地识别标志上的图案和符号文字，图案和符号文字的大小必须满足必要距离的识别要求。

交通标志的颜色、形状的规定：警告标志的颜色为黄底、黑边、黑图案，形状为等边三角形，顶角朝上（图 11-13）；禁令标志的颜色为白底、红圈、红杠、黑图案，图案压杠，形状为圆形，其中解除禁超车、解除限制速度标志为白底、黑圈、黑杠、黑图案，图案压杠（图 11-14）；指示标志的颜色为蓝底、白图案，形状为圆形、长方形或正方形

图 11-13 警告标志

图 11-14 禁令标志

(图 11-15);指路标志的颜色除里程碑、百米桩、公路界牌外,一般道路为蓝底或绿底白图案,形状除地点识别标志外,均为长方形和正方形(图 11-16)。

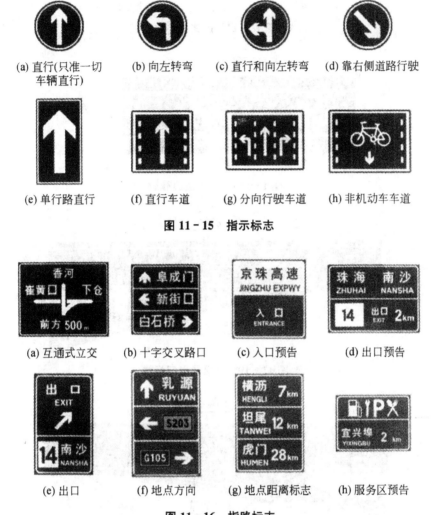

图 11-15 指示标志

图 11-16 指路标志

## 11.4.2 道路交通标线

道路交通标线是由各种路面标线、箭头、文字、立面标记、突起路标和路边线轮廓标等所构成的交通安全设施,也是一种静态交通控制形式。它的作用是管制和引导交通,可以和标志配合使用,也可单独使用。

道路交通标线包括车行道中心线、车道分界线、车行道边缘线、停车线、减速让行线、人行横道线、出入口标线、导向箭头、左转弯导向线、路面文字标记、立面标记、突起路标和路边线轮廓标等(图 11-17~图 11-22)。

道路交通标线通常为白色或黄色,可用路标漆、塑胶标带和其他材料(如突起路标用的黄铜、不锈钢、合金铝、合成树脂,以及陶瓷、白石头、彩色水泥等)制作。

(a) 中心黄色双实线　　　　　　(b) 中心黄色虚实线

图 11-17　道路中心线

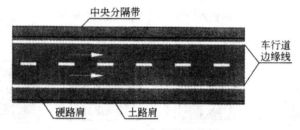

图 11-18　车行道边缘线

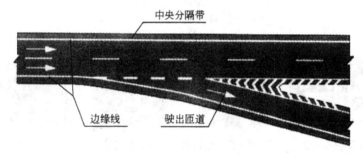

图 11-19　直接式出口标线

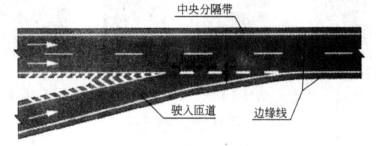

图 11-20　直接式入口标线

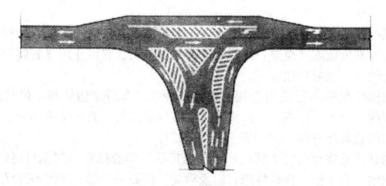

图 11-21　复杂行驶条件丁字路口导流线

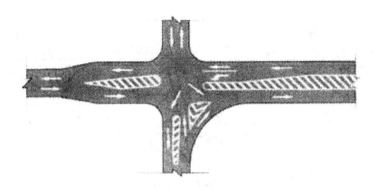

图 11-22　复杂行驶条件十字路口导流线

## 11.5 高速公路服务设施布设

高速公路应根据服务水平、交通量、路网规划、路段长度、沿线地形、地物、景观、环保等，选择适当地点布设服务设施。服务设施的建设规模应根据设计交通量、交通组成等计算确定。服务设施一般包括公共汽车停靠站、停车区、服务区等。根据服务功能的不同，这些设施可以单独设置，也可以组合设置。根据服务需要，服务设施可在高速公路沿线布设，也可与互通式立体交叉配合布设。

### 11.5.1　公共汽车停靠站的布设

随着我国高速公路的建设，中长途公共汽车客运将是人们出行的主要运输方式，规划和设计高速公路时必须在沿线设置公共汽车停靠站，以满足乘客上下车的需要。公共汽车停靠站应根据沿线城镇分布、出行需求，并结合服务区或互通式立体交叉设置。

1. 布设形式

1) 在收费立体交叉的连接线上布设

这种布设形式适用于公共汽车离开或进入一条高速公路时采用，如图 11-23 所示。当高速公路与次要公路相交而在次要公路上采用平面交叉时，如图 11-23(a)所示，公共汽车停靠站布设在平面交叉与收费站之间连接线的两侧；当高速公路与高速公路相交时，如图 11-23(b)所示，公共汽车停靠站布设在收费站之前或之后连接线的两侧。这种布设应注意上下车的乘客横穿连接线而影响交通和安全问题，必要时可在连接线上设置人行天桥或人行地道。

2) 在收费立体交叉内的高速公路上布设

这种布设形式适用于公共汽车在高速公路上途经该立体交叉时采用，如图 11-24 所示。在立体交叉的三角地带(一般为绿化区)，平行于高速公路增设公共汽车停车车道。为不影响高速公路正线车辆的正常行驶，应在正线与停车车道之间设置隔离带或用栅栏分隔，停车车道两端与出、入口附近的匝道连接，形成港湾式停靠站，利用通道、梯道、盘道等组合设施，组织乘客进出立体交叉。这种公共汽车停靠站与互通式立体交叉配合布设的

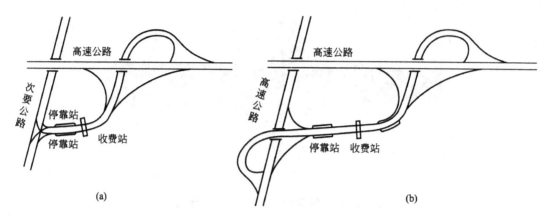

图 11-23 在收费立体交叉连接线上布设停靠站

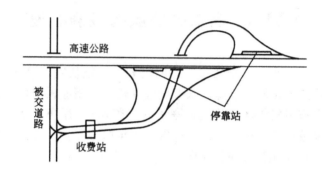

图 11-24 在收费立体交叉的高速公路上布设停靠站

形式,充分利用立体交叉匝道的变速车道供公共汽车进出正线时变速行驶,这与公共汽车停靠站布设在立体范围以外的路段上相比,减少了设置长度,节省了用地和投资;但需设置专用人行设施组织乘客进入或离开立体交叉范围的公共汽车停靠站,又使投资有所增加。

2. 平面布设

在收费立体交叉连接线上的公共汽车停靠站,可利用收费站上车辆行驶速度低的特点,公共汽车停靠站平面布设可不考虑车辆加、减速行驶的要求。当收费站各行驶方向外侧供大型车行驶的边车道车辆很少时,边车道可作为公共汽车停靠站,但在边车道右侧应增设公共汽车停靠站的站台。站台长度不小于20m,宽度不小于2m,以供乘客候车,如图11-25(a)所示;如收费站外侧的边车道兼作收费车道使用,应在边车道右侧增设公共汽车停靠站,以不影响其他车辆进出收费站,其平面布设如图11-25(b)所示。

布设在收费立体交叉内高速公路上的公共交通停靠站,横向必须用隔离带与直行车道分离。另外公共汽车停靠站两端应设足够长的二次变速车道,使车速与互通式立体交叉匝道的变速车道(一次变速车道)车速相适应,其平面布置如图11-26所示。二次变速车道的长度取决于匝道减速端出口或加速端入口处的行车速度及车辆的平均减速度或加速度。二次变速车道的长度可用式(11-6)计算。

$$L_2 = \frac{v_2^2}{26a} \tag{11-6}$$

式中 $L_2$——二次变速车道的长度(m);

$v_2$——匝道减速端出口或加速端入口的行车速度(km/h);
$a$——汽车平均减速度或加速度(m/s²)。

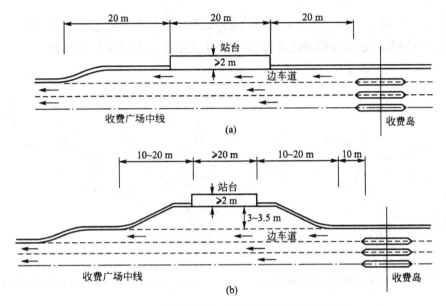

图 11-25 连接线上公共汽车停靠站的平面布设

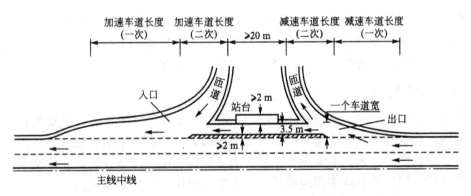

图 11-26 收费立体交叉内高速公路上公共汽车停靠站的平面布设

## 11.5.2 停车区的布设

高速公路应根据规划在互通式立体交叉范围内或沿线布设停车区,以满足车辆停车、加油等需要。在高速公路沿线一侧或两侧布设停车区需要专用征地,修建供车辆通行的构造物。高速公路停车区可与互通式立体交叉合并设置,布设在互通式立体交叉范围内。根据立体交叉的形式、用地条件,考虑交通便利及出入方便等因素,合理确定停车区的位置,以不影响互通式立体交叉的交通流量、交通安全和行车速度,互通式立体交叉与停车区结合的布设方式有以下几种。

1. 在连接线一侧布设

如图 11-27 所示,因另一侧车辆进出停车区须横穿车道,该方式仅适用高速公路与次要道路相交,连接线上交通量较小的情况。

### 2. 在连接线两侧布设

如图 11-28 所示,连接线双向需停车的车辆互不干扰,可用于不同等级、不同交通量的情况。但停车后需在连接线上改变行驶方向的车辆,须横穿车道行驶。

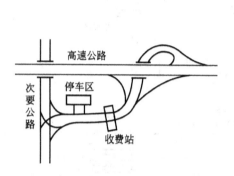

图 11-27 在连接线一侧布设停车区

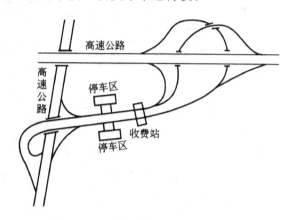

图 11-28 在连接线两侧布设停车区

### 3. 在连接线中间布设

如图 11-29 所示,在收费立体交叉连接线双向行车之间布设停车区,车辆在停车区内可改变行驶方向,不存在横穿车道的问题。该方式主要适用于收费立体交叉连接线双向行车之间有足够间距,出口和入口收费站分别布设的情况。

### 4. 在跨线桥下布设

如图 11-30 所示,在不收费互通式立体交叉范围内布设停车区,不收费立体交叉为连续交通流,为使互通式立体交叉范围内封闭区域的车辆进出不阻碍正线和匝道车辆的正常行驶,停车区的出、入口不宜设在主要行驶方向的匝道上。当互通式立体交叉采用上跨式或多层式时,引道较长且多用跨线桥,桥下空间可用于设置停车区。

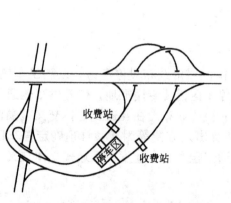

图 11-29 在连接线中间布设停车区

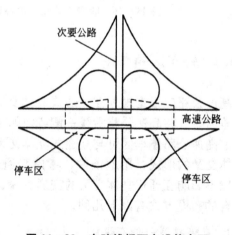

图 11-30 在跨线桥下布设停车区

## 11.5.3 服务区的布设

高速公路的服务区是为驾乘人员提供中途休息、进餐等服务,以及为车辆提供停车、加油、维修等必要服务的场所。服务区应包括停车场、公共厕所、休息室、加油站、维修站、餐厅、商店、绿地等具有各自服务功能的设施。

1. 布设原则

(1) 服务区应尽可能与互通式立体交叉配合设置,利用互通式立体交叉的用地范围及用地条件等合理布设。服务区各种设施应功能齐全,各组成部分之间位置应合理。

(2) 在保证互通式立体交叉的交通功能和线形布设不受影响的前提下,合理确定服务区的用地规模。服务区的用地规模应根据停车的车位数确定。

(3) 服务区的布设,应根据互通式立体交叉进出交通量的大小、服务区规模、地形情况,合理确定其布置形式。

2. 布置形式

服务区可根据具体情况布设在互通式立体交叉范围正线的一侧或两侧。

1) 正线一侧布设一个服务区

如图 11-31 所示,在互通式立体交叉范围内正线一侧布置一个服务区,供所有出入立体交叉需要服务的车辆使用。当出入互通式立体交叉需要服务的交通量较小时,采用这种布置形式。其特点是占地较小,出入服务区的车辆只有分流与合流运行,不存在平面交叉,需建 3 座跨线构造物,但正线另一侧直行车辆使用服务区不便。

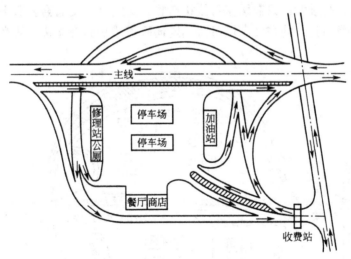

图 11-31 正线一侧布置一个服务区

2) 正线一侧布设两个服务区

如图 11-32 所示,在互通式立体交叉范围内正线一侧布置两个服务区,分别供由收费站驶出和驶入两个方向需服务的车辆使用。适用于出入互通式立体交叉需要服务的交通量较大,且正线一侧用地限制不严的情况。其特点是驶出和驶入的服务车辆分别使用各自的服务区,只有分流与合流运行,不存在平面交叉,只需两座跨线构造物,但占地面积较大，主线另一侧直行车辆使用服务区不便。

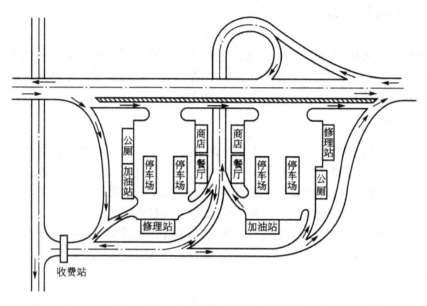

图 11-32　正线一侧布置两个服务区

3）正线两侧各布设一个服务区

如图 11-33 所示，在互通式立体交叉范围内正线两侧各布置一个服务区，分别供两侧驶出和驶入需服务的车辆使用，适用于出入互通式立体交叉需服务的交通量较大，正线两侧用地限制不严的情况。其特点是两侧需服务的出入车辆使用各自的服务区，可分散交通，适用服务的交通量大；只需两座跨线构造物，正线直行交通需要服务的车辆可方便使用服务区，由收费站驶入的左转车辆可采用定向匝道或平面交叉进入服务区，立体交叉占地面积较大。

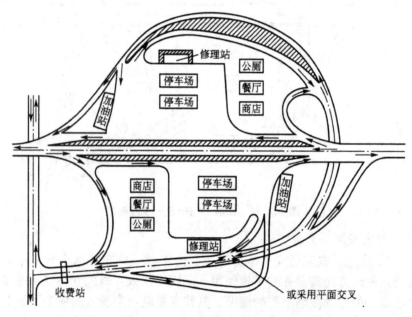

图 11-33　正线两侧各布置一个服务区

## 本 章 小 结

道路沿线设施包括交通安全设施、服务设施和管理设施。

公共交通站点：首末站、枢纽站、停靠站

在规划和设计城市道路时，应设计独立的城市公共停车场。

道路照明是道路交通附属设施的一个重要组成部分，它的基本要求是保证车辆和行人在夜间和特殊气候条件下能获得足够、舒适的可见程度。道路照明还具有美化街景和增加节日气氛的作用。

道路交通标志属于静态交通控制，它是利用图案、符号和文字传递特定信息，对道路交通进行指示、引导、警告、控制或限定的一种道路交通管理设施，一般设在路旁或悬挂在道路上方，给交通参与者以明确的道路交通情报。

交通标志分为主标志和辅标志。

主标志有：警告标志、禁令标志、指示标志、指路标志。

交通标志三要素：颜色、形状和符号。

红色有危险感，表示停止、约束之意，适用于禁令标志；黄色表示警告、注意等含义；绿色有和平、安全感，表示安全、通行，一般用于导向标志；蓝色有沉静、安静之意，一般用于导向、指示标志。

三角形△表示警告，圆形○表示指令，圆加斜线⊘表示禁止，方形和矩形□表示提示。

符号是表示标志的具体意义的，其含义要求简单明了，一看就能明白，并符合国际标准和惯例。

道路交通标线是由各种路面标线、箭头、文字、立面标记、突起路标和路边线轮廓标等所构成的交通安全设施。

道路交通标线包括车行道中心线、车道分界线、车行道边缘线、停车线、减速让行线、人行横道线、出入口标线、导向箭头、左转弯导向线、路面文字标记、立面标记、突起路标和路边线轮廓标等。

服务设施一般包括公共汽车停靠站、停车区、服务区等。根据服务需要，服务设施可在高速公路沿线布设，也可与互通式立体交叉配合布设。

## 习题与思考题

11-1 道路沿线设施有哪些？

11-2 公共汽车停靠站应如何设置？

11-3 道路照明要满足哪些标准？

11-4 简述高速公路服务区的构成及其作用。

11-5 高速公路服务区布局的基本形式有哪些？各有何特点？

# 参 考 文 献

[1] 杨少伟. 道路勘测设计 [M]. 3 版. 北京：人民交通出版社, 2010.
[2] 张金水. 道路勘测设计 [M]. 2 版. 上海：同济大学出版社, 2009.
[3] 孙家驷. 道路勘测设计 [M]. 2 版. 北京：人民交通出版社, 2005.
[4] 张雨化. 道路勘测设计 [M]. 北京：人民交通出版社, 1997.
[5] 冯桂炎. 道路交叉设计 [M]. 长沙：湖南科学技术出版社, 1995.
[6] 杨少伟. 道路立体交叉规划与设计 [M]. 北京：人民交通出版社, 2000.
[7] 孙家驷. 道路立交规划与设计 [M]. 北京：人民交通出版社, 2009.
[8] 乔翔, 蔺惠茹. 公路立交规划与设计实务 [M]. 北京：人民交通出版社, 2001.
[9] 吴国雄, 李方. 互通式立体交叉设计范例 [M]. 北京：人民交通出版社, 2002.
[10] 刘洪波. 互通式立体交叉计算机辅助设计 [M]. 南京：东南大学出版社, 2009.
[11] 许金良. 公路 CAD 技术 [M]. 北京：人民交通出版社, 1999.
[12] 许金良. 道路与桥梁工程计算机绘图 [M]. 北京：人民交通出版社, 1999.
[13] 符锌砂. 公路计算机辅助设计 [M]. 北京：人民交通出版社, 1999.
[14] 朱照宏. 道路路线 CAD [M]. 上海：同济大学出版社, 1998.
[15] 杨宏志. 道路工程 CAD [M]. 北京：人民交通出版社, 2009.
[16] 陈久强, 刘文生. 土木工程测量 [M]. 2 版. 北京：北京大学出版社, 2012.
[17] 中华人民共和国行业标准. 公路工程技术标准（JTG B01—2003）[S]. 北京：人民交通出版社, 2004.
[18] 中华人民共和国行业标准. 公路路线设计规范（JTG D20—2006）[S]. 北京：人民交通出版社, 2006.
[19] 中华人民共和国行业标准. 城市道路工程设计规范（CJJ 37—2012）[S]. 北京：中国建筑工业出版社, 2012.
[20] 中华人民共和国行业标准. 公路勘测规范（JTG C10—2007）[S]. 北京：人民交通出版社, 2007.
[21] 中华人民共和国国家标准. 城市道路交通规划设计规范（GB 50220—1995）[S]. 北京：人民交通出版社, 1995.
[22] 中华人民共和国行业标准. 城市道路交叉口规划规范（GB 50647—2011）[S]. 北京：中国计划出版社, 2011.

# 北京大学出版社土木建筑系列教材(已出版)

| 序号 | 书名 | 主编 | 定价 | 序号 | 书名 | 主编 | 定价 |
|---|---|---|---|---|---|---|---|
| 1 | 建筑设备(第2版) | 刘源全 张国军 | 46.00 | 50 | 土木工程施工 | 石海均 马哲 | 40.00 |
| 2 | 土木工程测量(第2版) | 陈久强 刘文生 | 40.00 | 51 | 土木工程制图 | 张会平 | 34.00 |
| 3 | 土木工程材料(第2版) | 柯国军 | 45.00 | 52 | 土木工程制图习题集 | 张会平 | 22.00 |
| 4 | 土木工程计算机绘图 | 袁果 张渝生 | 28.00 | 53 | 土木工程材料(第2版) | 王春阳 | 50.00 |
| 5 | 工程地质(第2版) | 何培玲 张婷 | 26.00 | 54 | 结构抗震设计 | 祝英杰 | 30.00 |
| 6 | 建设工程监理概论(第3版) | 巩天真 张泽平 | 40.00 | 55 | 土木工程专业英语 | 霍俊芳 姜丽云 | 35.00 |
| 7 | 工程经济学(第2版) | 冯为民 付晓灵 | 42.00 | 56 | 混凝土结构设计原理(第2版) | 邵永健 | 52.00 |
| 8 | 工程项目管理(第2版) | 仲景冰 王红兵 | 45.00 | 57 | 土木工程计量与计价 | 王翠琴 李春燕 | 35.00 |
| 9 | 工程造价管理 | 车春鹂 杜春艳 | 24.00 | 58 | 房地产开发与管理 | 刘薇 | 38.00 |
| 10 | 工程招标投标管理(第2版) | 刘昌明 | 30.00 | 59 | 土力学 | 高向阳 | 32.00 |
| 11 | 工程合同管理 | 方俊 胡向真 | 23.00 | 60 | 建筑表现技法 | 冯柯 | 42.00 |
| 12 | 建筑工程施工组织与管理(第2版) | 余群舟 宋会莲 | 31.00 | 61 | 工程招投标与合同管理 | 吴芳 冯宁 | 39.00 |
| 13 | 建设法规(第2版) | 肖铭 潘安平 | 32.00 | 62 | 工程施工组织 | 周国恩 | 28.00 |
| 14 | 建设项目评估 | 王华 | 35.00 | 63 | 建筑力学 | 邹建奇 | 34.00 |
| 15 | 工程量清单的编制与投标报价 | 刘富勤 陈德方 | 25.00 | 64 | 土力学学习指导与考题精解 | 高向阳 | 26.00 |
| 16 | 土木工程概预算与投标报价(第2版) | 刘薇 叶良 | 37.00 | 65 | 建筑概论 | 钱坤 | 28.00 |
| 17 | 室内装饰工程预算 | 陈祖建 | 30.00 | 66 | 岩石力学 | 高玮 | 35.00 |
| 18 | 力学与结构 | 徐吉恩 唐小弟 | 42.00 | 67 | 交通工程学 | 李杰 王富 | 39.00 |
| 19 | 理论力学(第2版) | 张俊彦 赵荣国 | 40.00 | 68 | 房地产策划 | 王直民 | 42.00 |
| 20 | 材料力学 | 金康宁 谢群丹 | 27.00 | 69 | 中国传统建筑构造 | 李合群 | 35.00 |
| 21 | 结构力学简明教程 | 张系斌 | 20.00 | 70 | 房地产开发 | 石海均 王宏 | 34.00 |
| 22 | 流体力学(第2版) | 章宝华 | 25.00 | 71 | 室内设计原理 | 冯柯 | 28.00 |
| 23 | 弹性力学 | 薛强 | 22.00 | 72 | 建筑结构优化及应用 | 朱杰江 | 30.00 |
| 24 | 工程力学(第2版) | 罗迎社 喻小明 | 39.00 | 73 | 高层与大跨建筑结构施工 | 王绍君 | 45.00 |
| 25 | 土力学(第2版) | 肖仁成 俞晓 | 25.00 | 74 | 工程造价管理 | 周国恩 | 42.00 |
| 26 | 基础工程 | 王协群 章宝华 | 32.00 | 75 | 土建工程制图 | 张黎骅 | 29.00 |
| 27 | 有限单元法(第2版) | 丁科 殷水平 | 30.00 | 76 | 土建工程制图习题集 | 张黎骅 | 26.00 |
| 28 | 土木工程施工 | 邓寿昌 李晓目 | 42.00 | 77 | 材料力学 | 章宝华 | 36.00 |
| 29 | 房屋建筑学(第2版) | 聂洪达 郄恩田 | 48.00 | 78 | 土力学教程 | 孟祥波 | 30.00 |
| 30 | 混凝土结构设计原理 | 许成祥 何培玲 | 28.00 | 79 | 土力学 | 曹卫平 | 34.00 |
| 31 | 混凝土结构设计 | 彭刚 蔡江勇 | 28.00 | 80 | 土木工程项目管理 | 郑文新 | 41.00 |
| 32 | 钢结构设计原理 | 石建军 姜袁 | 32.00 | 81 | 工程力学 | 王明斌 庞永平 | 37.00 |
| 33 | 结构抗震设计 | 马成松 苏原 | 25.00 | 82 | 建筑工程造价 | 郑文新 | 39.00 |
| 34 | 高层建筑施工 | 张厚先 陈德方 | 32.00 | 83 | 土力学(中英双语) | 郎煜华 | 38.00 |
| 35 | 高层建筑结构设计 | 张仲先 王海波 | 23.00 | 84 | 土木建筑CAD实用教程 | 王文达 | 30.00 |
| 36 | 工程事故分析与工程安全(第2版) | 谢征勋 罗章 | 38.00 | 85 | 工程管理概论 | 郑文新 李献涛 | 26.00 |
| 37 | 砌体结构(第2版) | 何培玲 尹维新 | 26.00 | 86 | 景观设计 | 陈玲玲 | 49.00 |
| 38 | 荷载与结构设计方法(第2版) | 许成祥 何培玲 | 30.00 | 87 | 色彩景观基础教程 | 阮正仪 | 42.00 |
| 39 | 工程结构检测 | 周详 刘益虹 | 20.00 | 88 | 工程力学 | 杨云芳 | 42.00 |
| 40 | 土木工程课程设计指南 | 许明 孟苗超 | 25.00 | 89 | 工程设计软件应用 | 孙香红 | 39.00 |
| 41 | 桥梁工程(第2版) | 周先雁 王解军 | 37.00 | 90 | 城市轨道交通工程建设风险与保险 | 吴宏建 刘宽亮 | 75.00 |
| 42 | 房屋建筑学(上:民用建筑) | 钱坤 王若竹 | 32.00 | 91 | 混凝土结构设计原理 | 熊丹安 | 32.00 |
| 43 | 房屋建筑学(下:工业建筑) | 钱坤 吴歌 | 26.00 | 92 | 城市详细规划原理与设计方法 | 姜云 | 36.00 |
| 44 | 工程管理专业英语 | 王竹芳 | 24.00 | 93 | 工程经济学 | 都沁军 | 42.00 |
| 45 | 建筑结构CAD教程 | 崔钦淑 | 36.00 | 94 | 结构力学 | 边亚东 | 42.00 |
| 46 | 建设工程招投标与合同管理实务 | 崔东红 | 38.00 | 95 | 房地产估价 | 沈良峰 | 45.00 |
| 47 | 工程地质(第2版) | 倪宏革 周建波 | 30.00 | 96 | 土木工程结构试验 | 叶成杰 | 39.00 |
| 48 | 工程经济学 | 张厚钧 | 36.00 | 97 | 土木工程概论 | 邓友生 | 34.00 |
| 49 | 工程财务管理 | 张学英 | 38.00 | 98 | 工程项目管理 | 邓铁军 杨亚频 | 48.00 |

| 序号 | 书名 | 主编 | 定价 | 序号 | 书名 | 主编 | 定价 |
|---|---|---|---|---|---|---|---|
| 99 | 误差理论与测量平差基础 | 胡圣武 肖本林 | 37.00 | 123 | 房屋建筑学 | 宿晓萍 隋艳娥 | 43.00 |
| 100 | 房地产估价理论与实务 | 李 龙 | 36.00 | 124 | 建筑工程计量与计价 | 张叶田 | 50.00 |
| 101 | 混凝土结构设计 | 熊丹安 | 37.00 | 125 | 工程力学 | 杨民献 | 50.00 |
| 102 | 钢结构设计原理 | 胡习兵 | 30.00 | 126 | 建筑工程管理专业英语 | 杨云会 | 36.00 |
| 103 | 钢结构设计 | 胡习兵 张再华 | 42.00 | 127 | 土木工程地质 | 陈文昭 | 32.00 |
| 104 | 土木工程材料 | 赵志曼 | 39.00 | 128 | 暖通空调节能运行 | 余晓平 | 30.00 |
| 105 | 工程项目投资控制 | 曲 娜 陈顺良 | 32.00 | 129 | 土工试验原理与操作 | 高向阳 | 25.00 |
| 106 | 建设项目评估 | 黄明知 尚华艳 | 38.00 | 130 | 理论力学 | 欧阳辉 | 48.00 |
| 107 | 结构力学实用教程 | 常伏德 | 47.00 | 131 | 土木工程材料习题与学习指导 | 鄢朝勇 | 35.00 |
| 108 | 道路勘测设计 | 刘文生 | 43.00 | 132 | 建筑构造原理与设计(上册) | 陈玲玲 | 34.00 |
| 109 | 大跨桥梁 | 王解军 周先雁 | 30.00 | 133 | 城市生态与城市环境保护 | 梁彦兰 阎利 | 36.00 |
| 110 | 工程爆破 | 段宝福 | 42.00 | 134 | 房地产法规 | 潘安平 | 45.00 |
| 111 | 地基处理 | 刘起霞 | 45.00 | 135 | 水泵与水泵站 | 张伟 周书葵 | 35.00 |
| 112 | 水分析化学 | 宋吉娜 | 42.00 | 136 | 建筑工程施工 | 叶 良 | 55.00 |
| 113 | 基础工程 | 曹 云 | 43.00 | 137 | 建筑学导论 | 裘 鞠 常 悦 | 32.00 |
| 114 | 建筑结构抗震分析与设计 | 裴星洙 | 35.00 | 138 | 工程项目管理 | 王 华 | 42.00 |
| 115 | 建筑工程安全管理与技术 | 高向阳 | 40.00 | 139 | 园林工程计量与计价 | 温日琨 舒美英 | 45.00 |
| 116 | 土木工程施工与管理 | 李华锋 徐 芸 | 65.00 | 140 | 城市与区域规划实用模型 | 郭志恭 | 45.00 |
| 117 | 土木工程试验 | 王吉民 | 34.00 | 141 | 特殊土地基处理 | 刘起霞 | 50.00 |
| 118 | 土质学与土力学 | 刘红军 | 36.00 | 142 | 建筑节能概论 | 余晓平 | 34.00 |
| 119 | 建筑工程施工组织与概预算 | 钟吉湘 | 52.00 | 143 | 中国文物建筑保护及修复工程学 | 郭志恭 | 45.00 |
| 120 | 房地产测量 | 魏德宏 | 28.00 | 144 | 建筑电气 | 李 云 | 45.00 |
| 121 | 土力学 | 贾彩虹 | 38.00 | 145 | 建筑美学 | 邓友生 | 36.00 |
| 122 | 交通工程基础 | 王富 | 24.00 | 146 | 空调工程 | 战乃岩 王建辉 | 45.00 |

相关教学资源如电子课件、电子教材、习题答案等可以登录 www.pup6.cn 下载或在线阅读。

扑六知识网(www.pup6.com)有海量的相关教学资源和电子教材供阅读及下载(包括北京大学出版社第六事业部的相关资源),同时欢迎您将教学课件、视频、教案、素材、习题、试卷、辅导材料、课改成果、设计作品、论文等教学资源上传到 pup6.com,与全国高校师生分享您的教学成就与经验,并可自由设定价格,知识也能创造财富。具体情况请登录网站查询。

如您需要免费纸质样书用于教学,欢迎登录第六事业部门户网(www.pup6.com.cn)填表申请,并欢迎在线登记选题以到北京大学出版社来出版您的大作,也可下载相关表格填写后发到我们的邮箱,我们将及时与您取得联系并做好全方位的服务。

扑六知识网将打造成全国最大的教育资源共享平台,欢迎您的加入——让知识有价值,让教学无界限,让学习更轻松。

联系方式:010-62750667,donglu2004@163.com,linzhangbo@126.com,欢迎来电来信咨询。